青木文教著

西藏《チベット》全誌

長野泰彦・高本康子 編・校訂

芙蓉書房出版

目次

『西藏全誌』下編

付録DVD『西藏全誌』附図　収録地図目次

凡　例

(一)改行や句読点は原則として原本通りとしたが、通読に支障があると判断した場合には、適宜改めた。
a．引用は原文ではすべて「　」で表示されているが、まとまった量の引用に関しては、引用部分を三字下げて示した。

b．改行されているが下げがない場合は、一字下げて改行した。

c．箇条書きなどの場合は、前後の書式を揃えた。
(二)漢字は現行の字体を用いた。但し原本の文脈を正確に伝えるために必要と判断した場合においては、異体字、略体字、旧字を残した箇所もある。
(三)かな表記には「例へは」「例へば」、「並ニ」「並に」等の揺れも見られるが、明らかな脱漏と思われる場合のみ補正した。
(四)チベット語をはじめとする外国語をカナで表記する場合に、ン、ル、ク、ム等が小文字で表されていることがあるが、脱漏や表記の揺れも多いため、これらはすべて大文字で統一した。
(五)チベット語をはじめとする外国語をローマ字で表記する場合に、ティルド、ショート、ロングその他、発音様態を示すと思われる諸記号が付せられているが、脱漏や表記の揺れも多いため、ウムラウト、○、△のみを残し省略した。
(六)チベット語をはじめとする外国語をローマ字で表記する場合、原文には「tsong ka pa」「Tsong Kha pa」といった綴りの揺れや脱漏、大小文字の不統一も見られるため、一般に通用していると思われる表記を〔　〕で示した。
(七)判読が困難な箇所は□で示した。
(八)「―」や「・」の使用について、原文には不統一も見られるため、適宜修正した。
(九)原文には「備考」「注」などとして、※、〔　〕、(　)等で示された部分があるが、(　)に統一した。
(一〇)原文には、文中への挿入に―、=が使用されているが、―に統一した。
(一一)原文には、明らかに改めて追記するためと思われる空白(例:「　　年」)が所々に見られるが、それらはそのまま残した。
(一二)「　」、『　』の使用についても、原文には不統一も見られるため、書名は『　』とし、その他は「　」に統一した。
(一三)上記以外表記は原則として原本の通りであるが、明らかな誤りと思われる箇所は訂正した。誤りと判断しかねる場合は原本の文字をそのまま残し、〔ママ〕と傍書した。同一のものを指すと思われるものにも、「カンギュル」「カンギュー」「カンギュ」等というように不統一が見られるため、一般に通用していると思われる表記を〔　〕で示した。

基準綜合調書　西蔵全誌

序　文

調査ニ囑託　青木文教

現在我国に於ける西蔵資料は、不十分ながら或る程度の要求に応ずるだけの整備はできてゐるが、未だ全般的に「西蔵」を紹介した刊行物の出現を見るに至らない。

凡そ西蔵に対する関心の、外人間に極めて深きものあるに拘はらず、我国では或る特殊の方面を除き、一般には殆んど無関心な状態にあって、「西蔵」といへば好奇心に駆られた冒険家の独占的分野に過ぎないものと見なし、往々有能なる識者層に於てすら、殊更にこれを問題としない傾向にあることは、実に現代の一恨事といはなければならぬ。

然るに今次大戦の終局とともに、吾々の痛感したことは、これまで我国の人々が余りにも独善的な謬想に駆られ、国外事情の真相を充分に究明する胸量の持ち合せがなかったことで、問題の「西蔵」の如きは殆んど眼中に置かれなかったのである。若しも冷静に真摯なる態度を以て、どの国の実情をも見きはめやうとする心構があったならば、たとひ一見して取るに足りないと思はれる西蔵問題でも、努々疎かになすべき性質のものでないのである。況んや西蔵の特有と目せられる人文の種々相が、偶然にも我国のそれと一脈相通ずるところあるに於ては、吾々は須らく今一度「西蔵」の真相を見直すべきではなからうか。

抑も我国に現存する西蔵資料は、その全部とは云はないまでも、大部分は外来書によるものであり、且つその良否如何に拘はらず、いづれも献身的な努力の下に作り上げられたものであることは云ふまでもない。筆者は徒に贅言を費して外人らの西蔵に関する調査研究に処する態度の真剣さと、熱意と、勇気と、実着〔ママ〕にして遠大なる計画と、断行心に富み完遂せしめずは歇まない不屈不撓の精神などを逐一指摘して、彼等の功蹟の偉大なることを嘆賞し、それによって我国識者の反省奮起を促さうと試るものでない。つくづくと古語に所謂「日夜他の宝をかぞへて、自ら半銭の分なし」とする警句を顧み、ひたすら自己の使命とする「西蔵の調査研究」に邁進せんとする外に他意がないのである。

西蔵に関する調査研究の部門は、素より多種多様に亘るが、今茲に我国に於て差当って最も緊喫事と思考せられるものは、その基準的な綜合調書の作製事業であって、先づそれによって「西蔵」なるものに対する正しき概念を把握することである。今この『西蔵全誌』はその企図の下に執筆したものであるが、微力にして到底その目的に適ふたものを作りあげることができなかったことは慚愧の至りである。

しかしながら曾て西蔵遊学当時、教皇達頼十三世の手篤き保護と指導の下に、宰相以下官民僧俗らによって与へられた各種の協力には実に莫大なものがあり、本誌の執筆上他に求めがたき貴重な資料として役立ったことは感謝に堪えないところである。[*1]

昭和廿一年　月〔ママ〕　日

在東京都　著者識

＊1　この文の後、改行して薄い鉛筆書きで以下のような書き込みがある。「尚ほ……外務省其他の援助についての謝意……↓↓」

西藏全誌

上編

上編　緒言

本誌を記すに先だち西蔵国の範囲と、その特殊国たることに就て、取扱上の問題を一言してをかねはならぬ。西蔵国史の所録によれば、今日吾々が西蔵、西康、青海と称する地域は、古来一括して西蔵国の版図たりし所である。それは西蔵人の所謂プゥコルチュスム（西蔵十三州）の全域に亘るものであって、これを細別するならば、トゥー・カリ・コルスムといはれる三州は国の西部と北西部にあたる地方を指し、ウユ・ツァン・ルンと呼ばれる四州はその中央部の南寄りの地域に名け、メェ・ド・カム・トクといはれる六州は現在カム・アムド・ツォコンポなどと称せられる地方で、支那人の所謂西康・青海の大部分を占めてゐる。

かくて右の全版図は地理学上の西蔵高原と略々合致するばかりでなく、人文学上より見ても概ね同一圏内に包含せしめて可なるものである。

然るに近時支那では独自の立場から、前掲六州の南部を西蔵国の版図より分離して、所謂西康省なるものを新設し、更に別設の青海省とともに自国の直轄地となした。但し現在の西康省の地域は、本来西蔵人の棲住せるカム州の外に、新たに支那人の居住せる旧四川省の西辺部たる雅安及び康定間の地区を加へたものであるから、該省の相貌は根本的に相異なる二様の情態を呈し、康定線を南北の境界として、以西は旧状依然たる西蔵高原の特相を示し、以東は近代化せる支那本土の様相を帯びてゐる。

次にこれを政治上より見るときは、西康省の東端部を形成せる旧四川省域は、支那の国力の直接に及ぶ所であり、その中部即ち康定以西、金沙江以東は、形式上支那軍閥の支配下に置かれ、その実権は西蔵の封建的政権たる小侯国王及び喇嘛寺院の統治下に属する。而してその最西部にあたる全地域は、名実ともに完全なる西蔵国の勢力範囲に含まれるといふ現状にある。

よって今『西蔵全誌』を記すにあたっても、古今支蔵両国の勢力範囲の相違から、西蔵領土の限界、または地域別を確定的に論断することは困難であるため、本誌に於てはその時々の変貌に抗泥《(ママ)》することなく、概ね地理学または人文学上の見地に立って、所謂西蔵高原地域を以て大体西蔵国の範囲と見なすこととする。又そうした見方が古来西蔵人の主張するところとも合致するし、記述上の取扱方に於ても簡単に、『西蔵』なる一個の名称の下に総括し得るの便宜がある。尤もある場合の事情により各地域別または国境線に就て検討を要するときは別問題とする。

次に本誌を見るに当り、概念的に特に考慮すべきことは、西蔵は今も尚ほ依然として門戸を封鎖せる未開の特殊国であって、何人にも出入の自由を許さないといふ事柄である。故にかうした禁制国の事情を精確に調査することには、困難と危険乃至不能とせられる点が多いため、他の未開国に於けるが如き自由な探査は容易に望まれもしなければ、或は又、文明国に於けるが如き組織的または統計的な成果を期待できないことを予め承知してをかねはならぬ。さうした事情は如何なる西蔵資料を渉猟しても了解せられるであらうが、決して可能的な資料の不足に失望するに及ばない。

本誌は嘗つて筆者自身が現地に於て実調した所に加ふるに、最も権威ある若干の資料を参考し、更にまた最近外地に在留せる西蔵原地人より諜した新しい資料によって追補した所があると同時に、在来の所録に対し幾多の修正を施した所も少くない。

尚ほ今時大戦勃発以来、西蔵内部の情勢は混沌として観測甚だ困難であって、我国に於ては唯僅かに伝へられる漠然たる情報によって憶測を下す程度のものに過ぎない。殊に終戦後の情況に関しては全然不明であるといふより他はない。

第一章　総　論

一、沿革概要

西蔵建国の始は西暦紀元前五世紀に属すといはれるが、その国の存在が史実として確認せられたのは紀元七世紀の初葉であって、印度及び支那との交渉が開始せられ、仏教が伝来した時である。

建国当初の王統の存続は、西蔵国史の伝ふるところによれば、建国時より第九世紀の中葉まで約一千三百余年間連綿として継承せられた。しかしその後は王統の分裂を来して地方的な小国王の地位に堕し、西蔵全土を総統する主権者を欠くに至ったが、その時々に出現した有力な仏教教主らが総体的に、或は部分的に国政を執ることによって西蔵の国は治まってゐた。

その間十三世紀の初には蒙古王成吉思汗の攻略を受け、またその末期には忽必烈汗の支配下に置かれたが、当地の実権は各蒙古王より委任を受けた仏教教主らに存した。元朝に於て帝師の称を受け、広く国師として崇められ八克思巴《パグスパ》教主の如きは最も顕著なものである。

十四世末より十五世紀初にかけて、西蔵仏教に大改革が行はれ、十五世紀末よりは新教に属する一化身聖者の霊統の継承が転生再現的に行はれた。これが今日の所謂「達頼喇嘛《ダライラマ》」法王統の起源をなすに至ったものである。

十七世紀末頃達頼喇嘛五世在住の頃は、法王統の権勢の最も華やかな時であったといはれる。

十八世紀の初、支那（清朝）に征服せられ、爾来約二百年間その属領として支配を受けたことは事実であるが、実際上西蔵全体を統治するの実権を把握するものは、やはり達頼喇嘛であった。西蔵のやうな特殊な宗教国の実情としては必然ありうべき現象であって、古来教政一致の主義の下に進んで来た堕《(ママ)》力の強大さを物語るものといはねばならぬ。

二十世紀の初、支那民国の出現とともに、西蔵はイギリスの後援を恃んで独立を宣言し、略々その目的を貫徹した。それはもとより支那の承認するところとならないため、両国間には紛争の続発が避けられなかった。結局西蔵の宗主権が依然として支那にあることに変りはなく、また事実上支那の羈絆を脱したとはいへ、イギリスからの保護国あつかいを受けざるを得なかった。仍て現在の西蔵の国際的地位は大体として支那に属する一自治国と見て可なりと思ふ。現在西蔵国の君主ともいふべきものは達頼喇嘛十四世であって本年漸く十数歳に達したばかりの幼教主である。

二、国号解説

西蔵には自称または他称による種々国名があって、人文研究上興味多き問題を提供するものであるが、一般事情の記述としては現在西蔵人が最も普通に用ふる呼称について知ってをけば十分と思ふ。詳細は下編第一章国号の検討に譲り、茲に略解を施すに止める。

吾々が通常「チベット」と呼んでゐる国名は、従来度々世界的に用ひられてゐるが、西蔵人自身にはあまりよく知られてゐない。彼等は自国を呼ぶに「プゥ」pö (Bod) といふことばを以てする。この国名は古来文語にも口語にも最も普通的に用ひられるが、その発音の仕方は地方によって多少異なるところがある。上掲の「プゥ」は、ラッサ〔以下、ラサ〕音であって西蔵語の標準となるものであり、また「プュ」、「プェ」、「ポォ」などといふ地方語音を聞くこともある。

右の語義に関しては種々の解釈が試みられてゐるが、未だ定説を聞くに至らない。その語の本来義は「呼びかけ」、「叫び」であり、また「発吐」、「感叫」などを意味することがある。

「西　蔵《シイツアン》」とは支那人の呼称であって、西蔵人の関知するところでない。この名称の因由するところは西蔵の一州名たる「ツァン」Tsang〔gTsang〕の音写に「西」の字を附加したもので、この字の有無は問ふところでない。また何故その州名を以て国全体の総称となしたかといふ問題についても、未だ定説の拠るべきものを見出さないが、一の想像説によるならば、「西蔵」といふ文字が、その国の概念を示すに最も適切であるが為といはれる。また一種の憶説とは思はれるが、その命名の事実の裏面には清朝の政略的意図が含まれてゐるといはれる。

更に他の名称について一言するならば、明代では「烏斯蔵《ウスツアン》」、元代では「西蕃」または「西番」、唐代では「吐蕃」などと呼ばれ、さらに往古では「戎《ジユ》」、「氐《テイ》」、「羌《キヨウ》」などと呼ばれ、概ね侮蔑の意味を含めた語を以てせられた。我国では「西蔵」と記したものを「チベット」といふが常識となってゐる。考へて見ればまことに変則的な読み方であるが、従来の読みならはしとして本記もそれに従ふ。

西蔵人は文語（古典語類）、または雅語、或は宗教語の呼称として、「雪国」、「雪有国」、「雪山群国」、「神国＝神聖国」、「仏法保有刹土」及び局地的には「米実る国」または「穀物豊饒国」などといふ名称を用ひる。我国を「神国」または「瑞穂国」或は「やまと」などといふに髣髴たるところがある。

西蔵人の思想乃至国体観念などを考察する上に、その国名の由来と意義を知ることが必要であり、更にその国の統治上の見地からしても猥りに等閑視すべからざる問題である。

二、領土の範囲

現在の支那国定地図によれば、西蔵全土を三大地域に分ち、大体その西半部を「西　蔵《シイツアン》」、東半の北部を「青海《チンハイ》」、同く南部を「西康《シイカン》」とする。右のうち「西蔵」は特殊の自治的地域として別扱ひをなすが、「青海」と「西康」とはいづれも直轄の一省として支那本土に属せしめる。

しかしながら右の区分は西蔵政府及び西蔵国境線設定問題に発言権を有するイギリスの承認するところとならない

ものである。西蔵側の主張するところに従ふならば、一九一三、四年印度シムラに於ける支蔵英三国代表会議に際して指摘せられた如く、「青海」及び「西康」の大部分は当然西蔵国の版図に属すべきものとなしてゐる。

支蔵両国の主張の相違から、国境設定問題に関連して、両国間に紛争の絶間がなかったが、一九一八年イギリスの非公式調定により両国間に停戦協定が成立し、両国の勢力範囲を決定し、をよそ金沙江（揚子江上流）の南北線を以て東西の区画とした（附図参照）。

されど両国の紛争は未だ根本的の解決を見るに至らず、西蔵は依然として高原全域にわたる本来の西蔵全土の支配権獲得を目ざして奮闘しつつあることは、現勢の示すが如くである。

支蔵国境地域の現状については緒言に於て言及した如く、「カム」即ち西康省方面にては金沙江以東、康定線以西は名義上支那軍閥の支配下に置かれつゝその実権は西蔵の土侯または支那人の所謂土司か、或はまた勢力ある喇嘛寺院の手中に存する。茲に土侯と称するものは西蔵人のいわゆる「王者《ゲェポ》」Pgyal-po〔rgyal po〕及び「デパ」Sde-pa〔sDe pa〕をさす便宜上の名辞として用ひたに過ぎない。彼等はいづれも世襲制によるを普通とするが、「デパ」の中には終身制に従ふものもある。また一方の寺院には僧団の組織があり最も有力なる喇嘛の指揮の下に置かれ、その所謂寺領の全権を掌握する。而して彼等土侯の中には兵備を有するものもあって、宛然小独立国的な存在を示す。かうした統治状態は青海省方面に於ても略々同様と見て差支えない。

四、地名等の呼称法

地名などの固有名詞に関する呼称法として従来一般に用ひらるるものは種々雑多であるがそれを分類するならは、凡そ次の如く四種となる。即ちその一は本来西蔵人自身の呼称であって、すべて西蔵説によることは云ふまでもない。しかしこれに中央部の標準音によるものと、地方語の発音法に従ふものとの相違あることを免がれない。

その二は同じ西蔵原語に対し、イギリス及び印度語に発音するもので、大体は英語式に従ふてゐる。それは概ね原音に近似するものと言い得るが、音調が正鵠を得ない場合が多いため、その音写文字の綴りだけでは原調を明確に判断しがたい。また屢々印度語式に発音するものもあって、原音とは著しく相違することがある。

その三は支那人の呼称法であって、これにまた西蔵原音を漢字で音写したものと、別に支那語の特称を与へたものと、前二者の折衷式によったものとがある。

右のうち漢字音写によるものは、主として東部西蔵（カム地方）の方言を基準とするから、中央標準語音とは違ったところがある。

その四は専ら我国で用ふる呼称法であって、これを更に大別すれば二様に分たれる。即ちその一は前掲三種類に対して漠然と無差別的な発音を敢てするものであり、その二は同じ三種のものに対し、日本語流の発音を以するものである。ともに原語音の正確さを期しがたいが、特に後者の場合は音調ともに著しく歪曲されてゐる。かうした出鱈目の発音が現地で不通なことは勿論、余りにも西蔵事情に無智なることを示すものである。

今上記各種の場合について逐一実例を以て説明するべきであるが余りに煩鎖《ママ》に過ぎる嫌があり、それらは追々本記随所に於て必要に応じ解説するところがあるから茲に省略する。

かやうに西蔵語の原音に対し、各国人各様の発音を以てすることは、ただに地名のみに限らずその他すべての固有名詞は云ふまでもなく、西蔵語全体に関するものであって、原地の実情に通じない研究調査家にとっては不便と疑惑と、誤解を与へることが甚だしい。本記の如きもこの点の記述に苦心するところがあり、如何にすれば斉一が期せられ〔る〕かに迷ふことがある。

然らは本問題の解決法は如何といふに、これを定論することは困難であるが、大体理想論としては正しい原名と原音表示を以てするに如くはないが、吾々の実用論からすれば、その正否にかかわらず成るべく在来の慣用例に従ふの外はないであらう。

次に今一つの問題は、原語の音写法（音表法）を如何にすべきかである。それにも種々の方法があって、軽々しく是非を決定するわけにはゆかないが、少なくとも我国に於ては仮名文字かローマ字を以てするにある。しかしいづれにしてもその固有文字だけでは十分に西蔵の原音を写表することが困難であるため、必要に応じ種々の記号または符号などを附けた特別文字を用ひざるを得ない。

由来我国では支那の例に盲従し、努めて漢字を用ひたがる傾向にあるが、それは理論上から見ても、主義からいっても、乃至実用的方向からいっても感心できない手法である。即ち漢字には支那と我国との発音法に著しき懸隔があり、また種々雑多な漢字が無制限に用ひられてあるから、一般には難読とせられてゐる。更にまた漢字は西蔵では全然用ひられないこと、西蔵語の原音を写する不適当な点が多いことなども考慮しなければならぬ。

かやうに不便極まる文字で、しかも西蔵文字に縁遠いものは吾々邦人としてはその使用を極力回避しなければならぬ。

因に本誌の記法に於ても主義と実用の点から成るべく原音に近い描写を試みやうと努力したけれどもその記号の複雑煩鎖〔ママ〕なることと、印刷上の不便などの諸点を顧み、多くは在来の記法を踏襲せざるを得なかったため発音の正確と統一を期することができなかった。若しも能ふならば下編第六章に附記する如き、音表法によりたいと思ふのである。

五、標準用語

西蔵語には文章語（古典語類）と普通語（口頭語＝日常口語）との差別があり、日常用語としては口語を必要とすることは勿論である。

しかしまた口語にも種類があって、標準語たるラサ語を始めとして、各地方にそれぞれの方言があり、著しく発音を異にするものである。辺陬地域の訛の甚だしいものに至っては同じ西蔵人の間ですら不通となる場合も珍らしくない。いづれにもせよ彼等の用語はすべて西蔵語であることに変りはなく、大体ラサの標準音を用ふれば、略々全国に通ずるものと心得えて差支ない。

外国語は一般に不通なものと見なければならないが、ラサ、ギャンツェのやうな主要都市またはパーリとかチュンビ渓の各村邑、その他印度国境の近接地方に於ては印度語と英語を解するものがあり、又東部西蔵（カム地方）、特に西康省東部に於ては支那語を解するものが多い。但し漢字は殆んど不通と思はなければならぬ。

我国では従来西蔵語を訳すに猥りに漢字を以てする傾向にあるがそれはただ盲目的に支那人式を模倣するに止まるもので、徒に読者を困らせる上に、非実用的な点で排斥せられねばならぬ。西蔵の現状に関する限り適当なローマ字を以てするか、然らざれば仮名書にするに如くはない。

六、現在の国際的地位

西蔵は建国以来十八世紀の初葉に至るまで凡そ二千二百年間概ね独立または自治的状態をつづけたが、その後支那（清）の属領となってから約二百年を経過した。

ついで支那民国の成立と同時にもとの如く独立状態に復帰し、名義上支那の宗主権下に置かれあるも、事実上ではイギリスの保護と指導を受けつつあることは既に述べた通りである。

故に近時の西蔵の対外問題は原則的には一九〇六年の英支条約と、これに関係せる英露条約（一九〇七年）とによって処理せらるべき建前となってゐるが、実際問題としては概ねイギリスの意図によって決行せられてゐる。

西蔵は如上の関係からして、自由に単独に外国との交渉を行ふことを許されないが、嘗て達頼喇嘛十三世は法王の名に於て外国の主権者に対し、友好関係を結ぶ目的を以て親書を送ったことは一再にとどまらない。

西蔵人は自国が厳重なる封鎖状態に置かれあるにも拘わらず、官民ともに諸外国との修好関係を直接に結びたいといふ希望を懐いてゐることは事実である。

西蔵は国交上支那及びイギリスに対し官吏入国の権利を与へるといふことになってゐるが、実際は支那官吏はその都度西蔵政府の許可を必要とし、イギリスの方は条約の規定に従ひ、一定の地に常駐する外、内地の自由行動をも非公式に許されてゐる。

イギリス官憲の常駐を許されてゐる所はチュンビ渓のヤトゥン（＝シャシマ）と、ギャンツェとである。これらの地域では通常領事に相当する貿易官（トレードエーゼント）一名、護衛兵指揮武官一名、軍医兵、及び無電台の設置せられたるラサ及びギャンツェには無電技師各一名の常駐員がある。

護衛兵は主として印度人で、兵員はギャンツェに七〇名、ヤトゥンに五十名とする。またイギリスの政務官で公使級のものが随時に特派せられ、必要に随ひラサその他の方面に往返することを許される。

支那官憲のラサ常駐は未だ承認せられてゐないが、非公式に無電技師一名と随員若干名が常駐する。一般旅行者の入国はもとより厳禁せられてゐるが、特殊の目的を有するイギリス人に限り、印度境からギャンツェまでは自由に往復することが黙許せられる。また、彼等にして西蔵政府の承認を得たものは必要な地域の踏査も可能とせられる。それは旅行者自身の目的ばかりでなく、同時に西蔵政府の委嘱をも兼ねるやうな場合に限られる。

一九〇三、四年の英蔵事変以前に於て、西蔵と密接な関係を有したものにロシアがある。該事変後に条約によって西蔵との関係を制限せらるべく余義なくされたが、蘇連邦成立後、ロシアは外蒙に地盤を得たために、西蔵の方は敢てイギリスと争ってまでも侵出を企図しないやうである。しかしながら赤化宣伝に躍起となって無産階級の間に潜勢力を扶植しつつあることは事実である。

西蔵政府は一方に於て支那の所謂共和主義の宣伝を排撃するとともに、赤化工作の防止に異常の努力を払ひ、すべて秘密入国を企図する白色人に対しては厳重なる警戒を怠らない。

一九一〇年支蔵事変に際し達頼十三世が印度に蒙塵せし時を契機として、我国とも友好関係を求めんとする態度に出でた。その当面の目標は彼我仏教徒の提携にあるが、やがては国交関係にまで進み、我国に依存して支那を牽制してもらうためのきっかけをつくらうとする魂胆であった。

満洲及日支の両事変を通じ、日本が支那に対して取った軍事行動は、西蔵の国防上頗る有利な影響をもたらしたことを彼等は熟知してゐる。支那に残留せる西蔵の官民が頻りに親日策を講せんと努力する所以も亦ここにある。

彼等が日蔵提携を策する今一つの理由は、日本がロシアと相よからずと聞いて、赤化工作の防止には日本の力を借りたいとの希望にあったやうである。

大東亜戦の勃発するや、皇軍の威力は一時全東亜を圧倒し、西蔵と国境を接するビルマは半歳ならずして我軍の占拠するところとなって安泰を得たことに深い関心をもった理由も自から首肯されるであらう。

西蔵内部に於る其後の情勢を明にしないが、恐らく親日策を持続してゐることであらう。しかし今次終戦後、彼等の我国に対する関心がどう変ってゆくかは全く知る由もない。

七、西蔵の価値

現在の西蔵は入国禁断の未開国であって大部分は未知の状態にある。しかしその国の位置、並に国際的地位は相当重視せらるべきことは前来の所述によって略々推知せられるであらう。

西蔵は曽て十九世紀の末期から二十世紀の初期にかけて英露支三国の抗争地点となった。而して其の結果は一応イギリスの優越権獲得に終ったと見られるが、それは現状勢の示す限りのもので、将来を観測するならば該三国の確執は到底避けがたいものと見られる。

また最近では日支事変を経て大東亜戦に発展するに及んでは新たに我国との関係が発生するであらうとの予想が行はれた。即ち前述のビルマ占拠の影響の他の一方面であるが、所謂滇緬公路の喪失に代るべき「中印ルート」問題に関することである。支那政府によって計画せられた中印ルートには二条の予定線があり（附図参照）、いづれも西蔵本部を通過するものであるが、その建設については、西蔵政府は強硬なる反対的態度をとってゐる。その口実とするところさうした戦争事態を助成するやうな計画の実施は仏教国たる神聖を冒涜するからだといふにあるが、それは別として、今一の理由は該公路の開通の暁には支那の勢力が西蔵に侵潤〔ママ〕し易くなることを疑懼するにある（因に西蔵政府の反対的態度を強硬ならしめる原動力が、イギリスの後援にあることは勿論である）。

支那政府としては一方に於て莫大な建設費の関係から、容易に着工するに至らないが、差当って康定（ダツェンド）の西方約百キロメートルの地点まで、自動車道路の建設に従事せることは事実であるがその他はすべて停頓状態にあるといはれる。

かやうにして西蔵国の存在は、該国を繞る列強をして政治的にも軍事的にも相当の重要性を感せしめるものではあるが、元来国土そのものは、極めて貧弱な現状にあって、その上険峻な地勢は交通の便を阻み、気候の寒冷に過ぎることは行動の自由を制限し、人口の稀薄は労力の不足を告げ、資源の未知は企業を躊躇せしめるなど、凡そ経済的方面の価値として確認さるべきものに乏しいといはなければならぬ。現状に於て判明せる範囲では僅かに牧畜の一事を以て辛じて西蔵の資源として論するの価値あるのみである。

八、西蔵探検

曽て「西蔵探検」といふことは世界の流行語となったことほど一般に関心をもたれたによっても想像されるやうに、古来入国禁制の秘密境と目せられる西蔵に対しては所謂「探検」を必要となしたのである。而して今もなほ未知の旧世界としてとり残され「探検」も要望せられてやまないのである。

これまで多くの探検家または旅行家によって西蔵が如何に踏査されたかについては、茲に一朝一夕にして述べつくされるところでないが、本誌の記述上、全然本問題に言及しないわけにゆかないから、特に第十八章を設けてその沿革の概要を示すであらう。

九、調査資料について

西蔵のやうな特殊国の調査に関係しては、如何なる方面に対しても自由に且つ精確に行はれることが不能であるため、在来の資料は、その数量の上からいへは比較的豊富と見られるが、実質上からはまことに貧弱と断言せざるを得ない。而してその最も欠如するところは組織的及び数字的な資料の獲得が望み難いことである。

現在の資料中、近代的で主要なものは、その大部分が欧文の刊行書であって、特に近時はイギリス人によってなされたものに権威ある記録が多い。古記録としては支那人によって書かれたものに興味あり価値あるものが少なくないが新時代の要求に添はないことは止むを得ない。

本誌第十九章に附記する資料目録は、すべて西蔵古今の事情の紹介に役立つ文献とせられるものであるが、その適否に関しては慎重な撰別を要することを忘れてはならぬ。しかしいづれにしてもそのうちより基準的に綜合せられた資資を見出すことは容易でない。それは幾多の種類を渉猟して自身でそれらをまとめるより方法がないであらう。

吾々の要望してやま〔な〕いところは一日も早く西蔵が開放せられて、自由調査の可能なる時機の到来に外ならぬ。而して始めて完全な資料が作成せられるわけで、苟くも現状のつづく限りでは当分見込が立たぬと思はなければならぬ。なほ資料に関する具体的の記述は第十九章に於て試みるであらう。

一〇、「西蔵」の概念

古来久しく世界より隔離せられてゐる西蔵の真貌を見きはめることは容易でないだけに、それが如何なる国であるかといふ概念を把握することは困難とせられる。仍てその概念に不十分な点あることは免がれないにしても、吾々の恐るべきは根本的な誤まれる概念をもつことである。西蔵の場合はその国柄だけに誰もが誤まった概念を懐く傾向にあることは事実である。

本誌執筆の目標とするところは一にその正しき概念の獲得にあるが、もとより筆者の力のよく及ぶところでないから、不備の譏は免がれないにしても、その企図に向っては所要の努力を惜まないやうに心懸けたことは既に自序にも述べた通りである。

第二章　地形

一、要　述

1　位置

前章に述べた如く西蔵本来領土の範囲は、支那の所謂西康青海の両省をも含めた西藏高原全体を指すもので、その地域は東経七十八度より百二度、北緯二十八度より三十六度に及ぶもので、概ね支那本部の西、英領印度の北に当るが、更に支那方面では甘粛並ニ新彊の南、英印方面ではカシミル〔以下、カシミール〕の東に位するものといふべきで、総括的にいへば支那と印度とによって取囲まれた大高原の全域と見て可なりである。

2　地勢

高原の南部と西部とに墻壁を繞す如く連亘するものはヒマラヤ山脈で、その北部を限るものは崑崙山脈である。これら二大山脈の中間に亘って更に幾多の小山脈または山系がある。その主なものは南部にトランス・ヒマラヤ、北部にドゥンブラなどがあり、また西部と東部にもそれぞれ彙集せる諸山脈或は諸山系が横はる（附図山脈分布図参照）。

これら大小の各山脈及び山系は、高原の西端部に於ては、概ねパミール高原地域にその端を発し、不規則な放射線状をなして東方に延び、東部西藏（カム）に至って稍々集中形体をとり、同時にその方向を転換して先づ南東に折れ、ついで正南に向ひ並走するが如き相貌を呈する。故にこの全域を一般的には「高原」と称するが、それは平坦な高台状の原野を形成せるものでなく、大小多数の山岳の重畳連亘せるものと見なければならぬ。唯高原の北方を占める地域の大部分は、比較的褶極度〔ママ〕の緩慢な丘陵の起伏する所であって、西藏人はこの地方をチャンタンと呼んでゐる。「チャン」とは北、「タン」とは原野の意である。右に反しヒマラヤ及び崑崙などの諸山脈の連亘せる地域は、すべて嶮峻な高山嶽の重畳と、河流を挟んで懸崖をなして屹立せる深渓の錯綜を見る。

次に高原上に於ける比高状態を観るならば、その中央部より西部及び北西部に向ふに従ひ漸次高度を増し、反対に東部に向って漸高する。それは「ツァンポ」河やその他の各河川の流向によって容易に推知せられるであらう。またそれは西藏人が前者の地域を「トゥ」＝「上高地」、後者を「メエ」＝「下低地」と名けることによっても、その地勢の模様を想像することができる。

更に高原の南と北とを比較するならば、ヒマラヤと崑崙の横はる部分が急高度をなして屹立状態にあり、その中間部と見られるチャンタン（北原）地域が幾分高く、南寄のツァンポ河の流域が概ね低い。

3　面積

西藏高原の全面積を実測せる記録を見出せないが、概算せられる所によれば、約そ百二十八万乃至百三十万平方キロと推定せられる。その大部分が支那地図に示された西藏・西康・青海の三地域に属し、また西藏地図によれば西藏国の全地域を占めるものであるが、現在の西藏の本当の勢力範囲と見なさるべき部分はその約半にも充たないものである。

因に支那側の一資料によれば、西藏といはれる部分は九〇四、〔ママ〕九九九平方キロ、西康は四七二、〔ママ〕七〇四、青海は七〇五、〔ママ〕八六八、合計一〇八三、〔ママ〕五七一平方キロと概算してゐる。

4　高度

普通に高原と呼ばれる部分と、大河の流域に属する比較的広闊な渓谷地帯をなせる部分、即ち俗に盆地と称せられる所に於ては、海抜三千乃至四千五百メートルと見積られ、山岳地域にあっては五千五百メートル以上の高度を保ち、その最高所はエヴェレスト峯の如く八千九百メートルに垂んとするものがある（附図参照）。

5　地表

高原北方の大部分は雑草、牧草及び矮小なる灌木を生じ、また各所に砂原を交へてゐる。砂原は所謂砂漠の如き広闊なものでなく、比較的狭小な局地的に散在し、幾分か草木を見る所を普通とする。一帯に草原をなす所は放牧に適する所が多い。

東部及び南部の諸地方には所々に農耕の可能な沃野が散在する。ヒマラヤ及び東部西藏（カム）の山岳地域には鬱蒼たる樹林が多い。ツァンポ河などの大河の上流域には森林と称すべきほどのものを見ないが、それらの中流地域の都邑及び部落の存在する所には、ポプラとか楊柳属が繁茂し、西藏人の所謂「林園《リンカ》」をなしてゐる。

山岳の麓裾地帯には灌木の叢生する所が少くない。その他は概して岩石砂礫の露出せる部分で占められてゐる。

6 地質

概説すれば諸山岳の上層部は主として始原層と古生層とよりなり、花崗岩の横はる所が多い。谿谷部或は盆地帯には沖積層を見、随所に粘板岩、石灰岩の露出が認められる。特に東部西藏（カム）地方には赤色砂岩層が多い。

ヒマラヤ山脈地帯にあっては標高六百メートル程度の所は沈積岩、粘板岩、頁岩などがあり、更に高度に於ては片麻岩、雲母片岩が多く、それらは諸山脈を構成する地層の大部分を占めるものと見られる。一層高度に達すれば、概ね花崗岩を以て核心とするやうである。

チュンビ谿谷を経て、ラサに至る高原上には、至る所に石灰岩層が横はる。峠道の高所では花崗岩を見るが普通である。

北方のチャンタン（北原）地域には大小の湖沼散在し、曹達質、及び含塩質の地表を構成する。

7 河流

西藏高原そのものが全体として一大分水嶺をなしてゐることは諸河川の流向によって容易に知られる。しかしその状態は一様でなく該高原独特の趣を示してゐる。例へば黄河揚子江、瀾滄江（メコン）、怒江（サルウィン）、イラワディ河などが、それぞれ東部西藏の諸山脈（山系）を分水嶺とする模様と、ブラマプトラ、ガンヂス（以下、ガンジス）、インダスなどの諸河のヒマラヤ山脈に於ける場合とに各特色がうかがはれる。即ち前者の場合は各河流がそれぞれ別個の山脈または山系の方向に添ふて略々平行的に源流を発するに反し、後者の場合は単にヒマラヤ山脈の一局部、即ちカイラス山並ニマナサロワル〔以下、マナサロワール〕湖地帯を中心部として、大体東と西と南との三方に分れて流出する。

尚ほその特徴の一はヒマラヤの主脈自体は必ずしも画然たる分水嶺を有するものでないことである。何となれば印度平原に流下する若干の河川は、該山脈の脊柱部を貫通して、遥かに各河流がそれぞれ別個の山脈または山系の方向に添ふて略々平行的に源流を発するに反し、後者の場合は単にヒマラヤ山脈の一局部、即ちカイラス山並ニマナサロワール湖地帯を中心部として、大体東と西と南との三方に分れて流出する。

尚ほその特徴の一はヒマラヤの主脈自体は必ずしも画然たる分水嶺をなすものでないことである。何となれば印度平原に流下する若干の河川は、該山脈の脊柱部を貫通して、遙かに高原上部に源を発するからである。北方崑崙山方面の状態も略々これに類するものがある。

次に西蔵高原上に於ける河流の一特色とする所は、所謂内陸流域をなすものが多いことである。即ち高原上に散点する無数の大小湖水に対して流入するものと流出するものがそれであって、たとひその流出するものでも、外陸流域に連結しない場合が多く、大部分は砂原中に消滅するが如くである。但しその内のあるものは地下流域をなして外陸河川に合流するものがないではない。

8　湖沼

高原上には至る所に大小の湖沼が散在し、その実数は未だ明かにせられてゐないが、仮りに湖水と名けられるものは少くとも数百を以て算へられ、小沼の如きは無数といはれる。それらの分布状態は高原の中央部より以北、特にチヤンタン（北原）及びトゥ地方の北西部に多く見られる。それらの湖沼中には塩分を含むものが多く、その濃厚なるものの水辺地帯よりは多量の塩、曹達、硼砂などを産出する。

二、山　脈

1　ヒマラヤ山脈

高原の南側を限り、北西より東方に向ひ、延長二千キロに垂んとして西蔵と印度大陸とに境界を区画する一大高山脈であって、その最高点に海抜八八八〇メートルのエヴェレスト山のあることは周知のとほりである。エヴェレスト山の西蔵名に就ては諸説があり従来疑問とせられたこともあったが、今日では「チョモカンカル」といふが、全くそれに該当するといはれる。「チョモ」とは「大主」、「カンカル」とは「白雪」の義である（ダーヂリン〔以下、ダージリン〕のタイガーヒル頂上から展望が可能である）。次に荘厳なる偉容を以て大空に聳立つものに、海抜八五七九メートルのキンチンヂャンガ（カンチェンジュンガ）（或はカンチンヂャンガとも云ふ）があり、西蔵語の原名を「カンツェンヅゥカ」と呼び「五大雪蔵」を意味する（ダージリン山上市の前空に立塞がる如く突兀として屹立する）。

その他海抜七七六〇メートルのチョモパリ、同く七一〇〇メートルのゴゥリサンカル、同く七七六〇メートルのナンダデヴイなどの諸高嶺が算へられる。平均高度六五〇〇メートルを以て雪線となし、四時堅氷を以て掩はれてゐる。それより以下の高度に於ては矮小なる灌木及び雑草の群生する山域をなし、平均高度四〇〇〇メートル以下に至って始めて喬木の樹林山域が見られる。

山岳の斜面は絶顛に近くに従ひ急勾配をなす所が多い。ヒマラヤ山脈を南北に横断する各峠道の高度は平均五〇〇〇メートル内外であるが、いづれも嶮岨を極める。駄畜の通過容易ならざる所が少くない。車輌の類はすべて解体しなければ運搬ができない。該山脈の南側の斜面は登降山域長けれども、北側の斜面は短かいことは勿論である。高原側に近接せる山岳に於ては、その南側斜面に樹林の繁茂を見るが、北側面には殆んど皆無といってよく概して岩石の露出するが普通である。降雨量、日光照射度、及び気温関係などに基因するものであることは該山脈地帯の気象状態の然らしむる所と思はれる。

標高四〇〇〇メートル以上の山嶺を越へる場合には所謂高山病（山暈）に冒され易く、頭痛、眩暈に悩され、嘔吐を催すことさへあって、歩行に堪へないが、騎乗すれば殆んどその苦痛を感ぜぬ〔ママ〕にすむ。しかしこの種の病状は高原地域の生活に順れるに従って漸次に無感覚となる。

ヒマラヤ横断道路中最も頻繁に通行せられるものはチュンビ渓経由のゼレップ・パス（西蔵語でザレラ）であって、海抜四三六〇メートルあり、高度の点よりいへば甚だしいものとはいへないが、険阻を以て聞えてゐる。この峠の北西にあたりナトゥラと称する峠があり、標高は大差がないが通行は比較的容易であり、近時後者によるものが多い。チュンビ渓谷を経てパーリの城邑を過ぐんばタンラといふ峠（海抜四六〇六メートル）があり、傾斜は極めて緩慢であるが、ここに至って始めてヒマラヤ山脈の横断が完了されることになる。印度境のカリンポンよりの距離は約そ百六十キロである。

2　トランス・ヒマラヤ山脈

ツァンポ河の流域の北部地帯を略々東西に連亘し、平均高度は五五〇〇メートル内外に及ぶが、高原そのものの高度が既に四〇〇〇メートル以上に在るから、比高か〔ら〕知られるとほり、大山脈たるの景観を呈しない。該山脈の西部には所々に六〇〇〇メートル以上の氷嶺が聳へ、峠の通路に当っても、五〇〇〇メートルに及ぶ高所が多く、相当に嶮峻であるとはいへ、ヒマラヤ山脈の場合の如く、その両側面に特有の大傾斜面を形成するものとは趣を異にする。因に「トラ〔ン〕ス・ヒマラヤ」といふ名称はスヘン〔スヴェン〕・ヘディン氏によって與へられたるものといはれ、パラート氏の著書にはカイラス山系の延長の如く記され、日本製の地図には「岡底《カンデス》山脈」としたものも見られる。

3　崑崙山脈

西蔵高原の北端部と新疆省（支那トルコ）とを画して略々東西に連亘する一大山脈である。海抜七〇〇〇乃至八〇〇〇メートルに及び、険峻なる点に於てはヒマラヤに譲らないといはれるが、北側斜面部の大なることは後者の場合と正反対である。この方面の交通は極めて稀であるから詳細を明にしない。

4　西部西蔵山系

西蔵人の所謂トゥ地方の群岳を仮りに総称するものであって、特定の地理学的名称でない。概ねパミール高原方面に端を発し、南東方に向って連亘する。その主なるものにはカラコラム〔以下、カラコルム〕、カイラス、ラダク〔以下、ラダック〕、ザスカー〔ザンスカル〕、ピルパンヂャル、ダゥラダールなどの諸山系が算へられ、標高六〇〇〇乃至七〇〇〇メートルに及ぶ。いづれも嶮峻を極め、通過困難であるが、該方面は西蔵の中央部より著しく遠隔せることと、印度方面からも同様の状態にある関係から、印蔵交通上重要性に乏しい。西蔵人にしてカシミル地方に出でんとするものは、この方面の通過を避け、大迂回を以て印度平原の鉄道を利用するを普通とする。

5　東部西蔵山系

西蔵人の所謂カムの群山を一括呼称したもので、特定の地理学上の名称でないことは前項同様である。その連亘状態はすべてその端を高原の中央部に発して、最初は南東に向ひ、次に正南に転じて少しく集集〔ママ〕形体をとるが如く見られる。それらは高原西部のトゥ地方の各山系の走る方向と、或る地域に於て脈絡あるもの如く、全然別個の独立山系とは思はれない。北は崑崙、南はヒマラヤの二大山脈の各東端部に介在して斜めに湾曲して並列せるかの観がある。即ち、アルティンタグ〔アルティン・ターク〕、ナンシャンの各山系を北端として、ココシリ、トゥンブラ、アムネマチン、ネンチェンタンラ〔以下、ニンチェンタンラ〕などが順次に南部に及んでゐる。日本製地図には右の名称に逐一該当する名称を示してゐないが、その分布模様は大体一致するものの如く、試にそれらの名称を掲げるならは、北より南に順次に、唐古剌、寧静、他急他翁、伯舒拉、色隆拉があり、また東端部に於て沙魯里、大雪（或は折多）などの名称が見られる。その標高は四〇〇〇乃至六〇〇〇メートルであり、最高峯は七五〇〇メートルの貢嘎山としてある。これらの諸山系は高度に於てはヒマラヤと崑崙に及ばないが嶮峻なる点に於ては寧ろ後者等を凌ぐものがあるといはれる。殊に各山系が集中的形体をとって南走する部分は、金沙江（揚子江）、瀾滄江（メコン）、怒江（サルウィン）の三大河の流域の接触する所であって、至るところに峻嶺、懸崖、深渓が彙集重畳し、これらを横断するには大困難を伴ふ。しかしながら該地域は支蔵連絡路として最短距離にある関係から最も重要視せられてゐることは重要である。

6　山地と交通運輸

嶮阻なる地勢と異常の高度を有する西藏高原に於ては、如何なる行動も容易でないことは上述によって大体想像せられるであらう。最も優秀な通路に於ても山地の斜面を通過するものは概ね嶮峻なる急勾配をなしてゐる。そればかりでなく一方では幾千メートルかの高度のため通過者は山暈病に悩され易い。また断崖の絶壁を通ずる隘路は屡々千尋の深渓に臨む所があって危険この上もなく、或は崖路の急角度をなす屈折点に遭遇することなどもあって、単縦列の人畜が辛じて通過し得るやうな難関が少くない。車輌の類はたとひ一台の自転車でも解体して運ばなければならぬ。或はその体積は小さくても一人一畜の負担に堪えない重量物の運搬法には特別の仕掛を必要とする。例へば自動車の発動機の如きは特製の丸木車の台に載せ、曳縄と、後押の挺とで徐々と推進せしめる外はないのである。兵器の如きも軽山砲、軽機関銃の解体搬行を限度となし、それ以上のものは不能とせられる。

しかし海抜五千メートル以上の高度に於ても平坦なる原野をなす部分は大戦車隊の行動でも不自由を感じないやうな天然路も存在するが、その地域の前後左右には嶮峻なる山岳、深渓、断崖の阻絶する所があるため、平坦部の利用価値は極めて少ない。

その他山崩、地辷、汎濫〔ママ〕、積雪凍結など不時の障害が頻発することにも顧慮を要する。

三、河　川

1　主なる河流

中部西藏（西藏本部）のエルツァンポ〔以下、ヤルツァンポ〕即ちブラマプトラの上流、東部西藏（カム）の怒江即ちサルウィン、瀾滄江即ちメコン、金沙江即ち揚子江の上流、雅龍江即ち揚子江の一支流、及び黄河の上流、西部西藏（トゥ）のガンジス及びインダスの上流などがその主なものである。イラワディ、及びサトレジ（インダスの上流の一部）の如きも、その源を西藏高原に発するものと見られる。

　これらのうち最も著名なるものはヤルツァンポ河である。これを通常略称してツァンポといふ。「ツァンポ」は西藏語であって「河」、特に大河を意味する（本誌ではこの河名を「ツァンポ」、又は「ツァンポ」河とも記す）。

　本河は西部西藏のマナサロワール湖地帯に近き部分より源を発して東方に貫流し、東経九十五度の線より複雑なる曲線を画いて南方に流下し、印度のアッサム州に出でてブラマプトラと呼ばれる。西藏人はブラマプトラを「チュオ・センデン」と名けてゐるやうである。

　怒江はサルウィン河の上流であるが、西藏内では「ヂェモクチュ」と云ひ、同じくその上流を特に「ナクチュ」（或はナチュ）と呼ばれる。

　瀾滄江はメコン河の上流であって、西藏内では「ダチュ」の名を以て知られる。但しチャムド以北の地方では「ザチュ」と呼ばれる。別に「ゴクチュ」といふのがあるが、それは本流名でなくして、その支流に名けたものである。「メコン」の河名の由来を明かにしない。恐らく西藏語の訛であらう。彼等の想像する所では、その貫流地域名の「マンカム」の音の転化であらうと。金沙江は揚子江の上流であって、西藏内では「ディチュ」または「リチュ」と呼ばれる。

　雅龍江は前者の一支流であって、「雅龍」は恐らく「ヤルン」の音写であらうが、西藏内では「ニャチュ」と呼んでゐる。

　ガンジス（恒河）は西藏名を「チュオガンガ」といひ、インダス（信度河）は同しく「チュオシンドゥ」と称する。「チュオ」とは西藏語で「大河」を意味する。

　黄河は英版地図上では支那音に従って「ホワンホ」と記されるが、西藏内（アムド地方）では「マチュ」と呼ばれるやうである。

　凡そ西藏内に於ける大河流の名称は、上流と下流とによってその呼び方を異にするものがあり、右に掲げた河名以外にも別の異称が与へられてゐないとも限らない。河名によって直ちにその同異を決定することはできない。

2　河流両側の地勢

大河の流域にあっては比較的広大な盆地帯をなす所があり、一見して平野を流れるやうな趣があるが、両岸の地勢は高低一様ではなく、河水面は両岸より著しく低きを普通とする。

又それらの河流の一特色として、盆地域の中央の平坦部に沿ふて貫流することは比較的少なく、概ね紆余曲折して或は山嘴（山端突出部）を廻流し、或は山麓の断崖部に逼って流過するものが多い。

山嶽の重畳する地域にあっては、河川は深き渓間を流れ、屹立せる両岸は絶壁をなし、河流に沿ふては通路の開きやうのない箇所が多くある。

ツァンポ河のヒマラヤ山脈の主軸を横断する地点、或は金沙江、瀾滄江、怒江の流域の接触部などに見られる如く、両岸は水面上一千八百メートル乃至二千メートルの急斜面をなして壁立し、横断は勿論のこと、縦走することさ〔え〕も至難とせられる。

3　増減水期の状況

両岸の地勢によって一様でない。広闊な盆地では増水による水流の幅員は著しく拡大せられることは当然である。ツァンポ河のチャクサム渡河点に於ける増水時の幅員は、約そ五百メートルで、減水時には三百メートル以内に狭められる。水深は不明し《〔ママ〕》ない上に、不定であるが、左岸（北岸）の繋舟場は遠浅をなし、岸辺の水深は二メートル内外である。これに反し右岸（南岸）は所謂山嘴に接触せる所から、深度は大きく、少くとも減水期でも四、五メートル内外に及ぶであらう。中流の水深は明でない。流速も一定しないが、減水期では一、四乃至二、二メートル程度であり、増水期では遥かに急速となることは勿論である。

チャクサム渡河点に於ては両岸に近き水流は常に旋回運動をなしてゐる関係から、渡舟には至極便利である。一九〇四年イギリス進駐軍の渡河実現は参考に資する所が多い。（ワッデル著『ラサとその神秘』三一〇～三一五、及び四三一頁参照）

小河流にあっては、減水期は浅瀬を徒渉し得る所が多い。

4　氾濫

高原の雨量は概して少ない関係から、河流の大氾濫を頻発させることは稀であるが、高原上は殆んど森林を有しないため、たとひ少ない雨量でも一時に短時間の氾濫を来すことが免がれない。ま〔れに〕長年月の間には時々多雨の年に廻り合はせることがあり、比較的長時間に亘る氾濫を見ることがある。例へば一九三三年七月に於けるラサ盆地の如きは、キチュ河（ツァンポの支流）の氾濫によって数日間洪水状態をつゞけたことがある。

5　結氷

河流の大小、水量の多寡、土地の比高によって定論し難い。例へば南東部西蔵で海抜四五〇〇メートル内外にある小河では、十二月初より二月末頃までを結氷期とするやうである。

6　河流の利用価値

高原上の河川は部分的には凡て急流をなし、また岩礁と浅瀬などが多いため、舟運を阻止することが夥しい。流れが緩慢で、水深の十分な所も少くないが、いづれも局部的の存在であって、その利用価値を生じがたい。舟は原始的な皮舟を主とするが故に運輸量は僅少である。皮舟はまた長時間の航行に堪へない欠陥があるが上に、遡江が不能とせられる。木舟も用ひられるが、ただ横断渡河に供せられるに過ぎない。冬期は水流の凍結或は枯渇するものがあって、小河流の横断は容易である。

四、湖　水

1　主なる湖水

ラサより遥かに南西方に当り、ツァンポ河を越へたところにヤムド湖といふがある。一名ヤムド・ユムツォとも呼ばれる。湖状が蠍に似た奇形を呈してゐるので注目を惹く。

次にラサより遥か北方に当り、蒙古語の呼称「テンリノル」〔テングリ・ノール〕の名によって知られる大湖があり、面積一五二〇平方キロメートルに及ぶといはれる。その西に当ってダンラとヂリンツォといふがある。

青海方面〔に〕デハツォコンポがある。これまた蒙古語の「ココノル」〔ココ・ノール〕の名によって周く知られてゐる。面積約そ二五六〇平方キロメートルある。その南西に当ってツァリンノルとヲリンノルとがある。共に蒙古語名で知られ、西藏名を明にしない。

西部西藏（トゥ）地方ではツォマパムがある。印度語のマナサロワールの名によって知られ、仏教および印度教の霊場とせられる。

因に湖名に「ツォ」とあるは西藏語の「湖」を意味し、「ノル」とあるは蒙古語の同義語である。

2　湖水の利用価値

現在の交通状態に於ては、その利用価値を生じない。但し多く冬期は氷結する所から氷上の来往によって幾分近道をとるの便がある。

五、森　林

分布、並に生育状態の概況に関しては本章要述(5)地表の項に略示せるが如く、西藏高原に於ける森林の所在地は稀少の例外あるほかは、殆んど山谷地帯に限られてゐる。都邑または部落の附近に見られる樹林は、その範囲は狭小なものである。この種の樹林は多く落葉樹から成ってゐる。山谷地帯に於ては常緑樹が大部分を占め、密生してゐるが、熱帯地方に於ける樹林に比すれば幾分疎散状態にあると云ひうる。下樹草の如きも概して低疎である。樹木の種類に関しては次下「生物」の項に言及するところがある。

六、生　物

1　植物

高原地域の大部分は概ね樹木に乏しく、チャンタン（北原）の如きは殆んど樹木らしきものを見ないといはれ、雑草類が地表を飾る以外には僅かに矮生の灌木を生ずるのみである。雑草類中には牧草として適当〔な〕ものがあり、放牧者に利用せられる。

灌木類には杜松属及び石南科のものが多く見られる。また荳科植物が属する草本類が至るところに繁茂するが、硬き刺を有するを特色とする。杜松と石南の類は薫香または薬用として盛んに採集せられる。

ツァンポ河の流域には各地にポプラ及び楊柳の類からなる樹林が多い。人家の畔には胡桃、桃、林檎などの果樹も見られる。

ヒマラヤ及びカム（東部西蔵）の山岳地帯には松柏科の類が森林をなし、その最も高度にある山域には主として樅、石南の巨木を生じ、高度の低下するに従ひ樹種豊富となり、樺、松、杉、檜などが著しく目立って見える。

ヒマラヤ山地域が比高の関係上、温度の差異によって各種の適応植物帯を形成し、その分布状態は立体的或は垂直線的に顕著なるを特色とし、亜熱帯より温帯を経て寒帯に及ぶ各種の植物が狭小なる山域に於て見られることで、世界的に有名となってゐる。特に石南と桜草の種類に富んでゐることと、それらの華麗にして珍奇なことによって知られてゐる。その他芳香草類、薬用植物類の豊富なことも古来著名となってゐる。また毒草としてはトリカブトの類が見られる。

2　動物

野獣の普通なものには山豹、山猫、狼、熊、鹿、羚羊《カモシカ》、狐、兎、モルモット（西藏語にてチィピといはれるもの）、野生犛《ヤク》（西藏語にてロンといはれるもの）などがあり、その他大小の野禽及び猛鳥類、水禽、胡蝶類にも珍奇の種類に富むといはれる。

河川湖沼には魚族豊富であるが、殺生禁断の為め、それらを公然と猟することは少ない。

七、耕　地

耕地の大部分は盆地域に存在するが、国土の広大なるに比し、耕地の分布の最も多い所はツァンポ河と、その支流の流域地方である。土地の高度は平均四千メートル以下を普通とする。東部西藏（カム）の大渓谷または盆地では三千メートル以下の地域に良好な耕地が多いが区域は狭小なものである。

耕作物の繁茂期は、地形及び位置の関係上、地方によって一定しないが、概ね七、八月であって、その収穫期は十月頃を普通とする。

第三章　交　通

一、要　述

交通の現状は未だ未開時代の域を脱しない。すべて徒歩、騎乗もしくは駄載の手段による。鉄道または汽船などの便なきことは勿論、自動車の如きも極めて局地的に試用せられたに過きない。車道が開かれてゐないから、車輌類の利用法がない。それは高原の地勢が概ね嶮峻なため道路建〔設〕の困難なことにも基因する所〔が〕多いが、また一面に於ては古来伝統的な鎖国主義と、現行の条約または協定の制限にもよる。将来空路の開拓は地勢上の障害を克服〔する〕に役立つであらうが、現在では西藏政府は領土内の航空を禁止してゐる。しかし東部西藏（カム）方面に於て支那の実力の及ぶ範囲では、最近漸く自動車道路とともに空路の開設に着手せるやうである。

二、交通網

交通網と称すべき程度に発達してゐないが、現在ラサを中心として各方面に通ずるものに、左の如き諸線がある。

1　印度方面

(イ) シッキムを経てカリンポンまたはダージリンに至るもの。

西藏の中心部と英領印度とを結ぶ大幹線ともいふべきものであって、西藏国外に通ずる各線中最も優秀なるものである。諸道路に於てギャンツェ以南の部分は所謂印藏通商路として一九〇四年及び一九〇六年に、英藏及び英支間に締結せられた各条約によって開設せられたもので、全長約そ三二二キロメートルある。約そ二〇粁毎に英印政府建設のダクバンガロー（駅宿）があり、これに近接して郵便、電信（電話）の取扱所が設けてある。

ラサ—ギャンツェ間の二四二粁は西藏政府の建設にかゝるが、前者の如き施設は見られない。

ラサ—カリンポン間全長約五六四粁に及ぶ通路の順次並ニ駅名は次の如くである。

即ちラサよりキチュ河の右岸地帯を通じて南西に向ひ、チュシュを経てツァンポ河との合流点に出で、チャクサムに於てツァンポを渡河する。これよりカムパラ〔カンバラ〕（峠）またはニャプソーラ（峠）のいづれかを越えて、ヤムソ〔ヤムド〕湖畔のペーテ邑に至る。次にナガルツェの城邑を過ぎ、カロラ（峠）及びガプシ邑を経て、ギャンツェの高阜に達し、印藏通商路に接続する。

通路はこれより南西に向ひ、カンカー、グル、ドゥチ、タンラ（峠）、パーチの諸邑を経てチュンビ谿谷に入り、シャシマ即ちイギリス人の即ちヤトゥンを過ぎ、ザレラ即ちゼレプパス〔ゼレップ・パス〕、もしくはナトゥラ（峠）のいづれかを越えて、シッキム国に入る。ザレラ越をなすものはペドン邑を、ナトゥラ越をなすものはガントク（シッキム首府）を経て、カリンポンに至る。

ラサよりの旅程は騎乗によって約そ三週間を要するが普通であるが、急を要する場合は二週間に短縮することができる。

カリンポンより貨客ともに自動車便によりて、ティスタ河畔のカリンポン・ロードに降り、それより貨物は主として軽便鉄道に移され、旅客は自動車にてシリグリ駅に出で、そこでカルカッタ方面への幹線広軌鉄道に連絡する（右の旅程の各駅名及び各駅間の距離は後記附表参照）。

（ロ）ネパールのカトマンドゥ〔以下、カトマンズ〕に至るもの

ラサより南西に向ひ、ギャンツェまたはシガツェのいづれかを経由し、セカーゾン、テンリゾン〔ティンリ〕、及びニャラムを過ぎてネパール国首府カトマンズに達する。途中著名なる地点としてナルタン及びサキャがある（詳述

は第一二章都邑参照)。

(ハ) ブータンのプナカに至るもの

ラサよりブータン国首府プナカに至るものは、通常印蔵幹線路上のパーリ城邑を経て南東に向ふ。行程四三〇粁、約二週間の旅程とする。

ブータンの東部及びアッサム方面に至るものは、ラサより南下してツェタンに出で、ツォナゾン、またはタワンを経由して東部ブータンの諸邑、及びアッサムのゴーハティ及びテヅプールに出る。旅程は三週乃至四週間とする。

(ニ) カシミールのレーに至るもの

レーは旧西藏領ラダックの中心地である。ラサよりギャンツェまたはシガツェを経て、セカーゾン、及びテンリゾンに出で、次にツァンポ河沿ひの道をとり、タドムを経て、マナサロワール湖(西藏名ツォマパム)の霊地域を過ぎ、ガルトク(ガートク)を経て、インダス河の上流域に沿ひ、あるものはルドク(ルド)を経てレーに向ふ。行程約二千粁、交通不便且つ困難にして片道五ヶ月乃至六ヶ月を要する。近時この方面への旅者は鉄道便を利用するため印度路を迂回する。

2 支那方面

(イ) 四川省のダツェンドに至るもの

ダツェンドは漢字にて打箭鑪(ターツェンル)と訳し、近時の支那名を「康定」とする。この方面への通路に数条あり、北寄のものを北路、南寄のものを南路と呼ぶこともある。北路は主として隊商の通する所であるから隊商路ともいはれる。南路は普通の旅者のとる所で、前清時代では支那官吏の来往する所から、その西藏総督あるひは駐藏大臣「アンバン」の呼称をとって「アンバン」路とも名けられる。本誌では便宜上支那官道あるひは官道と記す場合が多い。

さて北路即ち隊商路は、先づラサより北に進み、ナクチュカ(ナチュカ)を経て北東に向ひ、ゼクンド〔ジェクンド〕(キクド)に至り、これより南東に転じ、デンコ、ゾチェン、ロンバツァ、ダルヂェ、カンツェ、ディオ、ダウを過きて、ダツェンドに達する。

　この道は著しく北方に偏するため、他の通路に比して道路は遠くなるが、沿道地域には嶮峻な山岳少なく、原野は牧草に富み、駄畜の飼料が得易い点で至極便利である。

　隊商（駄畜隊）はその往返に約そ一カ年を費すことは珍らしくない。彼等の行進速度は毎日十粁内外、または半日行旅とする。残る半日程は駄畜（主として犛《ヤク》）を原野に放牧せしめて飼糧の携行の面倒を省く。主要駅では比較的長時日の滞在をなし、旅装の準備を兼ねて休養をとる。

　商人らは駄畜隊とは別行動を取り、貨物は駄畜業者に委ね、自身は南路（官道）をとって、旅程を短縮することを考へる。

　官道の方は嶮峻な峠道をなすところが多いが、北路に比して行程短かく、また沿道には部落が多いため旅者には便利である。しかし駄畜には牧草に乏しい欠点と、所在駄畜の少数なために駅換の困難がある。官道の順次をいへば、先づラサよりキチュ河の渡舟場ハドン・シャンカを経て、ギャンダ、ショパド、チャムド、タヤ、マンカム・カート、バータン、リタンを過ぎてダツェンドに達する。その行程約一千七百粁に過ぎないが、全線に亘る嶮岨な峠が多く、平均日毎に必ず一峠を越さねはならぬ〔と〕いはれる。殊にチャムド以東乃至東南方の地区では怒江、瀾滄江、金沙江、雅龍江などの大河谿谷の横断を余儀なくせられる。ラサ―ダツェンド間の旅行日数は約そ七十日乃至七十五日を要する。

　次に右の二路の外に霊跡巡拝者らの通ずる一別路がある。道次は一定しないが、その約半は南寄の道を、他の一半は前述南北二路の中間道を選ぶやうである。即ちラサを旅立つものは直ちに南向してサムエ〔サムイェー〕に出で、ツァンポを渡り、ツェタンよりタクポ及びコンポの沃野地方を過ぎ、チャムドに至り、東向してデルゲ・ズンチェン及びカンツェを経てダツェンドに向ふを普通とする。

（ロ）雲南省の昆明方面に至るもの

　昆明を中心として雲南各地に向ふものは、ラサより官道をとってチャムドに出で、マンカム・カートを経てツァカロ（塩井）に向ひ、それよりアトゥンツ（阿敦子）に至るを普通とする。

（ハ）青海省の西寧方面に至るもの

北支那及び蒙古方面に通ずるもので、ラサより西寧までの距離は約そ一八五〇粁といはれる。通過地域の大部分は所謂「北原」に属し、嶮峻なる山は少ないが、際涯なくつづいて起伏せる荒寥たる原野には、所々に遊牧民を見る外に殆んど定住者の部落は存在しない。

順路はラサよりナクチュカ（ナチュカ）を経て北東方に進み、直ちに西寧に向ふものと、ゼクンドを経由するものとがある。旅程は一定しないがタシゴンパを経て直行するものは片道三ヶ月乃至四ヶ月を費し、これを往返する場合には、季節選択待期《〔マヽ〕》の都合上、普通一カ年を充てゝゐる。青海方面よりラサに向ふものはその到着季節として冬または夏の両期を選ぶを常とする。

（ニ）新疆省の于闐（コータン）に至るもの

ラサより北または北西に向ひ、「北原《チャンタン》」を過ぎ、新疆地方に通ずる数条の不定路があるが、概ね遊牧者の微かな踏付路を辿る程度のものに過ぎない。路順駅宿などは固より存しない所である。旅者は昼間は稀に目撃する遊牧者の天幕を頼りとし、夜間は大空の星の位置を見きはめて進路を探りつつ、長時日を費やして夫々の目的地に向ふ。そのうち主なるものは于闐に通ずるものである。

（ホ）ビルマ＝北部ビルマ地方に通ずるもの

ラサより北部ビルマに至るものは支蔵官道のショパド方面よりザユ地方のシカタン、及びリマを経て、蔵緬国境を越えフォード［フォート］・ヘルツ方面に出るを順路とする。しかし今日ビルマに至るものは殆んどすべてが印度カルカッタより海路ラングンを経由するが普通である。

三、道　路

1　道路の素質と価値

西蔵高原の道路は概ね自然道ともいふべきものであって、これに幾分の修築を施したものに過ぎない。所謂印蔵通商路は英印政府との共同所管に属する関係から、相当に整備せられたもので、所々に砕石舗装を加へた部分があり、ラサ附近に於ては達頼喇嘛の宮城と、その南西約一粁を隔てたる離宮ノーブリンカ〔以下、ノルブリンカ〕との間と、ラサの北方約一粁の造幣所とを連絡する道路を砂利敷として舗装せるものが見られる。ラサ市内の道路は粗悪であって、車輌の運行に適しない。辛じて自転車の通行を可能ならしめ〔る〕程度のものである。

ギャンツェに於てはイギリスの官憲駐在地附近の通路は少しく砂利舗装が施されてある。

西蔵の普通の道路は一般に路面の凹凸甚だしく、幅員も一定しない。山岳地域の如きは海抜五千米以上の高度に通ずるものが多く、其勾配も亦急峻である。殊に山崖道の如きは幅員極めて狭く、単縦列の人畜が辛じて通過し得るものである。これに反し坦々たる原野に通ずるものは数輌の自動車を並べ走らすに十分であるが、素よりそれらは局地的に限定せられたものであって、その行路の前後には嶮峻な山崖道または深谿道が控へてゐて交通の自由を阻碍するから、車輌類の全面的利用は絶望である。

これを要するに西蔵国内の交通及び運輸量の単位は一頭の駄獣に置かねばならぬ。駄獣の主なるものは犛《ヤク》、騾、馬の類である。

将来車道建設の容易と思はれる所は、中部西蔵ではギャンツェ—パーリ間約一六〇粁である。先年ギャンツェ駐劄のイギリス貿易官はこの両地間で貨物自動車の運営を企図して実施に着手したが、西蔵政府の反対する所となって停止せざるを得なかった。その理由とするところは西蔵内の駄畜運搬業者の職業を奪ふによると云ふのである。

東部西蔵に於てはダツェンドを基点として、所謂北路即ち隊商路と、南路即ち官道との一部分に、支那政府は車道を建設した模様である。北路の如きは少くとも延長数百粁に及ぶ車道の開設に十分見込があるといはれる。比較的最近の情報によれば、康定（ダツェンド）より甘孜（カンツェ）に向ふ道路には現に自動車の運行が実施されてをり、また同じく康定より官道を通じ西方に九六粁を隔つる殷官寨との間にも車道の開通に着手したといはれる。後述の如く殷官寨は当方面に於ける産金地の中心にして、最近支那の近代的飛行場の建設せられた所である。

2 道路と橋梁

主要な道路と小河流との交叉点には橋梁を架せる所は多いが、ツァンポ河、金沙江（揚子江上流）、怒江（サルウィン）、瀾滄江（メコン）の如き大河には架橋あることは稀である。ツァンポ河には曽て十五世紀頃に架せられたといはれる吊橋の鉄索が現に残存してゐる。十九世紀頃まで使用されたとのことであるが、今日ではその地点の河幅（水流の幅員）も広がり、左岸に於ける鉄索の末端は河流中の一小島（岩礁）に終ってゐる。

橋梁の種類として特有なものは所謂肱木橋の類である。其他には吊橋、綱橋なども少くない。ラサの西方約十粁の所にあるティルン河に架せられた「ティサム」といふ橋は中央の一部分を鉄骨とコンクリートを以て造ってあるといふ。

橋梁の耐重力に関しては、その幅員によって適度に通過量を適度に制限するやうになってゐる。特に厳重なる一定の制限を要するものには監視者を置く。吊橋の小なるものは駄獣の通交を許さないものがあり、人間ならは一時に一人以上を通さないものもある。

綱橋は通常一時に一人を限度とする。稀に駄畜を渡し得るものもないではない。渡橋操作の困難と危険を避け難く、且つ著しく長時間を要するものである。

四、交通運輸の手段

1 駄畜

現在西蔵にて唯一の交通運輸手段として盛に利用せられつつあるものは駄畜類である。その主なるものは馬、騾、犛《ヤク》、驢、牛、駱駝などである。そのうち馬と騾とは騎乗用にも駄載用にも供せられるが、他は主として駄載用に限られる。犛は極寒地の使用に適するが、歩速が鈍い欠点がある。駱駝は青海方面よりチャンタン（北原）を通行する場合に限られ、ラサまで来往するものは稀である。駄畜中最多数を占めるものは犛であって、騾はこれに亜ぐ。これらは地方の状況とか気候などの関係によって利用手段を異にする。例へはチュンビ渓以南、カリンポン方面に及ぶ地方では常に馬と騾とが専用せられるが如きものである。またある所では羊や山羊のやうな小家畜をも使用せられることがある。駄載量微々たりと雖も、他の駄畜の通行する能はざる狭所に利用し得るの便があり、連行の簡易な点がよろこばれる。その駄載量は十瓩乃至十五瓩を限度とする。

運賃は地方と時期によって一定しない。例へばラサよりカリンポンに向ひ、一駄約七十五瓩の羊毛を輸送するには、印度通貨勘定にて、最低十七留比から最高三十留比を要するが如きものである（一留比は大東亜戦直前までは一円二十五銭程度に換算せられた）。

またダツェンドよりラサに向け茶を輸送する場合は、通常茶の現物を以て運賃支払に充てられる。その基準は半駄量を単位とするもので、即ち一駄量を約七十五瓩とするときは、その半の三十七瓩となる。茶の価格も亦種類あるひは品等と時期とによって一定しないが、ラサ着の相場によって計算する商習に従ふならば、最上品にて一駄の価格は約百留比を普通とする。但し運賃代りとして支払ふ茶の現物は品質の劣等なるものを以てするから、金額に換算すれば割合に低廉となる。

一般旅者の騎乗賃金は駄載賃金に比し約三割高となる。

運輸法に「ウラ」と称するものがある。「ウラ」とは本来よりすれば、地方の住民が、政府への納税の代りに彼等の労力または駄畜（騎乗用を含む）を無償にて提供するの法である。西蔵政府の官吏は従前すべて無料にて「ウラ」を利用する特権を与へられてゐたが、現今は無料となるべき限度が定められてゐる。一般地方人及び稀に英支蒙の外人らにも右利用の特典を与へられるが、適正な賃金を必要とするものである。

2　舟艇

舟は主として渡河用に供せられる。それは極めて原始的のもので、これに木舟と皮舟とがあり、後者を最も普通とする。木舟は概ね大河の横断用に供せられ、皮舟は同じく横断にも用ひられるが、亦主としてその下航用に充てられる。皮舟の航河は水流を遡ることが殆んど不能とせられるから、一旦下航したものは揚陸した後、十分乾燥せしめて再び上流地域に担ひ上らねばならぬ。

湖上に舟運を利用することは少ないが、それは交通上未だその必要に逼られないためである。いづれにもせよ舟運の手段は極めて利用価値が少ない。

河舟の構造について概説するならば、それは犛《ヤク》の皮を縫ひ附け、その合し目に脂肪を塗って水の浸透を防ぎ、木製の舟形の枠に張りつけたものである。皮舟を西蔵語にて「コワ」といふがそれは「革」を意味する語である。

一舟の人員搭載量は大型のもので七人内外である。但し荷物を携行する場合はその容積と重量に応じて人員を減せられる。湖上などて一時的の舟遊を試みる場合ならは一時に十数人乃至二十人を載せ得る。

木舟の最大なるものは長さ九米、幅四米、深一・六米の箱型をなし、舳部には馬首を型どった木製の飾を附ける。「舟」の佳名を「水上木馬《チユイシンタ》」といふに因んだものである。搭載量は人間のみならば約そ八十人、駄畜ならは小馬にて十五乃至二十頭を可能とする。駄畜類の渡河法として別に獣頸に縄を結びつけて水流を泳かしつゝ舟で導く方法もある。

3　車輌

前述の如く車道未開設の現状に於ては車輌類の利用は望まれない。自動車の如きも極めて短距離間に一時的の運行を試みられたに過ぎない。イギリス官憲の貨物自動車運営も結局試験程度に終ったことも上述の通りである。

ラサでは小数《〔ママ〕》の自転車を見るが、それらが真に実用的な乗物としてでなく、いづれかといへば遊歩の目的同様に使用されてゐるのである。現在実用的な自動車の運営を試みてゐる所は、支那の勢力範囲に属する康定（ダツェンド）方面のみである。

五、鉄道敷設問題

山岳地域の嶮峻なことと、一般に比高の懸隔甚だしきことによって、鉄道の敷設は容易でない。しかし近き将来に可能性を有するものは、中部西蔵に於てはギャンツェよりシガツェ方面に至るものと、同じく印度境に通ずるものとが挙げられ、東部西蔵（カム）に於ては康定（ダツェンド）より玉樹（ゼクンド）に通ずるものに可能性が多い。前者は恐らくイギリスの権益拡大を誘発すべく、後者は支那の勢力進展を実現せしめることとなるであらう。

最近支那政府は中印連絡の一線として、西昌より東部西蔵の東南をよぎってサディヤに至る軽便鉄道の敷設を計画中と伝へられるが、地形その他種々の困難な事情が予想せられ、その着手は早急に望まれないものと観測せられる。

六、航空路開拓問題

航空に関する近時の情報を詳にしないが、信すべき原地人の語るところによれば、西蔵本部＝西蔵政府の実勢力範囲に於ては、未だ空路の開設は見られない。西蔵政府は同国上空の飛行を厳禁してゐるから、自国は勿論のこと、英支両国と雖も、その開拓に着手してゐない筈であると。尚ほ我国製の航空地図によれば、ラサ、ギャンツェ、チャムドなどに飛行場が建設せられある如く記されてゐるが、その当時は全く事実に相違してゐ〔る〕。但し最近の模様は明でないと附言した。

東部西蔵に於ける支那の勢力範囲に属する枢要地点では、支那政府によって飛行場の計画が進められ、若しくは既に建設せられあることは事実であって、例へば康定の西、九十六粁の地点なる殷官寨飛行場に就ては左記のやうな報告が斉されてゐる。

即ち該飛行場は海抜三、四五〇米の高度にある盆地に築かれ、恐らく世界に於ける近時の飛行場中最高度地域にあるものの一であらう。面積は長さ二千米、幅八〇米である。未だ舗装は施されてゐないが草生地のまゝで役立つ見込である。附近に産金地を控へてゐるから経済上は勿論、位置として軍事上にも重要視せられ、また西蔵高原の連雪山観光の目的にも添ふわけである。なほ巴安（バータン）及び玉樹（ゼクンド）にも計画或は建設中と伝へられるが詳細は明でない。

西蔵に於ける航空問題は、地上交通の至難なることに関係して重要なる研究事項となる。一般交通は勿論、政治上、軍事上の必要が痛感せられる。西蔵現地調査の基礎たるべき地図の作製上よりするも、地上探検の困難な地域に対して飛行機を利用することの価値多きことは云ふまでもない。空路開拓の急務が叫ばれる所以はここにある。幸にして西蔵高原には至る所に若干の平坦なる草原または沙原が横はってゐるから、滑走路の建設は比較的容易である。また大小湖水が多数散在することも亦好条件の一にかぞへられる。但しその高度は概ね四千乃至五千米であることを注意せねばならぬ。

七、里程及び旅程表

下記附表は西蔵内外の交通に関する里程及び旅程の記録であるが、旅程表は簡略に過ぎまた正確を期しがたい点が多い。

第一表　西蔵印度間　カルカッタよりラサに至る主要地間里程表

1903-4年英軍進駐当時の記録

高度（海抜）は呎、距離は哩　地名の呼称法はイギリス式綴方に従ふ

地　名	高度	距離		摘　要
		区間	通計	
シリグリ　Siliguri	397			カルカッタより鉄道にて337哩14時間を要す。但し近時は11時間に短縮せらる
シヴォケ　Sivok	500	11	11	
リアン　Riang	625	12	23	
タルコーラ　Tarkhola	900	13	36	4・5哩にしてティスタ橋を渡る。ダージリンより18哩。カリンポンより5哩。橋長710呎
ランポ　Rangpo	1200	6	42	シッキム国領。ティスタ渓を離る
ロロタン　Rorothang〔Rorot'ang〕	1660	8	50	
リンタム　Lingtam	3960	10	60	ロンリ(2590呎)より急坂を登る
ゼィルク　Zeyluk	8760	7	67	
ナトン　Gnatong	12200	8	75	
クプ　Kupu〔Kuphu〕	13200	8	83	
ランラム　Langram	12150	6	89	4哩にして西蔵領内に入る
(ゼレプ〔ゼレップ〕パス。Zelep P.	14390			Zelep Laともいふ。西蔵語にてザレラZale'La
リンチェンガン　Rinchengang	9370	4	93	2哩にしてヤトゥンYatung(西蔵語シャシマ)10100呎
チュンビ　Chumbi	9780	4-5	97.5	
リンモ　Limgmo	11200	7	104.5	3哩にしてチュテンカンポ、4哩にしてガリンカGalingka
ガウタン　Gauthang〔Gaut'ang〕	12360	5.5.	110	ガウツァGautsaともいふ？〔ママ〕
ドタク　Dothak〔Dot'ak〕	13550	5	115	
パーリ　Phari	14570	12	127	3.5哩にしてカンブラブ橋を渡る。チュンビより30哩
チュギャ　Chugya	14650	3.5	130.5	
トゥナ　Tuna	14950	15.5	146	
ドチェン　Dochen	14900	12	158	8哩にしてグルGuruに至り、ラム湖 L. Ramに沿ふ
カラ湖　L. Kala	14700	12	170	
マンツァ　Mangtsa	14400	10	180	
カンマー　Khangmar〔Kangmar〕	13900	12	192	ニェルNyaeru及ゴプシGobzhi経由にてラサに至る近道あり
サヲガン　Saogang	13500	15	207	
ギャンツェ　Gyantse	13200	15	222	チュンビより124.5哩。パーリより94哩
コタン　Kothang	14000	10.5	232.5	
ルンマー　Lungmar	14200	13.5	246	7.5哩にしてゴプシに於てニェルNyeru河を渡る
ラルン　Ralung	14200	8	254	
カロ(峠)　Kharo P.	16000	7	271	
ナーガツェ　Nagatse〔Nagartse〕	15000	12	283	ヤムドYamdok湖畔に進む
ヤシク　Yasik〔Yasig〕	14950	11	294	シガツェShigatseへの直進路あり
ペーテ　Palte	14950	5	299	ヤムド湖岸にあり
デマルン　Demalung	14950	11	310	
カンバ　パーツィ	12200	6	316	ツァンポ渓谷Tsangpo Valleyカムバ峠またはドクDok峠を越えたる所
チャクサム　Chaksam	12100	7	323	ツァンポTsangpo渡河場
ヂャン　Jang	12150	10	333	キチュKyichu渓谷
ネタン　Nethang	12210	13	346	
ティルン橋　Rilung〔Tilung〕 Br.	12240	7	353	
ラサ　Lhasa	12290	6	359	ギャンツェより137哩、パーリより231哩、チュンビより261哩

第二表　支蔵印間各通路旅程表

（「辺彊支那」第一巻第二号所報、辺彊問題研究所、1934年9月）

Ⅰ　康定ラサ間旅程表

駅名	支那里程	行程	摘　　要
康定			旧名「打箭爐」西蔵名「ダツェンド」交通はすべて騎乗または駄載による
折多	50	1	
安良	85	1	
東俄洛	55	1	
臥龍石	75	1	
雅江	120	2	旧名「河口」一名「中渡」
西俄洛	135	2	
火竹卡	110	1	（一泊とせるは二泊の誤か）
理化	50	1	旧名「裏塘」西蔵名「レタン」
頭塘	50	1	
喇嘛了	105	2	
三覇塘	110	2	
大朔塘	100	2	
小巴沖	130	2	
巴安	50	1	旧名「巴塘」西蔵名「バータン」
竹巴籠	50	1	
莽里	130	2	
古樹	120	2	
江卡	100	2	
黎樹	110	2	
石板溝	110	2	
阿足塘	80	1	
洛加宗	100	2	
察雅	80	1	
昂地	95	1	
王卡	90	1	
巴貢	50	1	
包敦	100	2	
昌都	150	2	旧名「察木多」西蔵名「チャムド」
浪蕩溝	75	1	
思達	160	2	
瓦合塘	150	2	
嘉裕橋	80	1	
洛隆宗	80	1	
碩都	160	2	旧名「碩般多」西蔵名「ショパド」
巴里郎	100	2	
拉子	100	2	
丹達	100	2	丹達―郎金溝（一〇〇支里二日行程）郎金溝―阿蘭多（九五支里二日行程）
阿蘭多	80	1	
多洞	80	1	旧名？〔ママ〕「甲貢」
嘉黎	140	2	旧名？〔ママ〕「拉里」
山湾	160	2	
寧多	160	2	
大昭	80	1	旧名「江達」西蔵名「ギャンダ」
鹿馬嶺	160	2	
烏蘇江	180	2	中途に「堆達」「竹貢」を経由す支那地図の支蔵国境線にして西康省に属す
墨竹卡	130	2	
徳慶	120	2	
拉薩	60	1	西蔵名「ラサ」　所謂「ラサ」
49駅	4945里		（旅程約そ75日間とする）

Ⅱ　雲南よりの支蔵各通路及旅程表

1．雲南省城より阿墩子を経て巴安に至るもの

駅名	支那里程	行程	摘　　　要
雲南			省城より「禄豊」まで自動車道あり。以西は建設中1934年「下関」まで開通の筈。
楚雄	440	6	
下関	？〔ママ〕	？〔ママ〕	（未詳。但し推算970支里。行程5日間）
大理	30	1/2	
麗江	400	5	
維西	450	6	
葉枝	250	3	
阿墩子	400	5	
塩井	330	？	
巴安	370	6	（5日行程？）〔ママ〕
10駅	3200	42	

2．麗江より「徳栄」を経て「巴安」に至るもの

駅名	支那里程	行程	摘　　　要
麗江			
中甸	350	5	
東哇絨	340	5	
徳栄	450	6	
巴安	350	5	
5駅	1490	21	

3．麗江より「木裏」を経て「康定」に至るもの

駅名	支那里程	行程	摘　　　要
麗江			
永寧	400	5	
木裏	420	6	
康定	1100	15	
4駅	1920	26	

4．阿墩子より「江卡」を経て「昌都」に至るもの

駅名	支那里程	行程	摘　　　要
阿墩子			
江卡	500	5	
扎鴉	600	8	
昌都	450	6	
4駅	1500※	19※	※1550支里21日旅程の誤算か

5．阿墩子より「擦哇城」を経て「拉薩」に至るもの

駅名	支那里程	行程	摘　　　要
阿墩子			
擦哇城	550	10	
扎雀卡	650	12	
拉薩	1100	20	
4駅	2300	42	

６．下関より「緬甸」を経て拉薩に至るもの

駅名	支那里程	行程	摘　　要
下関			
永昌	500	5	？〔ママ〕
騰越	300	4	
八募	650	8	「蔴草地」と「八募間」自動車にて約二時間
瓦城	？〔ママ〕	3	汽船便
蘭貢	？〔ママ〕	(2)	汽車にて18時間
甲谷他	？〔ママ〕	3	汽船にて3昼夜
カリムポ	？〔ママ〕	(2)	汽車にて30時間？〔ママ〕
江孜	550	9	騎乗
拉薩	480	8	騎乗
10駅	？〔ママ〕	44日	

第四章　通　信

一、要　述　（附図通信網図参照）

従来の西蔵に行はれた通信法は所謂飛脚便の類で、徒歩または騎乗逓送法による。しかし近時は幾分近代化する所があつて、一九〇四年の英蔵事変を契機として、先づ英印政府によつて印度国境とギャンツェ間とに郵便、電信及び電信線を共用する特殊電話の開通を見るに至つた。

西蔵政府の郵便制度は一九一二年に、同じく電信（電話）は一九二〇年に創設せられた。

支那が西蔵を支配した前清時代にはラサとダツェンド間に郵便を設けてゐたが、西蔵独立宣言以来自然に廃棄せられた。

無電台は現在ラサに於てイギリス及び支那の所設にかかるもの各一基存在するが未だ一般民衆の自由に利用することを許されないといはれる。

二、郵　便

西蔵政府の郵便はラサを起点としてギャンツェを経由し、チュンビのピピタンに至るものと同じくギャンツェよりシガツェに至るものと、またラサより東部西蔵のギャンダに至るものがある。

郵便の発着は通常一日一回となし、徒歩逓送法によるを原則とするが、既設郵便線以外の地方に対するものは臨機騎乗「飛脚便」によってゐる。ギャンツェと印度国境間のイギリス郵便は騎乗を以てする区間が多い。

郵便物を西蔵より印度に発送するには、ギャンツェまたは他のイギリス郵便局所在地（西蔵内）に於ける連絡者に依頼し、前以て貼附しある西蔵政府の郵便切手の外に、英領印度政府の切手を貼らねはならぬ。印度側よりする場合も亦右に準拠する。

西蔵政府郵便の各主要地間に於ける所要日数は次の如くである。

ラサ―ギャンツェ間	二四〇粁	三日間
ラサ―シガツェ間	三一五粁	五日間
ラサ―ギャンダ間	二七二粁	七日間
ギャンツェ―シガツェ間	九六粁	二日間
ギャンツェ―カリンポン間	五一〇粁（但イギリス郵便）	五日間

郵便線外にある主要地に対しては、必要に応じ官設飛脚便（騎乗によるものが多い）を用ふるが、その発着度数は一定しない。

三、電　信（及び電話）

西蔵政府の電信（電話）は現在ラサ―ギャンツェ間に開設を見るにとどまり、ギャンツェ―印度間に於ける英印電信の如く単線のものである。電信区間に於て電信線を共用する電話が通じてゐる点も亦同様である。電話専用線の架設は未だどこにも見られない。

ラサ―印度間の電信送受は英蔵協定によって共通料金を以てするから、郵便の如く面倒でない。但し電文は（電信文字）は、すべてローマ字に限られ、西蔵国内といへとも自国文字の使用ができない不便さは免がれない。

四、無　電

一九三四年ラサに於て支那政府によって開設せられたに対し、一九三五年英印政府は自国の無電台を設けた。装備の程度を明かにしないが、英国無電の方が一層強力なものといはれる。

電源が西蔵政府所設の水力発電による。発電所はラサの北方で、セラ寺院の東方にあたるドテプの河畔にある。ラサ市街の点灯を目的として建設せられたもので、発電装置はイギリスより購入したものであるが、建設技術は西蔵人の手で行はれた。発電力は詳でない。余りに小規模に過ぎ、辛してラサ市（人口四万乃至五万）の点灯を毎夜数時間だけ可能ならしめる程度に過ぎないといはれる。

○

支那無電台はラサ市の中央部に近いサンドゥポタン邸内に設けられてあり、イギリス無電台は郊〔外〕に於て、宮城「ポタラ」と離宮「ノルブリンカ」との中間に位する「デキリンカ」寺院内に存在する。

第五章　気象

一、要述

西藏高原全域に亘る気象観測の総合的資料は未だ存在しない。現存の記録はすべて局地的に外国人の旅者によって作製せられた概略的のものに過ぎないが、今日ではこれ以上のものを望めない。

一般に西藏高原として特有の気象条件を具へてゐることは当然であるが、別論するならば該高原上の複雑な地勢と、格段な比高とによって、区々たる気象状態を呈するものといはなければならぬ。即ち同一の緯度に於ける地点たりとも高度二五〇〇米内外の渓谷盆地と、五〇〇〇米以上の高度地域との気圧、気温、気流、湿度などは著しき懸〔隔〕あることは容易に推測せられるであらう。全般的に該高原の気象状態を特色づけるものは、ヒマラヤの大山脈であって、熱帯の印度と近接しながら全く異様の相貌を供《〔ママ〕》へてゐる。高原の雨気が六月末より八月中旬に及ぶことは、勿論印度のモンスーンと関連するものであるが、その様貌《〔ママ〕》は著しく相違するところがある。降雨の最も多い時期と云っても必ずしも一定せるものでなく、また雨量の寡少なことも顕著であって、一年間の平均雨量は僅かに六〇〇粍程度に過ぎないものと見られる。尤も年によって甚だしく増減することもあって定論し難い。

気温は六、七、八の三ヶ月が高く、通常八月中旬を最高とするやうである。最高温度は中央西藏では平均華氏九〇度内外と観測せられ〔る〕が、一九〇四年英軍進駐当時の調査にかかる一記録によるときは、同じく百度以上に上昇せることを示してゐる。

右の時季を過ぎて九月に入れば気温頓に降下して急に冷涼を覚え、十月には最早寒冷を催し、「北原《チャンタン》」の如きは全く冬季の状態を現ずといはれる。

厳冬に於ける最低温度は同しく華氏零下二十度内外である。尤も人間の常住しない山岳地域に於ける温度は例外に属する。

西藏高原上の旅行季節として最も適当なのは十月とその前後とであって、天候、気温ともに快適といはねばならぬ。十二、一、二の三ヶ月は寒冷に過ぎ、且つ駄畜類の糧秣獲得が容易でない。しかし降雪は比較的少なく、これが為めに行進を阻止せられるやうなことは頻々として起らない。数日間の待機によって開通の見込が立つからである。河川湖沼の減水、乾燥、凍結などによって、通行そのものは却って容易となる。

三、四両月の気温は悪くはないが、牧草が未だ発育しないといふ不便を免れない。

夏時の六、七、八の高温は決して行旅の障害となるものでないが、降雨のために河川湖沼の増水を来し、通路を遮断せられることが長時日に及び、一地に長滞在を余儀なくせられるか、または通路の大迂回を行はねばならぬことと、幕営に困難を感ずるやうなこともある。たゞ至る所に牧草繁茂し、駄畜の飼料には事欠かないといふ便利がある。

大部隊の軍事行動を起すやうな場合に於て、最良時季の十月とその前後を除外したとき、夏と冬のいづれを選ぶかと云へば、寧ろ冬季を以てする方が幾分困難の克服が容易であら〔う〕と思はれる。防寒と糧秣の準備を十分にすれば足るからである。

二、特殊地域の気象

１　ラサの気象概況

ラサの位置は東経九十一度六分、北緯二十九度三十九分、海抜三六八五米であって、ツァンポ河の一支流キチュ河に沿ひ、該支流によって形成せられた盆地（□原）の中心部を占めてをる。これを我国の相当地域に比するならば、その位置に於て九州の南方奄美大島附近に当り、海抜に於て富士山の絶頂に等しく、地勢に於ては京城に比すべきであらう。

ラサの気象概況に関しては大正二年二月七日より同四年末に至るまで約そ三年間筆者の観測した簡単な記録によって知られるが、同三年九月以降の記録を喪失したことと、残存記録に破損箇所があることとで、茲に全体を通じて漏れなく掲載することはできないから、その最も特色とするところを要記するに止める（備考、ラサの高度は海抜指数が参考資料によって一定しない。僅少ではあるが若干の差違を見る）。

天候は概ね午前中は晴、または快晴で、午後は漸次雲量を増加し、曇り勝となる傾向がある。

風は早朝は無風または東の軟風が多く、午後は西に転じて風力（風速）を増すを常とする。

雲は快晴の日にも時々高空に微かに巻雲の飛散するを見ることがある。空に雲量の多い日には主として層積雲を横たは［ら］せる。七、八月の降雨季節を除いては終日密雲に閉されるやうなことはない。

気温は最低のときは華氏零度（摂氏零下十八度）、最高は同しく八十五度（摂氏二十九度）とする。

同一季節に於ても屡々気温の急変を起すことがあり、また昼夜の較差も著しい。例へば大正二年十二月二十三日の最低温度は華氏二十三度（摂氏零下五度）であるが、その翌廿四日の最低温度は僅かに六度（摂氏零下十四度）に急低した如くであり、また同二年二月廿五日の最高温度は華氏四十七度（摂氏八度半）であるに対し、その翌二十六日には六十度（摂氏十五度半）に急昇せしが如きものである。

また同一日に於ける較差の著しいものは大正三年三月二十六日の最高六十度に対し、最低は二十二度を示せるが如く、一日に三十八度の激差を生じた場合もある。

風向による温度の変化は、東または北よりするものは低温となり、西または南よりするものは高温となることは緯度と地勢との関係から頗る当然のことである。

降雨は六、七、八の三ヶ月に多い。特に七、八両月の中間に於て雨量は最高度に達するやうである。一年間の平均雨量を十分に観測することができなかったけれども、年によって可なり著しき差異を生ずるやうで、少ない時は約そ四五〇粍、多いときは七〇〇粍程度と推測せられる。湿度の観測は行はなかったが、夏時以外は概ね乾燥度が高い。雨季といへとも黴を生することの少ないこと、一般に食糧品の貯蔵が長期間に堪えることと、冬季乾燥肉が容易に作られ〔る〕ことなどによって想像せられる。

冬季に於ける降雪は、その度数も降量も極めて少ない。地上の積雪は最多の場合にて六吋《インチ》（一五三粍）を超過することが少ない。その度数の点より云へは、冬よりも寧ろ春の四、五月頃が多い。降雨の際は夏時（六、七、八月）の候といへども、ラサ周辺を囲繞する山々の中腹より頂上にかけて白雪を降らせ、夏草の新緑と一線を画する光景は稍々奇観といふべきである。

次に、西藏高原地方に特有なる沙塵風の模様について、ラサに於ける観測概況を記さねばならぬ。その来襲は予期しながらも稍々突発的の感がないでもない。予知時間が割合に短かく、兎角するうちに疾風乃至強風（風速十二乃至十八米）程度のものが忽ち沙塵を伴ふて吹き荒み、十米ばかりの周辺すら透視が不能となる。勿論日光は全く遮蔽せられて、夕闇の迫るが如くである。旅中途上でその猛烈なるものに遭遇するときは逸早く適当な場所を見つけて待避するか、然らざれば地上に平伏す〔る〕より外はない。

発生時刻は幾分定期的であって、通常午後に於て多くは二時前後より始まる。早朝とか夜間には極稀である。吹続時間は二時間乃至三時間内外を普通とする。

風向は西または南西が最も多く、稀れに北西よりすることがないではない。

砂塵《〔ママ〕》風の発生は夏時降雨の最多なる季節を除いては、殆んど年中これを見ないことはないが、しかし定期的のものとは云ひ難い。時には数日間連続的に来することがあり、時には数日乃至一旬も発生しないこともある。その全回数の一年間の平均を求めるならば約そ一週一度の割合となる。

ラサの気圧は筆者携行の気圧計に少しく故障を生じ、正確な観測はできなかっ〔た〕が、大体として平均気圧は四八五粍程度で、毎日午前と午後とに定時の高低変化を示すやうである。但しその差は極めて少ない。沙塵風の発生時に際しては、来襲時前の変化を示さないが、発生中僅かに低下するを見るやうである。最後に筆者の現存記録により各月の天気概況を簡単に表示するならは本章末録の附表の如くである。

2　印藏通商幹線沿道の気象概況

一九〇三、四年イギリス軍の西藏進駐に際し、行軍途上の各宿営地に於ける天気概況を記録したものがあって、それは印度国境（ダージリン方面）より、チュンビ渓谷及びギャンツェを経て、ラサに至る印藏幹線路の各主要地点に於ける気象の一斑を推知するに足りる。観測期間は一九〇三年十一月六日より一九〇四年九月三〇日に亘る約十一ヶ月の模様である。転々として移動する相違地区の模様を順次に示したもの〔で〕ある関係から、統計的価値に乏しいが、大体それらの地方の天気の特色が窺はれると思ふから、後記としてその原文の全訳を掲けて参考に供する。

附表二種

（1）ラサの気象概況月表

〔大正二年二月七日より大正三年九月に至る約二十ヶ月間〕

（備考―括弧内の数字は定時観測外の回数を示す）

日々の観測時を（午前）八時とす。気圧、風力、風向、雲種等に関するものは記録幾部の喪失又は破損の為め統計不能となる。概要に就ては本文記事参照。

（2）印藏通路幹線沿道に於ける気象概況記録

本記録は英国軍の西藏進駐に際し、一九〇三年十一月六日より一九〇四年九月三〇〔日〕に亘り、印度国境より「ラサ」に至る行軍地域に於て観測せる天気概況を示す。表中の温度はカブール式二重天幕内にて扉の入口半開せる状態にて記録せるものである。但し括弧内の数字は同時同地点に於ける屋内の温度を示すものである。

（１）ラサの気象概況月表

〔大正二年二月七日より大正三年九月に至る約二十ヶ月間〕
（備考―括弧内の数字は定時観測外の回数を示す）

月別／摘要	晴	曇	雨	雪	最高温度	最低温度	砂塵風	雷	備　考
大正二年2月	10	7	？〔ママ〕	？〔ママ〕	50°	10°	(2)		大正二年二月七日以降より開始
3〃	9	19		3	53°	13°	(4)		
4〃	17	10		3	54°	23°	(3)		
5〃	16	13	(2)	2(2)	68°	29°	(7)		
6〃	20	9	(7)		81°	34°	(5)	(3)	
7〃	19	12	(11)		77°	41°	(4)		
8〃	16	15	(11)		78°	40°	(1)		
9〃	26	4	(2)		75°	40°			
10〃	28	3	(1)	1	71°	22°	(4)		
11〃	28	1			51°	8°	(2)		
12〃	20	10	(2)	1	48°	1°			
大正三年1月	27	4			44°	2°			
2〃	21	7			45°	5°	(6)		
3〃	22	9			55°	16°	(5)	(1)	
4〃	19	4	(2)		61°	24°		(1)	
5〃	17	14	(6)	(1)	73°	28°	(6)	(1)	
6〃	26	4	(4)		83°	37°	(3)	(1)	
7〃	13	18	(16)		85°	46°		(9)	
8〃	6	24	(15)	(1)	79°	43°	(1)	(4)	
9〃	21	9	(5)		76°	40°	(2)	(2)	
平均(20)	19強	9.8	4.2	1.2	65°　.3	25°　.1	2.7	1.8	
	19強	9.8	4.2	1.2					
合計	381	196	84	25			55	37	

日々の観測時を（午前）八時とす。気圧、風力、風向、雲種等に関するものは記録幾部 の喪失又は破損の為め統計不能となる。概要に就ては本文記事参照

（2）印藏通路幹線沿道に於ける気象概況記録

日付	地名	海抜	最低温度	最高温度	摘 要
1903年11.6	Sirok〔Sivok〕シラク（？）〔ママ〕	500		64	
7	Riangリアン（？）〔ママ〕	620		64	
8	Tarkholaタルコラ	900		61	
9	Rangpoランポ	1200		57	
10	〃	〃			
11	〃	〃			
12	Pakyongパキョン	4430		51	
13	〃	〃	50	74	
14	〃	〃	49	71	
15	〃	〃	48	71	
16	〃	〃	48	70	
17	〃	〃	47	69	
18	〃	〃	49	68	
19	〃	〃	48	68	
20	〃	〃	48	70	
21	〃	〃	49	73	
22	〃	〃	49	69	
23	〃	〃	50	73	
24	〃	〃	55	70	雷雨、風
25	〃	〃	52	64	
26	〃	〃	52	65	
27	〃	〃	53	61	
28	〃	〃	51	70	
29	〃	〃	51	61	
30	〃	〃	50	58	
12.1	〃	〃	47	62	
2	Rorotang〔Rorot'ang〕ロロタン	〃	46	72	
3	Lingtamリンタム	3960	54	76	
4	Jeylukゼィルク	8760	40	44	
5	Gnatongナトン	12210	38	36	(46の誤？)〔ママ〕
6	〃	〃	23	42	
7	〃	〃	15	42	
8	〃	〃	16	40	
9	〃	〃	16	40	
10	〃	〃	19	49	
11	〃	〃	23	34	
12	〃	〃	21	40	
13	〃	〃	14	38	
14	〃	〃	14	43	
15	〃	〃	16	44	
16	〃	〃	21	51	
17	〃	〃	24	47	
18	〃	〃	23	46	
19	〃	〃	22	44	
20	〃	〃	20	53	
21	〃	〃	16	46	Phariパリの最低－9.5
22	〃	〃	16	44	Phariパリの最低－7.0
23	Langlam〔Langram〕ランラム	12150	17	42	
24	Rinchengang リンチェンガン	9370	15	52	
25	Chumbiチュンビ	9780	34	51	
26	〃	〃	23	56	
27	〃	〃	18	60	
28	〃	〃	17	59	
29	〃	〃	20	58	
30	〃	〃	20	63	

31	〃	〃	20	51	
1904年1.1	Tongshongトンション	12200	18	52	快晴。日没後南西風
1904年1.2	〃				
3	〃				
4	〃				
5	Khambarab〔Khamparab〕カンバラプ	14300	−21(−22)	31	樹木線上。静穏快晴
6	Phariパーリ	14570	−14(−20)	33	静穏快晴
7	Chugyaチュギャ	14650	−3(−26)※	30	※(？)〔ママ〕南西風、微快晴
8	Tunaトゥナ	14950	−8(−12)	28	静穏快晴
9	〃	〃	−7(−11)		快晴無雲
10	〃	〃	−5(−8.5)		〃　〃　(同上)
11	〃	〃	+3(1.5)		静穏　午前十時以後風
13	〃	〃	−5(−1.5)	48	半疾風　南西砂風
14	〃	〃	−3(−6)	52	曇、静穏
15	〃	〃	+1(0)	48	曇、静穏
16	〃	〃	+4(−8)	51	曇、静穏
17	〃	〃	−21(−4)	45	静穏晴、半疾風後南風
18	〃	〃	+17(+12)	49	南西暴風砂塵風
19	〃	〃	+11(+5)	44	暴風、山上雪、南西風
20	〃	〃	+8(+5)	48	静穏　晴
21	〃	〃	+2(+2.5)	55	南西砂塵風
22	〃	〃	+1(−3)	57	静穏　晴
23	〃	〃	+4(−3.5)	55	静穏　晴
24	〃	〃	+2(−4)	43	南西砂塵風
25	〃	〃	+5(−1.5)	42	〃　〃
26	〃	〃	−2(−6)	45	朝静穏、晴、後塵風
27	〃	〃	+13(+3.5)	48	南西風
28	〃	〃	+9(−1)	43	南風
29	〃	〃	+4(+1)	41	風
30	〃	〃	+7(+1)	32	午後五時十分より雪二時風あり
31	〃	〃	+4(−1)	15	雪、一時半、南風
1904年2.1	〃	〃	2	19	曇、強烈風　雪無し
2	〃	〃	-1	34	静穏　晴　後曇
3	〃	〃	-3	48	静穏　晴
4	〃	〃	-3	31	濃雲　南西及西風
5	〃	〃	+1	38	後九時微雪
6	〃	〃	-3	45	晴、軽南風
7	〃	〃	+6	48	静穏　晴れ
8	〃	〃	+3	49	〃
9	〃	〃	+6	52	〃
10	〃	〃	+8	49	朝静穏　後風塵
11	〃	〃	+11	50	朝、晴れ、後北東風
12	〃	〃	+7	49	静穏　晴
13	〃	〃	+5(−3)	42	朝静穏　晴　後塵風
14	〃	〃	+10(+4)	46	〃　〃
15	〃	〃	+4(−1)	37	風　後曇
16	〃	〃	+14(+8)	32	周囲悉雪　当地に降らず
17	〃	〃	(+13)(+8)	34	半疾風　南　雲
18	〃	〃	+9(+3)	35	風、雲、周囲悉雪　当地に降らず
19	〃	〃	+6(+2)	43	〃　〃
20	〃	〃	+6(−2)	46	静穏　晴　後雲出づ
21	〃	〃	+2(+3)	49	曇軽風　微雪
23	〃	〃	+6(−2)	50	夜微雪　後三時より風
24	〃	〃	+2(+3)	56	静穏　雲　南西
25	〃	〃	+6(0)	53	静穏
26	〃	〃	+10(+4)	54	曇　南西(最暖の夜)
27	〃	〃	+15(+8)	48	風、曇　微震午前十一時二十分　南西　降雪

28	〃	〃	+14(+8)	49	北東風　南西雪　曇
29	〃	〃	+14(+8)	51	朝静穏、晴、後風
3月1	〃	〃	+16(−8.5)	50	晴、静穏、後曇小雪
2	〃	〃	+15(−5)	43	静穏　晴の朝　後南西
3	〃	〃	+12(−5)	46	静穏　晴の朝　風及雪
4	〃	〃	+17(−12)	46	朝昼晴静穏　夜雪二吋
5	〃	〃	+14(−8)	38	朝昼晴静穏
6	〃	〃	+16(−11.5)	45	晴南西風　砂塵
7	〃	〃	+19(−14)	46	半疾風終日砂塵
8	〃	〃	+14(−8)	44	朝静穏　後強南風
9	〃	〃	+15(−19)	45	早朝小雪　後静穏晴　午後七時再雪
10	〃	〃	+10(−5 4/5)	34	早朝曇風雪　日中小雪
11	〃	〃	+5(−5)	40	朝晴　後風曇　後雪
12	〃	〃	+14(−6)	34	早朝雪　後静穏晴
13	〃	〃	+13(−3)	37	朝静穏晴　後例の如く風
14	〃	〃	+7(−1)	39	朝晴、曇　後五時雪
15	〃	〃	+12(−7)	50	終日南南西風　雲
16	〃	〃	+10(−3)	54	晴　静穏(日中)
17	〃	〃	+14(−8)	53	晴　但南西スコール後雲
18	〃	〃	+18(−3 4/5)	51	晴　風
19	〃	〃	+11(−5)	49	〃　〃
20	〃	〃	+20(−14)	49	南西風　砂塵
21	〃	〃	+7(−13)	56	半疾風　砂塵
22	〃	〃	+16(−12)	56	南疾風　晴
23	〃	〃	+18(−13)	50	晴　軽南西風
24	〃	〃	+16(−10.5)	46	朝静穏晴　後風雲後二時雪一時半積
25	〃	〃	+9(−2)	52	日中静穏晴
26	〃	〃	+15(−9)	56	日中　　夜雲強風
27	〃	〃	+15(−10 4/5)	53	朝静穏　後砂塵風
28	〃	〃	+21(−13.5)	51	日中静穏
29	〃	〃	+14(−9)	52	南軽風　日中一時曇
30	〃	〃	+16(−11)	56	朝晴　軽風　砂塵
31	〃	〃	+26(−23)	51	早朝雪一時　日中晴静穏
4月1	〃	〃	+24(−21)	48	日中静穏　晴
2	〃	〃	+25(−23)	44	曇　軽風小雪
3	〃	〃	+15(−12)	58	日中静穏　晴れ
4	Guruグル	〃	+23(−20)	50	〃　山雲に蔽はる
5	Charu〔Chalu〕チャル	〃	+18(−9)	48	日中静穏若干雪　午後及夜雪
6	Kala Lakeカラ゜湖	〃	+26(−21)	52	朝夕曇風　日中静穏
7	Mangtsaマンツァ	〃	+17(−12.5)	54	朝晴　静穏　後西風
8	Beyulベユェ	〃	+26(−14)	55	朝晴　静穏
9	Khangmar〔Kangmar〕カンマー	〃	+32(−29)	52	朝曇　日中雪　夕晴
10	Saogangサヲガン	〃	+32(−29)	50	朝曇　日中雪　夕晴
11	Gyantseギャンツェ	13200	+31(−28)	56	朝及日中静穏　晴
12	〃	〃	+31(−25)	62	朝静穏　晴　日中
13	〃	〃	+30(−22)	69	〃　日中風　砂塵
14	〃	〃	+33(−31)	64	朝曇　山降雪　後七時嵐
15	〃	〃	+29(−28)	59	日中風　砂塵
16	〃	〃	+27(−22.5)	68	朝　静穏晴　後一時以降風砂塵
17	〃	〃	+31(−24)	62	朝日中風　曇
18	〃	〃	+29(−21)	63	朝晴　風　日中静穏
19	Doteドテ	13400	28	60	日中静穏　晴
20	Khangmar〔Kangmar〕カンマー	〃	31	58	日中静穏晴　夜風吹
21	Mangtsaマンツァ	〃	29	46	朝静穏晴　後風曇
22	Kala Lakeカラ゜湖	〃	26	76	〃　夕方南西疾風
23	Dochenドチェン	〃	25	69	朝晴　夕南半疾風

24	Tunaドゥナ	〃	21	55	朝雪　日中静穏晴
25	Phari Zongパリジョン	〃	25	52	朝静穏晴　日中軽東風
26	Gauthang〔Gaut'ang〕 ガウタン	12360	29	55	朝静穏曇　日中晴
27	Chumbiチュンビ	9780	39	73	日中静穏晴
28	〃	〃	50	66	終日殆ど雨、細霧強夕立
29	〃	〃	40	65	朝曇　後小雨
30	〃	〃	39	67	日中静穏晴
5月1	Chumbi-Gyantse チュンビーギャンツェ		47／33	65	朝静穏晴　後軽南風
2	Chumbiチュンビ	9780	40	54	朝静穏晴れ、後軽南風
3	〃	〃	37	68	〃　後曇風
4	〃	〃	37	68	〃　後曇風
5	〃	〃	45	55	朝日中雨
6	〃	〃	44	58	朝曇　後雨
7	〃	〃	44	64	日中晴　静穏
8	〃	〃	47	64	朝曇雨後晴
9	〃	〃	47	67	〃　〃
10	〃	〃	36	69	日中快晴
11	〃	〃	45	67	朝及日中大半雨
12	〃	〃	43	65	朝晴静穏後強雨
13	〃	〃	45	63	十一時より　後二時　雨 他は晴
14	〃	〃	48	62	曇小驟雨
15	〃	〃	49	64	驟雨
16	〃	〃	51	71	朝驟雨　日中晴
17	〃	〃	49	74	時々小驟雨
18	〃	〃	50	72	朝晴後強雨12500呎ノ高 地には雪
19	〃	〃	36	71	日中快晴　静穏
20	〃	〃	37	72	〃
21	〃	〃	39	68	〃
22	〃	〃	44	68	〃
23	〃	〃	45	68	朝晴　後　強雷雨
24	〃	〃	45	64	驟雨
25	〃	〃	50	61	驟雨　但概晴
26	〃	〃	36	68	驟雨
27	〃	〃	37	61	終日雨
28	〃	〃	39	60	〃
29	〃	〃	44	66	十時半迄雨曇後風
30	〃	〃	46	60	朝曇　後晴
31	〃	〃	45	62	日中静穏　晴
6月1			49	71	曇
2	〃	〃	49	72	曇
3	〃	〃	50	71	快晴
4	〃	〃	54	72	早朝雨日中晴
5	〃	〃	49	74	快晴
6	〃	〃	51	76	日中晴　夕立
7	〃	〃	49	74	晴　静穏
8	〃	〃	50	74	〃　〃
9	〃	〃	48	67	朝曇　日中静穏
10	〃	〃	49	68	日中曇
11	〃	〃	50	79	静穏　晴
12	〃	〃	51	79	朝晴　後雨
13	Gauthang〔Gaut'ang〕 ガウタン	12360	54	64	〃　〃
14	Khambarab〔Khamparab〕 カンバラプ	14300	50	60	終日殆ど雨
15	Phari Zong〔Jong〕 パリジョン	14570	39	60	曇　後雨
16	〃	〃	39	60	快晴　時々驟雨
17	Tang Laタンラ゜	14550	38	76	静穏　晴

18	Tunaドゥナ	14956	35	67	〃　〃
19	Dochenドチェン	14900	38	67	晴れ　軽南風
20	Kala Lakeカラ゜湖	14700	45	69	静穏　晴
21	Samandaサマンダ	〃	44	68	静穏　晴　後軽驟雨
22	Khangmar〔Kangmar〕カンマー	13900	45	81	静穏　晴
23	〃	〃	47	83	〃
24	〃	〃	43	82	〃
25	Sdgang〔Sdogang〕スドガン(？)	13000	49	74	〃
26	Gyantseギャンツェ	13200	55	82	
27	〃	〃			後　強驟雨
28	〃	〃			朝雨　後快晴
29	〃	〃			快晴
30	〃	〃			快晴　後雷雨
7月1	〃	〃	50	102	朝晴　三時以後雷雨
2	〃	〃	42	99	朝晴　後雷雨(？)〔ママ〕
3	〃	〃	42	98	朝晴　後軽驟雨
4	〃	〃	40	102	快晴
5	〃	〃	46	104	快晴
6	〃	〃	48	104	朝曇　日中快晴
7	〃	〃	49	102	晴　日中驟雨
8	〃	〃	48	102	晴　静穏
9	〃	〃	40	103	〃　〃
10	〃	〃	46	104	〃　〃
11	〃	〃	51	105	朝晴　後曇
12	〃	〃	51	83	朝晴　後曇
13	〃	〃	46	89	晴　若干雲
14	Kothang〔Kotang〕コタン	14000	45	64	日中驟雨　夜雨
15	Shatod〔Shatöd〕※シャドゥ	14200	44	61	朝曇　後驟雨
16	Ralungラル゜ン	14500	42	70	〃　日中快晴
17	Kharo Laカロラ゜	16300	36	69	快晴静穏
18	Zaraザーラ	16000	29	66	〃　夜雨
19	Nagartseナガーツェ	15000	36	78	〃
20	〃	〃	38	84	〃
21	Yasigヤジ	14950	41	64	〃
22	Palte Zongペーテジョン	14950	38	68	朝曇　雨後雹
23	Demalungデマル゜ン	〃	43	79	朝雨　後晴
24	Khamba〔Kampa〕Barji カンババーチ	12200	41	87	朝曇　日中晴
25	Chaksamチャクサム	12100	51	92	快晴
26	〃	〃	50	95	〃
27	〃	〃	50	98	〃
28	〃	〃	49	96	〃
29	〃	〃	51	95	〃
30	〃	〃	49	98	〃
31	Jangヂャン	12150	54	87	早朝小雨後曇
8月1	Namナム	12210	52	98	朝曇　日中静穏晴
2	Tilungティル゜ン	12240	56	78	〃風　後雨
3	Lhasaラサ	12290	47	95	朝夕雨　日中曇
4	〃	〃	58	85	朝雨　後晴
5	〃	〃	51	88	朝　静穏曇後及夜雨
6	〃	〃	49	89	〃　〃
7	〃	〃	48	87	〃　雨後晴
8	〃	〃	49	89	〃　曇
9	〃	〃	44	92	〃　〃
10	〃	〃	46	88	〃　後強雨
11	〃	〃	48	85	朝雨　夕雷雨
12	〃	〃	46	81	〃　後晴
13	〃	〃	51	84	〃　〃
14	〃	〃	52	87	朝静穏　後晴

15	〃	〃	50	92	朝驟雨　日中快晴
16	〃	〃	52	87	日中静穏　後八時暴風雨
17	〃	〃	47	80	朝雨　日中静穏　曇
18	〃	〃	42	82	日中静穏　晴
19	〃	〃	38	83	〃
20	〃	〃	42	91	〃　夜雨
21	〃	〃	49	84	朝驟雨日中曇　後八時曇暴風
22	〃	〃	49	88	日中静穏後七時半曇　風雨
23	〃	〃	50	80	朝雨日中曇　夜暴風雨
24	〃	〃	49	82	朝夕雨　日中曇
25	〃	〃	51	89	朝曇　日中驟雨夜暴風雨
26	〃	〃	49	83	朝驟雨　日中晴　後八時雨霰
27	〃	〃	47	86	日中静穏　後八時暴風雨
28	〃	〃	49	84	朝驟雨　後八時雷雨
29	〃	〃	50	85	日中静穏　晴
30	〃	〃	50	85	朝驟雨　日中曇
31	〃	〃	50	86	〃　　〃
9月1	〃	〃	48	89	朝静穏　曇　日中晴
2	〃	〃			〃　　〃
3	〃	〃	46	89	〃　　夜驟雨
4	〃	〃	52	86	朝夕　驟雨　日中晴
5	〃	〃	47	85	日中曇　後八時雷雨
6	〃	〃	46	80	終日降雨　断続
7	〃	〃	43	78	朝夕驟雨　日中静穏
8	〃	〃	46	76	朝夕驟雨　日中静穏　晴
9	〃	〃	43	86	朝驟雨　夕曇　風雨
10	〃	〃			雲あり　驟雨
11	〃	〃			晴　静穏
12	〃	〃			〃　〃
13	〃	〃			
14	〃	〃			日中静穏　夕雲あり
15	〃	〃			曇　静穏
16	〃	〃			〃　驟雨
17	〃	〃			朝晴　静穏　夕曇
18	〃	〃	44	79	日中晴　静穏
19	〃	〃	48	79	朝晴　静穏　日中曇
20	〃	〃	44	83	曇　驟雨
21	〃	〃	44	82	朝曇　日中晴
22	〃	〃	47	78	静穏　晴
23	Nethangネタン	〃			〃　〃
24	Namナム	12210			朝静穏晴　夕軽驟雨
25	Chusulチュスル（チュシュー）	12100			曇　後驟雨
26	Chakusam〔Chaksam〕チャクサム	〃			〃　日中驟雨
27	渡舟場上流	12250			〃　朝驟雨　日中晴
28	〃	〃			〃　快晴静穏
29	Palte Zong〔Jong〕ペーテジョン	14950			〃　　〃
1904年9月30	Nagartseナガーツェ	15000	30	75	〃　　〃

第六章　産業

一、農業

西蔵高原の地勢は概ね嶮峻であるばかりでなく、気候が寒冷に過ぎ、雨量が不足してゐる。また夏季の高温時が比較的短かいなど、凡そ農耕には不利な条件が重なってゐる。従って農作物の種類並ニ産額の少ないことは必然である。唯、西蔵のやうな人口の稀薄な未開国では、大体自給自足ができるといふ程度のものに過ぎない。しかし古来「農を以て国本とする」といふ言葉か用ひられてゐることは、農業の重要性を物語るものである。

穀類の主なるものは通常大麦を筆頭として、小麦、豆類、芥子菜などが挙けられる。次に、稍々温暖な地方では蕎麦、粟、玉蜀黍などを産する。米は陸穂を栽培する所が少しくないではないが、産額は殆んどいふに足りない。

野菜類は大根、蕪、人参、玉葱、馬鈴薯、白菜、青菜などを普通とする。

果実類には桃、胡桃《クルミ》、杏、リンゴ、葡萄などがあるが、品質劣等で産額も僅少である。生果の出廻る時期が短かく、常に乾燥果として供給せられる。

農耕法は極めて幼稚で、農具は原始的のものである。肥料は人肥と共に乾草、枯葉、木灰を併用するのみで、化学肥料を用ふることを知らない。

住民の主食物たるツァムパは、大麦より製する。産額は地方によって一定しない。数量の点も不明であるが、海抜四千米内外の高地では通例約そ〔一〕斗の種子から五斗乃〔至〕七斗の収穫があり、三千米以下では同じく一石乃至三石に及ぶといはれる。ラッサ附近の耕地では播種量の約十倍を以て最多量とせられる。

二、牧　畜

高原の至る所に放牧地を見ないことはないと云ってよい。寧ろ高原全体が一大放牧場とでもいふべきであらう。特に「北原《チャンタン》」の如きは殆んど全地域が放牧の好適地と云はれる。

畜産は現在の西藏の最も主要な資源をなしてゐる。即ち羊、山羊、犛《ヤク》の毛は衣料及びその他の毛製品として欠くべからざるものであり、国外への輸出量も相当に多く、羊毛の如きは輸出品の大宗をなしてゐる。また皮革の用途も広く、国内の需要を充した余剰は輸出に向けられる。肉類及び乳製品類の産額も多く住民の食糧を潤沢ならしめてゐる。

畜産の普通なものは、羊、山羊、犛《ヤク》、騾、馬、驢、牛、豚などである。その内最も多数を占めるものは羊であって、犛はそれに亜ぐ。しかしそれらの頭数が幾何あるか概算すらも明かでなく、未だ曾てその調査が行はれ〔た〕ことすらも聞かない。

馬、騾、犛《ヤク》、驢、牛は交通輸送手段として西藏では欠くべからざる動物である。

遊牧を専業とするものを「トッパ」或は「ロッパ」と称し、総人口の約三割を占めるものと推測せられる。牧業と農耕とを兼業とする定住者の数も少くはない。

獣疫に関しては犛に「フゥン」といふ伝染病があり、時あって猖獗を極め、一時に多数の斃死を見るといふ。馬には「オティ」、羊には「ツァ」と称する病疫が流行するが犛に於けるが如く甚しいものではない。

三、鉱　業

鉱業に関する起源は古い時代に属するが、現在に至っても尚ほ原始状態の域を脱しない。

鉱業の主なるものは砂金採集であり、その方法は極めて幼稚な水洗式である。

産金額は古来相当多量に上ったやうで、印度や支那にまで斎された記録も残ってゐる。近時に於ても貿易の支払勘定の補完として若干流用されることがある。しかしその数量に関しては全然不明で何ら統計的記録が作られてゐない。支蔵紛争以来重要なる産業地なる東部西藏（カム）のニャロン地方、即ち支那人の所謂雅龍江流域が全く支那の勢力範囲に帰した為め、産額に激減を来したことは云ふまでもない。現在では西部西藏（トゥ）のトクヂャルンを主要産地とする外は、ラサの遥か南東方にあたるタクポ地方に多少の産出を見るのみである。

銀、銅、鉄などをも産出しないではないが、貧鉱なる上に採鉱冶金の方法が幼稚であるため出産は極めて少ない。その他鉛、亜鉛、硫黄、硝石、石墨、石炭などの産出も少量づつあるが、石炭の如きも未だ実用に供せられるまでに至らない。

湖水地帯よりは多量の砂塩（岩塩）、曹達、硼砂を産する。

石油は東部西藏の康定（ダツェンド）方面より若干産出するといはれるが、該地域は支那の権益下に属する。

凡そ西藏人は金属を地中より発掘することは、土地の精を消耗せしめ、農作物に禍ひするといふ考へを迷信的に懐いてゐることは、鉱業の発達を阻碍する一の原因である。

四、工　業

未だ特に工業と称すべきほどの状態に達してゐない。唯僅かに家庭工業ともいふべき毛織、絨氈、フェルト類の製作に稍々見るべきものがある。

西藏人は本来手工に長じ、模様《〔ママ〕》に巧みな国民であって、また近代的機械を使用する技術にも堪能である。曾て彼等が欧西の兵器、ライフル銃を模して造り上げた手工製の兵銃を一見するに、外観は原品と殆んど異なる所がないほど巧妙に出来てゐた。問題はその性能如何である。こうした点で西藏の工業は技術方面に於ては大に将来を嘱望されてゐる。

五、商　業

大体として今尚ほ未開時代の遺習を墨守することに於ては他の産業と同様である。売買には通過を媒介とするが普通であるが、物々交換を以てする場合も少くない。その際通貨の代用となるも〔の〕は茶を最も普通とする。これについで、ツァンパ〔ツァムパ〕（主食物たる大麦の煎粉）、バタが用ひられる。また多額の取引には砂金を用ふることが多い。

第七章　貿易

一、要述

貿易が未だ幼稚な状態にあることは、他の産業同然であるが、門戸閉鎖の西藏が、国外との経済的交渉を保つ点に於て唯一の接触面たるところに異色を見る。

交易地は印度方面にては、カリンポンを主要地とする。アルモラ及びレーの如きも商埠として開かれてはゐるが、余り重要性が認〔め〕られない。

支那方面にては西康省方面のダツェンド（康定）を主となし、これにつぐを青海省方面の西寧とする。

ネパールとの交易は首府のカトマンズで、ブータンとはプナカに於て行はれるが、いづれも微々たるものに過ぎない。

輸出入ともに統計を示さないため、貿易額について調べやうがないが、大体印度方面にては受取勘定となり、支那方面に対しては支払勘定となるが普通である。

二、輸出

輸出の大宗ともいふべきものは羊毛であり、次は皮革である。その他絨氈、フェルト、「ナンブ」羅紗、織物、犛毛、犛尾毛、羊皮毛、山羊軟毛、チビ兎毛皮、麝香、砂金、塩（砂塩または岩塩）、線香、薬草、馬、騾などが算へられる。

カリンポンに於ける羊毛の輸出量は近時の推算によるならば年額約そ二十五万乃至七十五万貫と称せられ、その年によって大差が生ずる。これは産出量の如何によるよりも輸出相場の高低に左右せられることが多い。

羊毛の買付相場はカリンポンにて立てられる。西藏よりの運賃含み値で一ムンド（約十貫）の最低価格は十八留比で最高は六十留比である（一留比は大東〔亜〕戦争直前にて約そ一円二十五銭）

羊毛の仕向地は以前は主としてイギリスであったが、近時はアメリカ（合州国）これに代り、本国よりカリンポンに貿易代表者が出張し、西藏商人との直接取引が行はれる。最近は西藏側もニュ〔ー〕ヨークに代表者を置くこととなったと伝へられる。

三、輸　入

輸入品の主なるものは茶、絹織物類、毛製並に絹製品類、人絹及びスフ製品類、硝子品、陶器、琺瑯器、セルロイド製品、玩具、金物類、化粧品、宝石類、洋酒、煙草、マッチ、砂糖、洋菓子（主としてビスケット並にキャンディ、其他駄畜として前記輸出と同様のものが支那方面主としては甘粛、青海より輸入せられる。これらが印度方面に輸出せられるものが多い。

茶は四川省より陸路ダツェンド（康定）を経由して輸入せられるが、絹織物類は近時その大部分は海路カルカッタ経由とせられる。

印度方面よりの輸入品の大部分はカリンポンを経由する。

輸入雑貨の過半が我国製品で占められ、特に硝子器、陶器、玩具、綿製品類が多い。ネパール、及びブータン方面よりそれぞ〔れ〕の国産雑貨の外に若干の米が見られる。

輸入品として印度側に重要視せられるものは茶である。印度に於ては西藏に隣接するダージリン及びアッサム地方にて多量の茶を産出するが、西藏人の嗜好とする茶は全く独特のものであって、どうしても印度茶を用ひやうとしない。高価を意とせすして専ら四川茶（支那で雅安茶または片茶と称するもの）を求めて止まない。それには種々の理由があるが茲に詳述するの煩鎖《ママ》を避ける。茶の輸入年額は平均千三百万斤と推定せられ、価格は茶包一ムンド（約十貫）につき、ラサ着の卸相場は優等品にて五〇留比内外とする。

印度の商人は四川茶を印度茶に置きかへ〔やう〕として茶種の改良、並に製茶法の研究を行ってゐるが、未だ成功の見込がないといはれる。

四川茶の外に雲南茶の輸入も少量ある。

印度紅茶の需要も近時西藏人間に漸増の傾向が認められる。支那よりの絹織物類は主として繻子、緞子、錦欄、紋羽二重などである。これらは西藏人の衣服及び装飾用などに供せられる。

宝石類にはダイア、ルビー、エメラルド、真珠、琥珀、翡翠、水晶、瑪璃〔瑪瑙〕、トルコ玉（西藏語にて「ユ」と称するもの）などがあり、又「スイ」と称する縞瑪璃〔瑪瑙〕の如きものを貴重視し、需要も多いが、産地、或は輸入先を詳にしない。

……〔原本欠〕……を解いて自由に任せてゐるといはれる。

第八章　経　済

一、総　述

建国以来ある期間国外に向って侵略を企図した時代もあったが、その他は概ね門戸閉鎖主義を堅持し、孤立的存在を続けたことは、一国の経済をして自給自足の状態に置かしめたわけである。

然るに近時内外の状勢は最早昔日の如き独存的主義を持続することを許さなくなり、国民一般の生活程度の向上にともなふ経費の膨張と、長期に亘る支藏紛争に処すべき軍事費の激増とは、該国の経済をして漸く不安に傾かしめつつある。

政府基金の枯渇と、不換紙幣の増発の結果は、物価の昂騰を来し、貿易関係に於ては支払勘定増加の避くべからざる趨勢に立ち至った。

一般的に見て西藏の経済状態はやはり封建時代の域を脱しないといってよい。

中央政府の地方に対する経済支配力は極めて微弱である。

経済界の枢軸をなすものは豪商と、富裕なる貴族階級である。彼等は内外の商権を聾断し、殊に貴族は広大なる私領を占有し、その領内の生産物の処置を左右するの特権を有する。政府の財政の根幹をなすものは主として地方よりの租税であるが、これとても私領主によって著しく制肘〔マヽ〕を受けてゐる。固より政府自身にも直轄の土地と住民があり、政府それ自体が宛も一個人の如く商事を行ふものであり、この点に於て一個の豪商または貴族と異なる処がない。

国家並ニ社会の機構が甚だ漠然たるものであるが如く、経済組織も亦一定の体系を具ふるものでない。未だ近代的金融機関の施設を見ることなく、銀行会社などの存在しないことは勿論である。

事業資金を得んと欲しても堅実な資本家を求めがたい。僅かに豪商または貴族階級のなかに信用貸付の便を図るものもあるが、一般庶民を公平に相手とするものでない。すべて資産は動産と不動産とを問はず、これを有利に活用するの安全な途が開かれてゐない。既に前章産業の貿易の項などで述べた如く、その現状は全く未開時代の延長に過ぎないといふ事実によって、略々西藏経済の特質を推知せられるであらう。

国外との経済関係の最も密接な方面は印度と支那とである。貿易上から云へば、以前は支那に対して輸入超過であり、印度に対して輸出超過の関係にあったが、近時に至って一般的には内外事情の変化、特殊的には長期に亘る支藏紛争の影響によって貿易関係は必然従来とは正反対の状態にあるものと想像せられる。

貿易上の統計が皆無なるため数字的に事実を指摘することはできないが、対印貿易の支払勘定は決して少くないであらう。即ちイギリス側から購入する武器の支払は巨額に上るべく、政府の在庫基金だけでは到底賄ひきれない為め、自国領土の一部を割譲するの余儀なきに至ったことなど、一般国民には内密に附せられてゐるが、事実上南部西藏のアッサム地方に接壌せる地域でブータンの東隣にあたるムゥン地方〔mon〕(タワン地区)〔rta dbang〕がイギリスの支配下に移された如きはその一例である。

印藏関係が地理的、政治的、軍事的に密接な如く、経済的上に於ても今や全く不可分の関係に導かれつゝある。次項に述ぶるが如く、西藏の中南部の主要地に於ては、以前の支那通貨に代って、印度の留比貨の流通の盛なことを見ても、その傾向の一端を察するに足ると思ふ。

なほ茲に一言すべきことは西藏政府の取立ててゐる地方税に関するものであるが、その大部分は現物納税の方法によってゐることである。即ち農産、畜産、鉱産を以てする外に、人畜の労力提供による「ウラ」の税法がある。現金納税に属するものは、主として輸入品に対する賦課金とか、宅地税の如きものである。

官吏の俸給支払にも現物を以てするを普通となすが如き、あるひは通貨の代用として物品を用ふが如き場合も少くない。

二、通　貨

一九二〇年頃までの通貨の種類には金銀銅及び紙幣があり、砂金の如きも一定の量目を以て通貨同様に用ひられ、各紙幣はすべて実質量を以て鋳造せられた。しかし近時は金貨及び砂金の通貨代用は停止せられ、他の通貨も外国の補助貨制度を模して名称通貨に改ため、その種類の幾分変更が行はれた。即ち現行通貨は次の如きものである。

カカン〔kha gang〕　カルマ二、五の銅貨
カルマカ〔skar ma lnga〕　カルマ五、〇の銅貨
ショカン〔zho gang〕　カルマ一〇、〇の銅貨
十ゴル〔sgor〕　十タムゴル〔Tam sgor, TwaM sgor〕とも云ふ、サンカンショカ〔srang zho gang〕或は一五〇カルマ〔skar ma〕、又は一五、〇ショ〔zho〕に相当する銀貨
サンスムゴルモ〔srang gsum sgor mo〕　タムカ〔Tam ka, TwaM ka〕二〇、〇の銀貨

註解

「タム」〔Tam, TwaM〕とはタムカ或タンカと云ひ旧貨幣の名称である。ショカン・カルマカ又はカルマ一五、〇に相当するものであるが実質は鋳造されてゐない。「サン」〔srang〕とは「クサン」〔dngul srang〕とも云ひ、銀の量目の名称で我旧時の一円銀貨大の形をしてゐる。但し現在は鋳造を停止せられてゐる。

通貨名中「カカン」〔gang〕といふ語を附したものは「一」の義を示す。即ち「カカン」とあるは「一カ」〔kha〕、「ショカン」とあるは「一ショ」〔zho〕の如きものである。

同様に「カ」〔lnga〕は「五」であり、「カルマカ」といべ《（ママ）》は「五カルマ」のことである。

また「スム」〔gsum〕は「三」であり、「サンスム」といへば「三サン」なることを示す。

「ゴルモ」〔sgor mo〕とは通常円形の貨幣を意味する。当時印度留比貨に名けたことに由来する。

貨幣の名称だけあって実貨の鋳造の行はれないものは、それぞれの価格に相当した他の通貨を以て計算する。例せば一サンは十ショを以てし、一ドゥツェ〔rdo tshad〕は五十サンを以てするが如きものである。

次に紙幣の種類には下記の如きものがある。但し一九二〇年以前に流通した小額紙幣は現在発行を停止してゐる。

カチュロル　五十タムカの紙幣である。「サン」を単位とするならば七サン・五ショに相当する。

制定当時の印度通貨一留比の価格を基準としたものである。

ギャロル　百サンの紙幣である。これは二ドゥツェに相当するもので、十三、三留比に換算せられる。

因に「ロル」〔lor〕とは恐らく印度語かその類似語の「紙幣」といふ意味の詞を襲用したものと想像せられる。西藏語では紙幣のことを「ショグゥ」〔shog dngul〕（紙銀の意）といふが文章語以外、一般口語には普通に用ひない。

印度留比との換算率は一留比を以て五十タムカまたは七サン・五ショとする。この比率は少くとも一九三七年以降は確実に維持せられたことと思はれる。その当時に於ける邦貨と印度貨との換算は一留比を以て約そ一円二十五銭とする。但し一九一〇年頃までは邦貨約そ六十五銭を以て一留比に換算せられた。

現在西藏に於ては自国の通貨の外に印度留比貨が流通してゐる。首府ラサに於ては商品の価格は勿論西藏通貨名で表示されてあるが、これを即座に留比貨に換算して購入することもできる。一般取引の場合もある程度までその便宜が得られる。シガツェ及びギャンツェの都邑に於ても略々同様であるが、パーリ以南チュンビ渓の諸邑ではその流通全く自由で、却って自国の通貨よりも喜ばれる。

尚ほ曾て前清時代に於ては四川省鋳造の銀貨の流通が盛んであったが、現在は殆んど不通となってゐる。但し四川省方面と取引関係を有する商人によって利用せられるから、右の銀貨は全然無価値とは云へない。

斯様に種々の通貨の流通状態を見ても、西藏に於ける英支勢力の優劣とともに経済関係の動向を窺ふことができる。

三、数量名目の解説

西藏に於て現在用ふるところの各種数量名目、距離、時間または時間に関する各種の呼称及び算数計法などに関する名目並ニその解説を掲けて参考に資する。

1　重量

サン（srang）約そ一オンス、一サンは10ショ（sho）、一ショは10カルマカ（Karma-nga）とする。主として金銀宝玉類の計量に用ふ。計器をトゥルサン Tur-srang〔thur srang〕或は俗語にてタツィ（Tra-tsi）〔tra tsi〕と云ふ。

ケェ或はカル（Kal）〔khal〕　12ケェを以て印度の一ムンドとする。西藏人はこれを「ムン」と呼ぶ。一ムンドは我十貫弱に当る。一ケェは二十ニャカ〔nya ga〕、一ニャカは四ポー（Por）〔por〕、一ポーは約一オンスに当り、主として茶及びバタなどを計るに用ふ。

因に一ムンド（Mound）は四十セル（Seer）にして約そ八十二乃至八十三ポンド（lbs）に当る。

2　容積

ケェ或はカル（Kal）前掲重量に用ふものと同じ名称である。これを区別するため重量ケェを「マーケェ」容積ケェをルケェ（Dru-kal）といふ。前者は主としてバタ（Mar）〔mar〕を、後者は穀物（ル〔'bru〕或はト〔gro〕）を計るる〔に〕用ふるため夫々の呼称を与へられたものである。一ケェは二十テ（Tre）、一テは六十フゥ（Phu）〔Phul〕よりなる。

また俗にボ（Bo）〔'bo〕と云ふは即ちこの容積ケェを指すものであるからこの点でも重量ケェと区別ができる。重量との関係を示すならば、穀類三ケェの容積を以て一トポ（Tro-po）となし印度の一ムンド（約十貫）に当る。その基準となるケェの桝目をテンジンカル（Ten-zin-Kal-ru）といふ。

3　尺度

尺度を計るには支那または印度の計器を用ふる外には西藏固有のものがない。しかし大体の見当をつけるために指、手、肱などを以てする。たとへばソー（Sor）〔sor〕とは指一本の幅で約そ一インチ（inch）に当る。ト（Tho）〔mtho〕は母指と中指を伸した両尖端の間の長さであり、トゥ（Thru）〔khru〕は肱の長さであるが、これに肱元より中指の先端までの間をとる場合と、同じく握り拳の端までとするものとがある。ドム（Dom）〔'dom〕は両手を伸したときの両中指の先端までの長さを云ひ我国にて俗に尋とい〔う〕場合に似てゐる。またカ（Kha）〔kha〕といふは布切類を計るとき、その幅の長さを以て単位とする。即ち正方形のものが一カとなるわけである。

4 時間

近時時計の輸入によって近代的に時刻を計ることかあるが、それはラサのやうな都市の上層または知識階級に限られ、一般民衆は尚ほ旧時の遺習によって次のやうな原始的な方法を以てする。即ち、

チャケェタンポ（Cha-ke-tang-po）〔bya skad dang po〕とて鶏鳴第一声を報ずる時刻を指す。同様にチャケェニパ（Cha-ke-nyi-pa）〔bya skad gnyis pa〕は鶏鳴第二声で、いづれも払暁前の或る時刻であることは我国旧時のそれと変りはない。

トラン（Tho-rang）〔tho rang〕は夜明の直前をさし、ナムラン〔nam langs〕……〔原稿欠〕……

5 距離

一定の尺度を基準とするものでなく、大体の見当をつけるに止まる。例へばギャンダ（Gyan-da）〔rgyang grags〕弓の長さの五百倍とする。約そ一キロ（粁）にあたる。

ケェコサツァ（Ke-Ku-Sa-tsa）人声の届く限度の距離を云ひ、その最も遠方に当るものを前記の如くギャンダといふ。ツァポサ（Tsa-po-sa）歩行または騎乗にて約三時間ばかりの道程を云ふ。道路の良否など状態の如何によって大体七乃至十哩（10.2-16粁）とする。

第九章　政　治

一、要　述

西藏は古来政教一致を以て本領とする。建国以来時代によって主権者の身分を異にするが、凡そ国君たるべきものは必ず仏聖の化現によるものであるとする根本思想を有する点に於て一貫したものがある。かうして観念《〔ママ〕》のもとに仏教即ち政治、政治即ち仏教という信念を懐く。而して西暦十五世紀以降にあっては、喇嘛法王がその霊統継承法によって西藏国君の地位に置かれるに至った。現在（一九四五年）の法王はその第十四世にあたり、所謂「達頼喇嘛」の法王統をなすものである。

西藏に始めて中央政府が組織せられたのは達頼第五世の代（十七世紀）であって、これを「デパシュン」と名けた。「中央政権」または「中央政府」の義である。当時早くも封建制度を廃して中央集権制を建てたことは、たとひそれが形式的のものであったとはいへ、西藏人の思想としては珍らしく革新的気分の旺溢せることを示すものである。

政治の基礎は古く第七世紀に出現せる教皇ソンツェンガムホ〔以下、ソンツェン・ガムポ〕の定めた十六カ条の「国法《ディム》」に存する。この国法は仏教主義を根本とする教学的の勅諭であって、政教一致の淵源をなすものである。達頼喇嘛は西藏仏教（或は喇嘛教）の大法王であると同時に、統治の大権を掌握し、また政治にも関与する。外人《〔ママ〕》は「西藏政府《プゥシュン》」のことを屡々「達頼政府」と称する所以もまたここにある。西藏には達頼喇嘛の外に班禅喇嘛があって、同じく西藏仏教の一大法王の地位に置かれるが、それは通常教主権のみに限られたものであって君主権を有しない

(但しこれを代行する場合が無いことはない)。故に外人の云ふが如く「達頼政府」の存在は事実であるが、別に「班禅政府」なるものが存立して主権的に西藏国を分轄してゐるものでないことを知ってをかねはならぬ。

二、中央政府の組織

前述の如くに西藏政府は相当古いもので〔あ〕って、時代の変遷とともに徐々と革新せられてはゐるが、未だ近代的機構を具備するに至らないことは勿論で、これを体系的に記述することはできないから、現状そのものについてできるだけ組織的に略示して見やうと思ふ。先づ現行の制度に於ては大体は旧時のそれに、達頼十三世によって特設せられた異分子が含まれてゐると見られる。即ち達頼教皇の下に最高の政治機関として「シィルン」〔srid blon〕と称する三名の高級大臣があり、一般には「ルンチェン」〔blon chen〕として知られてゐる。その内〔一名〕が首席を占め、総理または首相格に置かれ、他の二名は僚相として僧俗両官から任命される。この機関を「ルンシイカン」〔blon srid khang〕と云ひ、「宰相院」を意味する。

旧来の制度では、「ゲェツァプ」(国君代表)〔rgyal tshab〕なるものがあり、執権または摂政の如き地位にあり、達頼の在位すると否とに拘はらず存置せられる。ゲェツァプは達頼を輔弼して常時国政を執るものであるが、達頼の没後の空位期間または新達頼冊立より即位に至るまでの一定期間は達頼に代って君権を代行するものである。達頼十三〔世〕の代には国事の都合でゲェツァプを置くべき事情が困難であったため、前記のやうに三名からなる「ルンチェン」制を新設したのであるが、実際上から云へはその総理格にあるものが所謂ゲェツァプの地位にあるものと見て可なりである。

次に「カシャ」〔bka' shag〕と名ける機関があり、「内閣」に相当するものである。そこには「シャペ」〔zhabs pad〕と称する四人の国務大臣があって、その内の三名は俗官、一名は僧官よりなり西藏政府の本体を形成してゐる。これらの大臣のもとに「ツェイクツァン」〔rtse yig tshang〕および「ツィカン」〔rtsis khang〕などの各種の政務機関が設けられ、いづれも僧俗両官の組合からなってゐる。俗官を「シュトゥン」〔shod mgron〕、僧官を「ツェトゥン」〔rtse mgron〕と名け、各々百七十五名を以て定員とする。別に「ナンマカン」〔nang ma sgang〕と称するものがあり、達頼教皇の内務に関する行政を司どり、法王庁（または我宮内省に類するもの）とも云ふべき機関となり「チィキャプ・ケンポ」（僧正総監）〔spyi khyab mkhan po〕を以てその最高職に任じてある。

以上の組織について、これを稍々詳密に図示すれは次の如くである。

西藏政府（達頼政府）

ゲェツァプ（執権）またはシィルンカン（(宰相府）総理及び二高級大臣よりなる）

ナンマカン（チィキャプケンポを首領とせる達頼内政府）→法王庁又は宮内省の如き独立機関

カシャ（四国務大臣よりなる内閣の如きもの）

ツィカン（シゥトゥン（俗官）一七五名よりなる政務機関※）

ツェイクツァン（ツェトゥン（僧官）一七五名よりなる政務機関※）

※各種政務機関の主なるものは次の如くである。

○ラプランチャムヅゥ〔bla brang phyag mdzod〕	政府財政部
テデチャムヅゥ〔phral　bde phyag mdzod〕	法王庁財政部
ポーカン〔phogs khang〕	軍事財政部
ソナムレコン〔so nam las khungs〕	農務部
マクツイカン〔dmag spyi khang〕	軍務部
チャツァレコン〔ja tshwa las khungs〕	税務部
セルカン〔bsher khang〕	司法部
○シプカン〔zhib khang〕	徴税部
クカン〔dngul khang〕	造幣部

ネツァカン　チョカン仏殿事務部
バプシィカン〔'bab zhib khang〕　地租徴収部
ツァネーカン〔rtswa gnyer khang〕　糧秣部
シンネーカン〔shing gnyer khang〕　燃料部
ツァムセルカン　祈願供饌部
ミプンレコン〔mi dpon las khungs〕　都内警察部
シウレコン　都外警察部

※官職並ニ位階名の主なるものは次の如くである（数字は官等別を示す）。

ゲェツァプ（特一）　執権または摂政役（僧官）
シイルン（ルンチェン）（特、一）　総理（首相）及二高級大臣（俗官二僧官一）
シャペ（二）　国務大臣　俗官三、僧官一
チィキャプケンポ（二、三）　僧正総監（法王庁首席）
ケンチェン（三）〔mkhan chen〕　大僧正職
ザサク（ザサ）（三）〔dza sag〕　特設高級位階名、僧俗両官共通
テツィ（三）〔tha'i ji〕　同上、但し俗官に限る〔ママ〕（？）
ターラマ（三）〔t'a bla ma〕　同上、但し僧官に限る
ドンイクチェンモ（四）〔drung yig chen mo〕　大書記官（内閣主席書記官）
ケンチェン（四、五）　権僧正職
ツィプン及ポプン（四）〔rtsis dpon, phogs dpon〕　財政長官（主に報給関係）
マクチィ（三）〔dmag spyi〕　軍務総監（司令長官）
ダプン〔mda' dpon〕　高級武官（司令官）

チャムヅウ（ラプランチャムヅウ　テデチャムヅウ）（四）　財政長官（一般財務）
〔phyag mdzod, bla brang phyag mdzod, phral bde phyag mdzod〕
ミプン（四）〔mi dpon las khungs〕　ラサ都内警務部長
シゥプン（四）　ラサ都外警《〔ママ〕》察部長

三、地方政庁

全国を県別の如くにせる地区すべて五十三あり、県城を「ゾン」〔rdzong〕と称し、その長官たるべきものを「ゾンプン」〔rdzong dpon〕と名ける。通例僧俗各一名つゝとなし、両名の権限を正副となす場合と、交互制とすることがある。「ゾン」の小地区をなすものをシドゥといふ。

次に中央政府より著しく遠隔せる重要区に於ては県を一括してこれを統括する上司を置く。地方によってその呼称を異にするもので、例せば「ガルプン」〔sgar dpon〕といふは西部辺彊、ティツィは東部辺彊、ツィキャプ〔spyi khyab〕は南部辺彊を所管するが如きものである。右を図示すれば次の如くである。但数字は官等別を表はす。


ゾンプン（四）　県城（ゾン）の長官。我知事の如きもの。

ガルプン（ガープン）（三、四）　西部西藏（トゥ）の数県城を総括するもので、通常ドゥカープンと称へる同地方の主席ゾンプンの兼任とすることがある。

マシ《〔ママ〕》カムティツィ（三）　東部西藏（マンカム）地方の数県を総括。

ニャロンチィキャプ（三）〔nyag rong spyi khyab〕　東部西藏のニャロン地方を総括。

ドメェチィキャプ（二、三）〔mdo smad spyi khyab〕　東部西藏の中央部即ちカム地方を総括する。総督ともいふべき地位にある。ある程度の兵権をも付与せられる。

トモチィキャプ（四）〔gro mo spyi khyab〕　トモ即ちチュンビ渓谷一帯を総括する。

ホルチィキャプ（四）〔hor spyi khyab〕　　北部西藏全〔体〕を総括する。

四、国法と刑罰

封建制の域を脱しない西藏に於ては、素より現代のやうな合理的国法は存在しない。古より既述の如き所謂十六カ条の「国法《ティム》」を以て基礎として、各時代の要求に応ずる法律を適宜設定するに過ぎなかった。文明国に於けるが如き立法、行政、司法の区別が画然としてあるわけでなく、国民はたゞ道義的に善悪の行為に注意して、言動を慎しむだけである。政府には不完全ながら一定の法文は制定せられてゐるやうであるが、国民は自国に如何なる法律が設けられてあるかを知らない。万事が政府の役人の指図に任せる外はないのである。しかしながら犯罪行為に対してどういふ刑罰が科せられるかを熟知してゐる。

現行の所刑《〔ママ〕》は以前その範を支那にとったものでおよそ仏教国を以て自負せる西藏としては、まことに適はしからぬ刑法が行はれてゐる。

例へば最も軽い所刑は罪を笞で打つことである。笞には大小があり、また打数が定められてゐる。但し最近に及んで金品を以て科料とする法をも設けられたといふことである。

次に稍々、重罪になれば笞撻を加へた上に手枷または足枷を嵌めて獄舎に投じそのあるものは罪状を詳記し檻に入れて街路の中心に見せしめにして置く。重罪となるに従ふて或は眼球を抉り抜き、或は耳、鼻、手、足などを切断することもある。

死刑には断首、投入、埋没などがあり、処刑後その頸を街頭に晒すこともある。

近時かうした残忍な蛮刑は仏教国の大恥辱であるといふことを感じ、故達頼十三世は国外蒙塵の旅から帰還して間もなく全廃してしまったといふことである。

第十章　教　育

一、要　述

西藏では凡そ学問といへば古来僧侶と貴族の修めるものと思惟せられ、一般民衆の与かり知るところではなかった。従って教育に関する諸問題も僅かに前者の間にのみ論せらる〔る〕に過ぎなかった。而してその学問たるや専ら仏教または仏教主義を以て根幹とするもので、仏を離れて教学《〔ママ〕》事は存しないのである。即ち彼等は最初如何なる学事に就くにせよ、先づその心構としなければならぬことは、篤く三宝に帰依することであって、この誓なくしては学問は成立しないものとせられてゐる。

その昔、初めて西藏に文字と、文法と、正則なる国文が創制せられた必要は、一に仏教を移入信奉せんがためであった。

紀元七世紀の初葉、国王ソンツェン・ガンポが定めた所謂「十六カ条の国法」なるものも、法律《ディム》とは称せながら、必竟教学勅諭に外ならぬものであって、それは仏教の「十善経」を基礎としたものであることは追て述べるが如くである。爾来この伝統に変るところがなく、現在のやうに外国の新文化が徐々と侵潤《〔ママ〕》しつつあるときでも、彼等はその根本精神を忘れてゐない。一九二〇年頃のことと記憶するが、西藏の教学を革新すべく試みたイギリスは、西藏（ギヤンツェ市）に、イギリス主義の中学学《〔ママ〕》校を設け、将来西藏の中堅人物ともなるべき子弟の特別教育を施したが、当初数年間は可なりの就学者を見たことは事実であるが、漸次減退して後に廃校の止むなきに至った。経営者も西藏人の教育は仏教主義を除外しては絶望であることを自認したといはれる。なほこれよりさきに（一九一三年頃）イギリス本国に留学した数名の貴族の子弟のなかには、殆んど自国語を忘れんとしたほどイギリスかぶれしたものさへあったが、流石に仏教精神と仏教語だけは忘れきれないでをったといふことである。それほど彼等と仏教とは切り離すことのできない縁のつながりがあって、たとひ一般民衆が学事に無関心であるといっても、仏教信奉につられて、自分から多少の知識を享受するところから、全然無学文盲のものは割合に少ないやうに観察せられる。

二、教育機関

未だ近代的教育機関の施設を見ない西藏に於ては、普通教育は私塾または寺院にて行はれ「学校《ラプタ》」といふも寺小屋《ママ》の程度に過ぎないものである。一般民衆生《ママ》は各自に好むところの学校《ラプタ》を選んで就学するが、貴族と僧侶階級とは多少、趣を異にする。彼等は特殊教育を受ける便宜ある外、自由に家庭教師を聘する手段によるものも少くない。

普通教育では学科として読書、暗誦、習字、算術があり、特に暗誦と習字に重きを置かれてゐる。読書は初歩の文法を平易に、且つ暗記に便なるやうに書いた書物を主として、仏教倫理に関するものとか、一般徳育に関する問題を物語式に説いたものが用ひられる。暗誦は偏重に過ぎるため、形式本位に傾き、根本義の解釈が疎かになる。習字は最も重要視せられるだけに筆跡の立派なものが多い。習字法としては最初は短冊型の字盤を用ひ、相当習熟した上で紙上にうつる。紙は自国産の木皮製のもので、通常新聞紙大のものをまづ巻き附けて軽くしごき、幾条か折目を以て横線となし、それに沿ふて左から右へ横書にする。その用紙は左手で支へ決して机上に置くことはない。ちやうど我国で半切（巻紙）に字を書く式と同様である。ただ竪書《ママ》と横書との相違があるのである。用筆は竹片製のペンで、その尖端は万年筆のペン先に似てゐる。インキは墨汁を用ひ、インキ瓶に貯へ、硯で墨をするやうなことはない。記述は前後するが既述の文字盤は木製の短冊形の薄板の両面に里漆《ママ》を塗ったもので、その表面に少しく油を塗り、その上に白色の粉（石灰の如きもの）を隈なく撒布したものであるからペンで字を書けばその部分だけ生地の黒色があらはれる。文字盤は数枚を重ねて一組とせられる。しかし上下両盤は片面だけが利用せられ他の片面は表紙の役目をする。表紙面には各色の漾を以て華麗な絵模様が書かれてある。算術は極めて幼稚な加減乗除を教へる。比較的大数を取扱ふときには小貝、木片、大豆、碁石などにそれぞれ単位を附したものを列べるに過ぎない。但し専門家が暦年や天文の計算〔をする〕には文字盤を用ひて筆算法による。

　次に後述の官立学校では右の諸学科の外に公文書、通信文などの綴方をも必須科目として加へられる。更に近時の如く現代式学術を修めんとするものは政府の任命または許可を得て、英領印度かイギリス本国に留学する。支那にも留学するものもあるが、それらは主として班禅喇嘛系の学徒に属する。

　仏教研鑽に関しては各大寺院に専門的な学究機関が存し、仏教の教理と哲理と実践法とは勿論のこと、仏教特有の医学、工芸、天文、声明（声音学）などをも学修する。これらの学校に入学しうるものは必ずしも西藏人のみに限られない。異邦人でも一度び僧伽に入ったものならは何国人たるを問はす就学し得る。現に相当多数の蒙古人（このなかにはシベリアのブリアト人もある）や小数〔ママ〕の支那〔人〕もあり、西藏人と同様に学位を獲得することもできる。先年日本僧として入学を許され十余年間の久しきに亘って在学を続けたものの実例もある。

　女子の教育は従来等閑に附せられ、貴族の子女以外には殆ど問題とせられなかった。現在でも女子の就学率は男子に比して遥かに低い。

三、教育の仕方

　就学年齢は男女ともに一定しない。普通の私立学校では七、八歳、官立学校では平均十三歳とする。

　在学年限は概ね三ヶ年とせられるが特に一定したものでなく、学校側の認定と、学童の都合とで伸縮せられる。しかし官立学校では生徒側の自由は許されない。

　学校は私立と官立とをとはず、その校舎として特別の建築並ニ設備があるわけでなく、普通家屋の広間または仏間を以てするか寺院ならば講堂を以てそれに充る。坐席も無論西藏式で（第一四章民俗参照）便宜的排列を行ふに過ぎない。

先生は上座に構へ、生徒に対し斎一的に教示することもあれば、個々に手をとる如く指導することもある。先生または教師たるべき資格には一定の基準があるわけではなく、その一の閲歴に徴して世人が至当と認めたものであればよい。然し官立学校では政府の認定したものでなければならぬ。彼等の多くは学僧の地位にあるものであるが、俗人とても少くない。

勉強の督励は採点法でなく体刑を加へるにある。学業成績の不良なものは笞、棍棒、石塊などで打たれ、時としては負傷することさへある。

寺院で僧侶の徒弟を養成するときなどは先生は罰則として生徒を撲った上、地上に捩ぢ伏せて膺懲する光景を屡々見せつけられる。成績優良のものは特に模範生とせられ、場合によっては就学期間を繰上げられることもある。

授業料は一定した方法によって納めない。学生各自の自分相当な物品（主として食糧品か衣料類）に「礼布《カタ》」を添へて届ける。金銭を以てすることもないではないが、その場合でも多少の物品と「礼布《カタ》」を忘れない。

次に特殊な教育手段としては、官吏たらんとするもののために官立学校の設けがある。これに二種あって、その一は「ツェイクカン」といひ他を「ツィカン」といふ。前者は僧官、後者は俗官を養成する。

すべて官職に就かんと欲するものは右のいづれかの卒業資格を得たものでなければならぬ。

従来俗官たるべきものは専ら貴族の子弟に限られ、一般平民にはその特権が与へられなかったが最近この規定は稍緩和せられ、平民でも特に優秀なる能力を有するものは官吏たり得るといふ例外が設けられた。

しかし僧官たるべきものは貴族と平民の別なく、凡て出家得度することによって僧籍に入ることを許されたものは僧侶としてその資格を享受することができる。僧官を「ツェドゥン」、俗官を「トゥンコル」と呼ばれることは既記の通りである。

一般的の学科は普通の学校で学修するものと変りはないが、官吏として特に必要な公文書類の作製法、通信文の綴り方などに力を注がれる。

かうして僧俗両官を養成するわけは、政教一致を建前とする西藏政府では常に両官吏が協同して任務に就くことを必要とするからである。

徳育に関しては科外の宗教儀例〔ママ〕によって施されるため特に倫理としては教へられない。授業料は官立学校では不必要とせられるが、学生各自の意志によって教師に対し相当な贈呈品に「礼布《カタ》」を添へて私的に謝礼の意を表はすことがある。

四、留学生派遣問題

西藏の教学の現状は大体上述の如くであるが、西藏政府は近時最新文化の吸収に関心をもち、先年（一九一三年頃）試験的に行ったイギリス本国留学生派遣につづき、最近英領印度に対し本格的な派遣を実施しつつある。学修せしめるところは主として採鉱冶金、機械、軍事に関するものである。留学生の大部分は貴族の子弟であるが、彼等の女子も一般高等教育を受けるために留学するものも若干見受けらるに至った。

第十一章　軍　事

一、総　述

西藏はその昔曾て武威を四隣に振ひ、支那及び印度方面に対し侵略を恣にした時代は姑く別として、仏教伝来以後に於ける兵備は主として対内的に行はれ、封建状態のもとに群雄の割拠戦を繰返すのみであった。近時に於ける軍備といへとも大体は封建時代の機構を踏襲するもので、これに若干の近代的装備を加へたものに過ぎない。

兵役の義務あるものは国民中一定の家族に限られ、納税の代償として戸毎に一兵を就役せしめた。若しその家族中に就役者を欠く場合には他より雇傭して出役せしめねはならぬ。

服役期間は通例約三ヶ月間とする。従来は彼等の兵器、被服及び食糧の一部は各自の自弁としたが、現在では装備の斎一を期するため、現役兵のみに対し能ふかぎりそれらを官給としてゐるやうである。

兵役の義務ある家族は約そ四千戸である。平時は一戸一兵を建前とするが、非常時には一兵以上の出役を課せられることがあり、またそれと同時に各村邑あるひは部落毎に若干の兵員を余分に割当てて増強法を講ずることもある。さきに第三章交通に述べた「ウラ」の制度はかうした場合にも適用せられる。

西藏は一九一〇年支那に対して独立を宣言して以来、両国間に武力紛争の絶え間がなく、常に戦時の態勢を保たねはならなくなった。故に常備軍の定員は四千人を普通とするが、臨時に募集した補強兵員を加へられるから、現在は約そ一万人に達するであらう。しかし兵営及び給養の関係上就役期間を三ヶ月交替とするがため、実際即時に役立つ現役兵は約二千五百人である。但しラサ及び支藏交戦地区に駐屯せる部隊の如きは、その兵員数も就役期間も必要に応じ増減または伸縮せられる。

なほ国家の危急存亡の場合には一種の国民兵を召集することがある。所謂「チョプゲェトクチュ」〔bco brgyad drug cu〕とて、およそ西藏国民にして十八歳より六十歳までの健全なる男子で能く戦闘に堪えうるものを以て組織せられる。

これら各種の兵員を総計するときは優に十万人以上の数に達するといはれる。

二、兵力の配備

中部西藏に於てはラサに約二千あって、現在はその半数を以て各半年交代として就役せしめ、更にそのうち約五百を割いて特に達頼喇嘛の親衛部隊に充ててゐる。

次にシガツェに五百あり、交代期間を各三ヶ月とする。

次に西部西藏地方には合計五百はかりであるが、東部西藏地方にはチャムド方面に約二千、タヤ及びマンカム・ガートク方面に約一千、デルゲ、コンヂョー、サゲンの各方面の西藏勢力範囲に合計約二千、ツァカロ（塩井）方面に約一千、青海方面及びその他の各地方に散在せるもの合計約一千五百あって総計約一万と算せられる。

右によって見るときは現在西藏は兵力の大部分を支藏紛争地帯に配置せることがわかるであらう。これに反し、印度方面に対しては殆んど無防備状態に放置せるものの如く、それは明かにイギリス依存の証左と見て可なりである。

三、軍の編組

大部分は封建時代の極めて幼稚な制度を踏襲するもので、各指揮官の等級に応じて兵員数を割当てるだけである。

即ち「ダプン」〔mda' dpon〕或は「デプン」〔sde dpon〕といふは通常五百の兵員を指揮する高級武官とせられるが、近来時あってその兵数を一千まで増補せしめることもある。

次に「ギャプン」〔brgya dpon〕といふは兵員百二十五、「ディプン」〔lding dpon〕或は「シャゴ」といふは二十五、「チュプン」〔bcu dpon〕といふは十とする。

右の総指揮官として「マクチ」〔dmag spyi〕と証《ママ》する最高武官を設置するが、これは近時の新制度によったもので、従来はどうなってゐたか詳でない。

「ダプン」の定員はこれまで六名とせられたが、最近は培《ママ》加して十数名となってゐる。現在の兵員数より割出せは二十名まで増員できるわけである。

「ルプン」〔ru dpon〕以下の指揮官の員数は「ダプン」の員数の多寡に応じて決定せられるを原則とする。

国民軍ともいふべき「チョプゲェトゥ《ママ》クチュ」を召集するときも右の編組に従ふを普通とするが、その別動隊ともいふべき僧兵団が臨機各大寺院に於て任意に組織せられることがあり、指揮官の選任も各兵団に於て自由に行ふやうである。

四、兵　器

西藏軍が現在使用せる兵器は種々様であるが大体これを二種に大別することができる。即ち自国製のものと、外国製のものとであって、前者のうちには旧時の火縄銃と現代式の単発ライフル銃と、臼砲型をなした旧式の大砲と、同しく刀剣類などがある。外国製の大部分はイギリス製の十連発のライフル銃と軽山砲と、軽機関銃及び拳銃などである。以前筆者の駐藏当時には小銃に各国製品を採用して比較研究をなされた。その主なるものはイギリス、ロシア、支那、日本、独逸などとの製品である。

拳銃にはその種類極めて多いが、最も必要視せられるものはモーゼルの十連発である。

新式の軽山砲及び軽機関銃は各々十数台を算へるに過ぎない。未だ野砲、重砲、戦車、飛行機などを用ふる時機に達してゐない。

前述の兵役の義務を有せる四千家族は各自に小銃を私有する。その最も多数を占むるものは火縄銃であるが、近時新式のライフルを備へる向きも少くない。そのうち日本製の騎兵銃が割合に多いことが目立つ。それは西藏人のやうに常に騎乗行動をなすものには最も軽便だからである。僻陬の未開地には今もなほ弓矢を用ふる所もある。

五、西藏兵の価値

西藏兵の訓練は近時すべて英国式に統一せられ、号令の如きも主として英語を以てする。以前には支那、ロシア、イギリス及び日本などの諸式を模して比較研究を行ったことがあった。その当時日本式の優秀なことを認めた達頼十三世は、日本軍人教官を招聘して親衛隊の訓練を行はしめた。その後イギリスの勧告によりこれを廃止すべく余儀なくせられたといはれる。

今日の西藏兵は曾て支那印度を侵略した当時のやうな勇猛果敢な強兵とは云ひがたい。殊に近代的装備に不十分な所から、彼等の武力の程度は微々たるものに過ぎないが、なほ相当の胆力を有し、困苦欠乏に堪へ、且つ旺盛なる仏教精神によって生死の観を超越せる点は見逃しがたい。

一九一〇年以来今日に至るまで三十余年間の久しきに亘り、東部西藏に於て寡兵を以て克く支那軍と対陣して退かないことは、西藏兵の威力の侮るべからざることを物語るものである。若し彼等をして近代的装備を行はしめ、新式の訓練を施したならば、恐らくネパールに於けるグルカ兵を凌ぐものがあるであらう。

因に西藏の軍旗（国旗も同様）は未だ正式に制定せられてゐないが、現在最も普通に用ひられるものは長方形をなした四角の布を黄色地として、これに雲と雪山を中央に配し、山の図の中央に緑色線にて唐獅子（頭は左正面向き）の図を画く。雪山の左右には小さく日月を配することもある。これら各種の図絵は西藏国を表象する記号として常用せられるものである（附図参照）。

第十二章　宗教

総述

凡そ世界各国人のうちで西藏人ほど宗教に熱中する国民は少ないであらう。宗教を離れては如何なる西藏の事相をも説くことは殆んど不可能に近い。それほど宗教と国民との関係が密接であることは本誌記事の大部分によって実証せられる。

さて今日の西藏の宗教は何であるかといへば、その最も主要なものは西藏仏教で、世に所謂「ラマ」教（喇嘛教）と称するものである。それに亜いで勢力あるものは「ボン」教と呼ばるるもので、往古は一種の神教であったが現在は著しく仏教化した神教の様相を呈してゐる。

右の二大宗教の外には西藏の宗教として特筆すべきものは存在しないが、ある特別の事情の下に西藏に伝はってゐるものに、シャマン教、印度教、回教及び基教の四宗あることを知ってをかねばならぬ。このうちシャマン教は一宗教といふよりも単純なる民族信仰といふべきものであって、西藏では別に一定の経典、寺院、教会などがあるわけでなく、その分布するところは北部西藏の遊牧民地帯を中心として辺陬地方に僅かに散在するに過ぎない。その勢力も殆んど云ふに足りないものであるが、「ボン」神教と関連する点に於て軽視できないものであり、従って西藏仏教即ち「ラマ」教とも無関係でないことに留意しなければならぬ。

次に印度教は西藏在留のネパール人間に限られるものの如く、西藏人にして本当にこれを信奉するものは見られない。ただ彼等の妻女となれる西藏人のなかに偶々その信者を見出されるが、それは単に家族の風習に従ふ程度のもので、本格的にはやはり仏教信仰を根柢とするものである。古来印度教徒が西藏人に対して宣教を行った事実の記録も存しないやうである。彼等の西藏在留は比較的近世のことに属する。

次に回教も前者の場合と略々同様で、所謂「カチェ」または「チスマ」と呼ばれるカシミール人（主としてラダック人）に限られてゐるやうである。彼等が何時の頃から西藏に移住し始めたかは詳でないが、当初仏教徒として入蔵した時代は、恐らく西暦七世紀の初期に遡るであらう。

次に基教に関しては、その宣教史上特筆すべきものがあり、その効果は努力に報ふほどのものがないにしても、現在の東部西藏（カム）の支那の勢力範囲の主要なる村落に於ては教会の設立もあって、西藏人間に若干の信者を獲得してゐることは事実である。もっとも彼等西藏人は正真正銘の信奉者でなく、彼等の地位上の便宜とか、その維持手段とか、或は教会経営の病院、学校などを利用せんがための方便であると見られないことはない。究極はやはり「ラマ」教信仰に落付かざるを得ないといはれる。

次で上記仏教、ボン教及び基教の各宗教について少しく詳述を試みるであらう。

第一節　仏　教

一、仏教の伝来とその動機

西藏の原始宗教として「ボン」といふ神教が弘まった模様は次節に述べるところであるが、それについで印度より伝来した仏教が一層優力《〔ママ〕》なる弘通力を以て信奉せられ、国教として最も重要なる地位を占め、宗教と政治を一体のものたらしめた。世に所謂「喇嘛《ラマ》」教なるものがそれであって、正しく言へは「西藏仏教」と称すべきものである。

西藏に仏教が伝った極初については二三の異説がないではないが、国史の所録に従ふならば、最初は印度方面よりの直接移入によるもので、その時期は第三十三代ソンツェン・ガムポの代（西暦五六九―六五〇年）に属するが、しかしその的確なる年代を史実的に指摘すべき資料は未だ発見せられない。仮りに同国王の事蹟の前後関係から推測するならば、後述の如く印度に派遣せられた留学団が帰朝した時期を以て画すべきもので、恐らく六世紀の末葉から七世紀の初葉に及ぶ頃と見られる。

しかしながら若しも伝説的に記された文献によるときは、その伝来の萌芽を見たときは、上掲の年代よりも尚ほ数世紀以前にさかのぼるもので、即ち第二十八代パ・トトリ・ニェンツェン〔以下、ラトトリ・ニェンツェン〕王の六十歳の頃とあって、パクサムジョンサン史（後記資料の章参照）の推算に基くならば、西紀二四四年と換算せられる。その当時印度よりサンスクリット学師のロセムツォ（Pandit Lo-sems-ht'so）及び訳経家のイテセ（Lo-t'sa-wa Li-te-se）といふ二人の学僧が、仏典仏器などを携へて開教に来た。その際何人もそれを信奉するものなく、彼等はただ辛じてその携行物を遺し置いて帰印せざるを得なかった。ところが西藏ではそれらの物件は国を禍するものであるとて〔棄〕却問題が持上ったが、国王の取計ひで一先づ王宮内に奉安せられ、一種の珍器として相当の敬意が払はれたと。即ちこれを以て仏を祀るといふ思想の動機と見られるのである。

惟ふに六、七世紀の交に初めて伝った異邦の宗教が、その際何らの障礙もなく、忽ち素晴らしい興隆ぶりを示したといふことには、種々の事由が存するであらうが、その一因ともいふべきものは、既にそれ以前から一般人心に仏教に対する観念が幾分か萌してゐて、まさに信奉状態に入らんとする機運が助成《ママ》されてゐた事であらうと思はれる。して見れば早くも紀元三世紀頃に伝来の動機が作られたといふことは強ち憶説とは断ずべきでなからう。

更にまた右よりも古い時代にさかのぼって見るならば、西藏と印度との交通は遠く紀元前五世紀頃から始められた模様であるから、その頃印度に興起した仏教が、漸次近隣地域に伝はり、西藏へもその余波が及んだものとの想像ができないことはない。

仏教が正式に移入せられた以前に既に仏教思想の影響があったと見られることは、ソンツェン・ガムポ王が未だ仏教を採用するに至らない時で、専ら外邦侵略に余念なかった頃の物語のなかにも、野蛮な西藏国にはおよそ似合しからぬ忠孝思想の存在せる片鱗を見せてゐることは、恐らく仏教道徳の然らしめるところと解せられると思う。しかし若しもそれでないとすればその渕源を漠然と支那に求めるか、或は西藏民族固有の精神の発露と見なさざるを得ないであらう。現代でもさうであるが、西藏の自然に受けるあらゆる影響は、地理的に印度が主となる点に於て、仏教にその渕源を求めることは頗る至当のこと〔と〕いふべきである。

二、伝来の顛末

仏教伝来とともに西藏は愈々史実時代に入る。伝来の顛末を記すには国王ソンツェン・ガムポの事蹟を中心とするの伝に従ふ。国王は年漸く十三にして即位した。資性英邁にしてやがて全藏を統一し、国都をラサに定め、王宮をキイチュ河畔に望んで原頭に聳えたつ巌丘マーポイリの山上に築き、これを堅固なる要塞として四隣を睥睨するの威容を発揮せしめた。

国王の理想は西藏国の広大を以てなほ足れりとせず、或は東方万里遙かに長安の都を襲って大唐の朝野を震駭せしめ、或は南方の嶮峻ヒマラヤの恒雪嶺を突破して北印尼波羅の諸王を戦慄せしめ、まさに西藏大帝国建設の近きを夢みつゝ侵略に日も足りない有様であったが、幸か不幸か、覇業半ばにして早くも彼の心境を一変せしめ、遽かに長征の鉾をおさめざるを得ないものがあった。それは即ち印度仏教の崇高なる精神と、唐朝文化の燦然たる光彩とに外ならぬのである。

一朝にして大乗仏教の渇仰者となった国王は、親ら率先して文化建設の陣頭に立ち、内外の博識を動員して古今未曾有といはれる偉業を成就し、爾来今日に至るまで一千三百余年間に及ぶ西藏の国体と文化の基礎を樹立した。

国王は当時自国の未開無文なることを愧ぢ、先づ印度より仏教を移入せんがため、聡明の聞え高き宰相トゥミ・サムボォタ（トゥンミサムボォタ）を首班とせる一行十六名の留学団を印度に派遣し、サンスクリット学とともに仏教はいふに及ばず、博く波羅門の諸学をも修習せしめた。彼等が学成って帰朝する間もあらせず、宰相をして先づ西藏文字と国文法を創制せしめ、矢つぎ早に仏教聖典の翻訳と研鑽に着手せしめた。

国王は藏印の各学者を督励するばかりでなく、国王自身もまた語学と仏教を修め、早くもその講説と執筆にいそしむ所があり、西藏仏教独特の礎石は実にこの際に据へられたのである。

国王は更にまた仏教主義に立脚して、始めて「法律《ティム》」なるものを制定し、君民ともに遵守すべき道を示した（下編第八章参照）。

国王には夙に西藏各地の名門より娶った三人の后があった。その後齢既に老境に近づいてから尼波羅と支那よりも、それぞれ一人の王女を迎へて后となした。かうして先進国の王者と姻戚関係を結びえたことは、固より国王の天性の偉大さを物語るものであるが、国王自身を以てすれば、高級なる先進文化の吸収策として最も効果的な手段を選んだものに過ぎない。国史の伝ふる所によれば、国王の六十四歳の時（西暦六三二年）に尼波羅《ネパール》王アムシュバルマ(Am-cu-var-ma) の王女ブリクティ (Bhr-ku-ti ―西藏名ティツゥン T'n-btsun) を、同じく七十五歳の時（六四一年）に唐太宗の王女文成公主 (Wan-cin-kong-co) を入室せしめた。後者については或る一説には国王の二十歳の時（五八八年）といはれるが、それは全く想像説に過ぎないもので、西藏王家の伝説や、唐朝の記録年代とも相違することは勿論である。

これら両王女の来藏とともに、両国よりそれぞれ仏像、仏典、学僧、並ニ文化使節などを迎へたことは云ふまでもない。西藏最古の仏殿の一として、且つまた最も神聖なる精舎として世に名高きラサの仏主殿「チョカン」(Co-K'ang)〔jo Khang〕の造営は、実にこの時ネパール王女の懇請にあって行はれたものであり、また同じくラモチェ (Ra-mo-c'e)〔ra mo che〕の仏主殿は文成公主の要請によって建立せられたものである。勿論これら両仏殿には当初各王女がその本国より供奉した仏陀の尊像がそれぞれ安置せられたものであるが、その後ある事情によって、両本尊を取り換へて祀ったことがあってから、今日もなほそのまゝになってゐることを注意せねばならぬ。両本尊のうちでは特に文成公主が斉らしたものが著名であって、霊験最もあらたかなるものと信ぜられ、西藏の仏教徒はいふに及ばず、国外諸部の喇嘛教徒らにも尊崇措く能はざるものとせられる。「ラサ」といふ都名 (Lha-sa) の起源は全くこれによるもので「ラ」Lha とは神または天人の義であって一般的には神聖を意味するものであり、「サ」sa とは土地または場所の義である。つまり「神聖の地」または「神の地」といふことで、換言すれば「仏陀の地＝仏地」の意味をなすものである。この地点には最初オタン（**ho-t'ang**）といふ湖水が横ってゐたが、仏教を建立するにあたり、その湖水のある地域が最も肝心な点に当ることが易法によってトせられたので、そこを陸地とするため、山羊に土を運ばせて埋め立をなした。乃ち山羊（ラ Ra）によってできた土地（サ Sa）であることから、山羊地《ラサ》（Ra-Sa）と呼ばれた。ところが愈々そこに仏殿が築かれ、殊に神聖無比の霊像が奉安せられたため、自然に当初の地名が失せて新しい呼称の「神聖地《ラサ》」**Lha-sa** に変ったわけである。

以上によって大体国王の事蹟の概要を述べ了ったが因みにその王名の意義について小解を施すならば、凡そ上世に於ける歴代の王名には余り芳はしからぬ意義のものもあり、又それほどでなくとも概して平凡であるに反し、この国王の名は巍然として異彩を放ってゐる。恐らくそれは国王の没後その功蹟〔ママ〕を讃へて奉った称号でないかと思はれる。即ちソンツェン・ガムポ **Srong-btsang-sgam-po** とは「直進、厳正、深慮者」の義で直進とは正直にして勇気あること、厳正とは仁義、深慮とは叡智あるの謂であるから、必竟〔ママ〕智仁勇の三徳兼備の英君たることを示した語である。

なほ国王の仏教観に就ての問題とか、或は初伝仏教が特に大乗密教に重きを置かれたかといふ理由など論述すべき所が無いてはないが、余りに支論が詳密になり過ぎる嫌があるから省略する。

三、「初伝」仏教時代

前述の如く伝来初期の仏教は経典の翻訳を中心として発達し、第三十七代国王テ○ソンデツェン〔以下、ティソン・デツェン〕**K'ri-srong-lde-btsan** の代（七五五〜七八一年）には、いよいよ本格的の弘通を見るやうになり、印度より瑜伽派の高僧ペマサムバァワ〔以下、パドマサンバヴァ〕**Pad-ma-sam-bha-ba**〔**Padmasambhava**〕来藏して、密教の興隆に尽し、また学僧アーツァルヤ・ボディサットワ（**A-tsar-ya-Bodhi-sattava**（＝ Canti-Rak-sita）〔シャンタラクシタ **Sāntaraksita**〕の如きは帝師となって仏教を講じた。

これまで西藏には未だ真の比丘僧としての修行を積んだ僧が出なかったが、この時始めて七人の有資格者を出したといはれる。まさに西藏喇嘛僧の起源ともいふべきである。

当時国都は一時ラサを去って、その南方にあたるツァンポ河畔のサムエ〔サムイェー〕bsam-yas〔bsam yas〕に遷され、七六六年にはチャンチュブリン Byang-cub-gling と呼ばれる名刹が築かれた。これは印度のアヂャンタ精舎（Acintya-vihara）を模したもので「サムエ」といふ地名はその栄名にちなんだ蔵訳語で「不可思議」を意味する。この時代には支那よりも学僧の入蔵があって、支那仏教も相当に弘通した。国王は印支両仏教の比較研究を行ひ、いづれか優秀なるものを国教とせんがため、ある時両国の学僧を宮庭《ママ》に招き、御前に於て教理の討論を行はしめたところが、支那学僧の敗北により、教旨の欠陥が認められ、その結果爾後宣教を禁止せられた。

なほこの王代に特筆すべき一事は、蔵訳大蔵経の目録が始めて編纂せられたことである。もっとも後世にできたものほど完備したものでないことは勿論であるが、ただ最初の目録作成といふ点に史的価値が認められる。

第四十代レェパツェン〔以下、レルパツェン〕Ral-pa-btsan〔ral pa can〕王の代（八一四～八三六年）には特に仏学の講究が盛大に行はれ、また一方に於ては経典用語の校訂と、新制語による統一の大業が完遂せられた。従来の経典はその翻訳の時代と、訳者の相異により、用語が区々となれるが上に、各地の方言をも混するところがあってただに複雑を極めるばかりでなく、殆んど難解の箇所も少くなかったため、西蔵人自身すらもその不便に悩され、経典の真価が発揮せられないことを遺憾とした。

仏教の狂信者といはれたほどの国王のことであるから、その欠陥を黙視する筈はなく、早くも意を決して大改訂の挙を思ひ立ち、蔵印の諸学僧を集めて国帑を賭して難事業の克服に成功したことは、後世の識者をして驚嘆措く能はざらしめる所である。

第四十一代国王ランタルマ〔以下、ランダルマ〕（Glang-dar-ma）〔glang dar ma〕の代（八三六～八四一年）に至り、国都ラサに於ては仏教大破壊の厄が起った。国王は性来素行治まらず、夙にボン神教に傾倒して極力仏教を排撃し、即位後やがて暴政を敢てして省みなかった。折しもその際頻々として災禍が発生したため、国王はこれを以て仏教信奉の報なりと称し、仏像を投棄し、仏殿を毀し、僧侶及び学者を殺傷追放し、経典その他の書籍を焼棄するなど暴逆の限りを尽し、歴朝不断の努力によって漸くその緒についたばかりの王都の文物制度も一朝にして覆滅に帰し、社会の安寧秩序も根本から破壊せられた。

斯くて臣下の怨恨を蒙った国王は終に一禅僧ハルンペェキドーヂェ Lha-lung-dpal-gyi-rdor-rje のために弑せられた。

この不祥事を以て王家は国都に止まることを憚り、去って西部西藏またはその他に移ることとなり、国王の二王子も局地的な小国王の地位に堕し、辛じて辺地仏教の護持に努力した。第一代国王ニャティツェンポ〔以下、ニャティ・ツェンポ〕gnyah-k'ri-btsan-po〔gnya khri btsan po〕以来、凡そ一千三百余年間連綿として継承せられた由緒深き王家も、第四十二代を以て終に西藏総王の栄位より転落し、爾後これに代るべきものなく、国内は諸侯争覇の巷と化するに至った。

史家の所謂「初伝《カタル》」Snga-Dar〔snga dar〕の仏教もこれを以て一期を画することとなった。

四、「後伝」仏教時代

その後凡そ一世紀を経て、仏教は漸く復興の機運に恵まれ、東部西藏よりはラチェンゴンパラプセル (Bla-C'en-dgongs-pa-rab-gsal)、西部西藏よりはロチェンリンチェンホンポ (lo-C'en-nin-C'en-bsang-po) らの名僧出現して興隆に尽した結果、漸次中央部に浸潤し、所謂「後伝《チダル》」(P'yi-dar)〔phyi dar〕仏教の端緒を開いた。

併しながら曾て致命的な創疾を受けた仏教の立直しには相当の困難を伴ふもので、既に種々の不純分子が侵入してをり、極初の如き教理の真正は望まれなかった。是に於て西藏総王家の後裔として国の西辺に一王国を立て仏教擁護者を以て自任せるコルレ王 (K'ol-re) は歪曲された仏教の前途を坐視するに忍びずとて、改めて純真仏教の再移入を図るべく、国帑を傾けんばかりの巨資を準備し、一再ならず印度に特使を派遣して、高僧智識の招聘を試みた。不幸にして国王の在位中には希望は達成せられなかったが、その後王弟ロンゲ Srong-ngemp 孫なるウユデ Hod-lde 王の代に、その弟シワウユ S'i-ba-hod の努力により、漸くその目的を達し、当時印度にて最も博学の聞え高かりし聖僧アティシャ〔以下、アティーシャ〕A-ti-ca〔a ti sha〕を迎へ、西藏仏教の根本的改革を行った。アティーシャは印度名をディパンカラシュリジュナーナ Di-pan-Kara-S'ri-ju-Na-na と呼ばれ、その入蔵期は十一世紀の中葉（一〇四二年）といはれる。

これより着々として革新の実は挙げられ、名僧ドムゲェルウエジュンネ Hrom-rgyal-bai-byung-gnas 出で、アティーシャの法流を汲んで、カーダンパ〔以下、カダム派〕Bkah-gdams-pa〔bka' gdams pa〕（勅勧派）の宗教を宣揚するなど頗る健全なる発達の径路を辿った。

しかしその興隆にともなふ必然の結果として諸宗派の分立を来し、互に確執し合ったため、教線の混乱を見るの余儀なきに至った。それらの教派として著名なものはサキャパ〔以下、サキャ派〕Sa-skya-pa〔Sa skya pa〕、ツェルワパ T'sal-ba-pa、リゴンパ hbri-gon-pa、パルハ Pag-gru-pa などである。

而して各派の対立は勢ひ当時の諸侯との間に政権的関係を生じ、仏教本来の使命は没却せられざるを得なかった。国内の混乱はやがて外邦の乗ずる所となり、蒙古軍などの侵略を誘致するの虚罅をつくり、全蔵の主権が一時蒙古王に帰することもあったが、サキャ派の教主中所謂パグスパ（八克思巴）が元朝の帰依する所となり、後に西蔵の君主権を付与せられたことは第十六章国史綱要に述べてある通りである。

五、仏教改革

政権争奪の具に供せられたる教界が俗化することは必然の趨勢であって、仏僧は己が特権を濫用して横暴を極め、世相の不安に乗じて仏法を弄び、猥りに邪法を説いて風教を紊すこと甚だしきものがあった。たとへば悟道作仏の美名に籍口して転倒虚妄の快楽を容認し、出家の戒律を無視して邪欲を恣にするが如き破廉恥なる不徳行為など、実に言語に絶するものがあった。

斯くて前後数世紀に亘りて混沌たりし教界は終に如上の堕落時代を最後として俄然反動を起し、ここに仏教大改革の烽火は忽然として打揚げられた。それは十四世紀の末葉近い頃である。曾て聖アティーシャ〔に〕よって放たれた純然仏教の光芒は閃々として怪教の妖雲を打払ひ、以て婬蕩退廃の迷夢を貪れる伏魔殿を照破し、粛風颯々たる革新の原頭より大活仏の獅子吼が号ばれた。彼の色欲の快楽主義に耽溺するを以て悟道の方便なりとするが如きは極重悪の罪障にして苟且にも仏徒の近づくべき道に非ずとなし、真実の聖道は一に菩薩六度の浄業を円満に修得するにあることを高唱しつつ、勃然として北蔵青海の畔、ツォカ〔ツォンカ〕なるクンブム（Tsong-ka, sKn-hbum）〔sku 'bum〕より身を挺して、遍く全蔵に教化を垂れ、世に真仏の出現を想はしめたものは、その名声宇内に赫々たる偉聖ツォンカパ〔以下、ツォンカパ〕（Tsong-ka-pa）〔tsong kha pa〕その人に外ならぬ。

「ツォンカパ」とは彼れの出生地名によって呼ばれたもので、通常それに敬称を附して「ゼ・ツォンカパ」（Rje-tsong-ka-pa）或は「ゼ・リンポチェ」（Rje-rin-po-c'e）といはれるが、また屡々彼の得度法名なるロプサン・ターパ〔ロサン・タクパ〕（Blo-bsang-grags-pa）〔blo bzang grags pa〕を以てすることがある。彼の年代は一三五七年より一四一九年に亘る。

改革せられたる新仏教は世に黄帽派《シャセルパ》（Sha-ser-pa）と呼ばれるが、本宗門の実名は通常ゲェルクパ〔以下、ゲルグ派〕（Dge-lugs-pa）〔dge lugs pa〕と称せられ、その語義は正宗派、或は粛徳宗派を意味する。これに対し改革以前の仏教正統派を古宗派《ニンマワ》（Rnying-ma-ba）〔rnying ma pa〕又紅帽派《シャマルパ》といふ。今日西蔵の国教となれるものは、新教ゲルク派であり、達頼、班禅の二大法王はともに本宗門の神聖教主として世々に転生冊立されるものである（下編第七章参照）。

斯くて西蔵仏教の隆運はその改革期とその直後を以て最高潮に達したものと見るべく、各地の大寺名刹の多くは殆んど彼の偉聖自身若くはその高弟らによって建立されたものである。即ちガンデン（Dgah-ldan）〔dga' ldan〕、セラ（Se-ra）〔se ra〕、レプン（Hbras-spungs）〔'bras spungs〕、タシルンポ（bKra shis lhun po）〔bkra shis lhun po〕などであって、これらの各寺院には、それ三千三百、五千五百、七千七百、四千四百を超過するほど多数の僧衆団を擁し、寺院の地域は広大なる石造建節〔ママ〕櫛比して、宛然近代的の文化市街の観を呈する。宗門勢力の名実ともに旺盛なることはいふまでもなく、それは国家的にも社会的にも最も優越なる地位を獲得し、僧侶の威信重かりしこと古今その比を見ずといはれる。宏壮華麗なる寺院の造営は建築、工芸、美術、産業などの発達に資し、仏法の普遍は一般民衆の教学振興に寄与するなど、西藏文化の交流に役立つ所が多かった。彼の偉聖の功績は独り仏教の革新のみに止まらず、九世紀以来久しく混沌たりし世の人心の帰向する所を知らしめ、これを善導して思想の統一に貢献する所が少くなかった。実に西藏開国の大祖教皇ソンツェン・ガムポ以来の明教主として、中興の祖師と仰がれ、「仏教国西藏」の面目を永へに伝へんとするものである。

六、法王位制時代

十五世紀の中葉に於て、ツォンカパ大師の高弟たりしゲンドンルフパ〔以下、ゲンドゥントゥプ〕(Dge-hdyn-grubs-pa)〔dge 'dun grub〕は前掲タシルンポ寺院の開祖として有名であるが、所謂西藏の守護神たる観音菩薩の化身なりと信ぜられ、彼の遷化後にその再現を見たことから、爾後代々の教主位はかうした転生再現の理に基いて継承せらるべきであるといふ信念を得ることとなり後世に於ける法王冊立法の起源をなすものとなった。而してこの法王位に対し、達頼喇嘛《ダライラマ》金剛執持《バジユラダーリ》の称号を以てするやうになったのは、十六世紀中末の交、法王第三世ソナムギャムツォ〔以下、ソナム・ギャンツォ〕(Bsod-nam-rgya-mt'so)〔bSod nams rgya mtsho〕の代であり、更に法王が君主権をも兼ねるに至ったのは十七世紀の中末の交、法王第五世ロプサンギャムツォ〔以下、ロサン・ギャンツォ〕(Blo-bsang-rgya-mt'so)〔blo bzang rgya mtsho〕の代であることは、第十六章国史の項に述べることである。達頼法王第五世は神聖なる仏学者であったことは勿論であるが、また歴史家としても有名であり、更に彼の時代を光輝あらしめた事蹟は、彼れの執権たりしサンゲェギャムツォ〔以下、サンギェー・ギャンツォ〕(Sangs-rgyas-rgya-mt'so)〔sang rgyas rgya mtsho〕をして法王宮殿ポタラ(Potala 或はポタラカ Potaraka)の根本的大改築を行はしめたことである。この宮殿はもと六世紀末に、最初のラサ王城として造営せられたものであって、当時の規模のまゝでは余りに貧弱で到底新時代の要望に添ふものでなかったから、茲に全体的改築の必要に逼られたわけである。

十七世紀末より十八世紀初にかけ、約十五カ年の日子を費やし、およそ当時の西藏がもつ最高の技術を尽し、最良の資材を用ひ、最大の労力と経費を傾注して、空前の大工事を企図して完成を見たのである。新宮殿は大体の設計としては城塞を基調とする点に於て以前のものと異なる所はないが、その規模の宏大なることと、尊厳の念を起さしめることに於ては到底旧城の比ではない。外廓の要所は外敵の防備に十分堪えうるやう特に堅牢なる構造を施せることはいふまでもないが、巌山の腹壁に沿ふてその絶頂に及び、巌山を覆ひ冠すことくに建造せられ、その高さ上下十九層を算へ（地上約五百呎と測定せられる）剛石と鉄鋼の補強材を用ひて骨組みとする所ありといはれ、その外観の雄大なることは、たとひ実物の景観に接しないまでも、写真によって略々その威容が窺はれることと思う。

宮城の内廓には王宮、法王庁、政庁、仏殿、霊廟、講堂、会堂、露台、僧官房、宮内官房、図書館、印刷所、宝庫、武庫、貯蔵所などが配置せられ、一種の総合建として巧なる技術を発揮せ〔る〕点は賛嘆に値する。現に今日吾々が目撃する如く、宏麗にして而かも荘厳に、自から崇高の念を作さし〔む〕るに余りあるもので、藏蒙中亜幾百万の喇嘛教徒に君臨せる神聖大法王の居所たるに恥ぢないものである。

次に法王第六世ツァンヤンギャムツォ〔以下、ツァンヤン・ギャンツォ〕（T'sang-dbyangs-ngya-mt'so）〔tshangs dbyangs rgya mtsho〕は世に詩聖教主として知られ、彼の素行に対する毀誉褒貶は兎に角として、その叙情詩は今もなほ人口に膾炙せられてゐる。

西藏が事実上支那（清）の属領に帰したのはこの時代（一七二〇年）からである。

次に法王第七世以下第十二世に至る各代を通じて概論するならば、それらの各在位期間が短く、また特筆すべき顕著なる事件も発生してゐない。伝ふる所によれば、各時代の執権らの権勢争奪が甚だしく各法王はそのための犠牲となって幼少の間に横死したものであるといはれる。

仏教界の情勢も単に前時代の惰力によって存続をつづけるものの如く、積極性の認むべきものがない。もっとも清朝が喇嘛教を重要視し、或る一二の皇帝の如きは帝師と仰ぎて親ら法王に帰依したといふ事実は存するが、それには西藏懐柔策の意味も含まるもので、それを以て喇嘛教実力の発揮とは見られない。

次で二十世紀に入っては、第十六章国史に述べる如く、西藏は種々の国難に遭遇し、法王第十三世は国外に蒙塵すること前後二回に及ぶなど国情の不安は絶え間がなかった。従って仏教界は愈々不振に陥りて只頽衰の一途を辿るばかりであった。殊に一九三三年の達頼法王十三世、及び一九三九年の班禅法王九世の円寂は一層これに拍車をかけたのである。曾て西藏文化の精華を誇った仏教の前途も漸く悲観に傾かざる〔を〕得ない現情にあることを認めねばならぬ。

なほ本章の仏教は別章の国史、及び下編の第七章喇嘛教研究と関係するものであるから詳細にそれらの各章を参照する必要がある。

〔原本一頁白紙〕

第二節　ボン教

一、総　述

西藏の原始民族が最初如何なる信仰を有してゐたかに就ては何ら伝へられる所がないが、紀元前四、五世紀頃即ち建国当時に於ける西藏住民が信仰してゐた宗教は所謂ボン神崇拝であったことは伝説によって想像せられる。

抑もボン神崇拝とは如何なる信仰であるか、またいつ頃から如何にして起ったものかといふ問題を根本的に究明する必要を感ずるものであるが、今その文献やその他の資料を求めることは容易でないから、本格的な研究は他日に譲り、現在普通に世に行はれたる見解に従って観察する所を少しく述へて見やうと思ふ。もっとも新興のボン神教に関しては比較的完全な聖書の現存することによって研究に事欠くやうなことはないが、茲に目的とする所は特に西藏古代民族の宗教を探究して彼等固有の信仰の模様を知らうとするにある（下編第七章第三参照）。

二、渕　源

ボン教の渕源について識者の想像する所によれば、曾て中亜蒙古方面より来往せし所謂ホル人（下編第五章参照）が斉らし〔た〕所のシャマン（Shaman）教が西藏原住民固有の信仰と結び合って特種の宗教となって発達したもので、それに対して「ボン」**Bon** といふ名称が与へられたといはれる。果してその見解の如しとするならば、ボン教は彼等本来の純真な信仰とはいへないけれども、両者が極めて相似してゐたものであることは想像に難くない。

とにかく彼等の原始宗教はシャマン教に酷似した信仰であるといふ事として考察を進めるであらう。

さてボンとは何かといふに、本来彼等が主神と仰ぐ全能の天上神の名から〔の〕ものと見られ、その語義の由来を明かにしないばかりでなく、またそれが本来の西藏語であるかどうかも詳かでない。もっとも現在ではそれが一の西藏語として用ひられてゐることは事実であって「ボン」といふ宗教名の固有名詞以外には、語義としては「誦称する」、「低唱する」、「言ひ表はす」などの意味の動詞語として取扱はれてゐる。今若しそれを一の抽象名詞として見るならば所謂「ボン」なる宗教名もその意味をもつものと見て差支ないであらう。何となれば彼等教徒が崇敬する神に対して祈祷する際に呪文などを誦称することが想像されるからである。

ある欧西学者間には、この語を以て西藏本来語のプゥン **Dpon**（長官、主司、主催者の義）と同義語であると見るものと、或は梵《サンスクリット》語の **Punya**（純行者）の転化音と見做すものもあるが、いづれにしても直ちに賛意を表し兼ねる。今仮りに西藏語として見る場合には、その語の綴りはローマ字にて正しく表はせば **Pon** であるが、欧西人は **Bon** と音写する。故に外人は一般に「ボン」と発音するが西藏標準語のラサ音を以てするならば **Pön**（プゥン）或は **Pün**（プユン）と発すべきであるが今は世上の慣例に従って「ボン」といふ呼称を用ふる。

三、特　質

ボン教はその由来する所によって想像されるやうに、一定の時期を画して弘まったものでない。記伝に示された所では、紀元前四、五世紀頃には相当広く伝播してゐたことが窺はれる。それから紀元後の七世紀初葉に仏教が伝来するまで、凡そ一千有余年間に亘って全藏に独占的発達を遂げたことは疑ふの余地はない。その期間に於けるボン教こそ実に最初の国神教として最もよくその特質を発揮せるもので、彼等の民族精神または国民思想に反映する所が少くない。しかし仏教伝来以後のボン教は、教義の形式を印度の仏教哲学に模倣したため、固有の本質は著しく蔽ひかくされ、西藏古代民族の純真な信仰状態を窺ふには細心の注意を用ひねはならぬ。

伝説時代に於けるボン教の弘通状態は固より詳知する由もないが、記伝によるときは、西藏一般の民衆は勿論のこと、代々の国王も亦その篤信者であったばかりでなく、寧ろボン神の代官、または化身者であるかの如く尊崇せられたものである。

その宗風が時代とともに変遷したことは、当時の宗派別として、ヅェプゥン（Hdzol-pon）ナムプゥン（Gnam-pon）などの名称を挙けてゐることによって分かる。

四、仏教との関係

七世紀の初葉印度仏教が移入せられると同時に、君民ともに仏教信仰に傾倒したため、ボン教は一時衰退するの余儀なきに至った。殊に国都ラサを中心とする西藏本部に於ては殆んどその影を潜めたといはれる。しかしながら少くとも一千有余年の久しき間に、国民精神の中枢をなした関係上、たとひその外形は滅没し去ったとはいへ、彼等祖先以来心裡の奥底に深く滲み込んでゐた根本的信念は一朝にして容易に抜け切るものでなく、いつしか仏教信仰に托して、早くも復活の径路を辿り始めた。殊にその新教義として別に印度の仏教哲学の思想を取入れたことによって面目を一新し、未開明民族的信仰の地位より一躍して高級なる宗教形体を具ふるに至ったことは、その復興の機運を早め、侮るべからざる勢力を発揮した。仏教が西藏の中央部に於て君民一般の信奉を集め、国家的正教たるの荘厳を示すに対し、ボン教は国有の民族宗教としての実力を具へて、主として地方的にその教勢の発展が見られ、陰に陽に世俗上下の敬神思想の維持が保たれた。故に純正なる仏教徒と称するもののうちにも、彼等の信仰の内容を仔細に吟味するときは、その根柢に於ては殆んど無意識的にボン神崇拝の念に支配せられてゐる模様を看取せられる。

斯の如きボン仏両教の関係は、宛も我国に於ける神仏両道のそれに近似するものがあって、その地位こそ彼此事情を異にするが、信仰上の姿の上では共通性の存することを否むわけにはゆかない。我国では曾て本地垂迹説を唱へて神仏信仰の融合を謀ったことがあるが、西藏では左様な標識《ママ》は実在せずとも当初より期せずして事実上ボン仏の一致を示してゐる。両者はたとひ表面上対立して排撃することはあっても、信仰上では彼等が意識すると否とに拘わらず、奇態にも都合良く合致してゐることは実情の証するところである。古文献によるときは当初は両教徒の融和を計ったことさへあって二者は必然合致点を見出さねはならぬ関係にあることに留意を要する。

なほボン仏両教の関係については一層本質的な考究を要するものであるから、下編第七章「喇嘛教研究」第三項に少しく詳述すると〔こ〕ろがあり、本章の記事とともに参照を要する。

五、ボン教徒の信相

新興ボン教の研究には所伝の聖典に処るの手段もあるが、無文の伝説時代の古ボン教については、固より精確な文献資料の存在する筈はない。故に今茲に述べんとするところは主としてボン教徒の信相を観察するところによったものである。

抑も彼等教徒が信仰の対象とするものは、ムユルと名くる天上界の大ボン神と見られ、それを中心として有らゆる諸神が隷属せるかの如き観をなしてゐる。即ち宇宙の森羅万象に対してすべて神的精神の存在を認め、それらは悉く大ボン神によって統一せられてゐるものと信ずるやうである。就中人間と大神との関係は最も緊密な間柄にあるもので、例へば人間が受けるところの天福冥護も災厄殃禍も皆神意の発動に基くものとなし、人々は常に呪詛祈祷、祭祀供饌することによって神意を慰め、以て天命を全うしなければならぬとする。

ボン神の教を説き、また神と人との交渉を媒介するなど、仏教の僧侶と同様の役目を司どるものをボンプン Bon-dpon（ボン神官）といふ。それは現に今日秘密仏教に見られるカクパ Sngags-pa（密呪師）に酷似するところがある。彼等は神聖なるボンの使徒であって一度呪を唱へたならば、よく神変力を体得し、それを発動せしめるときは、或は人間界に於ける病患危厄を除去し、或は自然界に於ける風雨雹雷などを防止することができ、また如上の反対の現象をも支配することができるといはれる。例へは「神降」の秘法として口に高らかに密咒を唱へながら身を乱舞狂躍せしめて、終に昏倒するに至れば、乃ち神がその神司に乗り移ったものとなし、その時彼の言葉を籍って、種々の神託が告げられ、或は神通力を発揮して厄禍が祓はれるものとする。かうした点から見るときはボン神教がシャマン教を渕《ママ》源とする所以が肯かれると思ふ。

六、宗風の異相

前述の如くボン教徒が理想とする世界はムユル Rmu-yul と名ける天国で、大ボン神が諸神の上に君臨する神界を指すものであり、また彼等の祖先も神と化して倶に天上生活を享受するものと思惟せられる。

諸神が天空を遊履し、また地界と交通する場合にはムタク Rmu-t'ag と称する霊縄をつたふ。ムタクとは「ム」と名ける天国のタク（縄）の義である。それは勿論吾々人間の肉眼で見たり、手に触れたりすることのできないものであって、一種の霊縄、天縄または神縄とも称すべきものである。この縄はただに神々の天空の交通用に供せられるはかりでなく、更に不可思議の威神力をもつ神器として利用せられる。例へは悪魔、邪鬼、厄神などの跋扈跳梁を束縛し、防禦し、抑圧し、駆逐するなどの目的にも使用せられる。

ところがこの縄に対する観念を人間界の実物によって表象することが、いつの頃よりか新たに考案せられて、現に神飾用の縄として用ひられ、その名もやはり原名に因んでムタクと呼ばれる。それはちょうど我国に於ける注縄《シメナワ》（または七五三縄）に相当するもので、その綯ひ方、様式、用法、目的、意義など彼此何ら異なるところはない。強いて区別を立てるならば彼等の神縄は様式の変化に乏しきことと、形体の貧弱なことと、縄の原料が必ずしも藁に限ったわけでなく、他の草類または樹皮などをも用ひられる。もっともこの点は西藏のやうにすべて物資に恵まれない関係から止むを得ないことと考へられる。縄に一定の間隔をあけて、綯ひ目より垂れ下げる布片には通常呪文が書かれ或は印刷されてある。この縄は通例幾本かの棒を列べ立て、それに張り廻らされる。神祀の浄域に通する路の入り口は必ず二本の棒を以て門構へとなし、それに神縄が張りわたされる。我国の鳥居の起源といはれるものと同様と思はれる。

なほ神縄とともに常に吾々の目を惹くものは、幾本かの幟が立てられることである。帯状の布切を縦にして片側を棒にとほすことは我国のそれと全く同じである。幟には一面に咒文が印刷されてある。その文句は現在では西藏語またはサンスクリットの西藏音写文字を以てせられるが、往古は記号とか絵文字などと《〔ママ〕》草木の液汁で染めつけられたといはれる。幟は神敵とか悪魔を降伏する戦勝の標識として、神に捧けられるものである。仏教徒の用ふるものにもやはりそれと同様のものがあって何れが起源を先にするか詳でない。今日では外観上殆んど区別がつけられない。前述の神縄《ムタク》の如きも最早ボン仏の区別を超越して世間一般の風習の如く、全例外なしに用ひられてゐる。故にこの幟と神縄のある風景は至るところに見出され、神域はいふに及はず仏寺の境内でも、神の鎮座あるところには附きものである。

その他如何なるところでも厄神、鬼魔の類を近づけないやうにする区域とか、或は普通の人家または建造物の屋上とか、路傍、山顛、水辺の渡し場とか、舟軸など、苟しくも神聖、清浄、厄除を意味するところには必ずそれらが目撃せられるであらう。かうした光景は疑もなく西藏太古の遺習に基いて発達したものに相違ないが二十世紀の今日、我国に於ける最新文化を誇る都市の中心に於てすら屡々右と同様の場面が見られることに想倒《〔ママ〕》して奇異の感なきを得ないのである。

神縄と小幟のある景観は、殺風景極まる西藏高原を旅するもの（特に日本人）にとっては確かに印象的なも〔の〕に相違ないが、またそれほど原始的な寂寥感を催さしめるものはない。然るに一度高原を去って緑陰深きヒマラヤの山林地帯に入り、風光明媚なる別天地を訪づれるならば、その同じ幟や神縄の眺めが、いかにも神々しき感じがして、何となく奥床しく漫ろに我が故国の懐かしさが偲はれ、身の異郷にある想を忘れしめるのである。殊に彼の「瑞穂の国」とも名け得べきレンジョン（米の実る国）穀物豊饒国に於ては（下編第一章国号の検討参照）鬱蒼として老杉茂る鎮守の森や、山桜楓樹の木立の影を縫ふが如くに隠顕する神縄と小幟の風情は得もいはれない。ここかしこに見られる山住民の風貌も、全く現代離れのした遠き昔の神代姿をとどめ、朧けながら伝説の古を物語るかのやうである。

かうしてボン神教徒によって今日までも残された如上の情景は吾々をして自から考察の興味をそそり立たしめねば

止まない。ボン教の起源を探らんとすれば勢ひシャマン教の研究にまでさかのぼらねはならぬ。従って中亜及びそれ以東の民族と、彼等の信仰習性などをも考察しなければ西藏文化の由って起り来った根源を知ることができないであらう。

〔原本一頁白紙〕

第三節　基　教

一、総　述

西藏在留の欧西人を除き、現在西藏本部のいづこにも基教が信奉されてゐないことは既述の通りであり、これを西藏の一宗教として取扱ふことは妥当を欠くが、東部西藏すなわちカム地方に於ける支那の勢力範囲にあっては、その主要なる各村邑に於て現に教会が設けられ、西藏人に対する宣教に努力をなし、若干の信者を獲得せることは事実である。その真相については本章総述に述べたとほりであるから茲に省略する。

二、宣教略史

西藏に初めて基教が宣伝せられたのは西暦一三二八年頃で、支那では元の天順帝の天暦元年にあたり、フランシスコ派のオドリックの入蔵に由来する。次ぎに一六一四年、明の神宗帝の万暦四十二年、ゼスイト派〔イエズス会〕のアントニオ・アンラヅラ〔アントニオ・デ・アンドラーデ〕と、一六六一年明の永明王の永暦十五年、ドルヴィユ〔ドルヴィル〕の入蔵宣教である。また一方に於てはカプチン派のドラペンナ〔デラ・ペンナ〕はネパールに本拠を置き、上記ゼスイト派に対抗して宣教に活躍した。

右の両教派の抗争の結果は終に喇嘛法王の審判を求めねはならぬやうなこともあり、また一七二九年にはカプチン派の陰謀によってゼスイト派の独占舞台となった。

然るに一七六〇年突如喇嘛僧の猛烈なる反対が起り、宣教師の殺戮、教会の破壊があって同派の退蔵を余儀なくせしめた。

その後約一世紀間西藏宣教の企図は中絶せられたが、一八四四年になって、ラザリスト派のユック及びガペの入蔵伝道を見た。

一八四六年羅馬《ローマ》法王グレゴリ十六世は西藏伝道の根拠地としてラサ教区を設けた。またその頃四川成都を中心として宣教中のペロショ師父は部下のシャール・レーネ、レー□□らを東部西藏のバータン（巴塘＝巴安）、チャムド（察木多＝昌都）方面に派して宣教に努力せしめた。大した効果は得られなかったが、バータン方面が近時基教伝道の中心となる基礎をつくったことは否めない。

また一方に於てはラバン師父は南部西藏の宣教を試みるべく、クリックとベルナールの両宣教師を伴ひ、北印より入蔵したが、奥地に入り込みすぎたためか一八五四年土匪に殺害せられたといはれる。

一八六四年頃ジョック・レオン師父はトミヌ・ドマヅール師とともに、四川省西部及び東部西藏の宣教に従事し、一八七七年にはジョセス・マリー・ショボー師父が後継者として努力した。

一九〇一年以来、ティニアード僧正は、ダツェンド（打箭爐＝康定）を中心として各地に伝道を試みた結果多数の信者を獲得したといはれる。

二十世紀の初葉に於ける西藏伝道の状況に関してはフランスのアドリアン・ローネ師著の『西藏伝道史』上下十二巻によって、その詳細を知ることができる。

基教近時の実情については参考となるべき資料を獲られないが、最近支那に在留せる西藏人より諜した情報の範囲に於ては少くとも中部西藏地方に於ては伝道の試みあることを聞かない。

十四世紀以来多くの宣教師らが不撓不屈の精神を以て従事した西藏伝道の効果は若干あったことは事実としても、仮りに今日の実情を以て推考するならば、喇嘛教にあらずんば宗教にあらざるが如く思惟せる西藏人中に真の基教信者を獲得したものとは考へられない。恐らく彼等は基教によって或る利得を獲得せんがための方便として信者の仮面をかぶったものであらう。唯、多年英領印度に居住し、英国人籍を有するものとか、或は彼等の所謂第二世らの間には本当の信心を見出さないことはない。しかし彼等といへとも老成後にはやはり喇嘛教信仰に復帰するものが多いといふのが現状である。基教が西藏に弘通するこ〔と〕は極めて遠き将来のことと観測せられる。

第十三章　都邑

一、要　述

西藏の人口調査は同国政府に於ても未だ曾て行はれたことがない。すべて人口に就て云為するものは概ね推算に属する。

人口の総数に関して最も多く見積るものは五百万と云ひ、最も少なきは一百万と見るほど推算に懸隔がある。即ち支那の一資料によれば一百五万と記録してあるが、恐らくこれは西藏全土より西康及び青海の二省の人口を控除したものと思はれる。

前清時代には西藏本部の人口を一百五十万と概算してゐるが、勿論実調を行ったわけでない。

西藏政府当局の比較的近時の推算によるならば、三百乃至五百万程度と見てゐる。

英国官辺の西藏事情通は約そ三百五十万とする。もっともこれらは西藏全土の総人口は見積りであって支那側の如く西康青海の二省を除外したものでない。西藏の領域に就ては支那と西藏の両政府の主張に大なる懸隔があり、イギリス人は原則的に西藏側の主張を支持するやうである。とにかく右の総人口を西藏の全版図、即ち百二十八万乃至百三十万平方粁に割当てるならば一平方粁につき三といふ人口密度が求められる。面積の大なるに比し、都邑部落の数が著しく少ないが、所謂「北原《チャンタン》」の草原といへとも遊牧民の散在する所を見ることもあるといはれる。

二、都邑略説

1．ラサ、漢字にては「拉薩」ローマ字にては Lha-sa〔Lhasa〕と記す。日本字ならば「ラッサ」とする外はないであらうが、いづれにしても原音を正しく示すものでない。若し強いて近似音を出さんとするならば、邦字にては「ハッサ」の如くすれば通じ易いであらう。吾々が単に「ラッサ」と発音する場合には西藏人らには「Rassa」のやうに聞え、都名としては通じかねる。

ラサは西暦六世紀末以来（一時短期間を除いては）西藏の首府として内外に著名であり、現に西藏仏教（即ち喇嘛教）の大教主或は法王として、同時に又その国君として達頼喇嘛《ダライラマ》の宮城と、中央政府の所地となってゐる。

ラサの人口は最近同政府の推算する所に従へば凡そ四万五千乃至五万である。支那の一資料によれば凡て二万といふが、この見積は余りにも過少でないかと思はれる。いづれにしても実調に基くものでないが、筆者の観測するところでは前者が実数に近いものと見られる。以下各都邑の人口も、すべて右に準知すべきである。この他はツァンポ河の一支流たるキチュ（河）の盆地の中央部を占め、市街はその右岸（北岸）に接近する。土地の高度については定測せられてゐないためか記録によって差違がある。最も普通に見られる資料では海抜三六六七乃至三六八五米とあり、略々我が富士山の絶頂に比すべきである。

市街の面積は僅かに二・五平方粁内外に充たないが、家屋は平屋が殆んどなく大部分は二、三階またはそれ以上の建築で比較的宏荘なものが多い。

住民の殆んど全部は西藏人であることはいふまでもないが、異邦人として若干のカシミール人、ネパール人があり、また小〔ママ〕数の蒙古人、支那人も見られる。欧西人としては現在唯一人のイギリス人（無電技師）があるに過ぎない。

達頼喇嘛の宮城は市街の西部に位する巖丘を覆ふが如くに建てられ、建築の宏麗荘厳を以て世界的に有名である。市街の中心部に存在する仏聖殿は俗に「チョカン」と呼ばれ、西藏最古の名刹といはれ西暦七世紀前半のある時期の営築にかかる。西蔵仏教（喇嘛教）徒の最も神聖視〔する〕仏殿で二六時中参拝者の絶間がない。ラサの中央市街はこの仏殿を中心として循環街《パーコル》を形成する。循環街には主として商館、大邸宅などが軒を列べてゐる。市中には自由に車輌を通するに足るべき通路がなく、路面も舗装されてゐないことは勿論である。但し郊外の極一部で宮城と離宮と兵営とか連絡する数哩の路は不完全なが〔ら〕も砂利敷として僅かに自動車を通ずるに足りる。

市中の一般交通は徒歩を普通とするが、特殊の場合には騎乗によることもできる。極小数《ママ》の自転車も見られるが、乗用者は主にネパール人、カシミール人である。

市の西方の郊外には離宮ノルブリンカ及び達頼喇嘛親衛隊の兵営と練兵場がある。イギリスの無電台はこの方面にあるが、支那側の分は市街の中央に仮設せられてある。

次に市の北方凡そ三粁を隔ったところの山麓に於てセラの大寺院が一小街の如き観を呈して横はる。僧徒の住するもの五千乃至六千といはれる。

また同じく西方約八粁の山裾にレプンの大寺院があり、僧徒の数約七千乃至八千といはれる。

国都としてのラサはまた西藏最大の都市であり、政治、宗教、交通、通信、経済、文化の中心地となってゐる。嘗って厳重なる禁断の秘都として世界の探検家が死力を尽して潜入踏査を競ふた別天地として今もなほ興味がもたれてゐる。

ラサの事情に関する詳細は後記第十九章資料中に掲ぐる幾多の記録によって知ることができるから茲に割愛する。

（附記）ラサ Lhasa の語義略解に関しては第十二章第一節仏教に記述するとほり Lha とは神、天を本義として、すべて神聖なるものを意味し、Sa とは土地、場所の義であるから、神（天）の居地といふ義を示すものであるが、一般には神聖なる土地、或は霊地を意味し、更にこれを最も適切に西蔵人の観念より言ひ表はすときは「仏の在す所」となすべきである。西蔵人は「神」と「仏」とを屢々同義語のやうに用ふることが多い。

2. シガツェ、漢字にて「日喀則」、ローマ字にて Shi-ga-tse(Shi-ka-tse)と記し、邦字にては上掲の如くにて差支はない。

市街はツァンポ河の一支流たるニャンチュ河の左岸に近接し、本流へも遠くない。海抜三八五五米の高度にある。肥沃なるシガツェ盆地の要所を扼し、首都ラサに亜ぐ枢要地点である。人口約一万五千と推算せられ、西藏第二の大都市とせられる。市の西方山麓に於て有名なるタシルンポの大寺院があり、十五世紀の創立にかかる。現に五千乃至六千の僧徒が居る。その寺院は班禅喇嘛《パンチエンラマ》の本拠であって院内にはその宮殿もあり、寺院の建築とともに荘厳宏麗の偉観を呈する。

班禅喇嘛は別称「タシラマ」（漢字にて扎什喇嘛）と呼ばれ、西藏仏教（喇嘛教）の一大教主、或は法王として、達頼喇嘛《ダライラマ》と並び称せられ、広く内外の喇嘛教徒に尊信せられる。

本市の重要性は勿論ラサほどでないが、宗教並に教学府としては事実上ラサを凌ぐ概があり、また班禅喇嘛の地位は古来政治的方面に於て、支那及び英露の各国が一方の達頼の権勢に対する牽制策として利用せられる関係からしても意外の重要さを潜めてゐる。

因に世人はやゝもすればシガツェとタシルンポとを無差別に取扱ふ傾向にあるが、前者は西藏政府（達頼政府）の直轄にかゝる一大県城にしてシガツェゾンプン（県長官）の居住であり、後者は既述の如く班禅の所轄に属することを注意せねばならぬ。

尚ほ序ながら「シガツェ」の語義の異解を附するならば、「シカ」或は「シガ」とは、地方、田舎、里の義で、「ツェ」とは通常山頂或は山巓を義とする所から「里の嶺」と直訳せらるべきである。市街の一角に大巖丘が聳え立って、その頂上には大城砦が築かれてあることは宛もラサの宮城「ツェポタラ」に於けるが如くである。

3．ギャンツェ、漢字にて「江孜」、ローマ字にて **Gyan-tse**、邦字は上掲の如くで差支ない。

西藏第三の都市であって人口約一万といはれる前記（シガツェ市）のニャンチュ河の上流でその右岸に近接し、所謂ギャンツェ盆地の中心を占め、海抜三九三六米の高度にある。一九〇四年の英藏条約、一九〇六年の英支条約によって英領印度との通商に関し、或る制限の下に開かれたる特別商埠地であり、ラサへ二三二粁、シガツェへ九六粁、パーリ（後記）へ一六〇粁、ダージリン及びカリンポンへ約三二〇粁の隔りにある。西藏内地では交通とともに通信の便最もよく、英藏両国の郵便電信（電話）があり、またイギリスの無電台も設けられてある（備考、この地の印藏交通関係は地理的条件に従へはラサ及びシガツェへもに対して幾分偏在する所があり、両市より印度に往返する商人は各々別の直通路をとり当市へは立寄ないことを普通とする）。

この地は西藏に於けるイギリス権益の最奥点として重要なる地位を占め、現に貿易官として領事に相当するものを駐剳せしめる（現在の西藏は正式の独立国でないから「領事」を置かない）。貿易官には護衛として約七〇名の印度兵を駐屯せしめ相当の兵営を設けてをる。最高指揮官とイギリス武官一名の外に軍医官一名、無電技師一名を常駐せしめる。また屡々政務官（公使に相当するもの）を臨時に特派して一時的の駐在をなさしめ、若し西藏政府よりの要請或は承認あるときは、ラサまで往還せしめることがある。但しラサに英官憲を常駐せしめることは、たゞ一名の無電技師が非公式に在留する以外にはない。

因にギャンツ〔ェ〕Gtan-tse の語義を示すならば、原語の綴りは Rgyal-tse であって、口語音の音便関係から Rgan-tse となる。Rgyal とは、王者たること、優勝することの義、tse とは前項既述の通り山巓の義であるからギャンツェとは「勝嶺」とでも訳すべきであらう。この地の城砦もまた大岩丘上に屹立し、封建の代に諸侯争覇の基地とせられた有様が偲ばれる。

4. パーリ、漢字にて帕里、ローマ字にて Pha-ri(P'a-ri)邦字は上記の通りて差支ない。ギャンツェを南に距ること約一六〇粁、高原地域よりまさにチュンビ谿谷に降らんとする地帯にある。海抜四三七一粁、人口約二千、以前より一城砦の所在地であったが、住民少なくして微々たる一寒村に過ぎなかった。

ところが近時印藏通商の途が開かれるとともに、交通上の一要衝として重きをなすに至り、漸次発展しつつある。西藏の貿易業者はその地に於て輸出貨物の駄獣積換をなすため、常に若干日の滞在を要するところである。この地

料金受取人払

本郷局承認

1403

差出有効期間
平成22年12月
15日まで

郵便はがき

1138790

（受取人）

東京都文京区本郷3-3-13
ウィークお茶の水２階

㈱芙蓉書房出版 行

ご購入書店

（　　　　　区市町村）

お求めの動機
1．広告を見て（紙誌名　　　　　　　　）2．書店で見て
3．書評を見て（紙誌名　　　　　　　　）4．DMを見て
5．その他

■小社の最新図書目録をご希望ですか？（希望する　　しない）

■小社の今後の出版物についてのご希望をお書き下さい。

愛読者カード

ご購入ありがとうございました。ご意見をお聞かせ下さい。なお、ご記入頂いた個人情報については、小社刊行図書のご案内以外には使用致しません。

◎書名

◎お名前

年齢（　　　歳）
ご職業

◎ご住所　〒

（TEL　　　　　　）

◎ご意見、ご感想

★小社図書注文書（このハガキをご利用下さい）

書名	円	冊
書名	円	冊

①書店経由希望 (指定書店名を記入して下さい) 書店　　　店 (　　　区市町村)	②直接送本希望 送料をご負担頂きます お買上金額合計(税込) 2500円まで……290円 5000円まで……340円 5001円以上……無料

は将来西藏本部に自動車道の建設を見る場合には先づその発着点として使用せられることは必然であらう。イギリスの貿易官は先年この地とギャンツェとの間に貨物自動車の運行を試みたことがあった。しかし西藏政府の反対するところとなって停止した。通信の便としてはイギリスの郵便電信（電話）がある外、西藏政府の郵便局の設もある。

因みにパーリとは原語にて **Phak-ri** 或は **P'ag-ri** と記し **Phak** とは豚（亥?）〔ママ〕、**ri** とは山、丘の義であるから「豚丘」、「亥丘」を意味する。

5．シャーシマ（シャーシンマ）、イギリス人の所謂ヤトゥン **Ya-tung** として知られるところである。支那人の所謂「亜東」はこの地を指すものでない。「亜東」はチュンビ渓谷の南端部にて、印藏国境に接する所にあり、前清時代には柵壁を造って関所を設けた場所である。シャーシマは本渓谷の中心地で英国貿易官一名常駐し、約三十名の印度兵よりなる護衛軍を駐屯せしめる。当方面に於ける印藏輸出入貨物は必ずこの地を通過するが交易市場としては利用されない。

6．チュンビ（チュンベ）、漢字にて春丕、渓流アモチュに沿ひ、シャーシマの下方にある小部落であるが、本渓谷の名の由って起るところとして知られる。もっともそれはイギリス人の呼称に従ったもので、西藏人は本渓谷の名をトモTro-moと呼ぶことを知ってをかねばならぬ。

7．ピピタン、**Pi-Pi-thang**〔ママ〕、チュンビ邑の更に下流にある。西藏政府のトモチィキャプ（チュンビ総督）として一名の高級武官デプンを常駐せしめる。

8．チェマ、**Che-ma**、ピピタンの更に下流にある。西藏政府の「ウラ」の制度（第三章交通参照）による輸送地区の、該商路に於ける最終点である。

9．リンチェガン（リンチェンガン）、**Rin-Chen-gang**、チェマ邑より更に下流にある。この地が恐らく支那人の所謂「亜東」に該当するものであらう。

この地より通商路は本渓谷を離れて峠道にかゝりランラムの宿泊地を経て、ゼレップ・パス（ザレラ）の峠を越ゆれば、シッキム国領に入る。但し別に一方の峠ナトゥラ越をしてシッキムに入らんとするものは前記チェマ邑より直ちに坂道を登る。

10．チャクサム（チャサム）、Chak-sam、ツァンポ河に於ける一大渡河場であって、この方面の交通上最も重要な地点を占めてゐるが、本河の南岸（左岸）に於て単に一小部落を形成するに過ぎない。チャクサムとは「鉄橋《チャクサム》」の義で、昔茲に鉄索を渡し吊橋を架したところからその名が起った。今もその鉄索だけが残ってゐる。（第三章交通、及び附録写真参照）

11．チュシュ、Chu-Shu、ツァンポ河と支流キチュの合流点に近く、ラサよりチャクサムの渡河点に至る旅者の必ず通過すべき要衝で、曾っては城砦の設もあり、その部落は相当な集団をなしてゐる。

12．ネタン、Ne-thang（或はNye-thang）チュシュよりラサに至る公路に沿へる一名邑で、その附近チュゾン、ルマハカンなど印度聖僧アティーシャに関する史跡もある。

13．チャムド、Cham-do、（海抜三一九二米）、原名はChap-mdoであるが、省略音と音便とで上記の如く発音する。漢字にて「察木多」支那の新名にて「昌都」邦字にては上掲の如くにてよろし〔い〕。

東部西藏即ちカム地〔方〕のメコン河上流域に於て、その支流ゴムチュとの合流点を扼する。メコン河は西藏名をダチュといふが、それは合流点以南に名けたもので、以北の部分はザチュと呼ばれる。

この地は前清時代の官道、即ち西藏人の所謂ギャラムに於ける要衝であって、西はラサへ一〇七二粁、東はダツエンド（康定）へ六四〇粁、北は青海省のタンガルへ一〇七二粁あり、南は遠くブム邑に於て官道より分れ、雲南及びビルマの境域に通ずる路に連絡する。

人口は現在約四千と推算せられるが、それは該地の大寺院の僧侶の数を含むか否か明でない。

西藏兵の駐屯するもの常時二百五十とせられるが、支藏紛争開始以来カム方面防備軍司令官の駐割するところから、総数一千を越えることは確実である。本邑は先年（一九一〇年）来の支蔵戦争によって多数の家屋及び大寺院が破壊せられたため、旧時の繁栄は見る影もないといはれる。

因にチャムドの語義を略記するならばCham-doの原名はChap-mdoと綴られChapとは水（Chu）の雅語、mdoとは合流点、または地形の撑《ママ》握点の要部に名ける。凡て西蔵の地名の終りに「ド」mdoとあるは、その地の要衝を占めるが為めに名けられたものと知るべきである。

14．ゼクンド、**Jye-kun-do**（海抜三六〇〇米）漢字にて蓋古多、支那の新名にて玉樹、邦字にては上記の如くでも差支ないが、本邑の西蔵名の正しき呼び方は「キグド」**Kyi-gu-mdo**である。ゼクンドとは異邦人の訛が伝えられたものである。金沙江（揚子江の上流）の一支流に沿ひ、所謂支蔵北路、或は隊商路の要邑であって、人口約四千ある。この地は名義上支那直轄の青海省に属するが、住民の大多数は西蔵人で占められ、統治の実権は西蔵の土候、即ち支那人の所謂「土司」の手にある。当邑はラサとダツェンド（康定）とを来往する隊商が駄獣を休養せしめるための要駅で、附近一帯の地は牧草に恵まれてゐる。その北路が隊商路とせらるる所以は、沿道に牧草が得易いのと、交通を防げるやうな嶮しい峠が少ないからである。青海方面よりラサに往返する旅者も時あってこの地を経由する。

15．ナクチュカ（ナチュカ）、**Nak-Chu-Ka**（海抜四五七六米）人口約一千、ラサより西寧に至る直通路であり又ゼクンド経由の隊商路である公路の要点に当る。古来蒙古方面との交通は主として当地より西寧を経由するを常とした。隊商が交通手段として駱駝を使用するは、この方面の特色である。彼等がラサに往復するときは、ここで駄獣の交換を行ふ。しかし駱駝をラサまで通はせることは極稀である。蒙古人支那人などの異邦の旅者は、西蔵政府よりラサ入都の許可を得るまではこの地に待機しなければならぬ。

16．ギャンダ、**Gyan-da**（海抜三三〇三米）漢字にて江達、新しき支那名は「大昭」、邦字にては上記にて可なり。ラサの東方二七二粁にあり、支蔵官道（ギャラム）に沿ふ一要邑である。戸数約四十、人口約六百、附近には樹林を見る。

17．ショパド（ショパンド）、**Sho-pa-do**（海抜三七七九米）漢字にて碩般多、支那の新名を碩督といふ。ギャンダより官道に従ひ北及び北東に進めばアツァ、パリゴ（パリンゴ）、アラド（アランド）、ペンベル、などの諸村落を経て、ショパドに達する。この地は大邑でないが旅者によく知られてゐる。この地方の中心ともいふべき古来の城砦は、更にその東に当るポゾン邑にある。怒江即ちサルウィン河を渡って東進すればケンダ＝支那字恩達を経てチャムド（昌都）に達する。沿道地域には特にヘンバル《〔ママ〕》以東に於て森林を見るところが多い。

18．タヤ、**Tra-ya** 漢字にて察雅、或は乍了、ローマ字にて **Dra-ya** と記すが **Tra-ya** と発音すべきで、これを邦訳音とすれば「タヤ」となる。官道に沿ふ一要邑として著名である。

19．マンカム・ガート（マンカムガート）、漢名にて江卡、支那新名にて「寧静」、ローマ字にて **Man-Kham-Gar-toh** 邦字にては上記にて差支ない。

20．ツァカロ（ツァカポ）、支那名は塩井、ローマ字にて **Tsa-ka-lho** であるが、邦音にては上記にて差支ない。官道の一要衝にあたり、雲南及びビルマ方面に通ずる道もある。塩の産地としてこの名が起ったもので、「南の塩産所」を意味する。北部西藏の湖沼地域の塩産地に対して名けられたものと想像せられる。

21．バータン、**Bah-thang** 漢字にて巴塘、新支那名は巴安、ローマ字は **Ba-thang** 邦音は上述にて可なり。但し原地にては屡々略称して単に「バー」といふ。金沙江（揚子江の上流で西藏名をリチュ **dri chu** と名ける）に注ぐところの一支流バァ河のなせる肥沃な盆地の中心をなし、海抜二七〇〇米、官道《ギャラム》に於ける一要衝であって、住民の大部分は西藏人であるが、現在は支那軍閥の支配下に置かれる。

外国勢力としては米国系（？）《〔ママ〕》の基督教会並に附属病院、学校などがある。最近支那政府によって飛行場建設に着手せられたといふ。

22．リタン、漢字にて裏塘、新支那名は理化、ローマ字にて **Li-thang** 邦音は上記の如くにて差支ないが原地名に従へは「レ《○》タン」といふが正しい。官道の一要邑で、現在は支那軍閥の勢力下にある。

23・ダツェンド、漢字にて「打箭爐」支那の新名は「康定」、ローマ字にて Ta-tsien-lu、邦字にては上記の如くにてよろし〔い〕。この地は以前支蔵国境著名の要衝として西藏の版図に属したが、漸次支那の勢力範囲に入れられ、近時西康省の新設と同時に、名実ともに支那の版図に帰し、省政府の所在地となった。市街は康定河に沿ひ、四囲は高嶺に取りかこまれその狭小なる盆地（海抜二五五〇米）の中心をなしてゐる。人口三万あり、そのうち支那人と西藏人とが各一万づつと、両人種の混血者が一万ある。古来支藏通商の中継所として重要なる地位を占め、現在に於ても四川省より西藏に輸入せられる大量の茶は必ずこの地で包装のやりかへをなし犛への積換が行はれる。西藏側からは羊毛、皮革、薬草類、麝香などが輸入せられる。

24・カンツェ、漢字にて甘孜、ローマ字にて Kan-tze(Kan-dze)邦字にては上記にてよろし〔い〕。支藏隊商路（北路）の一要邑であり、デルゲ及びチャムド経由にてラサに往復するものはこの地より北西に向って一方の別路をとるが普通である。

25・デルゲ（デーゲ）、漢字にて徳格、ローマ字にて Der-ge 邦字にては上記の如くにで差支ないが、原地では屡々デーゲ・ゴンチェンと呼ぶ。大寺院の存するところから、「ゴンチェン」の語が附けられる（海抜三五七〇米？《ママ》）。この地は有名なる西藏大藏経「カンギュル・テンギュル」の印版を所蔵する大寺院の存在を以て世に名高く、霊地巡拝者の訪づれるものが多い。現在は大体として支那の勢力範囲に属するが、実験は該地方の土候即ち支那人の所謂土司と寺院とによって掌握せられてゐる。

26・ロンバツァ、ラサよりチャムドを経由し直に東行してカンツェ、ダツェンド方面に向ふ通路の一要衝にあたり、一般旅者、霊地巡礼者の訪づれるものが多い。

27・サムエ〔サムイェー〕、漢字にて薩木耶、ローマ字にて Sam-ye〔bsam yas〕邦音にては上記の如くである。ラサの南東方にあたり、ツァンポ河の左岸（北岸）に近い。古名刹の所在地として霊場巡拝者の来訪するものが多い。西暦八、九世紀の頃には一時西蔵の首府とせられたことがある。

28. ツェタン、漢字にて澤当、ローマ字にて **Tse-thang** 邦字にては上記の如くである。ツァンポ河の右岸（南岸）に位し、前掲サムエの東方に当る。その南方にはポカの肥沃なる大盆地を控へ、タクポ及びコンポの両地方と、更に遠く印度アッサム方面に出づる要衝として著名である。

29. ツォナゾン（ツゥナゾン）、本名はツォナであるが通常ツォナゾンと称して城名が用ひられる。ムンユル地方の中心地であり、アッサム方面に出づる要邑である。

30. タワン、**Ta-wang** 前項ツォナゾンの南西にあたる一要邑であった、ブータン国へも近い。近時イギリスは西蔵と密約を結び、その方面を英領印度の一部に編有したといはれる。

31. カンバゾン（カンバ）、ローマ字にて **Kha-ba-dzong**、邦音《ママ》にては上記の如くである。シガツェ方面より、シッキム王国を縦断してダージリン地方に出づる要衝となってゐる。

32. サキャ、ローマ字にて **Sa-kya** 邦字にては上記の如くである。シガツェの南西方にあたり、西蔵仏教古派に属する名刹の所在地として名高く、巡拝者の訪ふものが多い。

33. ナルタン（ナータン）、ローマ字にて **Nar-thang** 邦字は上記の如くである。古名刹の所在地であるはかりでなく、十二世紀頃西蔵大蔵経最初の印刷地として著名である。

34. セーカーゾン **Se-kar-dzong** 及びティンリゾン **Tin-ri-dzong**、邦字はいづれも上記の如くである。両地ともに西部西蔵の人口に於ける名邑であり、ネパール首府カトマンズ（西蔵名ヤンブ）方面に通ずる要衝とせられる。即ちティンリゾンの南西方にあたってはニラムの村邑があり、その北西にはキロンゾンがあって、ともに藏尼国境の要関を扼してゐる。

35. ガルトク（カート）漢字にて噶爾渡、ローマ字にて **Gar-tok** 邦字にては上記の如くである。西部西蔵に於ける要邑として名高く、インダス河の上流域を経てラダック州の中心地レーに通ずる道にあたる。

36・トーチャールン（トクチャールン）、**Thok-Ja-lung** 邦音は上記の如くである。前掲ガートの北東方にあたり、海抜四九四〇米の高度にある。古来産金地として有名である。

37・ルドク（ルド）、**Ru-dok**、邦字は上記の如くである。西部西蔵の西端をなす湖水パンコンツォの南東端に位し、海抜四五一五米あり。西部西蔵総督（トゥチィキャプ）の駐在地である。ラダック州のレーを経てカシミール地方に通ずる要所として知られる。

第十四章　民　俗

一、総　述

現在の西藏人種は民族分類学上よりすれば、南方亜細亜民族に属する「チベット・ビルマ」種とせられる。西藏国の古記録に従へば、西藏には最初土着の種族が棲住してゐたところへ、更に南方の印度と、北方の中亜方面とともに、他の地方よりも移住して来た各種族があって、それらを混血したものが所謂西藏人種として繁殖したものと見てゐるが、今日の学説とも余り矛盾しないやうである。

かやうにしてできた西藏人種は精悍なる特性を帯び、その後発展してヒマラヤ山脈地域に転出した形跡が明であり、即ち現在のカシミール・ラダック地方、ネパールの国境地帯（特に東部ネパールの大部分）、シッキム、ブータン、及びビルマの北部にまで拡がったことは事実として見られてゐる。民族分類学上から西藏人とビルマ人とを同一種族と見なすことなども、かうした発展の経路を辿るとによって肯かれるであらう。

二、人　種

西藏人種の研究については本誌下編第五章西藏民族に於て略述するところがあるから、重複を避けんがため茲に省略する。

三、性　情

西藏人は本来剽悍で好戦的な性質を帯びてゐるといはれるが、仏教信奉以来今日まで約一千三百余年間、所謂慈悲の精神を根柢として涵養せられた彼等の性情は、世人の想像するほど蛮性的でなく実際は寧ろその逆なるものが認められるのである。

しかし彼等が仏教擁護のためには生死を顧みないで敢闘する勇猛性を潜めてゐることは事実である。

今日吾々が観察するところの彼等は一般にその性質温順であって、仁慈に富み、挙措謙譲を尚び、仏教主義的な教養の深からんことを理想とする。西藏人の残忍酷〔ママ〕迫性を云為するものは探検家の誤れる報告とか、従前の罪人処刑法などの例を以てするが、いづれも皮相の観察に過ぎない。

彼等は古来鎖国民たる関係からして、排外心強く、猜疑の念が深い。また敵に対して復讐心に燃えるやうなところもあるが、その反対に実に臆病なところも少くない。陰険であり、また剛情である点も見られるが、一面頗る無邪気で協調的な美性を発揮する。非常に打ち解け易くして、親睦を好み、慇懃で丁寧なことや、同情の念に篤いことなどは他の新進文化国民に勝るとも劣るところはないと云ってよい。

彼等の体質は生来強靱であって、克く刻苦欠乏を忍び、特に寒気と空気の稀薄に堪える特質を具へてゐる。児童は一般に活溌で無邪気である。また老幼ともに羞恥心が深いやうに思はれる。

四、風　習

1．概述

彼等の体格は概ね優良と見なされる。

西藏人固有の風習は一見頗る奇異の観を呈するものが多いやうであるが、これらを仔細に観察するならば、極めて特殊のものを除いては、我国往時のそれと相似するものが少なくその間一脈相通するところがあるのではないかと疑われる。その他、印度や支那より伝った風習の数多いことは勿論で、地理的歴史的の関係の然らしめるところである。

2．服装

彼等固有の衣服は、先づその形態について云ふならば、我国の古風に類するもので、即ち筒袖衣に帯を締めることが衣装の主眼となってゐる。その違ふところは、袖の長さと幅とが著しく大きくて、衣服の形全体が有りあまるほどゆったりとしてゐることである。これは冗言するまでもなく、気候の寒冷に堪へるところからきてをる。また衣服の材料を大部分毛製品とすることも亦右と同様の理由によるものである。広袖衣も旧時の服装に見られないことはないが、その由来するところは明でない。我国の羽織に類する上衣を着く〔ママ〕場合もあり、婦女子は前掛（前垂）を附けるを常習とする。

衣料中には支那より輸入する絹織物の類、主として繻子、緞子、羽二重、錦襴などがあり、上流の僧侶及び富豪階級に盛んに用ひられる。

一般に華麗な服装を好むが、婦女子に於ては特に然りである。その上各種の宝玉類を以て満身を飾ることによって服装が完全に整ふわけである。

頭髪は男女ともに結髪或は辮髪とせられ、階級及び年齢に応じて様式を異にする。

帽子には固有のものと支那または蒙古風のものとがある。前者の様式は周辺のある中折式のもので国産のフェルトを材料とする。近時欧風の中折帽を用ふるものが少くない。

靴はすべて長靴を用ひ、その各部分が殆んと毛製品と皮革とを以て造られる。各材料には紅緑などの派手な色彩を施してある。支那風の短靴と、同じく古風の長靴を用ふる場合も多い。僧侶の服装には独特のものが用ひられることは勿論であり、その様式は印度古代の僧衣型を踏襲したものであるが、材料としては毛製品を主として、上述の如く各種の絹織物を綴り込む。

軍装はラサの達頼親衛部隊は英領印度式を以てするが、地方軍は一定しない。通常自国固有の旅行服を纏ふてゐる。

支那服とか洋服の類は国内に於ては一般人の着用を禁止されてゐる。

身飾について略述するならば〔以下原文欠。欄外に「以下追記『西蔵遊記』参照」の書き込みがある〕

３．食事

通常一日三回となし、朝夕を主として昼食を簡単にする。但し旅行の場合は朝食を廃し、午前十時頃の中憩時間に朝昼兼帯の食事をとる。また農家では四食をとることが常習となってゐる。

食事に固有のものと支那食とがあり、洋食は稀例に属する。固有食の主体をなすものは「ツァムパ」と称する麦粉であり、副食物として肉類を豊富に用ひるが野菜類は比較的少量である。「ツァムパ」とは大麦を煎って粉としたもので、我国では関東地方で「麦こがし」関西地方で「ハッタイ」といふものと同じである。その喰べ方も根本的には我国と同様であるが、彼等には独特の茶（後記参照）を以て指先で捏ねる習慣がある。小麦粉を原料とする麺類、団子類、ビスケットまたは煎餅類の如き補助食も潤沢である。

獣肉類の主なるものは羊と犛《ヤク》であり、亜いでは豚である。牛肉も喰べないことはないが不時で常食としない。乳製品としてバタは最も豊富であり、チーズの類や、ヨーグルトなども盛んに用ひられる。

魚鳥類の肉を好まないのは仏教信仰またはその修道上の理由からきてをるといふが定説を見出ない。

野菜の種類に関しては既述第六章産業農作物の項に述べた通り、その品種も産出量も十分とは云ひ難い。果実類に至っては殊に貧弱であって、夏秋の侯《ママ》に小量の生果が得られる以外は、主に乾燥果を以て満足する。

飲料として欠くべからざるものは茶である。彼等の嗜好とする茶は、四川省産出のものに限られる。その用法は茶葉の煎出液に適度の食塩とバタを混じて十分攪拌し、宛も紅茶か珈琲に牛乳を混じたやうな外観の溶液として飲用する。その風味は「茶」といふ感じよりも寧ろ「スープ」といった方がよい。彼等は早朝起床時より夜の就眠前まで殆んど絶間なく略々二十分毎に一椀を喫せねばやまないといふ風である。また食事の際は「ツァムパ」を捏ねて団子状となす場合にも欠くべからざるものである。食物の調理法は、固有食にあっては極めて単純なもので、主食物のツァムパは常時準備されてあるから、茶さへあれば何時でも食べられる。肉類は大塊のもの（時には骨附のまゝで）を塩水だきとなし、煮え上った処で引揚げて十分水滴を切り、その冷温を問はずナイフを以て適当な小片に切りとりつつ、調味料を塗りつけなどして手つかみで食べる。亦生肉を小刻としたものを野菜とともに油煎とかバタ煎とすることもある。肉食《〔ママ〕》を生食する習慣は中部西藏人には稀であるが、東部西藏では普通である。しかし乾燥肉をそのまゝ食べることは西藏人共通の風習である。西藏高原より産出する獣肉類は凡て風味に富み、殊に羊は優秀なるもので、次は犂である。但し牛肉は何故かまづい。嗜好品として、酒、煙草、菓子類がある。固有の酒は「チャン」と呼ばれ、大麦を醸造したものであるがその香味は日本酒に近い。チャンを更に蒸溜したものをアラク（アラ）と称し我焼酎に似たところがある。輸入酒としては麦酒《ビール》、ウヰスキー、ブランディ、葡萄酒、リコーアなどがある。

煙草はすべて印度より原料または既製品を輸入する。巻煙草は現在国内に於て公然喫煙を禁止せられてゐる。粉煙草は鼻たばことして粉のまゝ吸込用に供せられる。菓子類は主として支那風のものを用ふる外、印度より欧州品のビスケット、キャンディが相当輸入せられる。

燃料は極めて不良であるが上に、著しく欠乏してゐる。薪炭を十分に得がたいため、通常犂、羊などの乾燥糞を以てする。なほその補充として「ポド」と称し、沼沢地より、掘切った草根土塊の乾燥せるものを用ふ。

石炭石油類の燃料を用ふる時期に達してゐない。石炭の産出はないではないが未だ実用とするに至らない。石油は西藏本部では産出の模様を聞かない。

次に食糧問題について一言すべきことは、今日の西藏の如く人口稀薄な所では、現在産出の食糧だけであまり不足を訴へないが、饑饉とか戦時など一時に多量を要する場合には平時の蓄積量では著しく欠乏を感ずる。たゞし首府ラサの如き重要都市では、政府の穀倉の設けもあり、また豪家の貯蔵も相当多く、臨時的需要激増の場合に応するだけの用意ができてゐる。地方では「ゾン」〔ママ〕即ち県城の所在地には可なり十分な貯蔵をなす所が少くない。聞くところによれは、都鄙を論せす非常時に処する蓄積糧は少なくとも平時の一年乃至三年分の用意がなされてゐるといふ。

貯蔵物資の主なるものはツァムパの原料たる大麦を主として、小麦、豆類、乾燥肉、バタ、チィズなどを普通とする。西藏の気候は概ね寒冷なると乾燥度の高いこと即ち湿度の低いことによって穀物貯蔵に理想的である。生肉ですらも冬季数ヶ月間は腐敗の憂なく貯へられるところもある。食糧として肉類の豊富なるに反し蔬菜類は稍不足してゐる。しかし営養関係には異変がないやうで彼等は概ね強健なる体質を具へてゐる。西藏人が多量の茶を喫するは野菜の欠乏を補ふための自然の現象であるといはれる。燃料として薪炭の得がたいことは樹林の少ないためである。ヒマラヤとかカム地方の森林地帯より搬入の手段はあってもそれは容易の業でない。家畜類の乾燥糞は戸毎に飼養する若干のものより得る外は、概ね野外より蒐集するの労を費やさねばならぬ。

給水状態は河川または井戸によるものであるが、搬入に困難を感ずるところが多い。概して河川の位置が人家より遠く離れてゐることと、井水はあっても吸上操作の幼稚なことと、家屋の階上へ粗造のあやふか〔ママ〕しい段梯を数層登降しなければならぬことなど不便この上もない。水質は河川の流水は飲用に適するが、井水は不良のものが多い。湖沼の水は不良として一般に用ひられない。殊に多少の塩分を含むものが多いため利用の途がない。

4．家屋

西藏高原では既述の通り樹林に乏しいため木材を得るに困難であるから建築材料には主として塊石（切出石）及び乾燥粘土瓦を用ふる。しかし家屋の柱と梁とは是非とも木材を用ふべく余儀なくせられる。

大都市の家屋は二層三層またはそれ以上のものが多い。最下層は通常物置とせられ、その外部を厩舎に充てる。平屋造は多く地方の小部落に見られる。特殊の建造物即ち寺院、仏殿、城塞、宮城などは概して三層以上に及ぶものが多い。ラサの宮城の如きは十数層の高きに達し、西藏建築の最高技術を誇るものとして世界的に著名である。

東部及び南部西藏の森林地帯には純木造の家屋を見ることが多い。北部西藏のチャンタン（北原）地方の遊牧民部落はすべて天幕張である。天幕は無論常設的のものでなく、時期によって転々と移動する。天幕を造る罫状は犛毛を紡織したものである。主柱として僅かに一、二本の木材を用ふるに過ぎない。その大なるものは優に十畳敷以上に及ぶものがある。

家屋の様式は基調として寺院または仏殿の形式をとり入れてある。寺院は印度建築を模したも〔の〕であるから根本的には印度建築の主義によったものと云へる。しかし屋内の細部に至っては西藏独自の構造を施したところも見られないではないが、支那風を多分にとり入れた点が少くない。

坐席は西藏本来の胡坐《アグラ》に適するやうに設けられ、形式はともかくとしてその主義とする点に於ては我国の古式の坐席と共通するところが認められる。障子は明かに支那式を模したものである。我国のそれのやうに紙を用ふることなく、すべて布張である。

戸は概ね扉式の開閉装置にできてゐる。柱と梁とには彫刻と極彩色を施し、特に柱頭部に重点が置かれてある。天上に主梁を横たへ、これと交叉して多数の支梁を列べ各支梁間には更に無数の細梁木片を以て詰め込まれる。而してその上に粘〔ママ〕を塗り詰めて上層部（上階部）の床部を形成することになる。それが最上層部または平屋の場合には直ちに露台の床部となるものである。床部の表面は「アルカ」と称する天然セメントの一種に、石灰岩又は大理石を粉砕せるものを混して敲き込み、その表面に磨きをかけて宛も人造大理石造の床面であるかのやうな外観を呈せしめる。但し最上層をなす露台の床面は硬質粘土に細石を混じたもので固められる。故に普通の家屋はすべて平屋根式で、日本家屋の如き角掩蓋は見られない（寺院、仏殿等の一部に支那式をとり入れたものは例外とする）。樹林地帯の木造家屋には角屋根をなすものが多く、然らざるものは木材で鉄道の枕木形をなすものを一方に傾斜させて列へ詰め、所によってはその上に石塊を散置して抑へてある。西藏家屋のやうに種々の構造法をとるに至った所以は、その土地の自然状態に左右せられるが為で、建築資材の種類とか数量とか、或は気温降雨雪などの気象関係に支配せられることが分る（西藏建築の最も典型的な大家屋の構造と、その間取の模様は附録附図参照。一般築造物は各種の写真に於てその外貌が窺われる）。

（附記）宿営に就て

西藏の石土造家屋は堅牢と防火の点に於て宿営所として適当である。但し屋内の箇所により採光不良にして空気の流通不十分な所がある。各室の間仕切は厚き硬土壁を以て画せられ、各間毎に厚板の扉があって錠前が取附けてあるから防備に都合が良い。床面は前述の通り所謂「アルカ」セメント敷または厚板張とする。

坐席は通常室の側辺に設けられ、中央は空地として残される。坐席の構へは約一米強の幅と十五珊乃至三十珊の高さをもつ平箱型の木造床几の如きものを二台列へた上に、極めて部厚の布団（マットレスの如きもの）を置き、その上に敷布団様のもの、または絨氈を敷き、一層丁寧な坐席には更に坐蒲団を展べる。かうして一対一組の坐席を以て単位となし、必需に応じて幾組でも並べ立てる。

防寒設備を特に施さないが、家屋の構造が耐寒に適するやうになってゐる。ラサに於ては極寒時でも火鉢を用ひないですむことがある。地方の木造家屋も我国のそれに比すれば一層堅牢に造られてある。

人員の収容能力も間仕切の狭小なる割合に大いことは坐席以外の空地が利用できるからである。この点は我国の家屋の場合と同様である。

西藏高原に於て幕営地または露営地を求めることは困難でない。平時に於ては成るべく都邑や部落の近在を可とする。附近に「林園《リンカ》」があって給水に便利だからである。西藏人は山間の樹林地域に幕営することを避けるが、平原の林園には好んで幕営する。また彼等は無住民地帯の荒寥たる原野に於て最寒時といへども露営することを厭はない。

夏時は頻々たる降雨に悩されるから、たとひ雨量は少ないとしても、旅者は必ず天幕を携行する必要がある。遊牧者の天幕を利用することは殆んど不能と思はなければならぬ。

宿営（特に幕営と露営）の際に最も不便を感ずることは燃料獲得の困難である。都邑や部落附近では多少の望みはあるが、無住民地域では原野にまばらに散在する乾燥獣糞を拾ひ集めねばならぬ。旅者はその日の行程を早め、日没前に宿営地に到着し、附近を漁り廻って蒐集するに充分の時間を見積らねはならぬ。

5．衛生

イ、概観

西藏人は一般に衛生思想に欠如してゐることが甚しい。下層民とか辺陬地の住民は殆んど衛生の何ものかを解しないやうである。健康保持とか病患に関する顧慮は、主として迷信の支配する所に従ふ。ラサのやうな王都地域でもその「聖地《ラサ》」の名に似〔ず〕不潔を極め、何らの衛生設備をなしてゐない。

医業を専門とするものは甚だ稀で、大抵は僧侶とか篤志家の慈善的行為を標榜する兼業によるものである。患者の求めに応じて診察投薬することはあっても料金と薬価に一定の基準がない。患者の志を以て比較的僅少の謝礼をなすが、それには会々金銭を以てする場合の外は、物品を贈すことが普通である。

医術は往時印度伝来の仏教医法を基礎とするやうである。薬品材料は植物性のものを主とし、これに若干の鉱物性と動物性のものを併用する。

近時に至って知識階級の間には現代的医術に対する認識を深め、外国薬品を歓迎する傾向が認められる。イギリスが宣撫工作の一手段として慈善主義の診察施薬を試みてゐるが、彼等はこれを利用するに躊躇しない。

西藏医の最も困難とするところは外科的手術である。この方面は外国医に全幅の信頼を置くやうである。

流行病の防疫注射の如きも、国外旅行の体験あるものは進んで施術を受ける。国内に於て庶民一般に注射療法の効果を認めたものは種痘であって今や現地の土医といへとも盛んにこれを行ふといふ有様である。その結果西藏で最も猖獗を極めた天然痘患者の激減を見たことは事実である。

ロ、治療法

現代的治療法に従ふ極少数のものを除いては、未開時代の遺習を墨守するものが大部分を占めてゐる。彼等は病患に罹った場合に、直ちに医師の診察投薬を求めることなく、先づ己れ自身か、さもなくは僧侶や易者などに請ふて卜占を試み、その暗示または指示に従って最善と信ずる治療法を選ぶのである。医師や医薬そのものまでもいづれを選んでよいかを卜占によって決定するといふ風である。またそれと同時に神仏に祈祷し、自身直接か代人かが神仏殿に詣で、或は自邸に僧侶を招き読経祈祷を請ふのである。

看病法として最も重要視されることは、患者をして昼間は絶対に睡眠せしめないことである。昼間の睡眠は所謂病魔の乗ずるところとなし病勢を募らせるものと信じてゐる。

ハ、病気の種類

風土病として顕著なものは天然痘である。前述の如く近時種痘療法を受くることによって著しく減少したが、なほ既往の罹病によって顔面に痘痕を残すものが夥しい。

次に彼等に最も普通な病気について一言するならば、便宜上原地語〔に〕従って病名を列記するときは、ヤーマ、ペーケン〔bad kan〕、バム〔'bam〕、ツァワ〔tsha ba〕、ディパ〔mkhris pa〕、ルン〔rlung〕、ネンカ、リブ〔grib〕などを主とする。これらが吾々の病名のいづれに該当するか確言すべき限りでないが、彼等の云ふところに従って略述するならば、ヤーマとは頭首部、特に顔面部に患痛を起すものであり、ペーケンとは内臓とか筋肉に粘液の蓄積を見るものに名ける。バムは運動不足などから来る消化器の不健全または血液循環の不良に基因するものを云ふ。ツァワ〔tsha ba〕とは熱の発生を常態とするもので、肋膜、肺患系統の病気をさすやうである。ディパは肝臓または胆汁に関する病患を云ひ、ルン〔rlung〕は神経病的症状に対する総称のやうである。ネンカは疝または神経痛の類であり、リブは中風及び卒中を指すやうである。その他赤痢、チプス、コレラに類するものを総括してリムネェ〔rims nad〕（伝染病）と呼び、それぞれ特別の名称を附けてゐるが確実な病名を詳にしない。ペストに関してはその病気の存在も病名も明でない。性病の普通なものをタンシイ（淋病〔grang ba〕）及びシモア〔セモー、bse mog〕（梅毒）とする。又ゼネ〔mdze nad〕と称し癩病に相当するものもある。眼病を一般にミネ〔mig nad〕と云ひ、トラホームの如きものも普通に見出される。マラリヤは高原地域では稀であるが、渓谷の森林地帯には極めて普通である。

6．異習

風習にも種々あるが、西藏人の異習として特記すべきものは彼等の常の動作とか冠婚葬祭などに於て見られるものが若干ある。茲では詳述の煩瑣を避け、最も顕著なるものについて略述する。

彼等は元来儀礼を尚ぶ国民であって、辞礼は巧妙に過ぎる。原語には階級的の差別が厳格であるから敬語の用法が複雑である。敬語を弁へずしては一言と話ができないといってよい。礼法にも種々様々の仕方があり、例へばお辞儀として彼等固有の風と、支那風とがある。固有のものは我国のそれに似てゐるが、相手が高貴の人物であれば、口を開いて舌頭を出すことがある。我国でも野卑な習慣として同様の風があるが、彼と此とはその意味を全く異にする。しかしその起源にさかのぼればやはり同じ動機から出たものでないかと思はれる。支那伝来のものといはれる仕方は所謂拱手叩頭の礼ともいふべきものであって、主として上流社会の間に限られる。また下級のものに多く見られるものであるが、お辞儀の際に頭を下げるとともに左の耳を前方に突き出すやうにする風がある。これは支那伝来のものか西藏固有のものか、その由来を詳にしない。一層卑賤なもの、例へは乞食が物乞ひするとき、右手の拳の拇指を立てかけて捧げる形をなすが普通である。我国でもこれと同様な風が残ってゐることは親が子供を咎めるときの形に見られる。

次に彼等〔が〕重ずる儀礼として特殊の訪問、及び贈答の際などには上下一般を通じ必ず礼布「カタ」を用ふべきことである。「カタ」は通常白色の薄絹製のものでその形状は普通はスカーフとかマフラの様をなすものであるが大型のものは兵古帯くらいある。「カタ」の使用は現在では西藏独特のやうに見なされてゐるが蒙古人なども盛んにこれを使用するし、その色彩も青色または水色の場合が多い。果していづれの方面より由来したも〔の〕か明でない。

次に冠婚葬祭の礼について云ふならば、例へば貴族の子弟で十七歳頃の年齢に達したときに、我国でいふ元服のやうな行事をなす。その際には幼少時の弁髪を改めて一種の結髪となし頭頂に於て横に一文字の如き結び合せをつくる。我国の頂髻とは稍形を異にするがその意味は同じでなからうか。これは男子が一人前になったしるしであると同時に、始めて仕官したことを示すものである。女子には一定の時期はないやうであるが、やはり年頃となれば、今迄の弁髪をやめて派手やかな結髪とする。これは丁年に達したしるしてあるとともに、結婚を終へたことをも示すものである（これら結髪の様式は附録の写真中に多くみられる）。

結婚の儀式にも興味ある異習を存するが、その模様の根本的意味をなすものは我国旧時のそれと余り変らないやうである（稍詳細なる説明は『西藏遊記』にあり）。夫婦関係に於て欧西人らに特に興味をもたれる一妻多夫の異習は、必ずしも西藏の常軌の風習とは云へない。彼等の倫理観に従へはやはり一夫一婦を原則としてゐる。たゞその国情の特殊なる関係から最初は自然の必要にせまられて、この風習を呼び起したものと思はれる。一妻多夫といふも、無条件的のものでなく、その多夫たるべきものの資格は必ず親を同ふする兄弟間に限られる。また西藏には古来一夫多妻の風もあるが、その多妻たるべき女子の資格は前者と同様、親を同ふする姉妹に限られる。

一般の男女関係については余り厳格なものとは云ひえないが、さりとて自由放縦なものでもなく一に家庭の良否による。男尊女卑の風は仏教道徳から来たものである。ただし家庭に於ける婦人の勢力は屡々男子を凌ぐ場合があることを注意せねはならぬ。これは主に一家の財産保持に関するものであって男子よりは家を守るに都合よく、また一妻多夫の風習上からも自然斯くあらねはならぬからである。

次に葬送の仕方であるが、その様式として埋葬（土葬）、火葬、水葬、などがあることは珍しいことではないが、西藏では寧ろ異例に属し、最も普通には「チャトー」〔bya gtor〕と称して、野辺の送りが済んでから、墓地ともいふべき現場に於て、最後の告別式と共に遺骸の処分法として、それを寸断に切りくづし、附近に蝟集し来った野禽（主として兀鷹または鷲の類）に投げ与へることである。所謂チャトー（チャトル）とは「鳥に投げ散ずる」の意味である。彼等の信仰にすれは凡そ万物は地水火風の四種原素からなるもので、人間の終焉もまた再び元の原素に還るといふ仏教哲学の理法に基いたもので、地水火の三種葬法に倶なふ「風葬」の暗示から出たものである。即ち風とは空気のことであり、空気は「空中」を意味するところから、死骸を空飛ぶ鳥に喰せば恰も空間に帰したことくに見えるためである。特にこの葬法が最も普通に行はれる理由は、それが西藏高原では最も便利だからである。なほ墓地ともいふべき場所には何らの標識もない。

彼等の遺霊に対する尊敬の念は格別なものがあり従って祖先に対する祭祀供饌の儀に篤いことは、我国の仏教徒に於ける場合と同様で、改めて縷述するに及ばない。

7．迷信

彼等の習性として特記すべきものに迷信的行為の多々あることを挙げねはならぬ。日常の一般動作、行事、用務などに関し卜占の暗示に従ふ場合がまことに多い。

例へは用弁、旅行、訪問、作業などについて、その適否を決定するときは先づ卜占を試みる。卜占は簡単な問題のときは自身にて行ふが、重要なるものは専門家に求めることは云ふまでもない。また卜占以外には自然現象によることもある。即ち鳥の鳴き方とか、その時刻とか、その方角などに注意を払ふが如き、或は他の動物の挙作などによっても同様に吉凶とか可否の問題を判断するが常である。

未開国人に共通する現象として迷信的生活に終始する態は枚挙に遑がないが我国人の迷信と同様のものも少くない。煩を厭ふて玆に既述を差控へる。

8．不潔

彼等の習性として忌むべきものの一は不潔の甚だしいことである。さきに衛生の項にて言及した通り、彼等はあらゆる不潔状態を毫に意に介しないかの如く見える。その不潔性も迷信に基因するものが少くない。例へは身体や衣服の汚垢を洗ひ取ることは、本来自己が享受せる幸福の素を取り去るものとの信念を懐くが如きものである。

近時彼等のあるものは国外旅行によって先進文化国の状態を目撃した結果、衛生思想と同時に清潔観念も萌したことは事実であって、輸入品中に石鹸其他の化粧品の数量が頓に増加の傾向あるによっても想像せられる。

9．娯楽

彼等の娯楽について、これを室内と室外に分って見るならは、前者に属するものにバー〔sbag〕、ショウ〔sho〕、麻雀、囲碁などがあり、戸外遊戯としては弓術、馬術、高跳幅跳、角力、競争などがある。

児童遊戯としては種々あるが「アプチュ」〔ab chug〕と称するものは我国の「ハジキ」と同様であり、「パンド」は我が「テダマ」に相当する。また紙鳶揚の如きは戸外遊戯として最も普通であるが、我国に於ける場合と全く同様と云ってよい。

10．年中行事

西藏では年中行事が国家的にも社会的にも極めて重要視される。その最も重要なものは年初に行はれる「モンラム」祈願会である。これに附随して「十吾供饌《チュガクチウパ》」の燃燈祭とか、「モンラムトルキャ」の武装行列とか、「チャムバダンテン」とて弥勒仏奉迎祭とか、「ツォンヂュセルパン」とて宝物行列などがあり、いづれも国家的大祭に属する。これらの祭典に関連して角力、競馬、射的などの競技会が催される。

その他建国祭ともいふべき天縄滑降の式、釈迦の降誕会、園遊会、観劇会などがあり、園遊観劇の如きもたゞに社会的のみに止まらす国家の主なる行事として、盛大に催される。

これら年中行事は直接にも間接にも一として仏教に関連しないものはなく所謂政教一致の西藏国情として特色を発揮せるものである。更に詳述に関しては『西藏遊記』にも多少記録するところあり茲に縷述を省く。

第十五章　文　化

一、文化の特質

西藏文化に関しては本誌記事の大部分に関係を有する問題として取扱ふべきものであり、特にその民族の特性、思想、信仰、習俗、言語などに就ては随所に詳述するところがあるから、茲では単にその抽象的な略述に止める。

西藏には近代的文化と称すべきものの存在が極めて僅少であることは既述の諸項に徴して知られるであらう。しかしながら旧時の文化としては仏教関係のものに於て見るべきものが多く、西藏の文化は即ち仏教文化または喇嘛教文化であるといっても差支ない。

その由来するところは遠く西暦七世紀の初葉に於ける仏教伝来にある。もっとも当時支那の唐代仏教の伝通も若干無いではないが、顕著なる文化的影響は見られないといってよい。文化の基礎ともいふべき完全な西藏国文が制定されたのは一にサンスクリットを模範とした西藏文典の作製によるものである。彼等はその後数世紀に亘って、印度仏典の大部分を正確に翻訳した。所謂西藏大蔵経即ちカンギュル・テンギュルと称せられるものがそれである。勿論その中には稀に漢訳聖典よりの重訳が含まれてゐないではないが、概していへば殆んどその全部が印度聖典よりの直接翻訳によるものといっても過言でない。そしてまたその訳文の的確なる点に於ては遙かに漢訳を凌駕するものであることは学界に於て斉しく認められるところである。凡そ仏教聖典の如く浩瀚にして且つ深遠なる教理と哲理を包含し、現代の学者といへとも相当難解とするものに対し、漸く七、八世紀時代に達し〔た〕ばかりの西藏人の頭脳を以て、漢訳よりも勝れたる翻訳をなし得た事実は、明かに彼等の智能の優秀性を物語るに余りあるものである。

西藏仏教は十五世紀に至って一度大改革を遂げ、印度仏教の真貌を後世に顕揚することに成功した。

西藏最大の寺院として著名なるガンデン、セラ、デプン、タシルンポの如きは、いづれも当時の築営にかかる。

一般に建築、工芸、美術、教学、及び政治などの諸方面に対し、仏教の貢献著しいものがあり、各種産業の振興も亦その影響を多少とも蒙らないものはない。かやうにして現代に及びたる仏教文化は最近漸浸の傾向にある欧米の新文化を以て微々たるものながら徐々に変革を加へられつつある趨勢にあることは否めない。

なほ文学方面の現状について一言を要することは、西藏では印刷法が依然として原始状態の域を脱しないことである。後述に示すごとく、西藏では現在でも木刻版印刷によるもので、未だ活字の使用時期に達してゐない。故に一般的刊行物の作製を見ること少なく、例へば新聞や雑誌類ですら出現するに至らない。国都ラサの書店に於て稍近代的刊行法による西藏本も見られないことはないが、それとても僅かに謄写版によるものに過ぎない。偶々西藏文字の活字版の洋式書を見ることがあってもそれは勿論印度より輸入されたものである。カリンポンに於ては西藏新聞と呼ばれる活字の刊行紙を見るが、僅かに月一回の発行に止まり、新聞としての価値はない。唯それが西藏に輸入されて彼等の間に辛じて「新聞」の役目をつとめることになる。

二、文化と流通語

文化状態の観察は西藏の流通語の模様を知ってをくことも必要である。西藏語に関しては下編第六章に詳述する通り、言語分類学上よりすれば、「チベット・ビルマ」語の部類に置かれるものであるが、これを我国語に比較して見るならは、その構成法ともいふべき意想の表現の仕方に於ては我と大同小異である。たゞ音性上特別の相異があって、発音法は吾々にとっては稍困難とせらるるが、最も話し易い外語の一であることは事実である。

西藏国内ではラサの如き二三の都市を除き、外国語は殆んど不通とせられるから、原地《（マヽ）》に行動するものは是非とも西藏語に習熟せねばならぬ。ラサの知識階級には英語に堪能なものも若干あり、また豪商中貿易に従事するもののなかには印度語（ヒンドゥスタニイ或はウルドゥ）に精通するものが少くない。ネパール人とかカチェ人らは相互に印度語を以て用を弁ずる。

支那語が一般に通用しないことは注意すべき点である。但し東部西藏の主要地点では支那語を能くするものが相当にあることを知らねばならぬが、漢字は殆んど不通とせられるから筆談は役に立たない。

西藏内にも幾多の方言があり、頗る複雑を極めるが、ラサ語を以て標準語とせられるから、これを学べば原地旅行には不自由がない。

西藏文化が受ける外語の影響として古来印度が主となり、支那が意外に微弱なる所以を知るに足るであらう。

三、文学と芸術

1．文学

旧来の西藏文学が仏教文学の範囲を出るものでないことは改めて論ずるまでもなく、また近代的文学の出現を見るに至らないことも既述の通りである。

十九世紀末より約そ半世紀間頻々として多難な国事に禍された西藏に於ては、文学的方面の努力が全く閑却せられたため、近世文学について特筆すべきもののあることを聞かない。

凡そ西藏文学の発達を阻害するものは既述の如く印刷術の原始的な状態にあることである。外国に於てすら既に一世紀以上の昔から西藏活字が鋳造せられ、殊に隣接の印度では西藏文字の新鋳活字が盛んに用ひられてゐるに拘はらず、西藏自国では今も往時の木刻版の使用に甘んじてゐる。木版の不便さは冗言をまつまでもないが、西藏のやうに木材に乏しい所では一層甚しいものがあり、経費と時間と労力の点からいってこれほど不都合のものはなく、またその刊行物の価値の僅少なことも云ふまでもない。しかし彼等は毫もこれを意に介することなく、寧ろその原始的の刊行物をより貴重なものとして聖典同様に取扱ふものさへある。彼等の文学に対する観念は必竟仏教主義以外に出るものでなく、如何なる書籍といへども多かれ少なかれ仏教の辞句が含まれてゐないものはない。彼等は聖典は云ふに及はず、聖典並に取扱ふべき書物を繙くにも閉づるにも必ず一度頭上に捧け頂くことを忘れない。かうした刊行物に対する神聖観が彼等をしていつまでも旧態に停頓せしめる原因となるものである。

さて現在西藏に於て文学的作品として如何なる種類のものがあるかといふに、本誌の所々に掲ぐる如く、神話、伝説、歴史、伝記のやうなものが大部分を占め、純文芸または説論に関するものは比較的少ないやうである。前者に属するもので最も標準的のものは所謂西藏大蔵経及びこれと並に称せられる「蔵外仏典」のうちに含まれてゐるものである（下編第七章中「大蔵経」参照）。

詩歌には一定の韻をふむの類のものはなく、語句の数と節とを基準として所要に応じ適当な語の音調を並列させるに過ぎない。例へは語句の数についていへば普通の詩文では七、九、十一の如く奇数を以てし、歌謡類には六語を列べるものが多い。句節は概ね四句を以て一連となし、それ以上には節に制限を設けないが、偶数を以て終始するを常規とする。

西藏文の原則をなすものに就て一言するならば、それは散文たると韻文たるとを問はず、その綴り方に一定の法則を規定してある。通常これを「ニェンスム」と称し、「ニェンガ」及び「スムタ」の合併語であるが、前者は詩文体の構成を数ゆるもので、主として美音辞、荘重辞、快聴辞などを適法に綴る修辞学の原則を示し、後者は散文全体の基本文法を規定するものである。後者に関しては更に下編第六章西藏語で詳述する所があるから茲に省略する。

2．芸術

西藏の文化の殆んど全部が仏教を基調としてこれに自国の固有性と印度及び支那の分子を加味したものである関係上、芸術も亦その特質を出でるもの［で］ないことは当然である。

西藏芸術の表現の顕著なるものは主として建築、絵画、彫刻などに於て求められるものでその他には極めて乏しいやうに思はれる。

先づ建築についていふならば、宮殿、伽藍、霊塔などの構造は印度式を基調として各々その特性とするところに応じ、若干の支那風を取り入れ、それらの模倣点の調和をはかって適宜に総合することによって西藏独特の本領を発揮せしめる。別述「建築」について述べてあるやうに技術の点は甚だ幼稚であるが、粗放ながら純真的なところに芸術的価値が窺はれる。またその規模の輪廓〔マヽ〕が宏荘なるに比し、内部の狭小に失する欠陥を認められるがそれは主として素材の不充分なるがためと見られる。すべて建造物は各々その本領とするところに従ひ、神秘崇高、荘重、霊妙、秀麗などの観を発揮せしめんとの目的から、それらの位置の選定に腐心した跡が見られる。即ちその目的に添はんがためには不便、不自由、困難、危険、経費、努力、時間などの観念を超越するものが多い。例へは山巌の裾麓、中腹、絶壁頂顛の位置如何に拘はらず、目的とする築営を敢てするが如きもので、常識の沙汰とは思はれないものもある。

絵画に関しては純粋の芸術的作品には甚だ乏しく吾々が日常目撃するものは殆んど全部が仏画に属し、信仰、教理、説話を目的とするものである。例へは仏陀、菩薩、護神、鬼魔、聖者、霊異曼陀羅などの掛物または壁画の如きものである。それらには筆致として典雅、勇健、簡素の気風の鑑賞すべき要素を認め難いが、精巧、緻密、華麗の点は見のがすべからざるものがあり、また敬虔なる信仰を以て画が〔か〕れたものには相当に崇高感を与へるものが少くない。

彫刻、鋳物、練物に属する作品に就

〔原本一頁　白紙〕

絵画の場合に準知せられるが品種には至って乏しい。そのうち最も顕著なものは建築物の柱頭部に於て目撃せられ、精緻とは云へないまでも豊富なる極彩色を施すことによって美観を発揮せしめるに十分である。

工芸的作品には仏器具類が大部分を占め、普通の調度品としては支那よりの輸入品か、その模倣であるが後者の場合には仏教的分子を加味せしめることを忘れない。

西藏芸術に関し茲の作品について解説すべき遑はないが、唯一事その原料または素材とするものに関して附言せねばならぬ。即ち各種の作品を通じて最も豊富に用ひられるものは金と宝玉類とである。純金製品とか、ダイヤ、ルビー、エメラルドその他の宝石類の象〔嵌〕せる仏像仏器を始めとし、塗金、合金玉粉塗附を施せる工作品も夥たしい。それらの大規模のものは仏教屋蓋の銅瓦、仏聖の巨像、霊塔に於て見られるであらう。

第十六章　国　史

一、国史の取扱方

西藏国史の特質を明かにするためには、その国の太古の状態、民族の起源、建国の説話、古代の宗教など各種の方面より考察を始めて、全般的史実に言及することを必要とするが、それらは問題それ自体が、それぞれ特質を有する関係上各々別章を設けて既述せるが如くである。従って本章では史実的事象を主眼としてその概要と附帯事項の簡単なる叙述を施す程度に止めてをく。かうした事情から西藏国史としての真面目乃至史上に活動する国民精神の相貌を十分に示されない憾はあるが、それは他の各章の相関事項、特に本編第十二章宗教及び下編第七章喇嘛教に於て詳述するところがあるから、それらを参照するより外はない。実に仏教伝通の歴史は西藏国史の根幹をなすもので、仏教史を離れて国史は存在しないといふを憚からない。

二、建国年代の推考

史実を叙するに先だち順序としてそれ以前の伝説時代の梗概を述べて変遷の模様を示してをかねばならぬ。国初の有様については下編第三章建国説話の如くであるが、今その年代に関して考究するならば、それは西藏人の史家の間にも種々異論があって孰れを妥当となすべきかに迷はされざるを得ないが、姑く前掲及び後述のスムパケンポ著のパクサムジョンサン（第十九章資料参照）の推究するところに拠って、これを西暦に換算するときは、紀元前四七七年に当る。もとより無文の伝説時代の出来事を辿って推算したものであるから、甚だ漠然たるもので果してどの程度まで信憑できるか分らないがその時期は偶然にも吾々の想像する釈迦入滅の年代に符合してゐる。しかしある他の西藏史家らの考へる仏滅時は如上の推計よりも更に数世紀上代にさかのぼるもので、彼等は肇国の年代と同時と見ないことは勿論である。たゞ吾々の研究問題として推算上この二の年代が合致したとて敢て不審とするに足りないのである。仏典中にも屡々雪有国即ち西藏国に関する所説があって当時既に該国の存在を指示し、後世そこに仏教が弘まることを予言せられてあるから、仏滅時と肇国時とが著しき懸隔あるものとは思はれない。とにかくその当否の問題は姑く措くとして、比較的妥当と思はれるスムパケンポ説を以て国初の年代と見てをく。

因に現在西藏政府の記録に用ふる国初年代は起源二二五六年即ち仏教伝来の初縁の萌した時といはれる第二十八代国王ラトトリ・ニェンツェン在位第六十年を以てする〔原本の欄外に「仏教伝来の記事参照」の書き込みがある〕。

三、伝説時代

1．王統継承の模様

西藏の記伝に示された如く、この国を統治する最初の国王は、天上界のムユルといふ所から降臨した神子であるといふ説と、印度より来藏した釈迦種族の一王子であるとする説とあるが、いづれにしても国を総統する王者を戴くことによって王統の基礎が定められたことは衆説の略々一致するところである。爾来歴朝の王名を系図的に列挙しつゝ各時代の区分と顕著なる出来事を特記する模様は、たとひそれが無根拠の所録とはいひながら、全然でたらめのものとして見逃すわけにはゆかない。試みにそれらの王名を掲ぐるならば次の通りである〔この文の続きに「『西藏民族と文化』参照」の書き込みがある〕。

〔原本一頁　白紙〕

次に時代別を列挙するならば、最初の七代を「上天七王座《トウナムキテイドウン》」Stod-gnam-gyi-khri-bdun、次を「中間二王座《パルキテイインテイ》」Par-gyi-Ldin-gnyi、次を「地善六代」Sdi-legs-trug、次を「中間八王位《パルキテゲエ》」Par-gyi-lde-brgad、次を「下位五王代《メエキツエンカ》」Smad-kyi-btsan-lgna である。

其次に四王の名を列ねるが時代区分の名を挙げてゐない。以上累計三十二王代を以て伝説時の一期を画し、その間年を閲すること一千有余年、即ち紀元前四七七年より紀元後五六九年に及ぶものである。

2．所伝の事相

前記の如く史実以前の時代として可なり長い時期を経過したが、当時は未だ確実の文字の記録法が発明されてゐなかったため世々に伝へるところは所謂口碑の類で、さもなければ極めて原始的な符牒または記号、絵文字の類によったもので、もとより精確を期すべくもないが、それによって顕著な出来事と思はれるものを拾って見るならば、当時の住民は極初は主として狩猟と遊牧によって生計を営んでゐたやうである。しかし彼等すべてが必ずしも水草を逐ふて移住したものばかりではない。或るものは穴居または石室住居によって定着してゐたものもあるや〔う〕で現にそれらの遺跡が所に残存してゐる。

第八代王（上掲）の代には刀剣甲冑などの武具が始めて使用せられた。当時大臣が国王を弑するとき剣を以てしたといはれる。石器類の使用はそれ以前から行はれてゐたことは出土品の実物によって分るが、鉄器の作製は恐らくこの時代を以て嚆矢とするであらう。

次代のプデグンゲェル王の代には城塞の築営が興ったとある。

なほ上掲二王代を通じて特筆すべきことは、一は採鉱が行はれたことで、金銀銅鉄などの金属を得たといはれ、今一は農耕が興ったことである。鉱農の二事が時代を同して始ったことは、古聖典マニカンブム（第十九章資料参照）の仏話に示唆する所と対照して興味ある問題とせられる。農耕の初が比較的遅れてゐることは土地や気候の関係の然らしめる所であらう。

第二十八代王の時には印度より学僧が仏教宣伝のために来藏したが、十分目的を達せずして帰り去ったとある。その後四代の王者を経て、伝説時代は終る。

四、史実時代の初期（仏教伝来時代）

第三十三代国王ソンツェン・ガムポ Srong-btsan-sgam-po の代に及んで西藏は始めて史実の範囲に入った。この王の年代に関しては西藏史家の間に少しく見解の相違を見られるが、記録の正確を以て権威ありといはれるテプテル゜コンポ（第十九章資料参照）の所説に基いて、これを西暦に換算するときは、紀元五六九―六五〇年となる。支那では隋の煬帝から唐の高宗即位の年に及ぶ。就中唐太宗の代には支藏関係の顕著なるものがあり、彼此年代の比較考証の容易なる事実に徴して、この点に重きを置いた前掲史書所録の年代が最も信をおくに足ると思ふ。

国王の前半生に於ては西藏はなほ無文野蛮の状態にあって、住民は狩猟や農牧を生業とするものの外は、武士として内外の攻略を事とした。彼等は性勇敢にして遠征を好み、或は南方ヒマラヤの嶮を越えて印度を侵し、或は東方遙かに千里の山河を過ぎて唐の国都長安を脅か〔し〕た。

侵略の結果国威を隣邦に輝かしたことは云ふまでもないが、西藏自体として印度や支那の先進文化圏から受けた影響もまた甚大なるものがあった。それは彼王の後半生に於ける国策をして大転換を行はしめたものである。即ち外邦侵略の蛮勇を一擲して、和平文化の建設に邁進せしめたことを示すものに外ならぬ。野蛮の西藏に一挙にして高級文化の曙光が輝やいたのは実にこの時代を以て画せられる。別章宗教（仏教）に述べた如く、文字と国文法の創制、仏教の移入、仏典の翻訳、教義の研鑽、仏殿の建立、国法の制定、生活様式の革新など、燦然たる輸入文化の勃興は、まさに春陽に百花爛漫たるの概があった。実に当時に於ける如何なる出来事もすべて西藏空前の大飛躍を物語るものといはなければならぬ。

五、国史と仏教史

ソンツェン・ガムポ王の後、百九十年を経、王位を累ぬること八代にして第四十一代国王ランダルマ Glang-Dar-ma（八三六〜八四一年）に至るまで特記すべき事項は少くないが、その殆んど全部が仏教関係のものであるから、詳細は別章宗教（仏教）及び下編第七章喇嘛教に譲ることとなし、単にその間に於ける国王名を下に附記するに止める。

第三十三代より第四十二代に至る各王名

第三三代ソンツェン・ガムポ　Srong btsan sgam po
第三四代クンツェン〔以下、グンソン・グンツェン〕　Kun-btsan〔gung srong gung btsan〕※
※この王を歴代中に数へないことを普通とする。第三三代王は一度王位をこの王に譲り、その没後再び即位したためである。
第三四代マンソン〔マンソン・マンツェン〕　Mang Srong
第三五代ドゥソン〔ティ・ドゥーソン〕　Hdus-Srong
第三六代メェアクツォム〔ティデ・ツクツェン〕　Mes-Ak-Ts'om〔khri lde gtsug btsan〕
第三七代テソンデゥツェン〔以下、ティソン・デツェン〕　Kri-Srong-Ldehn-btsan〔khri srong lde btsan〕
第三八代ムネツェンポ〔ムネ・ツェンポ〕　Mu-ne-btsan-po
第三九代セナレ〔ティデ・ソンツェン〕　Sad-na-Legs〔khri lde srong btsan〕
第四〇代レルパチェン　Ral pa can
第四一代ランダルマ　Glang darma

さきに述べた如く国史と仏教史とは一体不可分の関係を有し、殊に古代と中世の史実に於て然りといはなければならぬ。故に両者の一方を述べんとすれば必ず他の一方と同様のことを以てせねばならぬため勢ひ重複の避けがたき場合が生ずることが多い。

六、王統の分裂

さて前掲のランダルマ王は仏教文化の破壊者たると同時に社会秩序の紊乱者として、終に一臣下の為めに弑せられ、王子は二人あったが孰れも国王としての位を襲ぐことを許されず、辛じて地方的の小分王として王統の絶滅だけは免がれた。

第一代ニャティ・ツェンポ以来約そ一千三百十七年間連綿として継承せられた所謂釈迦種系統の西藏王家も、ランダルマ王朝を一期として終に分裂の余儀なきに至った。

因に王代の順位について一言すべきことは、第三十三代ソンツェン・ガムポ在位の中間に於て、一時その位を王子のグンツェン Gung-btsan（或はソンソン《〔ママ〕》 Gung Srong）〔グンソン・グンツェン（gung srong gun btsan）〕《〔ママ〕》に譲り、後再び王位に復したことがありそれが為め王代位の順序を算へる場合にはソンツェン・ガムポ王は二度よまれる場合もあることを注意せねばならぬ。

七、群雄割拠時代

西藏を総統する国王を欠いた後は群雄各地に割拠して覇を争ひ、爾来久しく戦国状態がつづいた。

十世紀の初葉から、仏教は復興期に入り、所謂「後通《チタル》」時代に移る過渡期を経過し、十一世紀には仏教弘通の基礎が始めて鞏固となった。しかし十二世紀には教派の分裂が起り互に教勢拡張の為めに抗争を生じた。折しも覇業の争奪に必死の奮闘を試みつゝあった諸侯はその機に乗じて諸教派の宗勢を利用するに抜目は無かった。従って内乱は益々助長せられ、国力の疲弊は必然免かれなかったばかりでなく、外部よりは蒙古や準葛里《ヅンガリ》などの隣邦をして西藏侵略の機会を狙はしめた。

果せる哉十三世紀の初葉になって、蒙古の成吉思汗（西藏にてはヂンゲル Jin-ger といふ）の来寇があり、同じく末葉には忽必烈（同じくセチェン Se-Chen といふ）の攻略に遭ひ、西藏は一時彼等の支配下に置かれた。当時最も優勢なる教派として知られたサキャ派 Sa skya pa の一教主ロトゥゲンツェン Blo-gros-rgyal-mt'san は、元朝の迎ふる所となり、その帝師として所謂「パグスパ」なる尊称を以て呼ばれ朝野の崇敬を受け、帰藏後は世祖より西藏総統権を附与せられた。

因にパグスパとは西藏語パクパ Hp'ags-pa〔'phags pa〕の訛音の一種で、支那では「八克思巴」なる漢字をあててゐる。「尊聖」を意味する語で聖典とか聖者の敬称として本名などに冠するものである。西藏では通常サキャパクパ（サキャ派の聖者）と呼はれるところから、蒙古や支那でその後の語をとったもので、素より本名そのものではない。

八、仏教改革（新教勃興時代）

十四世紀来より十五世紀初にかけて、仏教の大改革が行はれ、新教開祖ツォンカパ Tsong Kha pa によって唱道せられたゲェルク派 Dge-lugs-pa〔dge lugs pa〕（粛正宗派）即ち所謂黄帽派 S'a-Ser-pa〔zhwa ser pa〕の興起を見るに至った。

十五世紀の初葉には支那では元朝亡び明朝の代となり、西藏は一時その圧迫を蒙ったが、やがて蒙古軍などの後援を得て、明の併呑を免がれた。

同じく後半紀に至り新教派の教主が断然優越なる地位を獲得し、その教主にして観音の化身と信せられる一聖者の出づるに及び、西藏の国体の本義に立ち帰り、国王位の世襲法に擬し、神聖教主が転生再現するといふ輪廻説に基くところの霊依者の冊立継承法が思ひつかれた。これが今日の西藏達頼法王制の起原をなすものである（下編第七章喇嘛教参照)。

かくて第十六世紀の中葉に及び、蒙古のアルタン Al-thang 王は西藏法王第三世ソナム・ギャンツォ bsod nams rgya mtsho に対して「タライラマバァヅラダーリ Ta-lai-bla-ma Bazra Dhari〔t'a la'i bla ma〕といふ称号を附与した。爾来蒙古や支那方面では、すべてこの称号を用ふこととなり通常これを略称して単にダライラマ（西藏音はタレラマ）と云ひ漢字に音写して「達頼喇嘛」と記す。

九、支那隷属時代

支那では清の世となり、一七二〇年西藏は終にその独立を失って支那の属国となった。清朝は達頼法王の勢力を圧へ、属領としての実を挙げんがため、十八世紀の初（一七二四年）に所謂「アンバン」An-ban として知られたる二人の駐藏大臣（総督の如きもの）を任命し、それに数千よりなる護衛軍を附し、威武を以て法王を屈服せしめ、辛じてその君主権を剥奪することを得た。

しかしこの事実隷属は堅く西藏人に秘し、しかも一方に於ては清帝のあるものは親ら法王に帰依し、在支の西藏高僧を優遇するばかりでなく、西藏へは年々少なからぬ贈物を遣すなど、懐柔策に腐身《ママ》する所が少くなかった。

唐代以来代々の王朝が西藏の領有に功を奏しなかったにもかかはらず、独り清朝がよくその目的を達し、凡そ二百年間の久しきに亘って領土の確保を全うした所以は一にその対策の宜しきを得た結果に外ならぬ。

惟ふにかうした成功の因はもとより方策の適当であった事実によるものであるが、今一つ清朝そのものが満洲人であるといふ縁が然らしめたものである。即ち西藏人は古来満蒙人種に親しきに反し、漢人種に対しては著しく反感を懐くことがそれである。彼等は満洲皇帝を以て文殊菩薩の化身なりと信じ西藏法王の観音菩薩の権化と同列にながめて同じく聖仏陀の代官たる関係上西藏と満洲とは兄弟国の如く思ふのである。

一〇、英露関係の発生

第十九世紀の末期に及び、西藏は始めて欧西諸国との間に新関係を生ずるに至った。異人種異教徒排斥の大本山を以て目せられる西藏法王朝《〔ママ〕》が、いつしか親露派を以て充溢し、達頼法王十三世自身がニコライ二世と款を通じたことは一時清朝をして驚愕せしめたことは無理もない。当時ロシアは一方満鮮進出を企図するとともに、他の一方に於ては潜行的に西藏工作に乗り出し、あはよくば英領印度を衝かんとするの態勢をとった。

ロシアの西藏対策として最も着目に値するものは、喇嘛教を極力利用することによって、達頼法王を心服せしめ、西藏操縦に自由な手腕を揮ったことである。その効果の偉大であったことは、たとひそれが精神的方面のもので具体的事実は出現しなかったにもせよ、達頼法王をして親ら進んで西藏をロシアの保護国たらしめんとの希望を懐かしめたことによって想像せられる。はじめ露帝の密使として次に殆んど公然の使節として活躍したシベリアのブリアート人の傑僧ドルヂェフ〔以下、ドルジェフ〕Dorjieff が、曾て飛ぶ鳥も落す勢ありといはれたほどの支那駐藏大臣を尻目にかけて堂々と法王庁を切り廻し、清朝をして唖然たらしめたことも、宗教政策の威力の顕著なることを証して余りある。

然しながらロシアの窮極とする目的は西藏を支那より奪ひ取ることでなくして、それをイギリスの手に委ねしめないやうにするがためであることを清朝に十分了解せしめたところから、清朝にはある程度までロシアの策動を容認するの寛大さがあった。もとより清国としては予て警戒せるイギリスの野望を封ずる手段にそれを利用せんと試みたのみならず、これを機会に印度国境の防備を一層厳重になし、国境貿易の方法を制限し、イギリスをして著しく不利ならしめた。イギリスは早くもこの間の消息を看取して清国がかくの如き強硬態度を取る原因の一は疑もなくロシアの使嗾に基くものとなし、さりげなく清国政府に対し貿易上の不法事項を口実として屡々厳重なる抗議を送った。清国はロシアの後援を恃んで常に言を左右に托して確言を避け、イギリスをして極度に憤慨せしめた。

十一、英藏事変

かくて二〇世紀に入るとともに、東亜に於ける日露の関係は愈々危機にせまり、まさに開戦の不可避なることを伝へられたとき、イギリスは好機逸すべからずとなし、終に最後の手段に訴へ、表面的には清藏両国に対し詰問するありと称し、強力なる遠征軍を以て援護せる使節団を西藏領内に進駐せしめた。これが即ち一九〇三・四年に於ける英藏事変といふべきものであって所謂ヤングハズバンド・ミッションの派遣と呼ばれる事件に外ならぬものである。その際清朝は事件の責任を西藏政府の所為に帰し、逸早く自国軍を撤収して、専ら藏軍のみを以て英軍に当らしめた。国都ラサ危しと見るや、達頼十三世は彼のドルジェフ顧問に擁せられ、一旦蒙古に落ちのび、ついで支那に移った。一九〇四年八月ラサの陥落を以て戦局は終了した。支那は結局イギリスの要求を容れて、特別通商権を認め、またロシアに対しては今後一切西藏問題に干渉しないといふ協約を結ばしめた。一九〇四年、一九〇六年、一九〇七年に於ける各条約はその間の消息を明にするものである（第十七章外史附録参照）〔但し本書ではこの条約訳文部分を省略した〕。

十二、支藏紛争の発生と其成行

1．西藏の独立運動とイギリスの支援

清朝の終末とともに民政改革の機に乗じ、西藏はイギリスの支援を恃んで密かに独立を企図したところが忽ち支那政府（袁世凱）の見破るところとなり、優勢なる四川軍の来襲を受け、やがてラサは彼等の蹂躙するところとなった。さきに支那亡命の旅より帰藏して間もなき達頼十三世は再び国都を逃かれて、今度は英領印度に蒙塵した。西藏はイギリスより武器弾薬の供給を得て徐々に逆襲作戦に転し、侵入軍の革命行動に乗じて容易に勝を制し、これを支那国境方面に駆逐することができた。

一九一四年の印度シムラ会談により、今後の西藏問題を解決すべき条約が議定せられたが、既に支那政府の批准拒否によって和平の望は絶たれ、事態は緩慢ながら悪化の一路を辿り、爾来支那は西藏の東部と東北部を完然《〔ママ〕》に制圧して、西康及び青海の二省を設け、これを確保するに至り、西藏は独立を標榜して、全然支那の支配より離脱したため、支那の宗主権はたゞ有名無実上のものとなり終った。

2. 近時の異変

一九三三年末にはラサに於て維新の名君と称せられた達頼十三世が世を去り、一九三九年には待望の新法王達頼十四世の冊立を見た。

また一方に於ては一九三七年に問題の班禅喇嘛第九世の旅途に於ける円寂が伝へられ、これらの事件が西藏内外の情勢に著しき変動を起したことは第十七章外史その他にて述ぶるところがあるから茲に省略する。

その後西藏内部の状態は著しき変化を伝へられたが、対外的にもなほ依然として厳重な封鎖主義を堅持しながら、排支親英を国是とすることに変りはない。

第十七章　外　史

（対外関係略史）

第一節　支那との関係

一、総　述

由来我国に於ては支那と西藏を以て往時より隷属関係に終始せるが如き観念を懐くものが少くないやうであるが、事実は決して左様に簡単に考へられるものでない。史実が示す通り本来支那とは全く国情を異にする西藏は、その真相を詳かにして見れば、清朝以前にあっては、まさしく一個の独立国として通った時代があり、また一種の自活国として他邦の支配を受けない時機〔ママ〕もあり、或はまた近時の如く支那の宗主権が全く有名無実で、イギリスの保護領であるかのやうな場合もある。

然らは西藏人自身はどう考へてゐるかといふに、それが明かに清国の属領であることを世界が認めてをる時代に於てすら、彼等は自国を以て完全な独立国と確信し、支那を以て対等の友邦扱にしたばかりでなく、強いて彼等の宗教的信念を以てするならば、西藏は支那よりも一段と上位にある神聖国であると自惚れてゐる。さきに筆者駐藏当時西藏政府の一高官と支藏関係の政治的問題について論議したとき、「西藏は支那の領土である」と述べて、真向から反駁せられ、甚だしく心象を害したことを体験した。彼等の所論はもとより支藏関係の一部の曲解に基くもので、その主張は誤ってゐるにせよ、彼等が「独立国」であるといふ所信に於て動かすべからざるものがあり、理論は別として彼等に向って猥りに支那領呼ばはりをなすことは考へものである。清朝に於てすらも、始めて西藏を征服して自領となし、総督「アンバン」を任命し、達頼喇嘛の君主権も剥奪したときに於てすら、西藏の朝野に対して「支那領」たることを宣言せず、依然とし達頼喇嘛の国土たるかの如き感を与へてゐ〔る〕ことは既述の如くである。

唯注意すべき一事は彼等の清朝王室に対する尊敬心には格別なものがあり、その皇帝は仏聖の権化であると見なし、その点に於てのみ西藏と支那とは兄弟国であるといふに躊躇しない。支藏関係にはかうした微妙な事情の潜在せる事実を考慮に置かなければならぬことである。

二、隋　代

西藏に関する支那の文献は尠くないが、隋代以前の記録に乏しい。泰西のものでは希臘の史家へロドトスの記録として西暦紀元前四世期《ママ》に属するものが参考に供せられるが、それは唯中亜方面に於ける西藏種族と想像されるものについて言及されたものに過ぎない。

史実として最初の支藏関係を記したものは隋書附国伝に見られる。当時西藏を「附国」と呼んだことは別記（下編第一章）の通りで、国情に関する事項として次のやうに掲げられてゐる（『西藏印度の文化』岩井大慧著による）。

附国は蜀郡の西北二千余里にあり、即ち漢の西南夷である。嘉良夷なるものあり、即ち其東部に所居する。種姓自ら相率ゐて領し、土俗は附国に同じいが、言語少しく異なる。相統一せず、その人並に姓氏がない。附国の王、字は宜繒といふ。その国南北八百里、東西四千五百里、城柵がない。川谷に近く、傍に険山がある。俗復讐を好む。故に石に畳んで礫となして居る。以てその患を避ける（中略）その土地高く、気候また冷風多く、雨は少ない。土地は小麦青稞に宜しく、山には金銀を出す。白雉多く、水には嘉魚がゐる。その長さ四尺で鱗は細かい。

大業余年（隋煬帝西紀六〇八年）その王は使として素福等八人を遣はして入朝す。明年またその弟子宜林を遣はし、嘉良夷六十人を率ゐて朝貢し、良馬を献せんと欲すれども路嶮なるを以て通ぜず。山道を開き以て貢職を修せんと願ひ出たが、煬帝は人を労するを以て許さ

〔原本一頁　白紙〕

嘉良水、濶さ六七十丈、附国にも亦水あり、濶さ百余丈、並に皆南に流る。皮を用ひて舟をつくりて済る。附国の南に薄縁夷が居る。風俗亦同じである。西に女国あり、その東北連山綿亘数千里、党項に接す（後略）

右は隋時の支藏関係については僅かにその一部示したものに過ぎないが、当時の西藏事情の概要を描写したとこ〔ろ〕に頗る興味があり、ラサと西藏全体の模様を要領よく記してゐる。支藏両国の関係を示したところに「入朝」あるひは「朝貢」といふ文句があって、西藏方面の隣接諸国が隋の属国であったかのやうに思はせるが、事実上果して隷属関係にあったものがどうかは疑はしい。例の支那一流の自大思想から左様に記したものかとも思はれる。何となれば、その頃西藏の威力は相当なもので、次代の唐朝の偉大さを以てしても容易に屈服されないばかりでなく、終止〔ママ〕して全く対等的な立場にあったことは関係文献によって明かにさ〔れ〕るからである。もっとも隋代に於ける西藏にはまだ本格的に「文献」と名け得るものが存在しなかったため、西藏側には支藏関係を物語るべき何等の資料も見出されないことは勿論である。

三、唐　代

1．太宗帝と藏王ソンツェン・ガムポ

西藏と支那とは唐代に及んで全く特殊の関係が明確に結ばれた。西藏人の支那本土への間断なき侵入は唐代に至って益々猖獗となり、終に唐朝の天子をして西藏王と前後二回まで婚姻関係を結はしむるの余儀なきに至らしめた。然しながら両国間には修好の永続が期せられず、頻々として政争が繰り返された事実は唐代三〇〇年間に於ける支藏関係の特異ともいふべきものである。

紀元六世紀の頃、西藏に於ては彼の有名なる国王第三十三世、ソンツェン・ガムポ Srong btsan sgam po（五六九～六五〇年）が出で、豪胆無敵を誇る西藏軍を駆使し、大西藏帝国の建設を企図して四隣に猛威を振るひ、南方に向ってはヒマラヤの天険を突破して北印の平野に降り、ガンジス河の流域を侵し、北西方面に向っては新疆タリムの盆地に于闐《ウテン》の古都を脅かし、東は遙かに支那本土に向かって四川、青海、甘粛、陝西に達したといはれる。

しかしかうした大規模の侵略行動によっても藏王の企図したやうな大帝国の建設は終に実現するに至らなかったのみならず、その結果は寧ろ逆なるものを生じ、野望の達成を断念せしめて新に自国の文化建設の必要を痛感せしめたことは藏王その後の事蹟に徴して明かである。即ち彼れが、遠征によって学び得たものは支那と印度に於ける高度の文化であり、殊に印度の中心と呼ばれた摩訶陀の仏教と、その文化は藏王の憧憬措く能はざるところであった。印度仏教の直接移入、国文の制定、仏典の翻訳と研鑽、寺院の建築、国家と社会制度の創設、国民生活様式の向上を計〔マヽ〕るなど、野蛮国西藏としては実に空前の大飛躍をなさしめたことが即ちそれである。

もっともこれが為め一方の外征を全然放棄したわけでなく、支那方面に対する示威的行動と、物的欲求とにせまられた侵略的行為は、その後も跡を断た〔な〕かったやうな例外もある。かうしたわけで西藏国の存在は支那にとっては可なり厄介なもので隋代以前に於てもさやうであったらうが、特に唐代に於てそれが甚だしかった。国都長安（陝西省西安）が頻々として藏軍の蹂躙するところとなり、大唐の威力を以てしても「吐蕃」の鋭鋒を挫く能はずとの嘆を発せしめたわけである。当時藏王は宰相ガル Mgar を遣はし、唐朝第二代太宗皇帝に対し、その王女を藏王に嫁せしめんことを要求せしめ、首尾よくその目的を達することを得た。史上に所謂「文成公主」の入嫁（六四一年）として伝へられるものが即ちそれである（又それと同様な事件が印度方面に於ても見出される。即ちネパール国の王女ブリクティ Bhrkuti の入嫁に成功したものも藏王の威力の強大さを物語る一例として忘れてはならぬ）。

かやうに大唐の天子は忍びがたきを忍んで藏王の要求を容れ、偏へに西藏の懐柔に努力したが、密接なるべき姻戚関係の成立も、単に唐藏両王家の親好に止まり、双方国家としての政府関係ともいふべきものには予期したほとの効果を斉さなかったことは、その事件の直後といへども唐軍の来襲があり、また藏軍の来侵などもあったやうで相互の政争は跡を絶たなかった。

しかしながら唐朝としては執拗な藏軍の来寇に懲り、その後再び婚姻政略を繰返して和平を期せんがため、第五代睿宗帝の時、その王女「金成公主」を西藏の王室に入嫁せしめた。金成公主は藏王第三十六代ティデ・ツクツェン **Khri lde gtsug brtan** の王子に娶はせたものであるが、その王子が早世したため、父王自身の后《きさき》となされた。そして両者の間に次代の藏王第三十七代ティソン・デツェン **Khri srong lde btsan**（七五五～七八六年）が生れ、茲に西藏王統中始めて唐王家の血統が流れたわけである（備考、第三十三代ソンツェン・ガムポ王の時には文成公主の入室は該王の七十二歳の高齢に達した時で、両者に間には王子は産れなかった）。

2．支藏締盟（唐蕃会盟）

第四十代レルパチェン **Ral pa chen**（八一四～八三六年）の時、唐朝では第十二代穆宗帝の代となって、又も両国間に戦端が交へられたが、その終局を結ぶため、根本的に国交の調整を計る《（マヽ）》べく、特に媾和会議を催した結果、所謂「唐蕃会盟」なるものが締結せられた。それは長慶二年（八二二年）に属するが、その翌年締盟文を石碑の面に刻記し、支藏各国都と両国境とに建設したと伝へられる。現在西藏の首府ラサの中央、チョカン仏殿の正門前に残存せるものが正しくその一である。唐都長安（西安）及両国境のものは、その後壊滅に帰したものかその存在を伝へられない。

右の碑文は今日我国の西藏学界にて非常に興味ある研究物として取扱はれてゐる。茲にその詳細を紹介することは差控へるが、たゞ当時の支藏関係の真相を窺ふため必要な叙述を試みて参考とする。

もっともラサに現存するものは碑面の欠壊と磨滅箇所の多いため、文章の鮮明ならざる部分があり、完全な意味の解釈は望まれないが、大意を解読するには十分である。

石碑の一面には藏漢両文を対照せしめた締盟誓約の本文を刻記し、他の一面には西藏文のみを以て、その締盟を見るに至った唐藏関係の顛末の梗概を示し、両方の側面には藏漢両文対照で会盟に参列した両名の代表者たる宰相以下諸官の姓名と職名とが記されてゐる。今その西藏文にて記された誓約文を訳出すれば大体次の如きものである。たゞし文中の括弧内は筆者の注釈である。

西藏の大王と（後注一）支那の皇帝とは（注二）甥舅の間柄（注三）にあり、この二者は国家を一にせんために和解して同盟を結び、決して渝ることなきは神人ともに証するところにして、且つこれを世に言伝へんが為め、石柱に記するものなり。

神聖権化の君主ティック・デツェン Kri-gtung-lde-btsan〔khri gtsug lde btsan〕と、文武孝徳帝（即ち穆宗）の二者は両国民が善悪の差別はありとても、大慈悲を以て恵愛し、歓喜することに於て表裏なく、万民すべてを安楽になさんとする思は一つなり。永遠に至善なる大義について合議すべく、粗忽にならざるやう大に意を用ひ、喜悦の状態を重ねんことを語らひて大和解をなし、西藏と支那とは現在支配せる国境を守り、その東方はすべて大支那国の国域にてあり、西方はすべて真実に大西藏の国にてあり。その領界より相互に敵対行為をなさず、軍を進めず、国域を占領せず、若し嫌疑をかくべきものあれば逮捕し置くことなく、話を訊ねたる後送り出して放つべきなり。今や国家は一となり、斯様に大和解成立せるにより、甥舅は喜悦の輝しき勅信によっても亦教化せられざるべからず。

相互の使節の来往するにも道遠ければ、以前の慣例の如く、西藏と支那との中間「チャンリンヨク」Chan-kun-yog（将軍谷）に於て馬を換へ（駅馬の交替）、「ツェシュンツェク」Stse-shung-tseg（綏武柵）に於て支那と交叉せる下《シモ》の方は、支那が礼遇を以てし、清水県に於て西藏と交叉せる上《カミ》の方は西藏が礼遇を以てすべし。

かくて甥舅は近しく、親しき状態にある通り敬仕と尊崇の礼法あるやうに整へ、二国の中間には沙塵（走りぼこりなどの意味と思はる）すら現はれざるべし。突然に憤怒と仇敵の名も聞えざるべし。国境を守備せる人を始めとして、それ以上のものも疑懼と恐怖無く、各々その場所に於て解放せられ、安穏に居住し、喜悦の恵福は万代まで得らるべし。快き名声は日月に到達して、それぞれを覆ひなすべし。

西藏は西藏国に於て楽しく、支那は支那国に於て楽しき広がりを結び合せて一となし、その状態が少しも変らざるやう、三宝と、聖衆と、日月と、星辰とが倶に証明せんことを請ひ、種々の誓をも述べ生きものを殺して（犠牲を供へること）誓約を立て、茲に同盟せしものなり。

今その同盟の如く和睦すべきものなれども、若しこれを破棄すれば藏支二国のいづれか先づ違反せしものが罪せられ、その報復として如何なる讐をなすとも同盟を破棄せしこととはならず。

斯の如く藏支二国の君主宰相が告白宣誓を立て、同盟の文章を詳密に記して、二大君主によって印璽が捺されたり。同盟締結にたづさわれる宰相によって各自に手書にて記せられ、同盟の文章は×××××《ママ》（以下の文字全然不明であるが、恐らく「権威づけられたり」といふ意味の文句ならんと想像せられる）。

注一、西藏の国名が會て「吐蕃」と称せられた「蕃」の字の出拠は、この碑文面に於て始めて求められる。

注二、唐藏の王名と国名とを記す順序は、西藏文にあっては西藏の方を先となし、漢文にあっては支那の方を先とする儀礼による。

注三、「甥舅」の意味。この碑文に用ひたる甥舅といふ語は事実上の家系の間柄を示すものではなく、単に姻戚といふ程度の意味に止まるものと解釈せられる。その理由は既述によっても明かなる如く、実際の甥舅の関係は睿宗とティツク・デツェン王とに就て云ひ得るもので、今次締盟の当主たる穆宗とティツク・デツェンとの間には存せざることによって知られる。

因に右の碑文に関し、西藏通を以て著名なる英人サー・チャールズ・ベルはその著“Tibet.《ママ》 Past and Present”（『西藏過去と現在』、田中一呂氏邦訳）に於て、その年代を西暦第八世紀半前と誤認せるは、やはり甥舅といふ語の解釈法が宜しきを得なかったためと思はれる。

次ぎに石碑の一面に於て西藏文のみを以て刻まれたる締盟の沿革文についてその要点を少記するならば、先づ冒頭に媾和同盟の成立の旨を掲げ、ついで西藏最初の国王より教皇ソンツェン・ガムポの出現の模様を述べ、それと時を同じふして、支那で唐朝の興起を見たることを説き、文成公主並に金城公主（ともに前掲参照）が前後して西藏王室へ入嫁せし次第を述べて、両国が姻戚となったといふ特殊関係の存在を強調し、最後に西藏王ティツク・デツェンと支那皇帝穆宗との間に本協定が成立した地点と時日について支那では長慶元年（八二一年）京師即ち長安に於て締結式が行はれ、西藏ではその翌年即ち藏暦彝泰（後注参照）（長慶二年即八二二年）首府ラサに於て挙行せられ、更にその翌年（八二三年）ラサに於て該協定文書並ニ関係事項が漏れなく石柱に刻記せられた旨を記してある。碑文のこの一面も亦磨滅甚だしく、判読しがたい個所も少くないが、史実考証上に重要なる資料を提供することに於てその価値が認められる。

なほ両側面に於ける支藏の諸官名は唐代の官制の一端を推知せしめる外、一般言語学上よりも、当時の西藏語の発音法並に漢字音の研究に資する所が多い（注、西藏国史の年代記録中、支那風に王代の年号を記した所は、その碑文が唯一のものであって他の西藏文献には筆知〔ママ〕の関知する範囲に於ては全然見られない。右は恐らく支那側でその慣例上一時的に年号名を作ったものと想像せられる）。

西藏と唐の両王家は結婚政策によって親交を図り、且つ国家的に修好条約を結んだ甲斐があって、その後唐朝の末期（九〇七年）に至るまで両者の間には干戈を交へなければならぬやうな重大事件は起らなかった。もっともその頃には両者とも国力疲弊して政争を敢行するだけの余力が無かったことも、その一因でないかと思はれる。

３、唐藏関係の特異相

唐代に於ける支藏関係を一瞥することによって、当時の西藏国の威力が尋常のものでなかったことは想像に余りあると思ふ。何となれば支那史上に於ける唐代二十世約そ三百年の久しきに亘る治世は、その実力の偉大さを物語るものに外ならぬが、斯の如き強大国に対し敢然として度重なる抗争を繰返し、一度ならす唐王家の入嫁を要求して、その目的を果したはかりでなく、最後には対等的地位に於て条約を締結し得た如きは弱体国のよくなし能ふところでないからである。

更に吾々の留意すべき特異点は、両者が一面に於て飽くまで和平協調に努力しながら、他面に於て常に抗争を絶たなかったといふ一事である。試みに太宗以降穆宗に至るまでの約二百年間に於ける藏軍侵略の度数を検するならば、その稍顕著なるものとして史上に記録せられたものだけでも二十九回の多きに及んでゐる。即ち高宗の時に四回を始めとして、中宗に四回、玄宗に六回、粛宗に一回、代宗に六回、徳宗に五回、憲宗に二回を算へられるが、この外に支那の記録に現れない入寇事件が少くなかったことと思はれる。

然らば何故に唐蔵両国間にかやうな不可解な矛盾関係が存続したかについては、権威ある史家の考察にまつことは勿論であるが、今試に西蔵の識者によって想像せられるところを総合していへば、その原因なすものは、一は支那の高級文化吸収と豊富なる物資に対する西蔵の欲望の然らしめるところであり、他の一はその人種及び宗教の相違から来た憎悪感の影響によるものと見られる。即ち前者は低文化生活の西蔵人として自国の未開と富源に恵まれない不満を充さんとする衝動によるものであり、後者は彼等が異人種異教徒と思惟せる漢人種に対する反抗心に基くものであって、西蔵人は唐王家を以て人種的には非漢人種と見なし、彼等の同族とまでは思はないまでも非常に縁の近いものとの観念を懐いてをり、宗教も亦外道の漢人と異なり、唐〔王〕家は西蔵と同様に仏教の篤信者と認めるからである。因にこれと同じやうで一層明確な関係を認めてをるものは清朝と西蔵とのそれであることは別述にもある通りである。

四、宋　代

1．西蔵国力の衰徴

第九世紀の中葉に及び、西蔵王第四十二代ランダルマ（八三六〜八四一年）が仏教文化破壊の咎によって弑せられた後は、西蔵を総統する君主を欠き、やがて諸侯割拠によって戦国状態を現出した。その後仏教の復興とともに宗派の分裂競争が行はれ、諸侯政権補強のために宗派の勢力を利用したことから、内乱の増大と仏教の俗化は免がれかたくなった。この西蔵の不統一と戦乱疲弊の虚に乗して蒙古軍の侵略を蒙るなど西蔵の困憊はその極に達し、国力の衰徴を来したことは云ふまでもない。

2．宋蔵関係の疎隔

西蔵国力の衰退は支那にとっては、唐代以来二百年間にわたる長期の脅威が自然に除去せられたわけで、普通なば支那の西蔵制圧に絶好の機会を与へるものであるが、しかし支那自体も亦、やがて唐朝の滅亡に至るとともに、内乱続発して国力の分裂を来し、宋の太祖によって統一せられるまでは、稍混沌たる情勢にあったことは、支藏関係をして自から疎遠ならしめ〔る〕原因となった。

宋代（九六〇―一二八〇年）は北宋南宋を通じ、三百余年の王朝を立てたとはいへ、その勢力は大したものでなく決して全支を完全に支配し得たものでない。従って西藏の辺疆まで手を伸すだけの余力は持たなかった。西藏の方も亦前述の如くで、唐代のやうに支那に向って屡々有勢《ママ》なる侵略を試みるべき国力を有しなかった。支那文献に伝へられるところによれば、真宗の代に二回（一〇一六年と一〇二一年）、英宗に一回（一〇六四年）神宗に一回（一〇七三年）通計四回の侵入に過ぎなかったのみならずその都度撃退せられたやうである。西藏側の記録に於ても一般に何ら顕著な事件の発生を伝へるものなく、従って宋代の支藏関係は国家的には殆んど断絶状態にあったものと見るべきであらう。

五、元　代

1．成吉思汗時代

蒙古と西藏との関係は成吉思汗以前の状態は別記「蒙古との関係」に於て述へるところがあるから今はその後の関係より述べ始めることとする。

蒙古が国号を元と名けて支那に君臨したのは世祖即ち忽必烈の世（一二七一年）であるが、西藏との国際関係を考察するには、更にそれ以前にさかのぼって蒙古王と称せられた当時の成吉思汗の世に及ばねばならぬ。

比較的近世の西藏国史を知るに便なるパクサムジョンサン史（第十九章資料参照）の所録によれば、「蒙古王ヂンゲル（ヂングスとも記さる）は支那などの大国を征服し、火虎年（丙寅＝一二〇六年）には西藏をもその勢力下に置きたり。その後裔にはシンゼチゥゲェル Gshing-rje-Ch'os-rgyal（閻魔法王）の化身が世々に現はれ、その時々の仏教を擁護せり」云々とあって、西藏は成吉思汗等の蒙古諸王によって攻略せられたとは云へ、神聖仏教国として手篤き保護を受け、光栄ある自治国として取扱はれたことを記してある。

西藏のその頃の国情は前にも述べた通り、九世紀に於ける仏教文化破壊以来数世紀間にわたって、変乱の絶間なく、各地に割拠せる群雄は互に仏教の各教主を利用しつつ、盛んに争覇に狂奔しつつあった際である。成吉思汗としても西藏の統治手段として教権を利用することの効果的なことを学んだ結果、早くもその最も有力なる教主を物色し始めた。

誠に当時の宗門の錚々たるものを挙くれば、第一にサキャ派 Sa-Skya-pa〔Sa Skya pa〕を推さねばならぬ。その他にはツァルワパ T'salba-pa、リゴンパ Hbri-gong-pa、パルクパ Phag-gru-pa などが数へられるが、成吉思汗が先づサキャ派に着目したことは勿論である。

この時まで成吉思汗は西藏の仏教、即ち喇嘛《ラマ》教の何ものなるかを十分に知らなかった。彼はその頃蒙古地方の土俗宗教として知られたシャマン教を信奉するに過ぎなかった。彼は西藏を征服するとともに具さに喇嘛教の全貌を目撃し、その高遠なる教理と魅力ある信仰に深き関心を持たざるを得なかった。何となれば彼はその時西藏の現実を見て国家統治の秘訣が喇嘛教の利用以外にないことを感じたからである。それはまさに西藏に於けると同様に自国に於ても必ず有効なるべしとの確信から、終にそれを蒙古に移入すべく決意した。

彼は西藏を被征服国として取扱ふことをしなかった。何によってそれを知るかといふに、一八一九年の刊行にかかる蒙古学僧ジクメナムカ Higs-med-gnam-kha 著の『蒙古喇嘛教史』ともいふべき「ホルチゥチュン」Hor-Chos byung に於て、西藏征服当時の模様を次のやうに述べてゐることである。即ち「成吉思汗は西藏の中央州なるウュに至りし時、サキャ寺の教主に対し、公文書を送りて告ぐるやう「聖者の尊師を余は歓迎致すべき筈なれども、尚ほ国政の若干未了なるものあるにより、当分御迎致しがたし、されど余は尊師に帰依せり。仍尊師は余を加護せられ、将来余の用務完了せし時、尊師は令息とともに蒙古に来って仏教を弘通せらるべきなり」と。

右によって成吉思汗の心境が政略的の意図以上に遙かに信仰的のものであったことが察知せられる。

2．グンタン王時代

成吉思汗の甥にあたるグンタン Gun-tan 王の世、即ち鉄鼠年（庚子）西紀一二四〇年に、西藏は再びその攻略するところとなった。その時も亦該王は喇嘛教主に対する畏敬の念の甚だ篤きものがあり、サキャ寺の教主ペンチェン〔ママ〕（大仏学師）に対し、蒙古に来って仏教を宣布せんことを要請した。グンタン王は彼の教主に「グシジャサ」位の印璽を授け、西藏国土の大部分の統治権を附与した。これ即ち後に元朝に於て「八克思巴《パクスパ》」として知られたその人で本名は「ロトゥゲンツェン」Blo-gros-rgtal-mthsan と呼ぶ。「パクパ」Hphags pa〔'phags pa〕とは「尊霊」の義で該教主に対す敬称であったものが後に彼の本名であるかの如くに用ひられるに至った。

3. 忽必烈時代

一二五二年忽必烈は西藏を完全に攻略し、一五六〇年には支那の国号を元となづけ、その皇帝として即位し、世祖と呼ばれた。世祖は西藏における八克思巴の地位を重からしめんため彼を元の帝師として尊崇した。これによって見れば世祖は西藏をその制圧下にをき、事実上の隷属国として扱って然るべきにも拘はらず、西藏の全権を彼の教主に授けたばかりでなく国王として殊遇したことは支藏関係のただならぬことを示すものである。

世祖が西藏に対して如上の扱をなしたことに就ては、大体三種の理由があるものと推知せられる。即ちその一はさきに成吉思汗の行った如く、西藏の統治には是非とも喇嘛教政策を以て根幹となすべきことを痛感したことであり、その二は蒙古にも喇嘛教を伝通せしめて宗教主義の統治を行ふことが一層容易であり、しかも効果的であらうとの考慮から出たことであり、その三は世祖親ら喇嘛教の聖なる信仰に入ったことを普く朝野に知らしめ、特に西藏と蒙古の喇嘛教徒に信頼の念を篤からしめんとしたことである。

もっとも或る史家の観察するところによれば、世祖の信仰は単に政略上の擬装に過ぎないとの見解を持するものもあるが、それは余りにも皮相の見方でないかと思はれる。何となれば前にも言及したやうに、往古より蒙古地方に弘まってゐたシャマン教の信仰に支配されてゐた世祖が、西藏に於て、その宗教を多分に包含せるボン教の精神を巧みに取入れた喇嘛教が、実に完全なる体系を整へた高級の宗教であることを発見したとき、深き憧憬の念を以て、それに帰したことは頗る自然的な径路を辿ったものと想像さるからである。世祖が蒙古に於ける喇嘛教の興隆を期して、その弘通に真剣的な努力を祓った好適例は一二八五年より一三〇六年にわたって、彼の浩瀚なる西藏大蔵経（下編喇嘛教参照）の枢要部を蒙古語に翻訳せしめたといふ一事に於ても容易に窺はれる。この種の事業は唯一時的の政略とか、単純なる好奇心では出来ない性質のもので、異常の熱意と莫大の国費を以て当らねばならぬものである。

4．喇嘛教偏重主義の余弊

元朝対蔵政策の全貌はこれを要約すれば、喇嘛教尊重主義を以て終始一貫せるものと云ふを得べく、西蔵の民心をして専ら喇嘛教に集注せしめて余事を顧みるの遑なからしめたのである。それは西蔵に於ては頗る要領を得た政策として所期の効果を十分収めたわけであるが、支那に於て元朝として喇嘛教と僧侶を優遇し過ぎた嫌があって、その結果は決して芳はしいものでなく、喇嘛僧をして猥りに横暴を逞ふせしむるの余弊を免れることができなかった。

もっとも当時西蔵に於ける喇嘛教そのものが、宗風漸く乱れて邪宗門の乗ずるところとなり、奇怪な妖術的の変態仏教と化しつつあった際で、その余波は忽ち蒙古や支那の喇嘛教に及び、その乱状は寧ろ西蔵本国のそれよりも一層甚だしかった。例へは英宗の世（一三三一―一三三三年）に、西北辺彊に来住せる喇嘛僧らは彼等の特権を乱用して放縦極まる悪徳生活に耽溺し、無辜の人民より金品妻女を強奪し、栄華淫楽を恣にして省みなかった如きである。これは勿論喇嘛教時代の堕落にも由るが、元朝が余りにも喇嘛僧の非行を寛大に取扱ひ過ぎた結果にも基因するもので、畢竟元朝の無謀と無力を物語るものに外ならぬ。

蒙古王朝は太祖成吉思汗以来、順帝の代（一三六三年）に至るまで、十五代百五十三年間にして支那の王座より転落したが、曾ては欧亜の大天地を風靡した蒙古人特有の猛威を以て支那に君臨したものとしては、その滅亡期の早きに失することを奇とせねばならぬ。世の史家はその原因として、本来蒙古人的な蛮勇性に基く敢闘精神が、支那の高度の文化に酔壊したものであるとなし、殊に後代に不純化された喇嘛教の信仰中毒がその致命傷となったものと見てゐる。誤れる喇嘛教主義が果してどの程度まで影響したかは別問題として、凡そ宗教力が善きにつけ悪しきにつけ深刻な感化を与へるものであることは否定できない。

六、明　代

1．成宗時代

明朝興起の頃西藏では喇嘛教は依然として混沌たる状態にあり、宗風は乱れて邪教の跳梁に乗せられ、世の風教もすたれて僧俗ともに堕落の一途を辿り、国民の気力が失せてゐたことは支那にとっては勿怪の幸であり、支藏関係の緊張を見るやうな事変は何ら発生しなかった。

明朝の諸皇帝も対藏政策としてはやはり元朝の方針を大体踏襲するを原則となし、喇嘛教対策に重点を置いた。しかしその手段としてとったところに稍異色を帯び、元朝の如く専ら一教主のみを偏重して、それに西藏統治の全権を委ぬるやうなことをせず、権力の分散主義の下に各教主に対し同等の資格を以て臨んだ。伝ふるところによれば、（イ・ポポフ著『喇嘛教大観』石川氏邦訳文による）成祖帝の世（一四〇三―一四二四年）、七人の喇嘛教主に対して「王」の尊称を与へ、曾て元朝に於て威光赫々として天下独存を誇ったサキャ派の教主と雖も、他の諸教主と差別するところがなかった。この政策が各教主らに異常の衝撃を与へたことは云ふまでもない。サキャ派の独占的地位に快よからぬ感情を懐いてゐた教主らの得意は想像に余りある。かうした趨勢は当時極度に堕落した喇嘛教に対する改革の声となり、その実現の促進に役立つところとなった。

2．成祖と喇嘛教の新宗教主

十四世紀末より十五世紀初にかけ、西藏の喇嘛教は空前の大改革を遂げ未曾有の隆盛を見、その革新者たる偉聖ツォンカパ **Tsong Kha pa** の名は内外に轟いた。

政略に長けた明の成祖は西藏に於ける喇嘛教の盛観を見逃すはずはなく、絶えず支那本土に脅威を加へんとする辺彊各氏族の懐柔策として喇嘛教を利用せんとし、真仏の化現ともいはるる彼の偉聖ツォンカパを支那に迎ふるため特使を遣はした。ツォンカパ自身はその請に応じなかったが、代理として高弟のチャムチェンチゥゼ〔シャーキャ・イエーシェー〕**Byams-Chen-Chos-rje** を送った。彼は四川路を経て北京に到り、成祖に謁見して喇嘛新教の深法を極説した。彼は次に山西の霊峯五台山に遷り、駐錫すること年久〔ママ〕して一旦西藏に還り、更に宣宗の代（一四一六―一四三五年）、再び支那に往返し一四三五年に没した。

成祖が喇嘛教を政略的方面にのみ利用したといふ見方は前掲イ・ポポフ氏の所説であるが、同じく前掲の蒙古学僧ジクメナムカの蒙古喇嘛教史の所録によれば右は必ずしも政略一方とは限らないと見てゐるやうである。それは成祖がツォンカパ大師その人を迎へ得なかったことは政略上よりすれば失敗といはなければならぬが、成祖はこれを敢て大問題とせずその代理者の派遣を以て納得し、剰へ彼の教説を傾聴するの熱意を示したことは相当信仰的な欲求を充さんためであったと考へられ、殊に次代宣宗の世に彼の代理者の再度の来往を見たことは彼れの教化にまつところが多かったものといはれる。

3．明末に於ける支蔵蒙の三国関係

西蔵に於てはツォンカパ大師の一高弟ゲンドントゥプ dge 'bun grub pa なる聖僧が、西蔵の守護仏と云はれる観音の化身と信せられたことより、彼の没後喇嘛法王第一世として代々その霊統が継承せられた。

喇嘛法王第三世ソナム・ギャンツォ dsod nams rGya mtsho（一五四三―一五八八年）の時、蒙古土黙特《トムト》の国王アルタンカン（俺答汗）は同法王に対し「ダライラマ・バヅラダーリ」Ta-lai-Bla-Ma-Ba-zra-Dha-ri といふ称号を贈った。代々の法王を「達頼喇嘛《ダライラマ》」と呼ぶやうになったのはこれを以て嚆矢とする。

達頼法王第三世は他の一方に於て明朝との修好を保つため、神宗（一五七三―一六一九年）に親書を送り、同皇帝よりも亦、第三世に対し、西蔵に於ける最優越権の把握者たることを認めた。

次に達頼第五世ロサンギャンツォ Blo bzang rgya mtsho（一六一七―一六八二年）の代にいたり、蒙古の西辺にあたるオゥルット Ou-lod（オイロット）〔オイラート〕の国王グィシュリハン Gui-shri-khan〔グシ・ハーン Güsi khan〕（固始汗）は西蔵の内訌に乗じて侵入したが、彼は同法王を援けて全蔵を鎮定し、喇嘛教発展のために尽すところが多かった。西蔵では固始汗を名けて「テンジンチゥケェ」（持教法王の意）と呼び、その治世の功績を讃へた。固始汗は西蔵の君主権を法王第五世に附与した。法王制が始まってから喇嘛法王が正式に国君の地位をも兼ねるに至ったのはこの時からである。

明朝は一六六二年を以て亡びたが、次の清朝の興起は既にそれ以前の一六三六年より始まることを附言してをく。

七、清　代

1．満洲王室と西藏人の信念

清代即ち満洲王朝の興起は太宗の時（一六一三―一六四三年）に始まるが、西藏との関係は世祖（一六四四―一六六一年）より端を発する。

本朝に於ける支藏関係も亦喇嘛教主義を根幹とすることに従前と変りはない。しかしその異色ともいふべき点は世祖及び世宗の各時代に結ばれた関係が喇嘛教の篤信によって特に精神的に非常に緊密であったことと、また当初はそれほど特殊な関係にあったにも拘はらず、清末に及んでは支藏政争の連続によって著しく国交関係が険悪に傾いたことである。

さて西藏人は、彼等の喇嘛教信念を以てすれば、満洲国の天子は文珠菩薩の化身であると見るところから、観音菩薩の権化たる西藏の国君達頼喇嘛とは神霊的に兄弟関係にあるものとなし、従って西藏人と満洲人とは全く同胞の間柄にあるもので同じ支那人でも漢人種などとは全く別系統に属するものと見てゐる。また一方満洲人にしても漢人とは根本的に相容れないところがあるが、西藏人とは何となく親しみ易い傾向にあることは事実である。清朝十二代凡そ三百年間の支藏関係を考察するには両国民間に存する如上の深遠的親慕の念が少なからず作用してゐることを見逃してはならぬ。

2．世祖と達頼五世

達頼五世はその身自体が神聖仏の化現（観音）であるとせられることは勿論であるが、また歴代稀に見る博学者であり、且つ政治家でもあった。

第五世は明朝没落後の対支方針と自国の内憂外患の頻々たるに鑑み、折しも隆々として興起した満洲国に款を通じ、親交策を樹立することによって自国の安定をはかるに抜りはなかった。

太宗の世では支藏両国は単なる友好関係を結ぶに過ぎなかったが、世祖の世となって達頼五世は先に明朝より獲得した地位と同等なものを要求して、世祖の容れるところとなり、両国の関係は初めて軌道にのり出した。

前掲イ・ポポフ氏著の喇嘛教史によれば、一六五一年世祖は支那全土を統一するに及んで、達頼五世及班禅四世を招致せんとした。班禅喇嘛は老齢の故を以て往訪を辞退したが、達頼喇嘛は請に応じて北京に赴き歓待を受けた。

世祖がこの挙に出でた第一の理由は、古来の先例に漏れず、西藏と蒙古の統治に宗教を利用する考へからであることは云ふまでもないが、また別に皇帝自身が喇嘛教の信仰を体得して、政策の徹底を期せんとする為めでもあったと想像せられる。伝へるところによれば皇帝は親ら進んで達頼五世より灌頂得度の聖式を受けたばかりでなく、宮中の諸官にまでも、その例にならはせたといはれる。その他喇嘛寺院の建設、喇嘛僧の優遇など、支那に於ける喇嘛教の援護と発展に尽したことは、似非信仰を装ふ空念仏者の類でないことを証して余りある。

3．康熙帝時代

康熙帝（聖祖）の世（一六六二―一七二二年）に及び対藏政策の基礎を喇嘛教に置く点に於ては従前と大差はないが、世祖の如く熱狂的に□□十分に喇嘛教の本質を検討して真実の宗致と高僧善知識に対しては相当の尊崇を捧げ、害毒ある邪宗と破戒僧に対しては容赦なく膺懲を試みた。併し右のやうな政策は確かに粛清の効果はあったにしても若干喇嘛教の隆運を阻止せしめた傾向は免れなかった。その趨勢を認めた達頼五世は聖祖に対して快よき感じを懐かなかった。従って支藏関係は幾分先鋭化したことは覆はれない。五世は一六七七年を以て世を辞した。

4．達頼五世の執権と支藏関係

達頼五世の在位時より前後二十五年間にわたり、その執権職として活躍をつづけたものにサンギュ・ギャンツォ Sangs rgyas rgya mtsho といふ傑物があった。彼は五世の没後も尚ほ存命せるかの如く装ひ、外部に対し「法王は入定中《ニューゼウ》」なりと声明して、その死を秘すること十五カ年の久しきに及び、その間政権を壟断して専横を極め、聖祖の怒を買ふこと一再ならず、両国の関係は可なり悪化した。

しかし執権の行動は強ち彼れ個人の野望を充すといふ純私的のものでなく、その主義とするところは西藏の国力の増強を図り、支那の支配を全然受けない地位に置くことにあった。聖祖の対藏政策に反抗的態度をとるもこれがためである。

折しも準葛爾《ズンガル》の噶爾丹《ガルタン》王は大蒙古の建設を夢みて、それに協力せんことを執権に求めた。執権も亦、準噶爾王を利用して聖祖の鉄蹄を挫かんと試みたが、該王の死によって、その企図は水泡に帰した。その上執権が五世の死を秘した事件によって聖祖より膺懲軍の攻撃を受けた。

執権の事跡に関しては世上の毀誉褒貶は別として彼れが西藏の国家に貢献したことの多かったことは偉とせねばならぬ。彼の遺業の一として有名なる達頼宮城ポタラの営築の如き、西藏の存在を広く世界に知らしめるに役立つものである。

5．支那の西藏領有

前述の如く準葛爾王は西藏がその頃支那に反抗的な態度の濃厚なるに乗し、これを自国に引きつけ、追ってその勢力下に置かんとの野望を懐いてはゐたが、差詰西藏を助けてをいて、同国に於ける支那の既存勢力を駆逐せんと試みた。かうした辺彊各国の排支的活動に対し、聖祖としては大支那の統一上少なからぬ障害を来すものとなし、遂に強力なる遠征軍を派して、先づ準葛爾を制圧し、つづいて西藏国をも完全なる支配下に収めた。

爾来清朝は西藏に対し、事実上主権を掌握することとなり、一時達頼喇嘛といへども、その指導の下に立たざるを得なかった。これ実に聖祖の第五十九年（一七二〇年）であって、西藏では達頼第七世ケルサン・ギャンツォ bskal bzang rGyal mtsho（一七〇八—一七五七年）の世に当り、西藏国は始めて国際上正式に支那の版図に帰することとなった。

6．雍正帝時代

雍正帝（世宗）の第二年（一七二四年）に支那は西藏総督ともいふべき所謂「アンバン」なるもの正副二名を任命し、国都ラサに駐劄せしめた。右は屡々「駐藏大臣」といふ呼称を以てせられることもある。

一方西藏に於ては支那の宗主権下に置かれることは、それが単に名義上のものに止まることには異論はないやうであったが、達頼喇嘛法王としては、自己の権力即ち教政両権が根本的に剥奪せられることには反対であった。併し支那としては西藏を領有する以上徹底的に宗主権を行使せねばならぬ。茲に両国間に軋轢の生ずることは免がれがたい趨勢となった。それが為め駐藏大臣その他の支那官吏の殺害事件などが起り、また準葛爾国と共謀して西藏の独立を復帰せしめんとする行動もとられた。しかしながらその後準葛爾が全く支那に征服せられてからは西藏の態度も正常に立ち直り、清朝の威令も行はれるやうになった。

世宗は登極の初め、喇嘛教問題には余り関心をもたなかったが、さて愈々西藏統治の難問題に逢着して見ると、どうしても喇嘛教の地位の重要性を無視することの非なるを感ぜざるを得なかった。

世宗は既に齢老境に臨んでからであるが、西藏の神聖大教主たる喇嘛法王の教説を聴かんため、その召致を思ひ立ったことは、まさしくその意図の現れと云ふべきであらう。その動機たるやもとより政略上の方針より出でたものに相違ないであらうが、結局は世宗自身の心境に於て真実に仏法帰依の念が萌したことは次の事実によって想像せられると思ふ。

即ち世宗はその頃達頼八世がなほ幼少であったため、それに代って同じく神聖大教主の地位にある班禅喇嘛六世ペンデンエセ〔以下、ペンデン・イェシェー〕**Dpal-ldan-ye-shes**〔**dpal ldan ye shes**〕（一七三八―一七八〇年）を北京に迎ふべく特使を派遣した。その際世宗より班禅に致した親書は措辞鄭重を極め、しかも崇敬の念のこもったものであった。前掲イ・ポポフ著の喇嘛教史によれば、「朕は将に七十歳に近し。此世を逝る前に朕の幸福と唯一の善徳は、是れ親しく猊下に面晤し、神聖なる高貴の喇嘛と共に仏事を行ふこと是なり云々」とあって、その間の消息を伝へてゐる。

班禅喇嘛は最初その請に応じなかったが、清帝の切なる懇望もだしがたく、俗に一九七九年彼の法王宮たるタシルンポ（シガツェの近郊）の霊刹を出で、長途支那への旅路についた。班禅は先づ途を青海にとり、そこに数ヶ月間駐錫の後、その翌年熱河に到り、世宗の離宮に於て初謁見をなした。

その後数次謁見を重ねた末、世宗は終に灌頂叙聖の仏聖式を受けた。その際班禅を正面の最高座につかしめ、帝親からはその傍側座を占め、該式上へは宮中の司祭喇嘛一名の外には何人も侍らしめなかったといはれる。

その後北京に於ける謁見の場合は国師として篤き礼遇を以てし、真仏にも対するが如き尊崇の念を表した。然るに班禅は北京滞在中痘患に禍ひされて急逝した。世宗の嘆きはまさに骨肉にも踰ゆるものがあったといはれ、最高の儀礼を以て葬儀を行ひ、遺霊を弔ふにも祭祀法の極致を以て行はれたことは勿論である。

然るに班禅の急死に対して疑惑を懐くものがあり、彼の死は世宗の毒殺によるものと称して、その理由とするところについて種々の憶説を流布した。

由来帝王、教主、高位高官などの死に対して疑念をさしはさむことは往々にしてそれが毒殺とか暗殺による変死の場合が珍らしくないからである。近い例を挙ぐるならば、一九三三年の達頼十三世、一九三七年の班禅九世などの死が即ちそれである。今班禅六世に於ても、その例にもれず、流言するところによれば、北京駐剳のイギリス官吏が班禅の威力を利用して清朝を覆滅せんとの陰謀をたくらんだとの嫌疑を懐いたことから、その手先となった班禅を殺すに如かずと考へた世宗の仕業に外ならぬといふのである。真否の問題は別として喇嘛教の国家と政治との関係が如何に微妙であるかを察知すべきである。

7．乾隆帝時代

一七九〇年喀爾喀《カルカ》人及び科爾沁《カルチン》人が西藏を侵して掠奪を行ひ、治安を脅かすことがあった。高宗即ち乾隆帝（一七三六―一七九五年）はこれを討伐して城下の誓をなさしめ、一方西藏の保全に努力した。西藏が屡々外敵に侵されることは支那の統治上少なからぬ障害を来すものであ〔った〕ところから、この禍を未然に防ぐには西藏の国境を十分防備するに如くはないと考へ、殊に最も危険性の懸念の多い南方のネパール及びブータン方面に対して監視を厳重にした。それは印度を足場とするイギリスの侵入を警戒するにあったことは云ふまでもない。同時にまた西藏内部に於ける支那駐屯軍の増強を行ひ、駐藏大臣たる所謂アンバンの権限をも高めて警備軍の指揮権を与へた。更にまた西藏政府に於ける僧俗の高官の選任法をも改変して、一層支那側に有利ならしめた。殊に達頼喇嘛法王冊立法の如き、従来は専ら前代法王の予言若しくは神託などによって西藏側だけで最終的決定をなし得たものが、今次より必ず駐藏大臣の監視を受けねはならぬこととなり、その仏前抽籤式場には同大臣の立会を必要とした。

喀爾喀人の侵入事件後より、十九世紀の中葉宣宗帝（一八二一―一八五〇年）に至るまでの支藏関係は詳でない。

8．支藏関係のイギ〔リ〕スへの波及

別節「イギリスとの関係」に於て記述する如く、西藏はやがて南方の隣接国たるネパール、シッキム、及びブータンなどとの新関係に入った。今その顛末を再録するの要はないが、支那と西藏との間には一種複雑なる関係が発生したことを知らねばならぬ。

西藏南方の接壌諸国はいづれも印度の北辺を横に列なり、すべてイギリスを背景とするものであるから、支藏関係は勢ひイギリスとの交渉事件にまで発展することは当然である。

イギリスは西藏問題に関しては、勿論その宗主権国たる支那を相手としてゐるが、たゞそれだけでは問題の解決が望まれない場合があるため、屡々西藏と直接交渉を試みるべく余儀なくされる。しかし問題はいつも根本的な解決を斉さない。支那は自然に都合の悪い時には、それを西藏の責任に転嫁するを常習となし、西藏の方もまた都合次第で或る時は支那宗主権の袖に隠れ、或るときは西藏を除外した英支交渉に対しては不承認を主張するといふ態度をとる。従って西藏問題は結局支那に於て解決するの能力なきことを示すものであるが、イギリスとしては支那をさしをいてそれを自由に処理することができないので、本問題には全く手を焼くといふ始末である。

しかしながら西藏問題をいつまでも未解決のまゝ放置されないため、兎に角英支藏間に於て時に応じ各種の条約が締結せられた。いづれも真に権威あるものとは思はれないが参考のため本記にその必要条文を附録したものは次の如き五種である〔この条約訳文は前述の通り省略〕。

一、ネパール条約　一八六五年

二、シッキム条約　一八九〇年

三、英藏条約　一九〇四年

四、英支条約　一九〇六年

五、印藏通商章程　一九〇八年

なほ右の外支藏関係が帝政ロシアに波及し、またそれに関して条約を結ばれたものもあるが、別節「帝政ロシアとの関係」に於て述べるところがあり茲に省略する。

9．清末時代

宣統帝の代（一九〇八―一九一二年）に支藏事変の発したことは別節「イギリスとの関係」に譲り、茲に記述を差控へる。

10．民国時代

宣統帝の第三年（一九一一年）を以て清朝の終を告げ、民主制の「中国」の建設が始まった。しかし清末よりの支藏紛争は依然として継続してゐる。

一九一三年十月英支藏の三国代表者は印度シムラに媾和会議を催し、一九一四年四月を以て一応議決を見たが支那政府の批准拒否によって後に決裂となった顛末については別節「イギリスとの関係」に於て記述せる如くである。シムラ会談決裂後、支那は欧州大戦を契機として、西藏に対し積極的に軍事行動を起さんとした模様であったが、実際は大したものでなく、却って一九一七、八年の西藏軍の攻勢に阻まれて四川省境まで撤退せざるを得なかった。その時イギリスの非公式調停によって停戦協定が結ばれた。

しかしながら支藏政争は宿命的に歇むことなく、その後も一九二〇年、一九二二年、一九三〇年、一九三一年、一九三三年と数回に亘って頻々繰返され、尚ほその後も終止することを知らない有様である。

11．蒋介石の対藏政策

支藏紛争が毫も停止しないことは、西藏を指導するイギリスの介在にあることを熟知する支那政府は、その禍根を断つべき新方策を廻らし始めた。

それは即ち班禅喇嘛の利用工作である。班禅については本誌随所に詳述する如く、喇嘛教の神聖大教主たることに於ては一方の達頼喇嘛と異なる［こ］となく、唯その君主権の兼有を欠くに過ぎないが、世々の班禅喇嘛法［王］には特に学徳の優秀なる人物が多いやうである。現に班禅第九世の如きは内外の喇嘛教徒の尊信を受くること異常なるものがある。いづれにもせよ一国内に二大勢力の存在することは、その間対立確執は避けがたいものであって世上両法王間の非友交《〔ママ〕》的なる問題を云為するものが少くないが、そは姑く措いて問はないこととして、彼此両法王庁の間に反感情的のものがあることは事実である。

一九一〇年支蔵事変によって英領印度に蒙塵した達頼十三世と該政府の主脳部をなす大官連が在印二カ年間にわたる英官辺の優遇と、其後につづく指導援助とにより、朝野を挙げて親英主義へ傾いたことは当然であって、西蔵に於けるイギリスの地盤は全く鞏固なものとなり、支那の方で単なる政治的操作を以てするくらいでは、この趨勢を如何ともなしがたくあった。故に支那として完全に西蔵に於ける宗主権を確立し、イギリス勢を駆逐するには、どうしても達頼喇嘛を自然に処置し得るだけの実力を以てかからねばならぬ。しかしそれは尋常一様の手段では殆んど不可能に近い。そこで誰もが思ひつくやうに、よく達頼に拮抗し得べき勢力のある班禅の利用である。班禅が西蔵に於て同じ大法王の地位にありながら、この国の現在の政体上（国体上からも同じであるが）達頼政府の下に立つことを快しとしないことはもっともであって、その際支那政府の利用を甘んじて受けたことは至極当然の結帰であって、彼は一九二四年終に蒋介石の招致に応じて支那に赴いた。

班禅はかくに支那に留ること十余年の久しきに及び、その間支那本土各地を始めとして満洲と蒙古に巡錫を試み、教化を垂れたことは当時のニュースとして周知の如くであるが、政治的方面で支那の対藏工作に関して蒋政府より重要な秘密指導を受けたこと贅言するまでもない。

班禅の在支中一九三三年十月十七日西藏の主都ラサよりの電報として達頼十三世の急逝が伝へられた。彼れの死因は勿論病患と称せられたが、世の風聞には専ら毒殺説が有力であり、恐らく支那側の手先の所為であらうと云はれた。しかしまたそれと反対にイギリス側の陰謀といふ向きもあった。もとより真相を知る由もないが吾々の常識としては（若しも変死と仮定するならば）後説よりも前説に蓋然性が多いと思ふ。

それはとにかくとして達頼の死が支那政府にとって、既定方針の遂行上まことに好都合のものであったに反し、イギリスにとっては相当な打撃であったに違ひない。其後西藏の政情は吾々が想像するやうに簡単なものでない。即ち英支の立場は予期ほどに早急な転換を見せず、暗雲低迷の貌で、全く中心勢力の存在が判然としないのである。

伝ふるところによれば十三世の死後「司倫」といふ宰相職にある堯杞冷清《ゼウキリンツェン》が差詰め執権または摂政の地位についた。彼は故十三世の従兄であり、当年二十七歳の覇気ある青年といはれ、政権を掌握するに足る人物と認められてゐたが、一九三四年二月に至り、西藏従来の慣例により僧俗官民によって公選せられた「西藏王《プゥキゲェポ》」の称ある結澤熟振呼図克図《ホトクト》（原名称の発音不詳）が、事実上国王の如き地位に上ったことから、「司倫」職の堯杞冷清との間に軋轢を生じた。その事情は堯杞冷清の政事〔ママ〕的立場は故十三世の身内として親英主義を持し、他の政府部内の袖領〔ママ〕特に軍部の将官にして親英的色彩の濃厚なるものを糾合してその地位を固むるにあったため、一方の国粋主義派の結澤熟振とは自から相容れなかったことに存する。その間司倫党派に属する龍蝦《ルンシヤ》〔ママ〕将来が陰謀の咎によって断罪に処せられた事件があり、両派の闘争の深刻なる態を暴露してゐる。

次に支那派の活動は概ね班禅擁立派と協同歩調をとるが、それに合流するものに西藏の四大寺と称せられるセラ、レプン、ガンデン、及びタシルンポに属する僧団があり、その勢力侮るべからざるものがある。

なほ右の外穏健なる中立主義を標榜する保守党があり、主として老年の高官よりなってゐる。

さて達頼十三世の死は支那の主権回復上絶好の機会をもたらしたことは勿論であるが、国民政府はさりげなき体を装ひ、先づ儀礼によって直ちに弔電を発して鄭重にその死を悼み、特に生前の高徳を絶讃するの辞を寄せるとともに、尊号を以て追封するに「護国弘化普慈円大師」と称し、葬礼使節として、国民政府を代表して参謀次長の黄慕松を差立てた。同代表がその際支那勢力の立直しに邁進したことは言を贅するまでもなく、相当の成果を収めて帰還したことは事実である。

斯くて支那の対藏工作の第一歩は吾々が容易に想像せられる如く、先づ在支中の班禅を速かに帰藏せしめることであった。

達頼十三世の死後約半歳余、即ち一九三四年八月、班禅は北京を去って青海路をとって帰還の途についた。右の報を伝へ聞いた西藏政府（達頼政府）は予て予期した事件とは云ひながら少なからぬ衝撃を感じ、その対策を講ずるに時を移さなかった。右に関し茲に世上の風説を漫然と記すよりも、在支の元西藏政府代表者丹巴達札《タンパダタ》僧正が当時の真相なりとて告ぐるところに拠るに如くはない（注、該僧正は一九四二年七月我外務省の招致に応じ訪日視察を遂げたことがある）。

僧正は物語るやう「班禅喇嘛が青海に於て、その帰途にあるとき、西藏政府は公文書を以て諭すやうにかう告げた。「西藏政府としては貴台の帰藏に関してはもとより何らの異論のある筈はないが、その行動はあくまでも神聖法王たるの地位を傷つけないやうに願ひたい。かりそめにも支那政府より政治的使命を受けられてはならぬ。元に支那政府差遣の護衛兵を伴はれてゐると伝承するが、若しもさやうなことが事実とすれば断然停止せらるべきである。今後万一西藏政府の意図に反するやうな行動をとられた場合には我政府は武力を以て帰還を阻止するの余儀なきに至るであらうから十分その旨を諒承されたい云々」と。

班禅の方では勿論支那政府の使命を帯びて行動する関係上、直ちに西藏政府の要請に応ずるわけにゆかず、それかといって支那政府との縁を絶つこともできず、進退両難に陥って旅路に駐まり苦慮すること数年の長きに及んだ。然るに今度は支那政府にとって異常の衝動を感せしめた事件が勃発した。即ちそれは一九三七年十二月一日を以て班禅の急死事件が報せられたことである。

班禅に死なれた支那政府は多年の努力が水泡に帰し、失権回復の望を失ったことは云ふまでもない。

班禅の死因に関してはさきに達頼十三世の場合と同様に毒殺説が流布された。毒殺の手は無論西藏政府筋の廻し者によると想像せられた。

斯くてまた数年の月日は空しく過ぎた。その間といへども西藏の方では支那とイギリスとの両勢力が角逐を続けたことは事実であるが、特記すべき事件は見出されなかった。

然るに一九三九年となって、支那政府にとってはまことに好都合な事柄が発生した。それは次代の達頼法王位を嗣ぐべき幼教主の出現が、当時支那の直轄領域に属する青海省西寧より報せられたことである。

支那政府は好機逸すべからずとして、達頼幼教主を国都ラサに送るに鄭重を極め堂々と護衛兵を附した。さきの班禅の場合と違って今度の支那政府の出方には西藏政府も抗議しなかった。

一九四〇年二月二十二日ラサに於て新法王（達頼十四世）の即位式が挙行せられた。その時支那政府は大礼特使として、蒙藏委員会委員長呉忠信を差遣し、大典の経費として多額の金を支出した。同日重慶（当時の支那「蒋」政府所在地）に於ても、国旗を掲揚し、新聞は特別号を発刊し、蒋介石主席、孔祥熙、孫科らの政府首脳部よりは、それぞれ祝電が発せられるなど慶意を表するに大童であった。

かやうにして西藏政界に於ける支那の勢力は堅実に補強せられ、イギリス勢に対抗しつつあったが、元来後者の実力は依然牢固として抜くべからざるものがあり、新興の支那勢も直ちに容易にそれを凌駕することができなかった。それは西藏官民の支那に対する感情は余り改善せられることがなく、機会さへあれば何とかして支那の圧迫を免れやうとする希望を棄てなかった。その一例を云へば、一九三一年の満洲事変を経て一九三七年の日支事変に発展するや、西藏人は挙って支那の敗亡を念願してやまなかった如きである。尚ほ日支事変より大東亜戦に及び、西藏に於ける支那の勢力には一種異様のものがあることを附言せねばならぬ。即ちそれは支英関係の微妙複雑なるもので、イギリスは一方支那と協同戦線を張りながら、西藏問題に限ってはやはり反目的態度をとり、支那の主権回復手段を援けるやうな行動を差控へてゐる。例へは中印ルート建設問題について西藏政府が強硬に反対する裏には幾分イギリスの支援があるが如き、即ちそれである。

第二節　蒙古との関係

西藏と蒙古との史的関係は別記第一節支那との関係に於て元朝時代のそれを以て本格的のものとせられるから、茲に改めて重述すべき限りではないが、茲に蒙藏両国民の信念に基いて、両者の伝説的関係方面に言及するのも無意義ではなかろうと思ふ。

神秘性を尚ぶ蒙古人は西藏との関係が史実にあらはれたやうな事象のみでは満足できないため、両者の間に神秘的関係の存在を信じて、これ〔を〕伝説的に物語るのである。

右は一八一九年に刊行せられた蒙古学僧ジクメナムカ著 Hjigs-med-nam-mkhah の「ホルチゥチュン」Hor-Chos-byung「蒙古仏教縁起」と名くる書によって詳細が窺はれる。

この書は大体仏教の伝説的物語を主としてそれに若干の史実を加味したもので、専ら神秘的描写を根幹とした点から見て、史書といふよりも寧ろ一種の聖典に類するものといって差支ない。しかしてまたそれによって蒙古人が印度及び西藏の仏教に対し深き憧憬の念を有し、特に喇嘛教の元祖ともいふべき西藏〔を〕以て理想国視するの情に切なることを想像するに足りる。

彼の著者は所述の本論を叙するに先だち、最初に西藏の肇国模様と、王統の継承順位を掲げ、次に喇嘛教伝通の顛末を概説してゐる。それは勿論蒙古仏教の由来を示すためであるが、特にその主要点とするところは蒙古王統の起源を西藏王統に求めて、その血統関係の密接なることを示さんとするにある。即ち印度の釈王族の苗裔を始祖とせる西藏王統の第八代王ティクムツェンポ Gri-gum-btsan-po〔gri gum btsan po〕の子孫より継承せられたものとして次のやうに述べてある（注、原著には右の王名の初の字を Khri（ティ）とするが、西藏所伝の原書には Gri（ティ）とあり、二語は全く意義を異にするが、後者を妥当とするは勿論である）。即ち「ティクムツェンポ王の末子なるニャティ Nya-Khri、或は蒙古語にてポルタセ Por-ta-se といはれるものが、コンポ Rkong po の国（多分 Kong-po の国であらう）よりグワマラル Gwa-ma-ral といふ后《キサキ》を娶り、それを伴ふて蒙古国に到り、パーイカル Pai Kal といはれ河岸の山なるポルハンガル Por-han-gal といふに到着せしとき、そこにペテ Pe-te といはれる部落民が接住してをり、彼等は王に理由を尋ねれば、昔マンクル Mang-bkur 王（注、印度の王名）の苗裔より出でたることより始めて、種族の本源と、出で来りし国と、来りし縁由などを明かに説きたれば、彼の部落民らは相語らひて、これぞ善家の苗裔なれば、吾等はそれを首領とせば宜しからんとて、首領と仰ぎて尊敬したれば、ポルタチノ Por-ta-chi-no として知り伝へられき」と。

右はもとより口碑または伝説に類する事柄であるから年代の如きは勿論知るよしもないが、姑く西藏の記伝に於ける推定年代より想像するならば、多分西暦紀元前二、三世紀の交に当るものと考へられる。

かくて相当長い期間にわたる王統の伝承があって、漸く中世の頃になり、蒙古はいふに及ばず遠近の諸部を統一して現はれた覇者の成吉思汗（一一六二―一二二七年）も、やはり右の王家の正統に属するものと述へてゐる。成吉思汗の伝記については、史実を飾るに夥しき神秘物語を以てするが、今はさうした記述を必要としない。成吉思汗以後の史的関係については上述の如く「支那（元）との関係」に移るから本節ではこれを省略する。

第三節　イギリスとの関係

一、ボーグル使節の初遣

英藏関係の主要なる問題については本誌随所に散見せられる通りであるが、茲に便宜〔上〕改めて一括となし、その沿革の梗概を掲けることも亦要なしとしないであらう。

英藏両国間の諸問題は直接的には英領印度と西藏との関係に終始する。

抑も印藏関係の濫觴は遠く西暦紀元前数世紀にさかのぼり、甚だ杳茫〔ママ〕として真相を捕捉する由もないが、史上の事実として記録せられるやうになったのは、紀元七世紀の初中の交より始まってそれより以後に及ぶ。しかし今はイギリスと西藏との国際的関係を述べるを以て本領とするが故に、その関係の発端を印度がイギリスの勢力下に入った時代に求むべきことは勿論である。

最初の英藏関係は一七七二年のブータン軍の印度侵入事件より起る。

当時印度ではワーレンヘスティング〔以下、ウォーレン・ヘイスティングス〕総督が、ベンガルの地位にあった頃であり、一方のブータンは西藏領土の一部に属してゐたのである。ブータン土民軍はベンガルの平野に侵出し、クーチビハール国地方を占拠し、その国王を拉致した。

右の事件から印度政庁は頓みに東北辺疆に関心を持ち始めブータン侵入事件を重大視して、直ちに討伐軍を差し向け、ブータン軍を駆逐追撃し、再侵に備へて防備に怠りなかった。

一方西藏では達頼喇嘛がなほ幼少であったため、それに代って教主権を行使せる班禅喇嘛は本件の円満なる解決を図るべく、仲裁の労を買って出た。本来からいへば班禅は西藏の政治問題、特に対外関係の問題には不介入の立場にあるが、右の場合には宗教家として（更に適切にいはば神聖大教主として）和平を愛する心から、班禅自身の親翰を印度総督に致した。印度政庁はその請を容れて攻撃を中止し、ブータンに於ける占領地域を返還し、更にこの機会を捉へて印藏両国の友交〔マヽ〕関係を結び、進んで通商の途を開拓する目的を以て班禅喇嘛の許に親善使節を派遣することに同意を得た。その時へイスティングス総督が使節として選んだものは当時の印度商会の職員であった年少気鋭の聞えあるジョージ・ボーグル George Bogle であった。

ボーグルはブータンを経由して入藏し、一七七四年十一月後藏の都シガツェに隣れる班禅喇嘛の本拠タシルンポに到達した。彼は滞在約半年にして帰印したが、その訪問によって獲得した効果は、その頃の西藏の国情に左右せられて特筆すべきほどの具体的なものでなかったとは云へ、総督が最初に期待した最小限度の希望を充たすれば不足でなかった。班禅喇嘛と印度総督との友好関係の樹立とブータン王国との国交調整には確かに役立つものがあった。総督が班禅の請に応じ印度に一宇の喇嘛寺院の建立を試みた如きも、その一端を示すに足るものである。同寺院は甲谷他のフーグリ河畔にあるといはれる。

しかし茲に注意すべきことは班禅喇嘛と達頼政府（西藏政府）との対立関係である。政治上からいへば西藏の君主権を掌握するものは達頼であり、たとひそれが幼少であるにしても政体上権力の保有者たることに変りはない。班禅としてはその身前者と同等の神聖大教主にてありながら、政治上達頼の下に立つことを快しとしないことは当然である。今次達頼の幼少なるに乗じ、教権の名の下に外部印度との関係を結ぶに至った心境も察せられないではない。この事実は達頼側の喜ばないところで、班禅の挙を非難するに躊躇しなかった。班禅が印度総督の要望せる通商関係の開拓を固く拒否せざるを得なかった所以は必竟〔マヽ〕ずるに達頼政府よりの不承認の通達によるものとせられる。

今一つ班禅側が真に胸襟を開いて、友好関係や通商問題の討議に入らなかったのは、西藏人の考へでは、イギリス人は西藏併呑の野望を蔵するものと見てゐるからである。

かうした情勢に於て印度総督が最初に期待した目的は全部達せられなかったとて別に不思議ではなく、寧ろその際西藏人は異人種異教徒として排斥するイギリス人を入蔵せしめ仮りにも友好関係を結んだといふ事実は印度総督としては先づ成功に近い企図と評さねばならぬ。

なほ一事留意すべきことは、ボーグル使節の滞藏中、帝政ロシアが対藏通商問題を提げて、班禅喇嘛と交渉を試みたことを該使節が聞知したことで、それはイギリスをして愈々西藏問題の重要性を感せしめたものである。

その他一七七四、五年にはネパールとシッキムとの間に紛争が起った事件のあることを算へねばならぬ。両国ともに印度の北辺に横はり、最も利害関係の深い所であり前者は独立王国であるが、後者は当時西藏領土の一部をなしてゐた。印度経営に全力を傾注しつつあった総督がこの事件に無関心であり得なかったことも想像に余りある。

二、ターナー使節の派遣

一七七五年六月ボーグル使節の帰印後、総督はさきにボーグルに随って入蔵せしハミルトン博士をして前後二回に亘ってブータンに派遣せしめ、友好関係の持続に努力した。それと同時に西藏本国との親善をも推進せんとしたところが班禅喇嘛は清国皇帝（乾隆帝）の招致に応じて北京に赴き駐錫中、一七八〇年十一月同地にて客死し（前述参照）、ボーグルも亦カルカッタにて死し、総督の目的は果されなかった。

斯くて西藏では一七八二年前班禅喇嘛の転生再現が伝へられたので、その幼教主並ニ同執権に対し祝意を表すべく、再度の遣藏使節を差遣はすこととなった。

その使節として選ばれたターナー大尉はタシルンポに到達し、滞在すること約一年、彼此の旧交を温めつゝ目指すところの通商関係の開拓に努力した結果、条約の締結といふやうな具体的効果は得られなかったけれども、事実上若干程度の通商状態の実現に成功した。しかし西藏側は非公式には慇懃鄭重を極めながら、公式的な問題の討議には甚だ消極的であったことは前回の場合と変らなかった。殊に達頼政府の動向は常に拒否的で、所望のラサ訪問の目的の如きも終に達せられなかった。

斯様にウォーレン・ヘイスティングス総督の不断不撓の努力にも拘はらず、印度では彼の離任後の後継者は西藏に対する定見を欠き、政策の踏襲を試みることなく、印藏関係も自然に疎隔を来した。加ふるに間もなく発生した新事件のため両国の関係は悪化するに至った。新事件とは即ちネパール軍が西藏に侵入してシガツェを攻略したことである。本事件は最後には西藏側が強力なる支那軍の来援によってネパール軍を駆逐した上、一七九二年にはネパール国内に攻入って城下の誓をなさしめたとは云へ、西藏ではネパール軍の侵入がイギリスの使嗾に因るものと推測して反感を懐いたのである。ウォーレン・ヘイスティングス総督が二十年間に亘って営営として築き上げた印藏友好関係も茲に一頓挫を来した。

三、マニングのラサ訪問

ウォーレン・ヘイスティングス総督の辞任後、イギリスの政治家が西藏問題について無関心であった時に、一英国人で単身入藏を企て、ラサ入都に成功したものはトーマス・マニング Thomas Manning である。彼は民間の個人的な一探検家であって、何ら政府関係の使命を帯びたものでなく、寧ろ政府の意に反して行動したのである。一八一一年十月ブータンよりチュンビ渓を経由して先づシガツェに立寄り同年末首尾よくラサに到着し、一八一二年四月までの滞在中には達頼喇嘛に謁見することさへ許された。当時の達頼は漸く七歳になったばかりの幼教主であった。彼が入藏旅行に成功したといふことは、当時の情勢としては極めて意義の深いものであって、詳細なる事情の報告を期待せられたが、数年後に発表せられた旅行記は何故か極めて貧弱なものであったことが惜まれてゐる。

その後約一世紀を経た一九〇三、四年の英藏事変まで、イギリス人としてラサを訪づれたものは公的にも私的にも誰一人として見出されなかった。

四、十九世紀末の英藏関係

一八七三年頃から英印政府は漸くにして印蔵関係の重要性に目醒めだした。それには初代の印度総督ウォーレン・ヘイスティングスの遺業を想起したベンガル州庁当局の努力にまつところが多かった。

一八八五年ベンガル長官コールマン・マコーレーは印蔵国境地帯を視察し、シッキムよりチュンビ渓を経て西蔵本土、特に後蔵の都シガツェ方面に対する交通の難易について実調を試みた。その際西蔵の官憲とも会見し、有効的な談合を遂げた。しかし対蔵関係の具体的な問題については、正式に支那政府との折衝を要するため、時の印度事務大臣ランドルフ・チャーチルの努力によって、マコーレーは北京に到り、支那政府と交渉してラサ行の許可を得た。彼は英印政府の特派使節に任せられ、一八八六年、ダージリンより入蔵する準備を進めてゐたところが、イギリス本国政府は国際上の考慮から、一時その挙を中止すべき命を発した。使節派遣中止の報を伝へ聞いた西蔵はイギリスの弱腰によるものと見てとったのか、無謀にも国境を越へて印度の領域内に侵入した。

西蔵軍は先づチュンビ渓よりシッキム領に入るゼレップ・パスを越へ、十八哩の内部に位するロンドゥ（龍洞）まで来侵し、防塞を築いて反英態度を示した。

イギリスは直ちに支那政府に抗議を申入れたが、西蔵軍は撤退する模様がなかったので、一八八八年三月、英軍はこれを撃攘して西蔵領内に駆逐した。西蔵軍はその後、更に二回までも来襲を繰返し、ナトン **Gna-tong** を占拠したが、又も英軍のために撃退せられた。

一八九〇年イギリス政府は当方面に於ける印蔵国境問題について支那政府との間にシッキム条約（後記参照）〔この部分左下にこの箇所に付されると思われる「西蔵関係条約文抄録」の書き込みがある。〕を締結し、シッキム国に対する保護権を獲得した。

ついで一八九三年の英支通商条約により、イギリスはチュンビ渓の亜東《ヤトウン》を以て印蔵交易の商埠とするの権益を得た。ところが西蔵政府は、英支間の約定を無視する行動に出づることが多く、而してこれを抑圧すべき責任ある支那政府にはその能力に欠けてゐる。またイギリスが直接西蔵を相手として不法を詰れば彼等は支那官憲の袖に隠れて責任を回避するため、イギリスとしては手のつけやうがなかった。

一八九五年西藏軍はまたも英保護領シッキムの東北国境域に侵入した事件があり、英支藏の紛争関係に拍車をかけた。

五、一九〇三、四年の英藏事変（ヤングハズバンド・ミッションの特派）

イギリス政府は英支藏三国間の紛争に処する西藏の態度が意外に強硬で執拗を極めてゐる所以は、その背後に帝政ロシアの暗躍がある事実を確めた結果、西藏問題は尋常一様の手段を以てしただけでは到底解決の目度《〔ママ〕》がつくものでないことを知った。それは次節「ロシアとの関係」に述べてある通り、全くロシアの西藏工作の然らしむるところであって西藏はロシアの後援を恃んでイギリスに反抗せんとしたことによる。一方支那政府も亦英国勢の西藏侵潤《〔ママ〕》を防止するため、伝統の以夷制夷の方略の下に、ロシアの対藏行動を黙認するの態度をとった。

十九世紀の終末より二十世紀の初頭にかけ、イギリスは支藏露三国を相手として種々複雑なる折衝を重ねた結果、愈々最後的手段に訴へざるを得なくなり、一九〇三年七月、西藏現地交渉使節団を組織し、これに若干の護衛兵を附し、まづ最初の交渉地として選はれたる西藏領土内のカンパゾン Kham-pa-Dzong に進駐し、そこで会談の目的（通商権益と国境設定問題）を果さんと試みた。

ところが西藏側の態度は悠柔《〔ママ〕》不断を極め、猥りに遷延策を弄しつゝ裏面に於て国軍の動員を進め、一方支那側は全く誠意を欠いて、責任の回避をはかるのみであり、また帝政ロシアは密かに西藏に武器を供給しながら、イギリスのとった今次の挙に対して抗議的な通牒を英本国に致した。

そこでイギリスはかうした生やさしい地方的な現地会談に労を費すことの無益なことを悟り、更に大規模の使節団を以て西藏の心臓部に乗り込む外はないと考へ、一九〇三年の末、ヤングハズバンド大佐を全権委員として、マクドナルド将軍を総指揮官とする総勢一万の武装使節団を派遣することとなった。一九〇三年十二月、西藏遠征軍とも称すべき大使節団の一行は前後して印藏国境路の険ゼレップ・パスを突破してチュンビ渓を過ぎ、パーリ城を抜き、ギャンツェ城を攻略し、一九〇四年八月終に国都ラサの入城に成功した。同年九月七日ラサに於て英藏条約が結ばれ、同十一月十一日印度シムラにて批准交換を了した。

右の条約は一九〇六年に新に英支条約の締結によって支藏英の三国関係が明瞭に規定せられ、特にイギリスの西藏に於ける権益も確認せられた。

ついで一九〇七年の英露条約及び一九〇八年の印度及び西藏通商章程の取極めによって難渋の西藏問題も一先づ終局を告げた。

六、一九一〇年以降の支藏紛争と英藏関係

一九〇四年の英藏事変に際し、兵禍を避けんため国都ラサを棄てて蒙古及び支那に蒙塵した達頼喇嘛は、一九〇九年十二月末国都に帰還した。

喇嘛教の神聖大教主であり、兼ねて西藏の国君たる達頼喇嘛が、再びポタラ宮城の玉座についたことによって、西藏の情勢も当然平静に復帰すべき筈のところ事実は予期に反し、西藏は又も波瀾の渦中に投ぜられざるを得なかった。それは東部西藏に来襲し、一帯を占拠して支那本土の一省化を図らんとする支那軍が、更に西進をつづけて中部西藏までも攻略せんとする行動を起したことである。伝ふるところによれば、支那軍は進撃に際し無辜の住民を殺戮し、殊に僧侶や貴族に危害を加へ、或は寺院の破壊、聖典の焼棄など非人道的な蛮行を敢てし西藏の人心を戦慄せしめた。ラサの都民は支那軍愈々国都に逼ると聞いて大恐怖を感じさきに五年有余の蒙塵の旅より帰って、なほ三月も立たぬ達頼喇嘛を始め、政府の大官連は一九一〇年二月十二日支那軍がラサを攻略するや否や辛じて身を以て兵禍を免がれ、昼夜兼行の難旅をつづけ、第九日目には早くも英領シッキムの安全地域に到達することを得た。

蒙塵団の一行がダーヂリンに辿りついたのは三月であった。彼等は印度政府の国賓として手篤いもてなしを受けつつ、事件終了の日まで凡そ二カ年間の長期滞在をなした。彼等は曾て仇敵の立場□にあったイギリスに対する認識を新になし、一変して親英主義に転向したことは当然であり、現代文化の精華を満喫して、未開封建の夢より醒め、「西藏独立」の希望を懐き始めたのは無理もない。

イギリスとしては思ひ設けぬ事件に遭遇して、予ての宿願たる西藏経営の素地が容易に築かれたことに満足したに違ひない。

一方支那にあっては一九一一年清帝の退位とともに、民国政の成立を見、西藏をもその傘下に入れんとしたが、時期既に遅く西藏はイギリスの後援をたのんで終に独立を宣言した。

しかし西藏のとった行為は固より一方的な措置であって支那側の容認するところでない。実際問題としては支那は西藏に対する宗主権を名義上保有するに止める外はなかった。

さて今次の支藏事変は、達頼とその政府の復帰によって終止することなく、その後に於ける支藏関係は紛争の連続といふより外はない。イギリスは支藏国交の根本的調整を図るべく、支藏英の三国会議を提唱した結果、一九一三、四年のシムラ会議の議決を見ることとなり、三国代表間に調印終了に成果を挙げるところまで漕ぎつけたが、支那政府の批准拒否によって結局は不成立となった。しかしイギリスと西藏との間には満足なる了解ができ、支那側を無視して会議の取極の事項の実施に努力した。

因に今次の事件に帝政ロシアが沈黙を守りつづけたわけは、一九一二年十月には露蒙修好協定、一九一三年には所謂蒙藏条約が帰結せられ、蒙古に於けるロシアの優越権が確立したからであることを忘れてはならぬ。

斯くて支藏間に於ける葛藤は断たるる望みもなく、再燃を重ねる紛争はイギリスの対藏経営に影響することの少ないのを憂慮せるイギリスは、一九一八年駐支イギリス領事（ダツェンド駐在）タイクマンをして非公式ながら支藏停戦協定を結ぶべき労をとらしめた。これによって東部西藏に於ける戦闘は一時中止せられ、支藏両国の勢力範囲の取極が行はれた。

しかしこの協定の存続も束の間で、やがて両者は宿命的でもあるかの如くまたまた紛争状態に立ち戻った。今や貧弱国の西藏はその分を弁へず、強いて「独立」への発足を試みたとはいへ、到底支那に対抗するだけの国力がつづかず、東部西藏の形勢非なりと見るや再三再四イギリスの救援を要請して止まなかった。

一九二〇年英印政府は西藏の懇請について凝議すべく西藏事務を管掌する政務長官ともいうべきサー・チャールズ

・ベルをラサに派遣した。ベル氏のラサに於ける十一ヶ月間の滞在によって救援問題は如何なる決論に終ったか知る由もないが、支那に対する示威的行動としては確かに効果的なゼスチュアであった。イギリスの救藏方法はいつもこの種の手段を弄することが多く、直接武力援助に出るやうな過激なことは慎しむといふ方針が了解される。

一九三四年支那がラサに無電台を設けたとき、イギリスも亦支那の例にならったが、その無電は支那よりも一層強力なものであった。

イギリスは西藏政府の要請に基き、ラサに於て現代的な警察制度を布き、また新式教育を施すためギャンツェにて英人経営の中等学校を設けたが西藏人にはこれを利用するものが少なかったので永続しなかった。

その後イギリスが西藏に対して如何なる工作を講じたかは詳かでない。一九三五年ラサを発し、印度経由で支那に来た西藏政府代表者丹巴《タンパ》僧正（既述）及び一九三五年にラサを出で同しく印度経由にて来支した西藏民間代表者（前掲）蒙那昌《モナツァン》氏らに尋ぬるに西藏の新情勢として特筆すべきものは彼等自身といへとも関知しないといってゐる。日支事変より大東亜戦にかけ西藏方面よりの情報として我国に伝はるものは殆んど皆無に近い。従ってイギリスがその後如何なる行動をとってゐるかについても不明であるが、西藏の人心が依然としてイギリス依存主義を放棄してゐないことは偶々来往の旅者より伝承するところである。

第四節　ロシアとの関係

一、エカテリナ二世時代

近世に於ける西藏問題に関して英露両国の関係が意外に紛糾を重ねたことによってロシアの西藏に対する関心が吾々の想像以上に深かったことを知られる。

ロシアは帝政時代に於て先づ支那トルキスタン（新疆省）への進出を企て、支那に逼ってカシガル条約並ニコブト及びアリベック条約（後注参照）を締結せしめ、該方面に確固たる地歩を占めつつ他面外蒙古を通じて西藏侵略の機会を狙った。それは丁度一方に於て時を同ふしてイギリスが印度経営の完遂を期しつつ、ヒマラヤの辺彊を越えて西藏進出を企図してをった野望に対比すべきである（注、上掲各条約について外務省条約局にて調べたるも判明しない）。

　ロシアが西藏対策を講じ始めたのはエカテリナ二世の女帝時代（一七二六―一七九六年）に属する。女帝は最初ロシア領と西藏との間に通商の途を開拓せんとして西藏の二大活仏の一なる扎什喇嘛《タシラマ》（班禅喇嘛《パンチエンラマ》）に対し、数次の提議を試みたところが、支那の猜疑を蒙り、その最重なる警戒によって女帝の目的は果されなかった。そこで女帝は更に他の手段を以て接近策を講ずべく、宛も外蒙ウルガの大活仏（庫倫《クーロン》或はカルカの「ゼツンタンパ」活仏）との友好関係と同様に専ら宗教上の提携を標榜せる親善関係を、一方の西藏大活仏たる達頼喇嘛と結ぶ方が得策であると考へ、シベリアの喇嘛教国として著名なるブリアートの学僧を介して巧妙なる宗教政略を以て、首尾よく達頼喇嘛に近寄り、該政府をしてペテルブルグ政府との間に極めて密接な関係を結ばしめることに成功した。今その関係の具体的な事象を詳にすべき資料を手にするに至らないのは遺憾である。

二、アレクサンドル二世時代

一九世紀に及びアレクサンドル二世（一八五五―一八八一年）の時代に、西藏の実地踏査を始め、特に青海地方を中心として東北部西藏の精査を試みた。この事業に従事した著名な探検家として、プルジュワルスキがあることはその著書『一八七〇―一八七三年にわたる蒙古、タングート族の国、北チベット砂漠旅行』（一八八〇年）と、『ザイサンよりハミを経てチベットに到る』（一八八三年）と、チベット及び黄河上流地方旅行記』（一八八四年）と、『西藏旅行記』などによって知られてゐる。

三、ニコライ二世時代

アレクサンドル三世（一八八一―一八九四）の末期より、ニコライ二世時代（一八九四―一九一七年）に及んで対藏政策は愈々本格的となり、殊に後者の時代にはその著しきものがあった。即ち西藏調査に際しては武装せる探検隊を組織して入藏せしめ、一般の国情はいふに及はず専門的な学術調〔査〕とともに政治方面の工作にも乗り出した。それらの探検家としてベフツォフ、ツィビコフ、コズロフ、クーネルなどの知名の士があることは、彼等の著述によって周く知られてゐる。即ちベフツォフは『一八八九―一八九〇年に亘るチベット探検記』(一八九二―一八九九年)、ツィビコフは『聖地チベットに於ける仏教巡礼者』(一九一八年)、コズロフは『チベットの達頼喇嘛』、『東部西藏とカムの旅行記』、『蒙古より西藏境まで』(一八九九年)、クーネルは『西藏事情』(一九〇七年)の著書を公にした。また宗教方面の実調も基本的に進められ、各種の記録が公刊されてゐるが、吾々の興味あるものの一は、神学者イ・ポポ〔フ〕氏著の『西藏に於ける喇嘛教の歴史、教義、教制』である。

かうしたロシアの積極的活動は、同じく西藏に深き関心をもつイギリスを刺戟すること甚だしく、両者の国交関係に著しき悪影響を及ぼし、やがて深刻なる角逐を生じたことは避けがたい趨勢といはねはならぬ。

抑もロシアのとった政策として何が最も異色あり、また効果的であったかといふに、世の識者の認める如く、徹底した宗教政策即ち喇嘛教の利用がそれである。殊にその手段の異様なる相貌は全くイギリスをして唖然たらしめたのである。今その顛末について少しく叙述を委しくなし、以て西藏対策の特異性を示すであらう。

その頃アストラハンのカルムイク人で、約一年間ラサに滞在したことのある一喇嘛僧がロシアに赴くためシベリアを通過したとき、ある喇嘛高僧に遭って凝議を遂げた結果、該高僧は露都ペテルブルグを訪づれることに決した。彼は露都滞在中見聞を博くし、泰西文化の新知識を吸収し、兼ねて政府要路との間に緊密なる関係を結んだ。

一八九五年東部トルキスタン地方にて学術調査に従事したロシア探検隊員中の二名が、隊長コズロフの護衛兵らを伴ひ、ラサを訪づれた時、その同行者の一人として、訪露の旅より帰還の途にあったブリアート人があった。これ即ち前掲の喇嘛高僧に外ならぬのである。彼れの名はガワントルゼフ〔ママ〕と呼ばれ、ロシアの国籍を有するものであるが、伝ふるところによれば、彼はラサ滞在中、達頼政府の民政部顧問に任ぜられ、達頼喇嘛の信任を博し、その機密謀議にまでも参与することを得たほどで、終には達頼の特使としてツァール(ニコライ二世)の許に派遣せられることになった。彼はさきの訪露前、既にラサに留学した往歴を有し、「ケンポ」の資格を得たものである。彼はラサに於ては一般に「ツァンニィ・ケンポ」の名によって知られてゐる。「ツァンニィ・ケンポ」とは仏教哲理に精通せる僧正といふ意味である。彼は後に英蔵事変に関連して広く内外に喧伝せられてゐる。

彼は一九〇〇年露都に到ったとき、ツァールに引見せられ、その該博なる仏教学識と、性来卓越せる才能とによって、ツァールの信任を篤くし、王室への自由出入までも許された。

斯くて彼は露蔵両国政府連絡上の欠くべからざる重要人物として活躍をつづけ、ラサに於ては達頼とその政庁の最高顧問を以て殊遇を受け、その建言するところ一として採用せられないも［の］はなく、ラサに於ける新文化施設の創始者と仰がれてゐる。

東亜の政界に所謂露蔵密約説が流布されたのもまさにこの時であって、西蔵は愈々ロシアの保護領化するのではないかとの印象を世人に与へたのである。但し右は後日判明するところによれば、実際伝へられるやうな密約が正式に結ばれたわけでなく、事実は全く純真な宗教的提携に関する盟約の範囲を出ないものであったといはれる。

然しながらそれがため支那とイギリスの各政府に相当な衝撃を与へたことは事実であって、ロシアとの国交関係に憂慮すべき影響を及ぼしたことは否めない。殊にイギリス政府は本問題について異常の関心を払ひつつあった折柄、果して達頼政府の動向に強硬なる反英主義的傾向のあることを明かに看取した結果、それは終に一九〇三、四年の英蔵事変を惹起せしめた根本的な素因をなすものとなったことは後述によって知られるであらう。

さてロシアが対蔵政策として喇嘛教を如何やうに利用したかは前記の学僧ドルジェフの活躍ぶりを見て、その巧妙さを学ぶことができると思ふ。即ち彼は屡々露蔵間を来往し、益々両国元首の寵信を深めつつ、一方のツァールに対しては喇嘛教の要諦とする総合的仏教主義を解説し、そがアジア民族の信仰に適合する所以を論じ、その民族に対する政策遂行上特に重要視すべき必要を極説するとともに、その実施法をも建言してツァールの関心を促し、他方達頼に対しては、現在のツァールとロシア国との存在は、尋常の単純な国体観念のみを以て目すべき性質のものでなく、全く出世間的に幽玄なる宗教的見地に立脚して仏教の神秘的観法を以てすべき不可思議の出現によるものであることを指摘し、これによって達頼とツァール、並に西藏とロシアが全く仏教の神秘的な因縁に基いて現存することを力説した。

ドルジェフが仏説と称して、釈迦の懸記（予言）を引用して唱ふるところによれば、「印度の北方に、北シャンバラと名ける国があり、仏教湮滅後には外道の跋扈するところとなるが、未来の世に仏教帰依の一国王が出現して外道を撲滅し、以て仏教の再興を図るであらう」とある仏言を、今日の現実にあてはめて見るならば、北シャンバラとはロシアであり、仏教再興の国王とはツァールを指す。故に現ツァールは疑もなく釈迦の予言に基ける仏陀の化身であって、ロシアはまさしくその再興仏教国たるべきである。今日のロシア本国には殆んど仏教は存在しないが、広大なる露領たるブリアト国の如きは、西藏仏教即ち喇嘛教の盛んに流通せるところである。またツァールがペテルブルグ及びモスクバに仏寺を建立し、学僧を招致して仏典の研鑽と刊行、並ニ翻訳に従事せしめつゝあることと、ツァール自身が敬虔なる態度を以て仏教に帰依せることなどは、その証左と見るべく、また一方の西藏は、達頼は本来仏陀の化現（観音）であり、その国土は開闢以来仏教の弘通するところであることは贅言を要しない。斯様に達頼とツァール、並ニ西藏とロシアとは倶に仏説によって不二不離の神秘的関係に置かれたものであり、両国の団結は疑もなく仏意に適ふところであるから、必ず仏力の加護によって最も鞏固なものとなるに違ひない。由て両国が合体の盟約を誓ふことは頗る当然の事態といはねばならぬと。

ドルジェフの説くところが、熱烈なる仏教信仰に燃ゆる西藏人を狂喜せしめない筈はなく、達頼は実に万萬の応援軍を得た気持で、英支に対する反抗的態度を強硬、且つ執拗ならしめたのである。ロシアの対藏政策の基礎はかやうにして巧妙に且つ容易に築かれたのである。

四、西藏政策に関する対英声明

帝政ロシアの対藏政策に関する実施手順の特質は上述によって既に明かせられたが、更に追究すべき問題は、ロシアがその意図を対外的、特にイギリスに対して如何やうに表明したかを考査する必要がある。それは勿論ロシアの本心を赤裸に表はしたものでなく、主として国際儀礼の形式に従ったものに過ぎないが、西藏問題に処する真剣さを窺ふには充分である。

右の声明または意志表示に関してはロシア側の資料を手に入れる便宜を得ないため、今はイギリス側の記録によることとする。それは概ね一九〇三、四年の英藏事変の勃発にあたり、英露及び支那の間に交換せられた意見の開陳並に公式の声明に関するイギリス議会の報告書によって、その梗概を知ることができる。右は直接該事変処理の任に当ったイギリスの特命全権使節ヤングハズバント大佐の著述『印度と西藏』*India and Tibet* (by **Younghusband, 1910, London.**) の所録によって学ぶことができる。今その既述中より要点を適宜に抄録すれば略々次の如くである。

（1）シベリア・ブリアート州出身の喇嘛高僧ドルジェフ（ロシア国籍を有するもの）が、西藏の達頼喇嘛の特使として露を訪問せし際、ロシア外相ラムスドル〔ラムスドルフ〕は、一九〇一年七月三日、来訪のイギリス大使サー・チャールズ・スコットとの会見に於て声明するに、「ロシアの二三の新聞が西藏人の来訪を以て何らか外交上の使命を帯びたものとの結論を下してゐるのは笑止千万であって、それは全然根拠の無いものである」と。

右につきイギリス大使はロシア外相に対し、「イギリス政府は西藏に於ける現状を変更乃至攪乱する傾向ある如何なる所為をも看過し得ない」旨を通告したが、ロシア外相は更に前言を繰返し、「西藏使節の目的は単に宗教上の問題に属し、何ら政治的又は外交的目的、或はその性質を有するものでない」と答へた。

（2）一九〇二年八月二日、北京駐剳イギリス公使サー・チャールス・サトーはイギリス外相に宛て、西藏に関し、「露支間に密約が成立したとの取沙汰が、支那の新聞紙上に見える」を打電した。「その密約の要領はロシアが支那の領土を保証する代りに、西藏に於ける支那の利益は一切ロシアに譲渡する」と云ふにある。

右に関しイギリス公使は更に書簡を以て、詳細なる報告書を送り、「ロシアは西藏の行政を監督するため西藏に弁務官を駐在せしめることとなるであらう」との旨をも附記した。

イギリス公使は本国外相の訓令に基き、支那の総理衙門に照会して、その真否を正した所が、支那当局は強硬に之を否定し、「露支間には左様な条約が話題に上ったことすら無い」と言明した。

併し右の風説は広く世に伝へられ、且つ外交界に於ても真面目に取扱はれた為め、ペテルブルグ駐劄のイギリス大使は同年一〇月本国政府にこれに関する報告書を送り「各種の情報を総合すればロシア西藏間に何らかの取定が存在することは確実である」旨を記した。

孰れにもせよ、事実上西藏に於けるロシアの勢力の侵潤《ママ》は愈々顕著となり、西藏の対英態度は益々強硬に傾向き、且つ支那政府はその形勢を緩和調整すべき能力を有しないと見てとったイギリスは、一九〇三年に至り、終に断乎たる措置を採るべき決心を固めた。即ち英藏間の問題処理に最も急迫を感ずる印度政庁のカーゾン総督は本国政府に報告書を送り「一八七三年以来印度政庁が有らゆる条理を尽して英藏関係を正常化しやうとする努力も今や全く絶望に帰した。この上は徒らに国境地域に於ける微々たる支那及び西藏の官憲を相手にして問題の解決に時間を費すよりも、一層進んで武装護衛を附した特別使節を直接ラサ政府に派遣し、将来の印藏関係を根本的に決定し、且つイギリス代表を恒久的に駐在せしめなければならぬ」旨を進言した。

これに対し、従来本国議会に於ける西藏処理問題を最も消極的に取扱ってゐた本国政府は、今や原則的にその進言の旨を承認した。

（3）イギリス政府印度事務省が前記（2）の報告書を受領した直後、ロンドン駐劄のロシア代理大使はイギリス政府に対し、一種の抗議的な覚書を送って云ふやう、「ロシア政府が権威ある筋より得た情報によれば、一隊のイギリス遠征軍がチュンビの渓谷を通じ北上の途コンバオヴァレエに到着したとのことであるが、ロシア政府は西藏遠征を以て由々しき事態を惹起する恐あるものと思考し、斯くてはロシアも亦西藏に於ける利害を擁護すべき手段を講せざるを得ない」と。

イギリス政府に於ては右の覚書中に記せられた地名「コンバオヴァレエ」が何れの地点を指すか明でなく（筆者注、該地名に就てはその当時の模様より推考するときはカンバゾンの誤伝かと思れるが、イギリス交渉団進駐の道次としては、さうした地名は見つからない）。またイギリス交渉委員ホワイトには僅に百五十人の護衛兵を附けたがその一団は決して国境外に出でたことはなく、且つそれは久しき以前にその根拠に帰還済であったから、イギリス外相ランドストーンはロシア大使に対し、「所謂権威ある情報とは何ら根拠のないものであり、且つ該覚書の用語は不穏当であって事実殆ど威嚇的語調をなしてゐる。ロシアは何故斯の如き態度を以て、その利害関係を表明する必要があるか理解に苦しむところである」との旨を回答した。

右につき駐英ロシア大使ベンケンドルフは応酬して、「これら誇張せられた風説は英露を離間せんとして故意に流布せられたものであって決して意に介すべき性質のものでなく、英露両国政府が西藏に於て相争ふ理由は毫も存しない。ロシアは西藏に対し何ら政治的野心をもってゐないのである。この点イギリスも亦同様であらう」と。

イギリス外相ランドストーンは右に対して、「若しイギリスが西藏領土を併合する意志があるかと問はれるならば躊躇なくこれ無しと答へるであらうが、西藏とイギリスとの将来の関係は今後相当変化するであらうから、これに対しては慎重なる態度を以て処しなければならぬ。我が印度政府が西藏との貿易の促進に意を用ふるは当然であって、その為には必要と思考せられる一切の手段を講ずるであらう」と。

右につきロシア大使は「その旨を諒する」と答へた。

（4）一九〇三年二月十八日ランドストーン英外相はロシア〔大使と〕会見した時、告けて云ふやう、「印度政庁の西藏に対する関心は極めて特種のものである。即ちラサは印度国境より比較的近距離（約そ三百哩）にあるが、ロシアはそのアジア領土より一千哩以上を隔ってゐる。若しロシアがイギリス領土に直接接壌せる諸地方で突如何らかの関心乃至活動を示すやうなことがあるならば、その地方の住民は必ず動揺を起し、イギリスの勢力は失墜するであらうし、ロシアは従来その勢力範囲外と思はれる地方にまで急速に侵出しつつあるとの印象を与へるに相違ない」と。

イギリス外相は更に附加へて云ふ「相当信すべき筋よりの情〔報〕によれば、ロシアは最近西藏に於ける保護権設定の条約を結んだ由、又たとひ事態がさまで進みをらずとしても、ラサにロシアの代表又は領事を駐剳せしめる意向があるやうに思はれる。併しロシア大使は既に西藏に対し何ら政治的野心を懐かないことを言明せられたことであるから、右の情報は果して根拠あるものであるかどうか改めて声明せられたい」と。

これに対し駐英ロシア大使ベンケンドルフは「右の風説は何ら根拠のないものと信ずるが念の為め事の真相につき

本国政府に照会するであらう」と答へた。

イギリス外相ランドストーンは更に一歩を進めて云ふやう、「イギリスは西藏に対しロシア以上に利害を有するものであるから、ロシアが若し西藏に対し何らかの活動を示すやうなことがあるならばイギリスは啻にこれに相当するばかりでなく更にそれ以上の活動を以て、ロシアに対抗せざるを得ない。若しロシアが使節又は探検隊を派遣するならば、イギリスはより強力なるものを派遣しなければならぬ。目下進行中の英藏交渉はイギリスが一八九〇年の条約に定められた国境の画定、及びシッキム国境上の貿易促進に関する約束の履行を西藏に求めるにある。従来の経験に徴するに、支那政府の遷延策と、西藏に於ける支配力の微弱なことによって支那を通じて西藏と交渉する価値なきことが判明した。これらの地方的問題を満足に解決することが絶対的に必要であり、イギリスは引続き必要なる措置を講ずる考へである」と。

（5）一九〇三年四月八日、前記（2）のイギリスの表明に関し、ロシア大使ベンケンドルフはイギリス外相ランドストーンに告ぐるやう、「西藏に関しては西藏とも支那とも乃至何れの国とも何ら条約を結んでゐない。ロシア政府は西藏に代表を置いてゐないし、また代表乃至使節を送る意図を懐いてゐないことを公式に表明することができるが、この国の現状の重大なる攪〔乱〕に対しては平然たるを得ないのである。さうした場合にはロシアはアジアに於ける利害を擁護する手段を採らなければならぬ。併しそれは西藏の内政に干渉しやうとするのでは無くして、他に手段を講ずるのである。ロシアの政策は「如何なる場合にも西藏を訪づれない」と云ふにある。ロシア政府は西藏を以て支那の一部と見なし、支那の領土保全に関心を有してをるものである。仍てイギリスがこの種の問題を惹起するが如き行動に出ないことを希望する」と。

右に対しイギリス外相は答へていふやう、「イギリスは西藏併合の意図は寸毫も懐いてゐないが、その国が直接イギリスの国境に接することと、イギリスと西藏との間には条約が結ば〔れ〕イギリスは貿易上の便宜に対し権利を有することを忘れることができない。若し西藏人がこれらの便宜を拒み条約上の義務を履行しない場合には、イギリスはその権利を主張することが絶対に必要となるであらう。かうした場合未開国が文明諸国と境界を接する所に於ては、後者は或る程度の地方的優越位を確保せざるを得ないのである。イギリスは西藏に於てこの種の優位を有すると云ふけれどもイギリスは決して西藏の独立を侵害する意図を有するものでない」と。

（６）一九〇三年十一月六日イギリスは曩に七月七日付を以て最終的解決を求むへく護衛附の特使を仕立て、印藏国境を突破して西藏領土内の一城邑カンバゾンに進駐せしめたが、結局不成功に終り、四囲の情勢は漸次険悪化するに鑑み、愈々徹底的手段を講ずる必要に逼られ、場合によっては武力衝突をも辞しない準備の下に、ヤングハズバンド大佐を全権となし、約一箇師団の護衛軍を率ゐるマクドナルド将軍を指揮官とする武装使節を西藏国内に派遣すべく、十一月六日を以て前進命令を発した。その翌七日にイギリス外相ランドストーンは駐英ロシア大使ベンケンドルフに対し通告していふやう、「イギリスは愈々護衛軍附の使節団を西藏領内に特派するに決定したが、この措置は西藏の領土を併合し、若くは永久的に占領する意図を示すものでない」と。

右に対し十一月七日ロシア大使は本国政府の訓令に基き、イギリス外相に対し、イギリスの西藏侵入の声明が、ロシア政府に与へたる衝動の模様を熱烈なる語調を以て語り、「西藏問題に関するロシア政府の態度に就ては曩にイギリス外相に伝へたる声明を想起せられんことを要請し、ロシア政府はイギリス軍隊の西藏進駐を以て中央アジアに重大なる混乱を惹起するものと感ぜざるを得ない。ロシア政府が各地に於ける英露利害関係の調整につき平和的討議に入らんとする矢先、ロシアの不安を惹起するやうなこの種の事件の発生したことは寔に不幸である」旨を告げた。

右に対しイギリス外相はロシア大使に答へていふに、「イギリス軍隊前進の声明がロシアに対し左様なる衝動を与へたのは心外である。曾て指摘せるが如く、西藏は英領印度と地理的に密接なる関係を有するが、ロシアはそのアジア領土よりは遠く隔絶してゐる。従って西藏問題に対するイギリスの関心はロシアのそれとは全く異なるものがある。イギリスは既に西藏人より最大の挑発的行為を受けた。彼等は条約上の義務を履行しないのみならず、事実上イギリスとの交渉を拒否した。イギリスは従来西藏人との紛争を極力抑制し来ったが、彼等は吾人の隠忍を誤認して、如何に不当を働くとも無事に済むものと考へ込むに至った。若しこれがロシアの場合と仮定するならば、イギリスが示したやうな忍耐を持し得ないで、夙にラサに進駐せるに相違ないであらう。凡そどんな機会でも見付け次第に世界の有らゆる所に向って隣国を侵略するに躊躇しない国家がこの種の抗議を提出することは実に奇怪千万である」と告げた。

右に対しロシア大使は応酬していふやう、「ではイギリス政府は不本意ながら西藏進駐を断行したもので事情止むを得なかった為であり、且つイギリスの目的は西藏人より受けた侮辱について何らか満足の行く処置に出る以外に他意なきものと諒解して差支ないか」と。

右に対しイギリス外相はロシア大使に「左様に考へて差支ない」旨を答へた。

(7)一九〇四年四月十三日西藏領土内に前進を続けたイギリス遠征軍は四月一一日を以てギャンツェまで到着した。その時イギリス外相はロシア大使に対し、「ヤングハズバンド大佐の使節団を西藏領に派遣した当初の目的を変更するやうな事情は何ら発生してゐない」旨を告げた。

そこでロシア大使はイギリス外相に対し、「イギリスの政策が最近の出来事によって変更せられないやうに」との希望を表明したに対し、同年六月二日イギリス外相は改めて書簡を以て告げていふやう、「イギリス政府は使節団の西藏前進を断行したが、この措置により西藏の占領乃至西藏問題の永久的干渉に到らしめない。前進の目的は満足を得る以外にあるものでない。この目的を達したときは直ちに撤収するであらう。イギリス政府は毫も西藏に恒久的使節を置く意図を有しない。西藏との通商問題の解決は右の決定に照して考慮せられるであらう。イギリス政府の行動は西藏人自身の態度如何によっては若干程度左右せられ〔る〕ことは明であるが、今は尚ほ右に述べた政策を維持しつつあると同時に、如何なることあるともこの政策より離脱するやうなことはないであらう。而してイギリスは他の強国が西藏問題に干渉しない限り、これを併合し、乃至保護政権を設定し、或は如何なる方法によってもその内政に干渉するやうな意図をもってゐないことを断言して憚らない」と。

(8)一九〇四年八月三日《ママ》。英露両国間には如上の表明が交換せられたにも拘はらず、ロシア政府の代表とも称すべき彼のドルジェフ僧正は既にラサに駐剳して、西藏政府を指導し、西藏上下の反英感情を愈々大々的に煽動したことはイギリス進駐軍に与ふる影響の深刻なるものがあり、終に八月三日に至り彼等をして西藏の心臓部国都ラサにまで進攻を継続せしめ、一時国都を占領せしめたのである。

ところが達頼喇嘛はイギリス軍のラサ到着以前にドルジェフに擁せられて国都を蒙塵し、外蒙首都庫倫《クーロン》に向った。達頼の一行は最初露都を訪問する予定であったが、その際ロシアは日露戦役に従事して連戦連敗を喫しつつあった為め、一行は初志を放擲して支那に向った。

イギリスはラサ占拠後直ちに停戦を行ひ、西藏政府の首脳部及び他の有力団体を相手として講和談判を開始し、一九〇四年九月七日を以て英藏条約を締結し、同年十一月十一日批准交換を了した。本条約は一九〇六年に至り、改めて英支両国間の公式条約として新に別箇の条文の下に締結せられ、同年七月二十三日批准交換を見た。

上記の如く西藏問題に関し、英露両国間に於て正式に意見または声明の交換が行はれたけれとも、吾々第三者の目から眺めたときはそれらは真実に両国の意図を表明したものと認めるわけにはゆかない。両者はそれぞれ内面に野心を包藏し、結局は西藏併呑を以て最終の目的とすればこそ紛争が激化されたのである。両者の言ひ分は国際上の儀礼的応酬の辞としては吾々も亦十分首肯できるが、実際問題としてはそんなに生やさしい性質のものでない。西藏を占有することは、両者にとって必要問題であって単なる侵略欲を充すといふていのものでないからである。

英藏事変も終了して英支間に於ける西藏問題も一先づ終局を告げるとともに、英露両国に於ても別に正式の条約を締結し、一九〇七年八月十八日批准交換を了した。

五、蘇連の対藏工作

帝政ロシアの後をうけた蘇連の対藏工作はどうかといふに、現在判明する範囲に於ては徐々と潜行的に進められてゐることが、比較的近時の西藏旅行者らによって伝へられる。それは勿論共産主義の宣伝であるから、貴族や富豪階級によって極力防止され、西藏政府は殆んど神経質的に警戒を厳にしてゐるが、普通一般の喇嘛僧とか無産階級には暗々裡に支持が多いことは注目に値する。

西藏のやうに僧侶や無産者の多数を占めるところでは理論上共産主義の醸成が容易であらうと想像せられる。今後蘇連は如何なる方策を以て臨むかは知る由もないが、恐らくやはり宗教政策を活かして利用するものと考へられる。

無論帝政時代のそれとは全く別の意味で利用手段を講することは必然である。

蘇連として西藏に手を伸す目的を地域的に観察するならは、やはり帝政時代のそれの如く、外蒙より新彊省を通してなさるべく、行く行くは英領印度、アフガニスタン、イラン方〔面〕に侵出すべき待機地と化するものと想像せられる。

第十八章　探検

一、探検事情の沿革

古来禁断の封鎖国として世の好奇心を唆り立てた西藏は十九世紀の末期より二十世〔紀〕の前半に亘り、世界の探検家の争って目標とするところとなり、彼のアフリカ探検、南北両極と並び称せられ、世人の関心を呼ぶこととなった。

西藏の探検事業は先ず十三世紀頃の欧西人から始まる（下記は『西藏及印度の文化』岩井大慧著を参考とする）。その頃の基督教宣教師ピアノ、カルピニ〔プラノ・カルピニ〕、ルブルック〔ルブルク〕、及び旅行家として有名なるマルコ・ポーロらの紀行文には、いづれも西藏に関する記事を掲げてゐるが、しかし彼等三者とも実際に西藏の現地を踏んだものでなく、他から伝聞したところを記述したに過ぎない。

欧西人にして始めて入藏したものはフランシスコ派の宣教使《ママ》オドリックで、彼は一三二八年北京を発し、西藏の東部から入国し、その紀行文によって欧西人に始めて西藏の事情を知らしめたといはれる。

その後約二世紀を経た一五二七年、印度モゴール王朝の驍将ミルザハイダル Mirza-Haidar は印度北西辺疆カシミールを経てラダックを攻略し、西藏本土にまで進軍することを得たが、国都ラサへは到達することができないで引揚げた。彼れの遠征記ともいふべき「タリキ・ラシディ」Tarikhi-Rashidi なる一書は当時の西藏〔の〕状態を窺ふにも貴重な資料とせられてゐる。

次に一六二四年、葡萄〔ママ〕の宣教使〔ママ〕アントニオ・ド・アンドラーデ Antonio de Andrade は西藏の西部に進入して、マナサロワール湖 Manasarowar L. 及びルドゥク湖 Rndok L. 附近の探検に関する報告書を公にした。

また同じくその頃ヨハネスグリューベル〔ヨハン・グリューベル〕Johanes Gryuber 及びアルベルト・ド・ドルヴィユ〔アルベール・ドルヴィル〕Albert de d'orville の二宣教師は一六六一年北京を発し、青海路の西寧をとってラサ入都の目的を達し、約二ヶ月滞在の上、ネパールを経由して印度に出でた。その旅行記『支那』は一六六七年に公刊せられた。

次に一七〇八年羅馬教カプチン派のオラチオ・ド・ラ・ペンナ Orazio della Penna はネパールより入蔵し、その紀行文を出してゐる。

次に一七一五年にイポリトデシデリ〔イッポリト・デシデリ〕Ippolito Desideri 及びフレール〔フレイル〕Freiyre〔Freyre〕の二人の宣教師はラダックのレー Leh 地方より入蔵し、ラサに到達した。前者は一七二九年までラサに長期滞在をなし、具さに西藏事情を観察して『西藏』なる書を著した。

次いで十八世紀の中頃に和蘭陀人サミュエルファンデプット〔サムエル・ヴァン・デ・プッテ〕Samuel van de Putte は印度より入蔵し、頗る猟奇的な行動を以て聞えてゐる（彼は一七四五年バタビアで歿した）。次いでイギリスの印度政庁のウォーレン・ヘイスティングス総督はそのベンガル長官たりし時、一七七四年ジョージ・ボーグル George Bogle を、一七八三年サミュエル・ターナー Samuel Turner を班禅喇嘛のもとに差遣したこと、及びその後一八一一年のトーマス・マニング Thomas Manning の入蔵に就ては第十七章第三節「イギリスとの関係」に於て述べた通りである。ボーグル及びマニング両者の入蔵紀行は後にマルカム Markham によって一書に編纂して刊行せられた。

次に一八四四年にはラザリスト教派の宣教師ユック Huc 及びガベー Gabet のラサ旅行があったことはよく知られてゐる。

次に十八世紀の末葉に近く、印度の蒙古系人たるナインシン〔ナイン・シン〕Nain Sing〔Nain Singh〕及びクリスナ〔クリシュナ〕Krisna の二者は相前後して入蔵し、ラサの経緯度を測定するに成功した。

次に一八八〇—五年には露西亜の探検家プルヂュワルスキー Prjevalsky が中亜及び北部西藏の踏査を行ひ、ラサ入都の目的をも達した。

次に米人ロックヒル W.W.Rockhill は一八八八—九年及び一八九一—二年の両次に亘り探検に従事したことは彼れの数種の著書によって普く知られてゐる。

次に一八八九—九〇年仏人ガブリェルボンワロォ〔ガブリエル・ボンヴァロー〕Gabriel Bonvalot アンリ・オルレアン Henri dorleans〔d'Orléans〕及び白国宣教師デデッケン De Deken〔Dedeken〕の一行が入蔵した。

またその頃、イギリスの探検家としてモントゴメリ大佐 Montgomery ウォルカー〔ウォーカー〕将軍 Walker、バウァー Cap.Bower ウェルビー Welby〔Wellby〕及びディジィ Deasy らの諸軍官が算へられ、中亜及び西藏の大地域に亘って詳細なる探査を遂げた。

次に一八九二年にはティラー夫人及びデュトリエル・ド・リンス〔デュトルイユ・ド・ランス〕Dulreail de Rhins〔Dutreuil de Rhins〕の一行が相前後して入蔵したが、後者は喇嘛紅教派の僧侶のために暗殺せられた。

二十世紀は西藏探検の最も華や〔か〕なる時代で、先づその初期より瑞典の探検家としてスウェン〔スヴェン〕・ヘディン Sven Hedin のあることは余りにも有名である。彼れの数次に亘る西藏及び蒙古の踏査記録は実に厖大なものであり、就中「トランス・ヒマラヤ」Trans-himalaya, 1910-1913, 3vols.及び「スルーエシア」Through Asia などは最もよく知られてゐる。

スウェンヘデン〔スヴェン・ヘディン〕と前後して独逸人ウィルヘルム・フィルヒナー Wilhelm Hilchner〔Filchner〕は一九〇五年に亘《ママ》り、パミール高原及び西藏を探検し、多大の成果を収めた。

またそれと殆んど時を同ふしてロシアの軍人探検家コズロフ P.K.Kozlov は一八九九—一九〇一年に中亜高原地域の踏査を行ひ、西藏では主として青海方面の精査を遂げた。

次に西藏調査がその本土中央部に於て十分に行はれたのは一九〇三—四年の英藏事変（西藏遠征軍）の派遣の際で

あって、右に関し幾多の権威ある記録が公刊されてゐるが、その内著名なるもの若干は次記第十九章資料に掲げる通りである。

其後も引続き西藏踏査の頻々として行はれたことは云ふまでもなく、その時々の探検家及び著述は同じく次章の資料を参考すれば足ることであるが、便宜上その内最も顕著なるもの若干を挙ぐれは次の如くである。

即ち一九二〇年頃、支那四川省駐剳のイギリス領事E．タイクマンは東部西藏の各地にわたって詳密なる踏査を果したことは、その著『一領事の東部西藏旅行』（一九二二年）によって周く知られてゐる。

次に西藏事情の紹介書として稍異色あるものの一はG．コーム著『西藏人の見たる西藏』（一九二六年）であり、また東部西藏の住民を標準として一般西藏人の特性を赤裸に示したものにL．キング夫人（リンチェンハモ）著の『我等西藏人』（一九二九年）がある。

B．K．フェザーストンの調査にかかる『未探検の峠』（一九二六年）は未知の地勢を明かにした点に於て価値があり、D．マクドナルドの『喇嘛の国』及び『駐藏二十年間』は主として西藏の人文的調査に重を置いた点で知られてゐる。

またフランス婦人A．デビッド＝ニールの『西藏旅行記』及び『西藏の真否と魔術師』（一九三一年）は著者自身の奇行〔マヽ〕による踏査事業と、泰西婦人の観察眼を以てした調査研究書として異彩を放つ。

C．スペンサーの『聖都ラサ』（一九二八年）は比較的近時の「ラサ」事情を明にすることに於て価値が認められる。

H．ステヴェンス著の『深き峡谷を経て西藏高原へ』（一九三九年）、F．K．ウワド〔キングドン・ウォード〕著の『西藏の植物採集者』及び『アッサム冒険』と題せる南東部西藏踏査記、J．H．ジョンストーン著の『西藏の黒河』、コールバック著の『サルウキン』（一九三八年）と題する同河上流域の東部西藏探査記、H．フォーマン著の『禁断国の通旅』、S．チャプマン著の『聖都ラサ』（一九三八年）、また時期は少しくさかのほるが一九二〇年頃近時の西藏通として世界的に定評あるC．A．ベル著の『西藏・過去と現在』及び『西藏の人々』は西藏事情の真相を最も権威的に紹介することに於て巍然頭角をあらはしてゐる。

二、調査研究の成果

西藏の調査及び研究に関しては概ね上述の如き探検事業に従事した人々によって行はれてゐることは云ふまでもないが、その他にも直接現地を踏査した経験をもたず、或はその隣接諸国の訪旅により、或は原地人の在外者を相手とすることにより、或は専ら文献資料の渉猟などによって価値ある調査研究を遂げた人々も尠くないことを忘れてはならぬ。今それらについて逐一詳述することは容易でないが、次章の「資料」に掲げる各種の文献によって大体判明するであらう。

第十九章　資　料

一、要　述

西藏が古来久しく鎖国状態に置かれつつあることは諸般の調査研究上甚たしき障碍を与ふることは云ふまでもなく、今なほ体系を具備せる叢書の類が現はれない理由は全くここにある。

凡そ西藏に関する一般事情乃至学術研究などに必要な方法としてとられ〔る〕途は大体次の如き三通りに分かれる。その一は現地に於て専らその国固有の資料に基いて直接研究を行ふものであり、その二は支那及び他の外国の文献を通じて間接的に試みられるものであり、その三は前二法の併用によるものである。もとよりその第三法を以て理想的のものとするが、少なくとも西藏の現状に於てはその実行は不可能でないまでも、極めて困難であって絶望に近いといはなければならぬ。

然らは現在の西藏学はどの程度まで開拓されてゐるかといふに、その範囲を具体的に示すことは容易でない。例へはこれを我国の場合に就てのみ云ふならば仏教関係の研究のあるものは不十分ながらも徐々と発達の傾向にあるが、一般的な文化方面乃至学術的研究は未だ揺籃時代の域を脱しない。

右に反し欧西諸国ではすべてが組織的で、しかも積極的に大規模に進められつつあることは事実が証明してゐる。概論すれは欧西が原動力となって、東亜が牽きづられてゐる貌と評すべきである。今更既往の立遅れを云為するも無益であるが、吾々は東洋人として東亜の問題を処理すべき責務を有する立場から、今後の研究方針に向って態度を決するため従来世に示された西藏学関係の資料を一瞥してをくことが肝要と思ふ。素よりすべての条件が尚ほ不十分極まる時代の斯学のことであるから、豊富な完全資料を期待するわけにはゆかないが、その種類と数量とは相当に多いといってよい。またそれら文献用語の種類にしても主として漢藏欧の三類に大別せられ、(個別すれば欧亜各国の語もあるが) 日本人の一般的読者層にとっては可なり不便な資料である。

いづれにしてもそれらを分類して系統的に列挙するに如くはないが今その遑なきため、主要なものを適宜に拾ひ上げる程度に止めてをく。

二、資料の種類

1．支那所伝のもの

大体として数量の点からいへば別記目録に示す如く可なり多数に上るが、内容の問題については議論の余地がある。しかしさすがに古い時代に属するものには興味ある資料が発見される。例へば後漢の「西羌伝」、「隋書附国伝」の如きものがそれである。これらに亜いで新旧唐書の「吐蕃伝」、「蒙古源流」、八克思巴の「彰所知論」、及び「元史」、「明史」などに含まるものなどであり、清朝の記録、更に近時では中国となって以来の公私の刊行書が多数に見られる。但し近時のものには欧文書の翻訳物が尠くないことを知らねばならぬ。

2．西藏固有のもの

西藏本来固有の文献は、その時代をいへは、すべて七世紀及びそれ以降に属することは勿論である。そうして、古い時代のものに興味あり価値あるものが多いに反し、近代的の所作に著名なものが見出されない。例へは西藏の沿革に関し、吾々の研究資料として興味と価値を有し、最も古い記録の一として著目なものに、仏教説話を叙した聖典ともいふべき「マニカンブム」**mani-bKah-hbum**（十万宝詔）といふのがある。この作者は果して何人であるか疑問に附せられてゐるが、西藏では一般に最初の仏教国王（王統でいへは第三十三代）ソンツェン・ガムポの重臣らによって執筆された同国王の遺訓集であるといはれる。

本書の内容は観音を中心として、西藏の国土、人民、君主、及び宗教などに関する仏教説話を神秘的に叙したものといふことができる。それだけ歴史的価値に乏しいものであるが、伝説的に西藏の国柄を窺ふ上に好箇の資料である。

次に上代の史的描写を主とするもので、国家的に権威を有たせたものにタンイク Thang Yig といふ正史があり国史家の典拠として役立つものである。

次に十三世紀中葉に於けるサキャ派の教主サキャパクパ Sa-skya-hphags-pa の仏教史があり、又十四世紀末頃に於けるプトゥンリンポチェ Bu-ston-rin-po-ch'e のチゥチュンチェンモ Chos-hbyung chen-mo（大仏教縁起）があり、更に十五世紀の初葉に属するものに、考証の正確さを以て聞えたるシュンヌルペェ Gshun-nur-dpal のテプテルコンポ Dep-gter-sgon-po（青史）があり、十七世紀中葉にはダライラマ第三世ロサン・ギャンツォ Blo bzang rgya mtsho の仏教史が出で十八世紀中葉（一七四七年）に至っては博く内外に知られたスムパケンポ・エセペンジョル〔スムパケンポ・イエシェー・エセペンジョル〕Sum-po-mkhan-po Ye she dgal hbyor〔sum pa mkhan po ye she dpal 'byor〕のパクサムジョンサン Dpag-bsam-ljon bksang〔dpag bsam ljon bzang〕が見られる。

この書は印度と西藏の仏教伝通〔の〕模〔様〕を詳述した点ではその史書と大差はないが、史実的描写が一層詳しいといはれ、印度の西藏学者として世界的に権威あるサラットチャンドラダス〔サラットチャンドラ・ダース〕Sarat Chandra Das 氏が西藏版より洋式版に改め、西藏新活字を以て編纂せられ、同氏の英文索引を附してある〔この行横に「?ターラナッタの仏教史」の書き込みがある〕。

さて個々の文献に関する所論は右の程度に止め、総括的に特筆すべき一大叢書として西藏大蔵経「カンギュル・テンギュル」のあることを忘れてはならぬ。本叢書に関しては下編第七章喇嘛教の「大蔵経」に詳述するところを参照すれは足りるが、この書の特質を一言にしていへは西藏の仏教、哲学及科学を網羅したる大全書と名くべきであらう。

次に西藏の国神教ともいふべき（第十二章宗教参照）ボン教に関するものでは、その新教に属するものではルブムカルポ Klu-hbum-dkar-po（十万白龍）と名けるものがあり、同類書として「十万黒龍《ルブムナクポ》」、「十万班龍《ルブムダポ》」、及び

Hdul-bu-rin-po-che（十宝律義）といふのがある。これらはすべて仏教伝来後の作成になるもので、仏教の影響を受けた点が著しい。古代ボン教に関する文献は絶無ではないが甚だ稀である。サンテタルクの如きが僅かに知られてゐる。

次に語学書については古来西藏の欽定文典ともいふべきもので宰相トゥミサムボータ T'u-mi-sam-bho-ta □によって制定せる八編の文典があり、現在はその中の根本の二編のみが残存する。通常この両編を合併略称してスムター（スムタク Gsum-rtags）と呼ぶ。これについて幾多の解説書が著されてあるがそのうち最も権威あるものはシトゥチゥキジュンネーケンポ〔シトゥ・チョキジュンネ〕Situ-chos-kyi-hbyung gnas mk'an-po〔si tu chos kyi 'byung gnas〕の解説書《レパ》 Hgrel po である。

右の国文法典と並び称せられるものに修辞学書或は美辞学書として聞えたニェンガ（ニェンガク rnyan sgags）があり、世にニェンスム（ニェンガ・スムタの略）と併称せられるほど該学に必須のものである。

近世以降欧西学者によって試みられた所謂文法書の類も少くないが、それらは殆んど欧西人本位の通文典式の解説法に終始するもので西藏固有の原典を直接に解釈したものでないから、専門学的価値には乏しいものと見なければならぬ。たゞし日常の談話体の文典（colloquial grammer）に関するものには稍見るべきものがあり、実に役立つところが少くない（資料参照）。

次に人文学的方面の研究書としては、西藏原書にはその目でまとめた著述は望まれないが、各種の文献から適宜取材することができる。

文学的のもので古来人口に膾炙せられるものは、十七世紀末に於ける達頼第六世ツァンヤン・ギャンツォ Tshangs dbyangs rgya mthso の作といはれる情詩集である。恋情などに事よせて仏法の信仰に導き入れんことを目的としたものである。

また聖ミラレパ rje-brtsun-mi-la-ras-pa の「十万歌集《クルブム》」mgur-hbum と呼ばれるものは彼が各地に行脚中に民衆教化のために歌った叙情詩である。異なった地方の人情を窺ふに好資料とせられる。

文芸的のものには小説又は脚本に類する作品があり通俗の読物とせられる以外に演劇用に供せられる点で有名である。それらは主として古の国王、教主、将軍などを主人公とする物語か或は伝記からなってゐる。ボン教的な色彩の濃厚なものには所謂「悪魔踊」などを筋書としたものがあり、特に欧西人間に興味を持たれる。

その他美術、工芸、医術、天文、易学などに関するものは前掲大蔵経及蔵外仏典中に見られるが、近代的で通俗的なものは見られない。

3．外国所伝のもの

欧西人または他の外国人らによって提供された西藏関係の各種資料は相当多数に上り、茲に詳述するまでもなく附記の目録を一読すれば足ることと思ふ。

4．資料目録に就て

次下に附記する資料目録は「西藏」なる概念を把握するに当り差詰必要と思はれるものを若干選び出したに過ぎないもので、もとよりその全部ではない。筆者には別に詳密なる材料を蒐録したものがありその欠を補ふに足るものがあったが、旅中の行李の紛失や戦災、火災などの厄に遭って皆無に帰した。なほ本目録もこれを種別、語別、年代別などに分類すれば参照に便と思ふたが、終にそのことを果さず、雑然と列挙するの止むを得なかったことは遺憾に堪えない。

5．資料の見方

凡て西藏資料の見方として、一般世人が「西藏知識」を得んとするに如何なる態度を以て臨むべきかについて附言せねばならぬ。

もとよりその資料は相当に多種多様であって取捨に迷はされるであらうが、そのいづれによるにしても大体次のやうな諸条件に対する留意が肝要である。即ち

(イ) 西藏は依然として門戸閉鎖の状態に置かれてあるから、その調査研究は徹底してゐないこと。

(ロ) 資料に適否があり、全部に対して信頼を置くことは早計に失する。諸説の合致と相違とを以て、直ちにその

真否判定の材料とすることはできない。

（ハ）調査研究者の特徴と境遇と、時期と、その時の西藏の地域と情勢などを特に注意し、猥りに軽々しき判断を下さざること。

（ニ）未だ一書にして凡ての基準となるべきもの及び総合的な完全著述の出現を見ざること。

概ね右の要領を心得た上で資料の渉猟に当るべきであってその態度の慎重を要することは、他の文明諸国の完全な資料に処する場合とは大に趣を異にするものと思はなければならぬ。例へは一習俗に就ての観察記にしても、或は言語、宗教などに関する学説にしても、その資料の一提供者（著述者）の記事が、西藏の真相乃至正しい説論が示されてゐるかどうかは疑問である。虚心坦懐に細心の注意を以て臨むべき必要ある所以とする。

附記　資料目録

資料目録内容

一、外人著述
一、西藏原著
一、邦人著述
一、漢文著書

Alm Kvist, H: Report on the exploration in great Tibet and Mongolia. 1879-1882, in connection with trigonometrical branch survey of India.
Ahmed, S:
(1) Four years in Tibet. 1906.
(2) Pictures of Tibetan life.1906.
Amendsen, E: In the land of lamas. 1910.
Bell, C.A:
(1) People of Tibet. 1928.
(2) Tibet past and present. 1924
(3) Grammar of colloquial Tibetan. 1919
(4) English Tibetan colloquial dictionary. (1st & 2nd Ed.)
Bonvalt〔Bonvalot〕, G: Across Tibet. 1892.

Boulnois, H. M: Auntie Helen Mary goes to Tibet. 1920. do. 2nd Edition"Into little Tibet"1925.

Bushell, S. W: The early history of Tibet from Chinese sources.1880.

Bardo, T:

(1) The after death. Experience on the Bardo plane. 1927.

(2) Tibetan book of the dead. 1927.

Bogle, G: Narrative of the mission of G. Bogle 〔to Tibet,〕 and of the journey of T. Manning to Lhasa. 1979.

Bacot, J: Three　Tibetan mysteries. 1924.

Burdsall, R. L: & Emonds, A. B: Men against the cloud. 1935.

Burrand, G. & others:

(1) Big games hunting in the Himalayas and Tibet. 1931.

(2) Sketches of the geology and geography of the Himalayas and Tibet. 1931.

Burrard, S. G: The Tiger of Tibet.

Bishop: Among the Tibetans. 1894.

Browne: Two ladies in Tibet.

Burrad(?)《〔ママ〕》〔Burrard〕,Hayden & Hern: A sketch of the geography and geology of Himalaya Mts. 〔mountains〕 and Tibet.(part1-4)

Bower, H:(capt.) Diary of a journey across Tibet.

Bylon, R: First Russia then Tibet. 1933.

Candler, E: The unveiling of Lhasa. 1905

Chapman, Spencer: Lhasa, the holly city.

Cosma de Koros:

(1) A Dictionary of Tibetan-English. 1834.

(2) A Grammar of the Tibetan language in English.

Combe, G: A Tibetan on Tibet. 1926(being the travels and observation of Mr. Paul Sherap of Tachienlu.)

Connolly, Lovise: Tibet. 1921.— The country, climates, people, customs, religion resources.

Casby〔Crosby〕: Tibet and Turkestan. (A journey 1909).

Carus, P: The Romance of Tibetan Queen.

Corde, L: The roof of the world. — A narrative of a journey over the high plateau of Tibet to Russian frontier and Oxus sources on Pamir.

Clark, G: Tibet, China, and Great Britain 1924. (Notes on present status of the relation between these countries).

Carey, W: Travel and adventure in Tibet, including the diary of Mis. Annie R. Taylors〔Taylor's〕, remarkable journey from Tauchan〔Tau-Chau〕to Tachienlu〔Ta-Chien-Lu〕, through the heart of the forbidden land. 1902.

Das, Sarat Chandra:

(1) Journey to Lhasa and Central Tibet. 1902.

(2) A Tibetan English dictionary with Sanskrit-synonyms. 1902.

(3) An Introduction to the Grammar of Tibetan language. 1915.

(4) History of buddhism in India and Tibet(Tib.“Pak-sam-jun-sang”) 1908.

(5) Yig-kur-nam-shag (tib.)— being a collection of letters both official and private, and illustrating the different forms of correspondent used in Tibet. 1901.

(6) Marriage and customs of Tibet. 1893.

(7) On certain scrolls and images lately brought from Gyantse (Tibet). 1905.
(8) Indian Pandit in the land of snow. 1893.
Das, Tarak Nath: British expansion in Tibet. 1928.
Desgodons, A: Tea trade with Tibet, with a map showing the trade routes.
Dyderker, R: Some Tibetan animal. 1905.
Dainell〔Dainelli〕(Giotto): Buddhists and glaciers of western Tibet. 1933.
Desideri, I: An account of Tibet.
Dawa Samdup Kazi: an English Tibetan Dictionary. 1919.
Deasy, H. P: In Tibet and Chinese Turkestan.
Emil〔Schlagintweit, Emil〕: The Buddhism in Tibet.
Easton, J: An unfrequented high way.
Edgar, J. W: Report on visit to Sikkim and Tibetan frontier in Oct. Nov. & Dec. 1873.
Francke,〔A.〕H: (Rev.) A History of western Tibet.
Furgusson, W. W: Adventures sports and travels on Tibetan stepps.
Featherston〔Feathe-stone〕, B. K: (Cap.) Unexplored Pass. 1926.
Forman, H: Through forbidden Tibet. 1936.
Grünwedel, Albert: Mythologie des Buddhismus in Tibet und der Mongolei. 1900.
Gross, G: Through the land of living gods. 1930.
Gompertz, M.L.A: Magic Ladak. 1928.
Gavern, M. M〔McGavern, William Montgomery〕: To Lhasa in disguise. 1924.
Granard〔Grenard〕, F: Tibet, the country and its inhabitans. 1904.

Hedin, Sven:

(1) Trans-Himalaya. Discovery and adventure in Tibet. 1909.

(2) Central Asia and Tibet, towards the holy city of Lhasa. 1903.

(3) Travels in Tartary, Tibet, and China.

(4) Southern Tibet. Atlas of Tibetan panoramas.

(5) Lake Manasarowar and the sources of the great Indian rivers rom the end of the 18th century to 1913 etc.

(6) Through Asia. 1898.

(7) Adventures on Tibet. 1904. 〔この箇所欄外に「(in?)」の書き込みがある〕

(8) My life as an explorer. 1925.

(9) To forbidden land. 1934.

(10) A conquest of Tibet. 1934.

Huc, E. R:

(1) The Land of Lamas. 1931

(2) Travels in Tartary, Thibet and China during the Years 1844-6,6. 1928.

(3) Christianity in China, Tartary and Tibet. 1857-8.

Holdich, Hungerford: Tibet, the Mysterious. 1906.

Hosie, Alexander: On a journey to the eastern frontier of Tibet. 1905.

Hodgson, D. H:

(1) Essay 〔s〕 of the Languages, Literature, and religion of Nepal and Tibet. 1874.

(2) Catalogue of specimens and drawing of mammals, birds, reptiles and fishes of Nepal and Tibet.

Henderson, V. C: Tibetan Manual.

Hannah, H. S: A grammar of Tibetan language, literary and colloquial Tibetan.
Hayden, H: & Cosson, C: Sports and travel in the high land of Tibet. 1929
Jaschke, H. A:
(1) A Tibetan English dictionary. 1934.
(2) Tibetan Grammar — simplified. 1929.
Kozloff, P. K:(cap.) Through eastern Tibet and Kam.
Kaulback, R:
(1) Tibetan trek. 1934
(2) Salween 〔An exploration of the river Salween in the easrern Tibet〕
Köppen, C. F: Die Religion des Buddhas. 1819.
Koerber, Hans Nordewin von —: Morphology of Tibetan language.
Kidd, W. J: What makes Tibet mysterious.
Kinglock, (Colon.): Large game shooting in Tibet, the himalayas and northern India.
Kunner:
(1) The geographical description of Tibet.
(2) The Ethnographical description of Tibet.
Keltie: Story of exploration of Tibet. 1906.
Landor, A. H. S: In the forbidden land. 1898.
Landon, P: (?)《〔ママ〕》
(1) Lhasa. An account of the country and people of Tibet and of mission sent by the English government in the year 1903-4. 1905.

(2) The opening of Tibet.
Lobsang Mingyur Dorje: Tibetan English primer.
Lander: Tibet and Nepal 1623-1904. 1904.
Lando, A. H. S:
(1) Explorers adventure in Tibet 1910.
(2) In the forbidden land. 1906.
(3) The Opening of Tibet.
Landon, P: Tibet, China and India
Lesdain, J: From Peking to Sikkim through the Ordus the Gobi desert and Tibet. 1908
Lee Wee Kuo: Tibet in modern politics.
Macdonald, D:
(1) Twenty years in Tibet. 1932.
(2) The land of lama.
(3) Through the heart of Tibet. 1936.
Macpheson: An account of a journey to Tibet.
Manen, J. V: A contribution to the biliography of Tibet.
Manning, T: Journey of Mr. Thomas Manning to Lhasa 1911-1912 〔1811-12〕.
Mayers, W. F: Illustration of the lamaist system in Tibet. — drawn from Chise sources. 1844.
Merrik, H. S: Spoken in Tibet. 1933.
Neal, Alexander David:
(1) My journey to Lhasa. 1927.

(2) With mysteries and magicians in Tibet. 1934.
(3) Magic and mystery in Tibet. 1931.
Noel, J. B. L: Through Tibet to Everest. 1927.
O'conner, W, F: Folk tales from Tibet — collected and translated.
Pereira:(Bri-Gen.) Peking to Lhasa. (comp. by F. E. Younghusband) .1934.
Pallis, M: Peaks and lamas. 1939.
Ramsay, H: (cap.) western Tibet dictionary.
Raerich, G. B:
(1) Modern Tibetan phonetics. 1933.
(2) Tibetan paintings.
Ranking: The great plateau. An expedition in central Tibet.
Richard, L. B & Emans, A. B: Men against clouds.
Rochill, W. W:
(1) Exploration in Mongolia and Tibet 1893.
(2) The Dalai Lama of Lhasa 1895.
(3) Diary of a journey through Mongolia and Tibet 1891-1892. 1924.
(4) Tibet. A geographical, ethnological and historical sketch from Chinese sources.
(5) The land of lamas. 1891.
Rin-chen-Lha-mo (Mrs. L. King) : We Tibetan.
Rijinhart, C: With the Tibetan in tents and temples.
Sandburg, G:

(1) Exploration of Tibet.
(2) Tibet and Tibetan.
(3) Handbook of colloquial Tibetan.

Sherring C. A: Western Tibet and British borderland.

Salton, F. E: Tibetan tales derived from Indian sources. 1882.

Schlagintweit, E: Religion of Tibet.

Schifner, F. A. von: & Ralston, R. S: Tibetan tales.

Schuleman, Günther: Die Geschichte sed Dalailama. 1911.

Sorenson, T: A lecture on Buddhism of Tibet. 1921.

Scott: The truth about Tibet.

Stael, Holstein:

(1) On two Tibetan pictures, (representing some of the spiritual ancestors of the Dalai Lama and of the Panchen Lama 1932.

(2) On a Peking edition of Tibetan Kangyur which seen to be known in the West. 1934.

Stevens, H: Through deep difils to Tibetan upland. 1934.

Teichman, E: Travels of a consular officer in easten Tibet. 1922.

Tracy, H: Black river of Tibet. 1938.

Tylor, A. R: My experience in Tibet 1892.

Tsybikoff; G: Lhasa and Central Tibet. 1905.

Turner, C. Samuel: An account of an Embassy to the Tesyo-Lama in Tibet, containing a narrative of a journey through Bootan and parts of Tibet.

Tucci, G: Secret of Tibet. 1933.
Trinker: Tibet.
Waddell, L. A:
(1) Buddhism of Tibet or Lamaism 1895.
(2) Lhasa and its mysteries. 1925.
Wellington: To Lhasa at last. 1905.
Wangdan(Lama): Tibetan Primer No.1-2(translated into English by satis Chamdra Acharyya Vidyavhusa)
do: No.3 by Urgyan Gyamtso.
Walsh, E. E. C: A vocabulary of Tromowa dialect of Tibet. 1905.
Ward, F. K:
(1) On the road to Tibet. 1910.
(2) Assam adventure. 1941 — from Assam to E. Tibet.
(3) A plant hunter in Tibet.
(4) The riddle of Tsangpo gorges.
(5) The mysterious rivers of Tibet. 1923.
(6) The land of blue popy. — travels of a naturalist in eastern Tibet. 1913.
(7) Through unknown Tibet. 1898.
Younghusband, F. E:
(1) India and Tibet. 1910.
(2) Geographical result of Tibet mission 1907.
(3) The heart of nature. 1921.(Quest for natural beauty)

(4) Peking to Lhasa — see “Pereira”
(5) Our position in Tibet. 1910.
(6) East India. (Further papers relating to Tibet).

西藏文の資料

西藏固有の原文資料としては、その殆ど全部が聖典叢書として集録されてゐることは、本記下編第七章喇嘛教の「大藏経カンギュル・テンギュル」の所で概説したことによって、略々その見当がつくであらうから、茲では特に吾々日常の研究上、手近に必要なものを少しく列挙するに止める。

次記の原書名は日常普通につかはれる呼称法によったもので、最初にその標準口語（ラサ語）による呼称を掲げ、次に括弧して原語音のローマ字音訳を記す。「　」内の邦文は筆者の便宜上の仮称による。

Sum-ta（Sum-rtaks）「スムタ」

これはSum-chu-pa tang rtaks-kyi-hchuk paの異称で、七世紀の中葉第三十三代国王ソンツェン・ガムポの宰相Thu-mi-sam-bho-ta（トゥミサムボタ）が勅命によって制定した西藏文典八編中の根本部の二編の名称を合併したもので、西藏最古の重要文献であることは本記下編第六章西藏語の所で説明したとほりである。

Sum-ta Situi dre-pa（Ksum-rtaks Si-tu-i-hkrel-pa）「スムタ　シトゥイ　シパ」

前掲のSym-taに対する註解書であって十八世紀の中葉（1744）Si-tu chö-kyi-jung neといふ比丘僧の記述になるもので、この種の解説書中最も権威あるものとせられる。

Mani-kamnbum（Ma-ni-pkah hpum）「マニカンブム」邦語仮訳「十万宝語」

著者は詳でないが、一般に信ぜられてゐるところによると前掲ソンツェン・ガムポ王の遺訓を神秘的に叙したもので、最も古い文献の一といはれ、古代西藏の研究上相当に価値が認められてゐる。

Tang-yi（Thang-yik）「タン・イ」

詳細を明にしないが、古代西藏の正史を伝へた公記録として最も権威あるもの。

Tep-ter ngon-po（Tep-ther-sngon-pa）「テプテルコンポ」「青典」

十五世紀の初葉 Shun-nur-pe（Kshun-nur-tpal）僧正の著述になる史書で、固より仏教史を根幹としたものであるが年代などの考証の正確さを以てこの種の史書中最も重要視せられる。

Pak-Sam-Jun-Sang（tpak-psam-ljon-psang）〔dPag bsam ljon bzang〕「パクサムジョンサン」

十八世紀の中葉 Sum-pa-ken-po〔sum pa mkhan po〕といはれる僧正 Ye-she-pen-jur（Ye-shes-tpal-bpyor）〔ye shes dpal 'byor〕の手になる仏教史で、印度及び西藏の仏教伝通模様を詳述したもの。本書は S.C.Das 氏によって別に西藏活字版に改編せられ、同氏の英文索引が附せられてある。

Pu-tun-rim-po-che Chö-chung chen-mo（Pu-ston-rin-po-che Chös- bpyung-chen-mo）

十四世紀の初葉（?-）Pu-tun-rim-po-che といはれる聖者の手になるもので仏教史として著名なるものの一である。

Taranatha Chö-chung（?-）「ターラナータ」仏教史
十七世紀の初葉 Sa-kya-pa の一学聖 Taranatha 即ち Kun-ga-nyim-pa の手になるもの。仏教史として最も著名なるものの一である。（後年蒙古に入り所謂蒙古大活仏（Je-tsun tam-pa）の始祖として尊信せられる。

Sa-kya-pak-pa Chö chung（Sa-syka hphaks pa Chos-hpyung）「サキャパクパ　チゥチュン」

十三世紀の中葉 Sa-kya-pak-pa といはれる学聖の作になるもの。この学聖は支那元朝で帝師の称を受けたる八克思巴《パグスパ》として世に知られてゐる。

Ye-wa-nga-pa Chö chung（Rkyal-pa-lnga-pa Chos-hpyung）「ゲワカパチゥチュン」

十七世紀の中葉達頼喇嘛五世法王の著述になる仏教史。

Je-tsun-mi-la-re-pa Gur-bum（Rje-ptsun mi-la-ras-pa mkar hpum）「ゼツンミラレパ　グルブム」「十万詩集」

聖者ミラレパが各地の行脚中に作った叙情詩で民衆教化を目的とせるもの。

Yi-kur-nam-sha（Yi-skur-rnam-pshaks）

本記西藏資料英文目録 Das, S. C: の項参照。

邦文西藏資料（但入蔵者の著述に限る）

一、河口慧海　『西藏旅行記』、『西藏文典』等

一、寺本婉雅　『西藏〔語〕文法』、其他仏教関係書

一、青木文教　『西藏遊記』、『西藏の〔ママ〕文化』等

一、多田等観　『チベット』、大蔵経目録等

備考、入蔵者以外の著述になる西藏仏教関係の研究書若干あれとも省略する。

（詳細別紙附属）

西藏調査資料支那文献目録（佐久間貞次郎撰抄録）

1. 西藏誌四巻　東方文化委員会
2. 西藏記述　清、張海撰
3. 西藏述聞一巻　清、玉山房居士（東方文化委員会）
4. 西藏見聞録　清、粛騰
5. 西藏図考八巻　清、黄沛
6. 西藏新志　許光世（宣統三年）天津図書館
7. 西藏記一巻　劉樹
8. 西藏始末紀要　白眉初
9. 西藏史大綱　呉燕紹
10. 西藏六十年大事紀　朱錦屏（民国二年）

11. 藏語　何藻（?）〔ママ〕翔
12. 藏印往来照会　清、有泰　（北平図書館）
13. 西藏碑文一巻　清、孟保
14. 西藏紀要　尹扶一　（民国十九年）
15. 西藏問題　華企雲
16. 同　　王勤堉
17. 康藏軺征　劉曼卿　（商務印書館）
18. 今日的西藏　董之学　（生活書店）
19. 西藏交渉略史　謝彬　（民国十七年中華書局）
20. 西藏調査記　羅淳融　（東方文庫）
21. 西藏外交文件　王光祈訳
22. 西藏仏学原論　呂澂
23. 西藏仏教史　中華書局、民国二十二年
24. 藏行記程　清、王斉
25. 烏斯藏考　清、曹樹翘
26. 前後藏考　清、姚鼎
27. 西藏紀略　清、媿（?）〔ママ〕柴
28. 西藏巡記　清、王我師
29. 西藏改省会論　（不著撰人名氏）
30. 西藏全図附説　清、〔ママ〕嵇志文
31. 西藏全図　（法人○?脱原著、世増訳）

32. 西藏通覧　（日本山縣初男、陸軍部訳）
33. 同上二編　（？）〔ママ〕　同上
34. 西藏遊記　（商務印書館、日本青木文教原著）
35. 西藏　（日本太田保一郎纂述、四川西藏調査会訳）
36. 西藏旅行事記　（見西藏通覧引用書民国十八年）（民□書局出版）
37. 西藏人民之生活　（英国伯爾 C. A. Bell 原著　劉炎光訳）
38. 西藏民間之故事　查士元編訳、上海亜東書局出版
39. 西藏的故事　（英国謝爾頓 A. L. Shelton 原著　程万孚訳、民国十九年中華書局出版）
40. 西藏外交文件　（英国伯爾 C. A. Bell 原著　王光祈訳、民国十九年商務印書館出版）
41. 西藏過去与現在　同上
42. 西藏日記二巻　清、允礼
43. 西藏紀行　清、方宗
44. 西藏行事紀略二巻　清、李鳳
45. 入藏須知二巻　清、鑪方
46. 西藏旅行記　心禅　（見新遊記彙刊）
47. 西藏問題　秦墨哂
48. 西藏源山改土帰流殖民政策　王栄局
49. 西藏喇嘛事例　（不著撰人名氏）
50. 西藏故事集　（英国薛爾登原著、胡仲持訳）
51. 西藏文籍目録　陳寅恪于道泉合編
52. 西藏之生活及其風俗　（西康倫琴拉木著、胡求真訳　北平西北書局出版）

53. 西藏史地大綱　洪滌塵著　（正中書局史地叢書）
54. 西藏交渉史略　朱慶恩　（清華大学図書館）
55. 西藏仏教略記　静修　（上海仏教学書局刊本）
56. 西藏奇異誌　段克与　（商務出版）
57. 西藏宗教史　李翊灼　（中華出版）
58. 西藏風俗誌　汪今鸞訳　（商務出版）
59. 西藏問題　謝彬　（商務出版）
60. 西藏置行省論　（闕名、小方壺斉興地叢鈔補編）
61. 西藏諸水篇　斉召南　（小方壺斉興地叢鈔第四帙）
62. 旅藏二十年　（英人麦克唐納原著、孫梅生黄次書合訳　商務出版）
63. 達頼事略　貢覚仲尼等
64. 遊歴西藏記　英国李提摩太
65. 西藏情報　劉家駒訳　（新亜細亜社出版）

西藏地図　現品及目録戦災消失

（英国版）

西藏地図

（支那版）

1. 西康西藏全図　趙璇李炳衛　民国廿四年　商務印書館　附図四種
2. 青海西藏図　上海新学会社　一幅
3. 西藏高原（新彊西藏）図　蘇甲栄　民国十四年　北京大学新体中華地図発行処一幅、附有拉薩図迪化図

4. 各処進藏路経図三幅
5. 三藏分界図一幅
6. 三藏卡倫一幅
7. 喀木藏衛二幅
8. 西藏図一幅
9. 前藏図一幅
10. 後藏図二幅
11. 班禅額爾徳尼入観自西藏至塔爾寺路程図二幅

以上八種、見国朝宮史蹟編巻一百、図絵二

12. 西康西藏図　蒙藏委員会
13. 西藏明細図　四川官印刷局

西藏全誌

下編

下編　まへがき

「西藏」の概念を把握するに欠くべからざる事項は上編にて大体記述し終ったが、記事整備の都合上、詳細に説き及ばなかった部分に、尚ほ「西藏」の異色を窺ふ上に見逃しがたい所が多々あるにつき、それらを補筆する必要から、特に下編を設けて蒐録した次第である。両編相俟って愈々西藏の特質が明にせられると同時に、「西藏」の如き天涯隔絶の別世界に於ても、島国日本の古への姿が髣髴として眺められることは、たとひそれが偶然の契合であるにせよ、吾々の研究問題として若干の興味を喚起するものと云ひ得るであらう。

第一章　国号の検討

一、国号検討の意義

凡そいづれの国にしても、その意義とか由来を考察することによって大体その国柄が想像せられるやうに、西藏の場合に於てもまた然りである。特にそれが従来あまり世に知られなかった関係上、ただそれを研究する一事だけでも新たに学び得るところが少くないであらう。即ちそれによって異色ある国土と住民と君主の特質を観察することができ、以て西藏固有文化の渕源を窺ふ一助ともなるものであるから、茲に特に本項を設けて、古来各種の文献に現はれたる呼称に就て少しく解説を試みると同時に若干の検討を加へて見たいと思ふ。

抑も西藏の国名には彼等の自称する所と他称によるものとがあって、その用ひ方も自から相異することは宛も我国名の場合に於けるが如きものであり、支那のやうに統治者が代る毎に国号を新にするものとは趣を異にする。固より支那人が西藏に与へた国名はその時代によって呼称を異にするが、それらは西藏人の関知する所でないことを知らねはならぬ。以下叙述する所は一定の順序の下になされたわけでなく、大体は普通世に知られた手近なものから説き始め、最後に彼等が常時用ふるところの本名に及ぶであらう。

二、「西藏」といふ呼称の由来

先づ「西藏」といふ呼称に就て云ふならば、これは従来我国で最もよく知られた国名で、通常これを「チベット」と云ふてゐるが、考へて見れは実にちぐはぐな称へ方といはねばならぬ。何となれば「西藏」は無論漢字名であるからそれに従って「セイゾウ」と云ふか、或は支那の現代字書によって「シィツァン」と云ふべき〔で〕あるが、実際は孰れにもよらずして一般に英語流の読方に従って「チベット」と呼んでゐるからである。併し今では日本語として常識的の呼称となってゐるため、敢て不可とするものでないから、凡て他の外語を斉一的に仮名書とする主義によって、「チベット」〔と〕するが適当である。尤も公文書などては漢字を用ふる慣例となってゐるから「西藏」でも差支ないわけである。何れにしてもそれは西藏国の本名でもなく、又西藏人の用ひない呼称であるから強いて問題とするに足りない。

抑も支那人が「西藏」といふ名称を附したのは比較的近世に属するもので、伝へられる所によれば、十八世紀の初（一七二四年）清朝が完全に西藏を属領となした時、宣撫工作の手段を少しでも効果的ならしめるため、在来古名として用ひられた吐蕃、西蕃、発羌、禿髪などの呼称が、軽侮を意味する点で懐柔策上当を得ないとの理由で別に新名を案じて「西藏」と号し、それは西域の宝藏たることを意味する点で西藏人の感情を和げんとするに始まるといふ。果してこれが事実であるか否かは別問題として、所謂西藏の「藏」は元来右のやうな意味から起ったものでなく、その由来する所は西藏語の「ツァン」に対する漢字音写にある。「ツァン」Gtsang〔gtsang〕とは西藏本部に於ける一州であって、語義は清浄を意味し、漢語の藏とは何ら直接的関係をもたない語である。ただその音表字として最も適当な文字を択んだことは否めない。事実この国は支那から云へば最奥部の秘藏庫ともいふべき位置にあるから、その一州名を以て国全体の総称として用ひたものと解釈して可なりである。「西」の字は単に方位を示すために附けたものにすぎないもので、支那の文書記録には省略される場合が多い。

斯様に「西藏」の名の由来する所は偶発的であって、寧ろ文学的意義に動機を発したものと見るべきで稍異例に属するものである。普通ならば他の多くの事例に見るが如く、或る特殊の基本的な地名を以て全体の名に代らしめるであらう。これを西藏国の場合に就ていふならば、単に普通の州名をとるよりも、その重要なる中央州名を択ぶが当然であらねばならぬ。即ち古来政治文化宗教産業経済等の中心地たる首府ラサの所在する州名をウユ Ü と呼び、中央又は中心の義を有し、これを漢字に音写して「衛」としてゐる関係上、常軌からいへば「藏」よりも寧ろ「衛」を採るべきであるが、既述の如く所謂字義の適切なる点で前者が選ばれたものと見られる。

然しながら西藏人間では右に関し更に政治的理由が想像されてゐるから、煩を厭はず茲に附記する。

即ちそれを決論〔ママ〕からいへば、支那が達頼政府に対する牽制策からなされたものである。何となれば由来西藏の主権は達頼喇嘛の掌握するところで、教主権を主体として信仰的に西藏全土の喇嘛教徒に及ぶものであるから、支那がたとひ武力を以て制圧を試みても全面的には実質的の効果は揚らない。故に達頼の権力を減殺するための有力なる手段はどうしても宗教力を以てしなければならぬことを感じてゐる。この点でよくよく達頼に対抗し得るものは班禅であるから、その利用を巧妙に行へは目的の達成が容易となる。前者を抑へんとして後者を支援するの牽制策に出づるのは当然である。

今達頼政府即ち西藏政府の所在地は言ふまでもなく首府ラサであって、西藏本部のウユ州に存する。一方班禅喇嘛の本拠であってその政事〔ママ〕機関の存するところはツァン州のシガツェ市に隣れるタシルンポである。そこで西藏国の総名を附するに当って最も枢要地名を以てするならば必然前者の「衛《ウユ》」を以てしなければならぬが、殊更後者の「藏《ツァン》」を用ひそれを西藏の中心となすといふ意味を牽制的に示したものであるといはれる。果して支那にさうした意志があったかどうか確実でないが、暫らく聞くがまゝに記して置く。これを要するに一般地理的観念上〔に〕立脚して単に一個の州名としての「藏」を以て総名とすることの不適当なことは、支那人といへどもよく承知してゐるもののやうで、現に明朝では「烏斯藏《ウスツァン》」と云ふ呼称を用ひてゐる。「烏斯」とは原語は Dbus を音写したもので、口語の標準音では「ウユ」と云ひ、即ち前掲の中央州名そのものであり、「藏」は前述の通り他の一州名で、これら二州が相よって西藏本部を形成するから「烏斯藏」の呼称を以って総名に代ゆることは当を得たものといふで差支ない。尚ほ「西藏」の他にその国土及び民族に与へた各種の漢字名が存するが、それらに就ては特に論議を要する問題が多々あるから、追て更に項を別にして既述するであらう。

三、外語の諸名

英語の Tibet. 外国人に限る呼称であって、本当の国名でないことは勿論である。西藏人が自国を斯様に呼はれてゐると知ったのは極く近代のことである。"Tibet" の語源に関しては学者によって多少説き方を異にするが、今試に次の一説を引用する。これは印度の西藏学者として著名なるサラットチャンドラ・ダース S. C. Das 氏の編纂にかかる「パクサムジョンサン」(第十九章資料参照)の序文に於て、支那歴史に伝はる西藏の古代に就て論じた所にその国名の由来を叙して、次のやうな意味の解説を掲げてゐる。即ち紀元四一四年頃中亜及び蒙藏一帯に亙って広漠たる地域を征服した大酋長にファンニ Fanni なるものがあって、彼の領有せる一地方で主として遊牧民が棲む高原地帯の名を特にトゥファ Tufa と呼んだ。それは後に訛ってトゥファン Tufan となったが、元のトゥファは又トゥポ Tupo 或はトゥボ Tubo と同語であり、これが蒙古語と化して Tu-bot とせられ、更に転化して終に英語として用ひられるティベット Tibet となったと。

以上の解説によって一応その語の由来は了解せられるとしても、最初の Tufa なる語の意義に関しては何ら究明せられてゐない。尤もそれは漢字の「吐蕃」、或「禿髪」などに音写されてゐるものとして種々の説明が試みられてゐるやうであるが、その問題は姑く措くこととなし、今その Tu-fa といふ原語そのものの意味が、現在の西藏語によって解釈が下されるかどうかを考へて見るべきである。

大体、西藏語にはfの音が存在しないから、それに代り得べきpの音に置き換へて Tufa = Tu·pa とする。併し Tu·pa だけではまだ見当がつかない。そこでかうした口語音を発出し得べき言葉が、正則なる文語中に存在するか否かを調へるならば茲に Stöd-pa といふ適はしい語を発見するであらう。Tu·pa と Stöd·pa とは原字の綴りが著しく相違するが、口頭上の発音では二者殆ど同様となる。然らは後者の語義は如何といふに、それは明かに「上高地人」を意味するのである。即ち Stöd は上部または高地の義、pa は人または者を意味する補添詞である。現に今日トゥ

Stöd といへば西藏の北西部にあたって高原中最高部を占める地域を指し、その地方の住民をトゥパと呼んでゐる。右は現在西藏高原上に於ける一の実例を示したものであるが、元来高原全域そのものが事実上一大高地域を形成するものであるから、その四周をとりまく低地域から見れば、それらの地方の住民が高原住民に対して上高地人と呼ぶであらうことは容易に想像せられる。尤も右は住民に与へた名称と見られるもので国名そのものとは云ひ難いが、強いて斯様な厳格な区別を附する必要はなく、両者を同一視しても少しも差支ないわけである。兎に角西藏原語の Tu-pa が他の住民によって Tu-fa と呼ばれ、支那人はこれを音写して「吐蕃」或は「禿髪」(?)《〔ママ〕》などと記し、泰西人は既述のやうな語音の転化を経て、或は英語の Ti-bet となり、或は他の欧西語に用ひられるやうな Thibet、Thabet、Thebeth ともなり、又アラビア語として Tübet、Toböt の如く用ひられるやうになったものと解釈して可なりと思ふ。

四、漢語の諸名

漢字の諸名に就て、漢字名中には前掲の「西藏」の如く、明確に国名を指摘したものと、漠然と民族名を指して、それを以て該民族の棲住地域の呼称としたものとがあるが、今はかうした差別を附せずして、大体西藏方面の国土と住民に与へられた呼称を一まとめとして説明を試みやう。

(1)先づ詩書《〔ママ〕》に現はれた名称として「氐《テイ》」「羌《キヨウ》」などといふ文字を見るが、これは本来の国名として用ひられたものでなく、西藏高原地域に棲住せる民族に附けられたものである。然らば何故に彼等を氐或は羌と呼んだかといふに、「氐」は恐らく「賤し」の意味からきたものと考へられ、又羌は「羊人」の二字を組合わせ〔た〕ものと見るべきである。羊人と呼ぶ所以は彼等が羊を駆って遊牧を生業とするにあることは今日の実情に照しても当然と肯かれる。

(2)次に秦時には「西戎」の名を以てした。これは西藏のみに限らず、西疆一帯の民族に与へた侮蔑の称であることは言ふまでもない。

(3)次に漢書には「西羌」とあるがこれは改めて説明するまでもない。

(4)次に隋書には「附国」とある。これは附属国といふ意味を主とするものでなく「附といふ国」の義と解すべきである。「附」とは何を意味するかと云ふに恐らく西藏の本名たる「プゥ」**Böd** の音写文字として用ひられた以外に特別の意味を有するものでないであらう。

(5)次に新唐書の「発羌」は、多分「發〔ママ〕といふ羌」の国の意味であらう。「発」の字は前掲の「附」と同様に本名の「プゥ」**Böd** の音写字と見られると同時に、又その語義をも兼ね表はしたものとの推考が成り立つ。即ち「プゥ」の意義は後説に示すが如く、その義中の「發吐」を採ったものと想像される。「羌」は前掲の通りである。

(6)次に「吐蕃」といふ名称は唐以来五代宗〔ママ〕の世に及んで普通に用ひられてあり、現今でも西藏の古名として最もよく知られてゐる。併しこの名の意義及びその由来に関しては、従来欧西学者間にも種々異説があって未だその定論を見るに至らないのである。茲にそれらを詳しく検討する遑はないが、概論するに彼等の共通的見解と認められる点は、「吐蕃」の二字を以てあくまでも西藏原語の音写字と定めてかかることである。今その代表的な見方とせられるものに就て簡単に紹介するならば、先づ西藏学者の泰斗として知られる米人ロックヒル（**W. W. Rockhill**）氏の説を以てすれば次のやうである。即ち「吐蕃」の原語は **Tu-bot** であって、それは現に中部西藏人が彼等の住地を名けて「トゥボット」**Stod-bod** といふに同じである。その見方は **Stod** を「上高地」の義を解して、これを原音の **Tu**、即ち漢字の「吐」に該当せしめ、次の **bod** を西藏固有の名の音写字として用ひられる「蕃」の字にあてはめたものと解釈してゐる。

今一説は独逸の地理学者リッテル **Ritter** 氏の見解であって、「吐蕃」とは西藏語の **Tho-pho** の翻字であり、それは戦勝国の王者が武勇ある民に附与した呼称である。而してその語は **Tho-bo** 又は **Thub-pa** を語源とするもので、**Thub-pa** とは「強者」を意味する語であると説いてゐる。

以上の二説に就てはそれぞれ全幅の賛意を表し兼ねる点を発見するが今これを詮議するの煩に堪へないから他の機会に譲ることとし、唯前者の説に於て「蕃」を **Bod** の音写字と見る論拠に関して附言する。それは九世紀の初葉、（八二二年）、西藏国王第四十二代（又は四十一代とも算へられる）レルパチェン **Ral pa can** の代に、支藏戦争の媾和が結ばれた時の紀念碑、即ち支那人の所謂「唐蕃会盟碑」なるものの文面に漢字を以て「大蕃」と記せられてある所を、西藏文では Bod とせられてあるといふを根拠としたものである。この推定は略々正鵠を得たものと云ひ得るが、ただそれだけの説明では「蕃」の解釈が究明せられない。別に「吐」の字に就いて音義両方面から自己の見解を述べながら、「蕃」の字に対しては漠然とそれが西藏の名であるといふだけで毫も語義的考究に及ばないことは論議不徹底の憾を免れない。

抑も「吐蕃」といふ名称のもつ意義は欧西人らの考へてゐるやうに単純なものでなく、やはり支那流に微妙な解釈を施すべきもので少なくとも二様の見方をなすべきが妥当と思はれる。

先づその第一の解釈法によるならば、「吐蕃」を以て二字ともに専ら義表文字として取扱ふものであって、即ち「吐」は西藏固有の国名たる「プゥ」Böd の語義の「発吐」に由来するものとなし、欧西人らのやうに音写文字とは見ないのである。

次に「蕃」は「吐」に対する添加語として「野生」または「未開」の意義を示すものと見る。

仍て「吐蕃」とは「吐といふ蕃人国」といふことになるであらう。

次に第二の解釈法によるときは「吐」は前掲の如く義表文字となす点に於て変りはないが、「蕃」はその音表文字として附加せられたものと見て、つまり「吐の義を有する蕃といふ国」といふ風に解釈せられるのである。今後説に於て「蕃」を音表文字と見ることは、ロックヒル氏などと同様であるとはいへ、彼の如く Bod《〔ママ〕》 を以て直ちに漢字音の「蕃」に充てはめるのみで両者間の関係を明にしてないものとは稍趣を異にするもので茲ではその関係を明かに指摘することができるのである。即ち原語の Bod を口語式発音に直せば Böd となり、更に実際的には pö（プユまたはプゥ）の如き音声となったものが「蕃」の字で音写さるに至ったものである。尤も単にその音を写すだけならば必ずしも「蕃」でなければならぬことはなく、「番、鄱、藩」の類ならは孰れにても差支ないわけであるが、殊更に「蕃」の字を選んだ点に深長の意義が認められる。支那のある記録には「西番、番僧」などとあって「番」の字を用ひた場合も見られないことはない。「番」といへば「武勇」を意味する点で西藏の国名としては原地人の喜びさうな意味を表はしてゐる。かうした見方をすれば今後説による音表字としての「蕃」にも若干その本義たる「野生」または「未開」の意味が兼ねられてゐると見ても差支はない。結論するに後説に於ては「吐」を以て原名（Bod）の意義を表はし「蕃」を以て一応その口語音の響を示したものとの見解に到達するであらう。由来支那人は自国文字の用法に卓越せる技能を有する関係から一箇の名称に対して多義を含ませることは敢て奇とするに足りない。

(7)次に「禿髪」といふは旧唐書吐蕃伝に見られる呼称で、これも恐らくTu-fa又はTu-paの音写字であらうが、如何にも意味ありげに窺はれる文字を用ひたものである。勿論この呼称は西藏国のみに与へられたものかどうかは明でなく、一層広地域に亘る西藏人種棲住地全体にも通ずるであらうが、孰れにしても古来西藏人が禿髪の頭をしてゐたといふ記録を見たことはなく、現在彼等の頭髪は決して少ない方ではない。

(8)次に「党項」Tan-gut と云ふは宋時代の呼称であるが、これも果して西藏国のみを指すか否かは疑問であり、語の由来も明にせられてゐない。併し仮りにこれを現代の西藏語にこぢつけて見るならばTang-rgöt（タングゥ）といふ語が想定せられる。これは「野原の蛮人或は蛮人の野原」の義を有する点から現実的に西藏高原の遊牧地帯チャンタン（北原）の如き地域或は住民を指した語として受取れることは確かである。

(9)次に「西蕃」は元時代の呼称で元朝で国師と崇められた八克思巴《パクスパ》(Hp'ags-pa)〔'phags pa〕の「彰所知論」に用ひた語である。勿論これはその名義が示す通り、支那人流に解すれば「西域の蕃人国」、西藏風に解すれば「西方の「蕃」といふ国」の意味に外ならぬ。

又同じ時代に用ひた名称として、「土伯特」Tu-pe-te、「塗孛特」Tu-ba-te、「鉄不徳」Te-pu-te、「図伯特」Tu-pe-te などもあるが、凡て同語異称の音表字の使ひ分けに過ぎないもので、その語源を同じうする点に於ては英語のTibetと異ならない。

(10)次に明時代では「烏斯藏」の名が用ひられ、又清時代には「西藏」或は単に「藏」の語を以て呼ばれたことは本章の初に述べた通りで茲に再説を要しない。

五、西藏語の諸名

1．「プル王国」又は「霊魂の国」。西藏語にてプルギェ **Spur-rgyal** と云ひ、前掲サラットチャンドラ・ダース **S.C.Das** の藏英字典に、西藏国の古名として挙げられた二様の解説に従ふものである。その一説によれば、印度仏教徒の名けたものとして「死者の王国」と訳せらるべき語であるが、適当な意味をとっていへば「霊魂の王国」となすべきであらう。彼等の信する所では、人間は死して後再び六道（地獄、餓鬼、畜生、修羅、人間、天上）の何れかに生れ出づるものであるが、その前（死の直後より六道輪廻する迄）に暫らく霊魂状態の存在をつける所の「中有」（中間世界）にさまようのである。この中間を名けて「パルド」**Par do** と云ひ、天上界とヒマラヤ山との中間に横はるものと見てゐる。西藏の国土は則ちそれに当るものとの想像からして上掲のやうな国名を附したわけである。

今一つの説は西藏の伝説によるものと云はれ、国王第八代リクムツェンポ **kri-kum-btsan-po** が国都をプォタ **spuho-prak** といふ所に定めたことからプル王国 **Spur-rkyal** と名け、終に **Pur-rkyal** または **Bod-kyi rgyal-kham** として知られたとある。併しこれら両国名ともに普通の記録には用ひられない。尚ほ茲に **Bod** といふ語が突然顕はれて、その出所由来を明かにしないが、これは既に前述にもあり又後に詳述する通り西藏国有の本名であることに注意を要する。

2．「雪有国」（雪国）又は「雪山群国」、西藏の原語では前者を「カワチェンユル」**K'a-wa-can-gyi-yul**（或はカンチェユル **Gan-can-yul** 又はユルカワチェン **Yul-k'a-wa-can** ともいふ）といひ、「雪有国」の義を示し、又「カンチョン」**Kangs-lcongs** とも云ひ、「雪国」或は「雪の山渓国」を意味する。次には「カンリトゥ」**Kangs-ri-K'rod** とも云ひ、「山の群集国」或は「雪山の繞れる所」の義を示すもので我国で「やまと」といふが如き例に当る。これらの各名称は西藏人が常に文学及び聖典語として盛に用ふる語であって、その出所は仏教聖典とせられるから、極初は勿論印度で附けられたものに相違ないが、大体この種の名称は西藏国名として当然用ひらるべきもので、必ずしも他称によるものとは限られない。実情に即する点から推して西藏人自身によってかう名けられたものとも思〔は〕れる。

たゞ文化発展の先後関係から見て文献上では印度人によって先称されたものと断じてよい。

3．「神国」＝仏国或は「神聖国」、又は「仏法保有刹土」或は「有仏法国」、これらの名称は凡て西藏人によって与へられた所の聖典語であるが、由来仏教を離れた文学の存さない国柄であるから、普通の文学語としても常用されることは当然である。これを原語では「パユル」Lha yul と云ひ直訳すれば「神国」或は「天人国」となり意訳すれば「神聖仏国」又は「仏聖国」となる。

次に「パンデンユル」Lha-ldan-yul は直訳して「神在国」となり意訳して「仏聖の在す国」となる。この名は本来国都ラサに与へられた別称（佳語）である。略称してハンデン Lhan dan といふが、稀には国名として用ひられる。次に「チュンデンシン」Cos-ldan-sing は「仏法保有刹土」即ち「有仏法国」とも訳さるべき語である。

4．「中央国」＝中国、原語にて「ウユ」Dbus と云ひ、「中央、中心、真中」の義を有する所から中国と名くべきであらう。この語は今現に西藏本部の中央州名として用ひられてあることは既述の通りであるが、上世に於ては恐らく西藏本部全体の総名称として、或はその国の総名として用ひられたものと想像される。西藏の古聖典として有名な「マニカンブム」（第十九章資料参照）の仏話にさうした用ひ方があることによって推知せられる。但し明確にそれが国名であると指摘されてゐるわけではなく説話の模様によってさう解釈されるのである。

5．「米実る国」＝米の国或は「穀物豊饒国」、原語にて「レンジョン」Hbras ljongs と云ふ。古記録に明示されてはゐないが前掲の聖典「マニカンブム」の説話の文意より容易に想像されるばかりでなく、現に今日それを一の国号として呼びならはしてゐる実例から推考して、西藏は曾ってさうした名称で呼はれたものと看做されるのである。即ち彼の聖典の仏話中に、前掲の「中国」の状態を言ひ表はした言葉の中に、「多くの功徳を具へた所の、穀物豊饒なる、楽しい、広い、温な土地」云々とある意味について、現在一王国として知られたレンジョン即ち「米みのる国」の存在と結びつけて見るならば、遠き古には西藏本部全体がこの名称を以て呼はれたものと推定せざるを得ないのである。今日のレンジョン国の位置は現在の西藏本部の南方に偏し、ヒマラヤ山脈中に横はる一山渓国として、気候温和、農林産に富み、古来理想的楽土と謂はれた所である。その昔西藏建国の当時は多分この国の辺りまでが中心地域に属したものではないかと想像せられる。何となれば今日の所謂「中国」の名義を止めた所のウユ州は彼の仏話にあるが如き五穀豊穣の国ではない。たとひ土地そのものは肥沃にしても、気候寒冷に過ぎ、水利の便悪しく、雨量にも乏しくして農耕には不向きであり、殊に米作（稲作）の如きは會て試みられたことがないやうであるから、若しも仏話の通りとすれば少なくともその条件を具備せる現在のレンジョン国一体の地域をも含まれなければならぬからである。仍て思ふに、往時の「中国」とはかなり広汎な地域に与へられた名称で、その南方の境界は、恐らくヒマラヤ山脈を越え、印度平原地帯にまでも及んでゐたのであらう。従って現在のレンジョン国は、その「中国」の一部に入るわけであるから前の説話とは矛盾しないことになる。又今日のウユ州は比較《ママ》上北方に偏し過ぎることは事実であるが、後世そこに首府のラサが建設せられ、政治文化の大中心となった関係から、それにより「中国」の名が与へられ、一方のレンジョンは南に片寄り過ぎるとは云へ、穀類の豊饒に産出することが特色とせられる「米みのる国」の名を残されたと見るべきでなからうか。尚ほこのレンジョン国の由来に就ては上述とは全く別の見方もあって、現在は英領に属するとはいへ人文的にはまさしく一個の独存的王国を形成せる事実に立脚して、一層興味深き解釈が試みられるが茲に問題とする国名としては余りにも局地的の存在に過ぎないため、普遍性に乏しいから他日の所論として割愛するであらう。

因に附言すべきことは、前述のレンジョン王国は、今は最早西藏国の領域ではなく、近世に於ける英支紛争の犠牲となって、終に一八九〇年以来英国の保護国として割譲せられ別に新国名の「シッキム」なる呼称が与へられネパールとブータン両王国の中間に存在せる小王国をなしてゐることは周知の通りである。

6．固有の本名　「プゥ」或は「プユッ」原語にて Bod、これは西藏固有の唯一の呼称であって、まさしくこの国の本名と称すべきもので、昔も今も、又文章にも日常語にも最も普遍的に用ひられる国名として知らなければならぬ言葉であるが、僅に西藏学に従事せる小数《ママ》の人々を除いては一般外国人には殆ど知られてゐないといっても過言でない。嚮に漢語の古名として掲けた所の「附」及び「發」は云ふに及はず、「蕃」又は「番」の古音なども恐らくこの本名の原音を写表したものと推考されるものであるから、その原名の由来は少くとも隋代以前にさかのぼることは勿論である。その起源論は後述に譲り、先づ原語の発音の仕方と意義の解説から始めやう。

原語は通常ローマ字にて表はる場合 Bod と記されるが、文字の音性よりすれば Pot の如く低重音を以て示すべきである。併し口頭にての発音を少しく訛る傾向を持つから、現代の中央語の発音に従ふときは Pö の如く響くのである。これを日本語を以て近似音を出すならば、「プゥ」或は「プユッ」の如く、一声に短く詰めて押へるやうに低い調子で、音尾を切り止める気持で発出すべきである。尤も地方によっては「ボォ」とは又は「プェ」などと発生するところもある。

次にその語義を詮索するならば、もと動詞から転化した抽象名詞として取扱はれ〔る〕もので、これを邦語に訳すれば「喚びかけ・叫び、発吐、感叫」の義となるであらう。国名として用ふるときは勿論この一語だけで十分であるが、又屡々「ユル」Yul（国）といふ語を添へて「喚叫国、発吐国、感叫国」などとしてもよいわけである。漢字名の「発羌、吐蕃」などが「発吐」の義から出たものとする所以も全くここにあると思ふ。但し発の名は他の一面に於て原語の音表字と見られることは既述の通りである。

次にこの語が西藏の国名となされた謂れに就て考察するに、元来本問題に関しては、未だ的確な文献考査が行はれてゐない為め、古来学者間に種々異論があって容易に決定を見ないのであるが、今試に西〔藏で〕最も権威ありと云はれる史書「テプテルコンポ」（第十九章資料参照）によれば、同史書の著者は国名の起源を遠く開闢の昔に求めて次のやうに古い伝説とか仏教説を指摘してゐる。先づ伝説に示す所では、別章西藏民族の由来に就て述べてあるやうに、印度に於て釈迦仏出現以前に争論の世があってその時敗軍の将が一軍団を率ゐて西藏に逃れ、定住し始めた種族によって Böd と呼はれた名が、永く後代に伝へ称せられた。また他の古文書にも、この国は以前「プギャル」或「プゲェ」即「プ王国」と名けられたものが Bod〔ママ〕と呼び換へられたとある。更に又仏説によって見ても釈迦仏が西藏に仏教が弘まることを予言したなかに、その国名として Bod なる語が用ひられてあると記してゐる。

西藏の多くの史家は大体以上のやうな見解に一致してゐるが、併し何故に Bod といふ語が用ひられたか、又それは如何なる意義を有するか、或は又最初の名といはれる "Pu" との間にどんな関係があるかといふ諸問題に就ては、文献上では何ら論及せられた所を見出されない。尚ほ"Pu"は前掲（五）の項に述べたプル王国 **Spur-gyal** の名と酷似することは事実であるが、猥りにその同異を論ずべきでないことは両説を比較して了解せられるであらう。

次にサンスクリット（梵語）の **Bhot** の転化と見る所の **B. H. Hodgson** の説によれば、紀元七世紀頃印度より入藏せし学僧らが最初この国を **Bhot** と名けたものを後にそれを訛って **Bod** となったのであると、併し同氏の説明だけでは直ちに承服せられない点がある。西藏人の考へる所では、まさに同氏の説とは全く反対だからである。即ち西藏には往古の無文時代より **Bod** に該当する語を以て表はれた国名が既存してゐる。固より **Bod** の如く、文字にて綴るやうになったのは七世紀の初に相違ないことは史実に徴して明であり、その固有名詞に対して彼の印度学僧らがサンスクリットで **Bhot** といふ訳語を附したものと見てゐる。但し実際上、それが果して音表であるか意訳であるかが問題とされる。なぜならば両者は発音上で酷似してゐることは云ふまでもなく、意義上でも全く同様に見なせないことはないからである。**S. C. Das** 氏の英藏辞典では、西藏語の **Bod** に対して **Bhota** といふサンスクリットを当ててあるが **Hodgson** 氏のやうに **Bhot** の訛とする説は掲げられてゐない。

次に **Phud** と同義と見る説に就て述べるならば（本誌は以下凡て **P'od** と記す。語義は「能力」と訳する）これは **Van. A. Schiefner** 氏の見解であって、所謂 **Bod** は別語 **P'od** の軟音語形体を以て表はされ〔る〕ものでその意義はやはり「能力」であることに変りはない。西藏人は自国を「能力ある人々の国」と呼ぶからであると。今この説の当否を検討するに、若し別に伝説的な解説法を試みるならは同氏の云ふが如く、彼等はさうした言葉を用ひたかも知れないが、語学的解説に従ふときは **Bod** が **P'od** と同系であり、且つ同義とはなし難いのである。この両語の差別を厳格に示すには勢ひ文法学的論議を試みなければならぬが、そは余りにも専門に堕し過ぎる嫌があるからこれを見合はすこととして、茲では単に両語が全然別種の語類に属するもので、音性《ママ》学的にも、語形学的にも直接関連性を保つものでないこと〔を〕知れば足りる。ただ一般論的に **P'od** が「能力あるもの」といふ意義を有するから、それを国名として用ひたとすることに対しては敢て賛意を惜むものではない。

次にサンスクリットの **Buddha**（仏陀）の訛音と見る説に就ていふならば、これは古西藏人が自国を神聖化する為の牽強付会説と思はれるが一応条理の立つ解釈法とも見られる。既述の如く西藏の国名として「仏国、仏花国、仏法保有国」などの呼称が与へられてゐるのであるから、この意味に於て Bod を Buddha の訛音と看做すことは強ち不当ではない。たゞ種々の名称が凡て西藏語で言ひ表はれてあるに反し、これはもとのサンスクリットの原音を以てしただけの相違である。恐らく最初は Buddha Kusetra（西藏語にて Buddhai-yul）即ち「仏陀の国」と呼はれたであらうが後に「国」の語を省略してただ「仏陀」の一言のみとなし、それが更に省略せられた上に幾分その音に変化を生じ、終に Bod となったものであらう。尚ほ一説にはサンスクリットの Bodh（知る、覚る）の転化ともいふが、それは余りにも穿ち過ぎた解釈と云はねばならぬ。いづれにしてもこの種の名称は仏教伝来後の命名たることが明であって、他の史家らが一層往古よりの既存名とする説と合致しないことになる。仍て思ふに、この国では遠き昔より既に Bod に該当する言葉の名称が用ひられてゐた所へ、仏教の移輸と同時に「仏国」などいふ国名が附けられ、そのサンスクリット音と、在来の藏語音とが偶然相似したわけで後者を以て前者にこぢつけたものと見るが妥当ではなからうか。

次に「感叫」の国と解する説に就ていふならは、これは Bod といふ語の本義を基礎とする見方である。この語義に就ては上来屡々訳出したやうに、「呼びかけ、叫喚、発吐、感叫」などを義とするもので、文法学上では所謂感嘆詞または間投詞ともいふべき品詞を指すときの術語として用ひられるが、西藏語の場合は特に「感叫」の義に重きを置かれるやうである。即ちそれは一般普通に位置する対象に向ってするよりも、特に畏敬尊崇の念を喚起せしめるもの、例へは神仏、帝王、英雄などに対して発吐せられることを普通とする。今この意味あひを適切に言ひ表はすべき用語を見出さないから姑く「感叫」といふ訳語を以てする。

然らは何故にかうした意義を持って国号とせられたかに就ては若干奇異の感なきにしも非すであるが、それは次のやうな解釈法によって首肯せられるであらう。抑も西藏人は彼等の伝説にも見られるやうに、往古建国の昔、或はそれよりも遥か以前より、天神地祇を畏敬尊崇するの念に篤く、彼等の禍福は凡て神の支配する所であると信じその不可思議なる威力に対する感嘆の叫び声は絶えず彼等の口より発せられたであらう。例へば彼等の古代神教は Bon と名けられたが、その語義は「誦称する」、「低称する」、「言ひ表はす」などであり、神を念ずる心の現はれ方を示すものと解せられるが如きである。彼等はただに上代に於てのみならず、降って七世紀に仏教が伝来してからも神の信仰を仏の信仰に融合せしめて、一層熾烈ならしめ、後には殆ど熱狂的に昂進せる信者となったことは世々の史実が物語る所である。畢竟彼等本然の感叫性は凡て神に対して感叫した如くに、仏陀に対し〔て〕も同様に、或はそれ以上に熾んな感嘆の声を発したことは必然であり、これによって彼等の性来の感叫者たることを想像するに余りある。而して彼等自身も亦感叫者たることを自覚しつつ、相互に「感叫者」の言葉を持って呼び交したことと察せられる。例へば今日でも同じ教徒の人人らが相互に「信者」「同行」などといふ言葉を持って相手を叫びかけることと同様である。かやうにして彼等同志《〔ママ〕》の間にはその言葉が普遍的に流通して、終に「感叫者」即ち「吾ら西藏人」といふやうな意味をもつに至ったものと想像せられる。従って彼等同志の住む所を「感叫者の国」〔と〕呼び、終にこれを略称してただ「感叫」即ち Bod の一言を以てしたであらうことは贅言するまでもない。この国号の由来する所を斯様に想定して見るときは、その紀元は相当古い時代に遡り、若し彼等の伝説に基くならば遅くとも紀元前五世紀頃に於ける建国当時か、或は更にそれ以前にも遡るであらう。かやうに淵源の茫漠たることと、その言葉の呼びならはしから、いつとはなしに自然に一種の呼称となったこととで特に一定の時期とか命名の事情などが画然と立てられないことが、その名称の難解たる所以となるものであらう。思ふに本項に掲けた解釈法は他の諸説よりも最も穏健な見方と考へられるものであるが欲を云へば今少しく力強い文献的論拠が望ましいのである。

7．其他の呼称

尚ほその他の国名として「ボテェー」の国といふのが見出される。これは Bod の語義に関する直接的解釈でなく、その語源的関係から想像した呼称であって、「ボティー《〔ママ〕》」を以て西藏人種に与へられた言葉と見る説に基いた一種の推測説である。即ち二世紀頃に、泰西の地理学者として知られた Ptlemaius 氏の書に、現在の西藏広原《〔ママ〕》に当る地域に棲住する民族に「ボテェー」Bautea と名けるものがあると記してあるが、それは恐らく西藏の祖先種族を指したものであらう。最も現在に於ても筆者が見聞する所ではヒマラヤ山脈地帯のある土語の中、西藏人を呼ぶに「ボテア」又は「ブゥテア」(Bhotea, Bhutia) といふ語を以てするものがある。これは P.氏の Bautea に甚だよく似てゐる所から遠き昔の名残を伝へたものと想像される。故に若しも語源を同じうするものでありとすれば、恐らく二者倶に Bod から転化したものと見られるであらう。果して然りとすれば Bod の呼称は既に二世紀時代に於ても普通に用ひられてゐたことが証拠立てられる。

上述の諸名の他に、なほ仏聖典などには西藏人を指すものかとも思はれる語として「赤い顔をしてゐる人」Gdong-dmar-can とか、「ホルの赤顔の肉食者」Hor-gdong-dmar-sa-sang といふやうな言葉が散見せられるが、それらは必ずしも西藏人だけに名けられたものでなく、ヒマラヤ山以北は西藏人は云ふに及はす、中亜、蒙古、その他支那西辺までも含めたものと思はれるから、かうした言葉を持って西藏の国名に擬することは余り妥当であるまい。

上来の所説によって国名問題の検討も一通り終了したわけであるが、この外にもなほ若干の名称が存するであらうから本問題は依然として未解決であり、最後の断案に到達するまでには尚ほ多少の論議を要することを附言する。

第二章　太古西蔵の洪水説

一、古代入蔵印度人の憶説

国土成立の肇を洪水または海洋状態にあったとする神話や伝説の物語は敢て珍らしいものとは云はないが、西蔵の場合も亦同じやうなことが今に言ひ伝へられてある。前掲の西蔵史家スムパ・ケンポ著パクサムジョンサン（第十九章参照）には次のやうな意味のことを記してゐる。

昔印度人でパータンバ・サンゲェ Pa-dam-pa-sang-rgyas なるものが西蔵に来往すること前後七回に及んだ。その最初の時、西蔵は一面の洪水に満された以外何ものも認められなかったが、第二回目には著しく減水して大小無数の湖水となって散在し、それらの間は僅に陸地によって連なってゐた。と言ってゐるが、この説を信ずる西蔵人は洪水または海洋であった証拠として、次のやうな事実を指摘してゐる。即ち国都ラサの東方約三十哩（三七、七〔ママ〕キロ）を隔てた所の、有名なガンデン Dgah ldang〔dga' ldan〕といふ古刹のあるゴクパリ Hgog-pa-ri と名ける山上に於て、西蔵新仏教の開祖ツォンカパ tsong ka pa 大師が法螺貝を発掘した場所が洪水時代の水中であったと。又あるものは前記印度人を以て史実上に存在せし人物であるかのやうな説を立て、彼の云ふ所は決して荒唐無稽の説でないとする。併しこれは甚だ事理を弁へない虚説であって、その当時西蔵に未だ文字の記録のなかったことは明白なる事実であるから、彼印度人の入蔵が史実として記される筈がない。恐らくそれは十一世紀の初中の交に入蔵した印度僧で同名異人のものが入蔵したことから、この人物を提へて太古の説話中に持ち込んだものと想像せられる。

二、仏典所説による想像説

次に今一つの洪水説とも云ふべきものは、仏教聖典中の文句を根拠として理由づけるもので即ちそれによるときは「文殊師利根本密呪」に説示せられた如く、「我世より百年にして、雪有国の湖は減水し、サラの樹林生ずべし」とあるを指摘してゐる。茲に「我世より」云々とあるは釈迦仏自身の滅後の年数を示し、「雪有国」とは下編第一章国号の検討に述べた通り、まさしく西藏国を指し、「サラ」とは樹木名であって、現に印度でサル樹（Sul-tree）と称し、漢字では「沙羅」と記し、「沙羅双樹」と云ふ文句などよく聖典中に見られるところである。この木は通常ヒマラヤ山脈の麓裾に近く横はる亜熱帯地方に繁茂する喬木であって、西藏高原のやうに寒冷の地にては見られない植物であるが、印度の原産地では至る処に叢林をなし、サラ樹といへは直ちに森林を想ひ出させる程に印象深い木である所から、今は単に文の綾としてただ「樹林」といふほどの軽い意味でこの樹名を用ひたものと解せられる。前述の史家スムパ・ケンポも彼の経文の意味を注釈して云ふやう、「仏陀は西藏に現出した新陸地に、杜松などの植物が繁茂するに至る模様を、当時の印度人に分り易く示さんが為めにサラ樹名を掲げられたものであらう」と。因に杜松類は西藏高原至る所に見出される矮小なる灌木である。常緑の喬木を見ない高原では杜松樹の叢生状態を樹林に譬へる外はなかったのであらう。

さて吾々は今彼の経文の意に基いて想像を逞ふするときは、釈迦時代の西藏は最早全面的の洪水状態にあったものでなく、大方は減水し終って、その跡に大小幾多の湖水が僅かに狭い陸地によって連接してゐた程度に過ぎないもので、平坦な広い地面は未だ現出してゐなかったものと思はれる。処がそれから仏陀の滅後一百年も立ったならば、それらの湖水が一層減水して広い陸地が顕はれ、そこに始めて樹林が生ひ茂るであらうことを予想されたものと解すれは可なりと思ふ。而して右の予言は元来釈迦仏が西藏の国土の出現と、植物の発生と、人畜の棲息などを想定し、終にそこへ仏法の伝通を見るに至るべきことを教示するの目的を以て述べられたものであるが、この仏言によって、今問題とする洪水説に有力なる推定の論拠を提供するものと見ることができる。

三、局地的の洪水説

太古時代を以て洪水の世となす伝説はただに西蔵国全体の場合として物語られるばかりでなく、又別に狭小なる局地的にも略々同様の伝説が伝はってゐることは頗る興味ある問題といはねばならぬ。それは別章国号の検討にも述べた「レンジョン」即ち「米実る国」に関するもので、口碑に伝へる所によれば該国の太古は全く海洋に満され、その中に只一つの島が浮び上ってゐた。ある時島の山頂に男女の両神が天上界より降下してそこに居を定めた。やがて海水は減退してその跡に新陸地が現出し、神の子孫が繁殖して世々その国民として棲住するに至ったと。

この物語は西藏本国の場合とは稍趣を異にする外、国の位置とか地勢などから推してさうした物語を産み出す可能性に乏しいことである。併しこれが為め伝説または神話としての価値を失ふものでないと思ふ。

四、地文学的満水説

さて吾人は今西藏を中心として何故にかうした伝説が生れたかを考察するも強ち無意義ではあるまい。彼のレンジョン地方の場合は姑く措き、高原の西藏本土に就て見るときは、それは全然架空の造り話ではなくして、その起原には多分に現実性が認められてゐることが看取される。それは一種の地文学的推定に基くもので大体次のやうな二様の見方が試みられる。

その一は地殻の隆起によるものとする学説である。曾って往古の渺茫として幾十万方哩の海洋状を呈した地域のある部分が地殻の収縮と倶に持ち上けられた為め、そこに大水を湛へ〔た〕まゝで大高原地域が形成せられた結果と見ることであり、今一つは溜水に基くものとする説で、本来広漠たる陸地に高原が形成せられ終ってから、その盆形をなした所に漫々たる水溜ができたものとするのである。果して孰が正鵠を得たものであるか、茲に論断する限りでないが、地文学上の一般的見地から、その蓋然性を認められる点に於て変りはないと思ふ。

然らはその大水が如何にして減退したかといふに就て、ある一説にすれば西藏の伝説にも記されてあるやうに、彼のヤルツァンポ河となって水のはけ口ができたと見ることは想像に難くない。また上編第一章概説に示す通り、高原の辺彊に源を発する各大河が凡てその排水口となってゐることは論ずまでもない。尤も当初大水の瀰漫してゐた時は高原一面に及び、水はけ口が相当の高度にあり、その幅員も狭小であって排水量も少なかったであらうが、時代を経過すると倶に、水の浸蝕作用が活溌となるにつれて水のはけ方が漸増し、終に今日の如く高原全体を殆んど干上らしめ、その跡に大小幾百かの湖水と多数の沼沢とを残し、以て高原特有の内陸流域を形成したものと推測できるのである。

五、洪水または満水説の論拠

前述の如き地文学的考察に関しては近時の探検家によって本格的の研究が続行されてゐるであらうし、またその結論はやがて彼等より求め得るであらうから、茲に筆者自身が西藏旅行中実際に目撃した所に就て、往古の洪水説を証拠立てるかと思はれる若干の資料を挙げて見やう。

先づその一は昔の水際であったかと認められる痕跡が一条乃至数条の並行線をなして連亘せる山々の山腹に横はり、それぞれ一定の正しき高度を保ってくっきりと印せられてゐる景観である。

その二は地表に露出せる岩脈には粘板岩層や石灰岩層が多く、殊に後者には貝類の化石を含むものがある。

その三は多量の塩分を有し、又一般に湖沼地帯に於ては岩塩及び硼砂の類を豊富に産出する。

その四は現存の湖沼そのものに於ても時代と倶にその水面が漸次降下してゆくらしい痕跡が段状をなして残されてゐる。

その五は現在陸地である所が少なくとも千数百年依然には湖水であっ〔た〕ことが古記録によって証明されることである。試みに今その文献を検するならば、六世紀末に始めて築かれたラサの王城マーポイリ・ホ゜タン Dmar-poi-ri Po-brang（赤山王宮）は今日ではラサ原頭に突兀として屹立せる一巌山によって聳え立ってゐるが、築営の当時、その巌山の直下は舟艇の碇繋所であったといはれるから、その辺りが湖水を控へてゐたことは殆ど疑ふの余地がない。なぜならばこの王宮はもと印度大陸の南端に於ける観音の霊場ポタラカ Po-ta-la-ka 宮城に擬したものであって、その附近が舟繋所をなしてゐた如くに、ラサのポタラカも亦同様の状態を具へた地形を撰んだものに相違ないと思はれるからであり、現にこれを名けて「第二舟繋歓喜宮殿」と呼ばれる所以も実に茲にある。最初ここに王城を定めた国王ソンツェン・ガムポは観音の化身といはれる如く、その後もやはり同じ箇所を宮殿とした代々の達頼喇嘛法王も亦観音の化身と信せられるによっても、その由来が首肯せられる。尤もその当時の湖水の模様を知る由もないが、仮に現状に於て推測を試むならば、宮城山下より東に延びて現在のラサ市街地区に及び、南西の一部分はキチュ河 Skyid C'u と連絡し、舟運の便が開かれてゐたものと見られる。かうして見ると湖水の面積は僅かに一平方哩ばかりに過ぎないであらうが、更に往古の時代に遡ればラサ平原全体が大湖状にあったであらうことが想像せられる。なほ宮城山下の北側には一の天然池が存在し、毎年釈迦仏降誕の当日には舟遊が催され〔る〕といふ事実は、昔、その辺が舟繋所であったことを紀念する為めのものでないかと想像せられる。近々六世紀頃の状態ですら、今は全く一変して見る影もないのであるから、遠く悠久幾千歳の太古を偲べば蓋し思ひ半ばに過ぎるものがあるであらう。

六、洪水思想と原始民族

遮莫吾人はこの洪水説に対し敢て地文学的検討を加へるを以て本旨とするものでなく、それよりも寧ろ彼等高原民族が開闢依然の状態を大水の瀰漫せる海洋の如くに見なした思想そのものに就て彼等民族の起原と関連する所があるかどうかを一層積極的に考察究明するの要あることを痛感するものである。

我国の神話に於けるが如く、現実に存在せる大海洋中に大八洲が創造せられたことは、毫も不自然な物語ではないが、世界の屋根ともいはれる西藏高原上で、この種の伝説が生れ出た動機は果して地文学的探究のみによって解決せられ得るであらうか。別章の国号検討及び建国説話に於ても言及せる如く、彼等の齊らした物語中には吾人の考察に価する特異点が案外多いことに留意すべきであると思ふ。

第三章　建国説話

一、建国の意味

西藏が史実上の一国として明かに存在を認められたのは西暦七世紀の初葉であって、支那及び印度との密接な関係が結ばれた時より始まるが、古き記録を辿ってそれ以前にさかのぼるならば、遠く紀元前五世紀の頃から既に伝説上の一王国として存在せることを見逃すわけにはゆかない。ことに建国といふは、この国に始めて国王が定められたといふ単純な事柄を指すもので、厳格な意義に於ける完全な建国状態をさすものでない。又神話的な物語に見られる西藏の開闢と今云ふ所の建国とはその時機と事相とを異にするものであるが、茲に述べんとする所は斯様な差別を立てて論すべきほどの重要問題でないから、単に掲題の如き名目の下にそれらを一括して説くこととする。

二、説話の分類

西藏の建国説話に関しては、神話的及び伝説的に種々の物語があって、それぞれ模様を異にするが、今は叙述の都合上次の如く三通りに分つ。即ちその一は彼等民族固有の思想を基礎とする伝説であり、その二は仏教的に解釈せられたる前者同様の伝説であり、その三は全く仏教主義の下に創造せられた神話的物語である。

第一説は西藏の古代宗教といはれるボン神教教徒が彼等の信仰に基いて、神秘的に造りあげた説話であって、仮にこれを「天神降臨説」と名ける。第二説はその本質から云へば前者と同一の事柄であるが、それを仏教徒側から観察した想定であるが為め、これを別個の伝説のやうに取扱って仮に「印度王族君臨説」と呼ぶ。第三説は前二説とは根本的に説き方を異にするもので、全然仏教徒によって構想せられた神話に基くものであるから、これを「仏教説話」又は単に「仏話」と称することにして以下順次に詳述に及ぶであらう。

三、天神降臨説

前掲西藏史書パクサムジョンサン（第十九章資料参照）によれば、往古西藏のヤールン Yar-klung と名ける地方の一高峯の頂に、ある日異様の人影らしきものが突然現はれたところを、折しも国神《ユルハ》 Yul-lha に祭祀を行へる十二人の里人らが発見して「汝は誰人なりや、また何処より来りしや」と尋ねたところ、「我は王者《ツェンポ》 BTsan-po なり」と答へつつ、指先にて天空をさし示したから、里人らは彼の科白を以て、天上より降臨したものとの意味に解し、これこそ西藏の国王として戴くに適はしいと思ひ、乃ち彼等の肩輿に載せて奉迎し、直ちに王位に据へ、名けて肩輿王者《ニャティ・ツェンポ》 **Nyag khri btsan po** と称し、西藏国を総統する最初の国王となし、自今代々その子孫を以て王位を継承せしむべきものと定めたといはれる。この事相に関して、或る一派の人々は特に一層その神秘性を顕著に言ひ表さんと欲し、彼の山上に現れた異形のものは疑もなく神子であって、大ボン神の在すムユル Rmu-yul と名ける天上界より君臨せしものに相違ないといふのである。孰れにしても、ボン神教とは専ら天降説を確信するもので彼等自身が既に神族後裔であるやうに、国王も亦大ボンの神子であらねはなら〔ぬ〕と解釈する心想に於て変りはない。この伝説に就ては、筆者持ち合せの資料の範囲では、最早これ以上の事相を知る由もないから詳しくは後日の研究に譲り、少しく右の文献にあらはれた地名に関して解説を試みるであらう。

先づヤールンといふは現に西藏東部の南方に有る地方で、今日ではポカ Lho-k'a と呼ばれる。ポカとは南部方面、又は単に「南部」といふ意義であるから、これを南国と呼んで然るべき所である。高原中豊饒の地として名高く、農産に富み、住民繁く古より西藏貴族の発祥地といはれる。ヤールンとは即ちその古名と見るべきであるが語義は上方《カミガタ》国と訳される。これは恐らく天上界に因んで名けられたものであらう。

次に天上神が降下したといはれる高峯の名は「上方神降下《ヤルパシャンポイ》の神嶺《ハリ》」Yar-lha-shang-poi-lha-ri と称せられ、現在吾人の目撃する所の一高嶺である。その山上には天然の大巌窟があって、ボン神祖を祀る。上古よりボン神教を信奉する歴代の国王は死後霊魂状態に在るとき、この巌窟に入り、そこから天縄をつたって天上界に帰還したといはれる。茲に天縄といふはムタク Rmu t'ag と名けられるもので詳細は上辺第十二章宗教の「ボン教」中の所説に譲る。

四、印度王族来臨説

これは前節にいふ所の彼の異様の人物を以て、印度王族の一人が入藏し来ったとするもので、後世仏教が伝来するに及んで、仏教徒によって推測せられるものである。伝説によれば昔印度のバドサラ Bad-sala といふ国の一王子として、顔や手に異状あるものが生れた。仙人に観想せしめた処、それはやがて王家に禍が来る前兆であるとの占断が下された。そこで国王は無残にもその王子を銅器に封じ込んで恒河《ガンジス》に流棄したところ、ある農夫がこれを発見して救ひ上げ、自分で養育したとも、或は最初より山庵の隠者に与へられたともいはれるが、兎に角該王子は成長の後、自己の身の上話を聞かされて、急に戦慄を催し、再び我身に危難の加はらんことを恐れ、早速脱出を図って、安住の地を西藏に求めた。斯くて一日彼のヤールンの高峯に達したとき、里人らに見出され誰何を受けた。その際彼はたゞ指を天空に指すだけで何の言葉も発しなかった。里人らは思ふやう、人語を発せずして厳かに天空を示すことは疑もなく人間を超越した何物かに違ひない。これを吾等の国王として戴くも空しからんとて、直ちに肩輿によって奉迎し、前掲のやうに「王者《ツェンポ》」の尊称を与へたと。

さてその説話に於て、表面上では何ら仏教的色彩を鮮明に顕はしてゐない所以は当時仏教が印度に起って間もないことであり、まだそれが西藏に伝ってゐない為めかと思はれる。然らば何を以てこれを仏教徒の推定説と看做すかといふに、凡そ印度王族といへば、釈迦仏の出た刹帝利《クシャトリア》種に属する関係によって、西藏王統の起原をこれに結びつけることができると考へたからであらう。而してこの信念を裏書きするものは西藏の重要なる仏教聖典として知られたる文殊師利根本密呪《ジャンペイツァギュ》 **Hjam-dpal-rtsa-rgynd** に於ける釈迦仏の予言であって、即ちそれによると、西藏国の王統は「釈迦種族のリツァビ **Li·tsa-byi** (Li·ca-vi) より出づ」との明白な文句が示されてあることが知られる。

五、仏教説話と其考察

前記二説とは全く趣を異にするもので、その発端は仏教信仰に基く一種の神話に類する物語である。それは前掲の聖典マニカンブムの所説は、西藏の国土と住民と君主とが神秘的に三位一体となるべきを示されたるによるものである。今その概要を適宜摘記するときは大体次のやうな意味となる。

「ある時、極楽国土の仏主阿弥陀如来は、その仏子たる観音菩薩に命ずるやう、汝はこれより無仏の地たる雪有国に降臨し、彼の国の衆生の為めに仏陀の教化を垂れよと。観音は乃ち仏命に従ひ、極楽国を辞去して地球世界に降り、最初に足跡を印せられた所は印度の南端に於ける突角地点補陀洛《ポタラカ》 (**Pota-laka**) の山上であった。観音はそれより直ちに西藏に赴かんとした処がその国は全く暗黒に包まれて悽愴を極め、真に百鬼夜行の状態にあり、何処にも未だ人類の棲住するやうな模様が窺はれなかったから、そこで仏光の照耀を放って国中を輝かし、神通力によって観音菩薩の化現せる猿猴王を創造した。ところが陀羅《タラ》女天の権化といはれる羅刹女鬼が居て、彼の猿王菩薩に懸想して止まなかったので、観音は憐愍の情を以て両者をして終に夫婦の契を結ばしめた。やがてその間に六種類からなる化物のやうな子供が生れ、それらから又猿でもなく人でもない間の子が無数に繁殖した。観音は種々の方便を以て、彼等を教化し、特に仏法の十善行を修めしめた結果、彼等は漸次人間として生れ変ることができた。次に彼等は観音から授かった七種の穀物を「中国」の地に播き、年々豊作に恵まれて、食物には何不自由なく、極めて平和裡に仏道に精《(ママ)》神し、終には善良なる西藏国民として子々孫々繁栄を見るに至った。

斯くて彼等の最初の国王として、印度より王族の君臨を見ることとなったが、併しなほ其後幾百年間か仏陀の教化を蒙るに至らなかった為め、観音は再び化身を以て第三十三代の国王ソンツェン・ガムポ Srong-btsan-Sgam-po〔srong btsan sgam po〕として出現し、印度より仏教を移入して伝通に努力した」と。

右の説話はまして《〔ママ〕》西藏開闢の実相を神秘的に説き明したもので、該国の国体とその国民精神の本質となるべき根源などを窺ふ上に唯一の基本となるものである。

1．説話に対する考察

西藏の開闢に就て、上述の如き物語が仕組まれた所以が那辺に存するかを考へて見るに、説話創造者の意図は該国の出現を以て全く神秘的なるものとなし、深妙なる仏意によってその国土、住民、君主の三位が渾然として一体のものに融合せられたるもので、まさにこの世界に於て他に比類なき神聖国たることを示すにあることが容易に看取されるのである。西藏の開闢或は建国の物語として、右のやうに仕組まれたことは、当時の情勢から推して実に斯くあり得べきことで、敢て奇とするに足りないが、吾人が少しく疑問とするところは、彼の説話の当面が全く仏教主義に終始して居りながら、由来に於ては西藏固有のボン神教的精神に基くものであることが窺はれるのである。如何となれば、元来通仏教義から云へば凡そ世界の国土人民観とも云ふべきものは、右の説話に精神に含まれた所とは根本的に相容れないもので、彼の三位一体主義の如きは寧ろボン神教の信仰を根柢としてそれに仏教の仮面を被らせたに過ぎないからである。即ちボン神教では万有を以て凡て大ボン神の創造によるものと見るから、そこに自から三位一体の観念も生じて来るのである。故にかうした見方に基いて試に彼の説話の構想心理を分解し、以て彼此の照応点を検するならば、次の如く興味ある対比を見出すであらう。即ち仏教の極楽浄土となせるところはボン神教のムユルと名ける天上界に当り阿弥陀仏といふは大ボン神のことであり、極楽より下界せし観音は、天国ムユルより降臨せし神子を指したものである。なほその他の点では、例へば暗黒世界を仏光によって照するとか、国土豊饒にして七穀がよく実るとか、王統が代々連綿として相継くことなど、仏説または伝説を通して散見せられることは明かにボン仏両教の融合せる実相を物語るものに外ならぬ。斯くて上来別個に取扱った第一第二の両伝説も結局その根本思想にさかのほれば、この第三の説話と本質に於て変りのないことを知るであらう。

２．説話とボン教

惟ふに西藏人の建国思想は、開闢以来仏教伝来に至るまでは、純然たるボン神教の信仰を以て基礎とせられたが、仏教が信奉せられるに及んで、それは巧みに仏教色を以て塗りつぶされたと云ひ得るであらう。かうした特種の混成状の信念が、何時の間にか西藏国民の精神を一貫するやうになって、宛もそれが彼等の固有思想であるかのやうに表現されてゐるのである。後世仏教が隆盛を極めた時代に於てもボン神教は依然として信仰界の一部を支配し、今も尚ほその歴然たる勢力が認められるやうに、彼等の仏法信仰中には牢固として抜くべからざるボン教分子が存在することは畢竟これが為めに外ならぬ。

因に建国時の年代に就ては上編第十六章国史に述べたところがあり、又その当時の国名に関する推究は下編第一章国号の検討にて論及するところがある。

六、建国記念祭

毎年西藏暦ホルダ **Hor lda** の正月二日、太陽暦でいへば通例二月の上中頃、丁度我国の紀元節を思ひ起させる時分に、高原の聖都ラサに於ては、達頼法王の宮城と、その直下の広庭との間で行はれる祭典として神人の天縄滑降式が行はれる。この式典の名称は別に存するが今その記録を逸したから、仮に適当な新名を設けて「建国紀年〔マヽ〕祭」と名ける。その由来するところは、往昔天上神が天縄《ムタク》 **Rmu-t'ag** をつたって西藏国に君臨したといはれる肇国の物語を記念する為めであると見なされてゐる。併しその謂れを明かに知らない世俗の民主は、これを以てその年々の西藏の運命を卜占する儀式とばかり思ってゐる。併しそれは恐らく肇国の縁起から意味づけられたわけであらうから、元来の本義を全然没却したものとは云はれない。

式典の模様を簡単に述べるならば、高さ十数層に及ぶ宮城の中層と、城下の石柱とを斜に繋ぐ所の、長さ三百尺ばかりの太縄を、「神」Lha と呼ばれるボ〔ン〕神教の一行者が、荘厳なる祈祷式の進行と共に、徐々と滑り降るのである。その「神」なる行者が安全に著地して勇壮なる武者振を見せたときは、吉運の兆として観衆は狂喜の叫びを連発するが、若しも彼が眩暈を催すとか、人事不省に陥るとか、擦傷を起すとか或は過って半途より墜落するとか或はそれが為め惨死の不幸を見るなど、その「神」の状態または事故の軽重に随って、いろいろと不吉の予感を懐くのである。例へば悪疫の流行、饑饉の発生、内乱又は外寇の勃発、或は天地の異変など、いづれかの前兆として憂慮する。尤もそれは迷信以外の何ものでもないが、不思議にも、古来西藏に起った種々の危難は、凡てこの占が適中したといはれる。昔は宮城の更に上層から五百尺ばかりの長縄を張り下けたものであるが、一度彼の神人が墜死した事件があっ〔て〕から、現在のやうに高度を低め、縄も短かくせられたわけである。

この式典はその起原によって明かなる如く、全くボン神教独特の祭典と見るべきものであるが、今日では事実上ボン仏両教の合同儀式とせられ、式場そのものが既に仏教法王の宮城である如く、時代と共に愈々仏教的色彩が濃厚になって来たのである。ボン仏両宗の融合点は、かうした所にも、よく現はれてゐることに留意すべきである。

第四章　神話と伝説

一、西藏神話の特異相

現代に於ける西藏人の信仰上に顕はれたる特異相と、往古彼等の伝説などに就て考察を試るときは、西藏には曾て本来特有の神話が伝へられてゐたことが容易に想像される。国史の所録を案ずるに、西藏の原始的宗教と見做さるゝボン神教の信奉者の神話を伝へた所の「サンテ・タンルク」Gsang-t'e-drang-lugs の物語が存在することが確められるから、若しもこの種の資料が蒐集されて、研究の新分野が開かれたならば、可なり興味ある発見が斉されるであらうが、果してこの方面の文献が多数に現はれるかどうかは疑問であり、また今日のやうに仏教関係以外の異宗教書典が殆ど絶版同様の状態にあっては、研究上多大の困難を伴ふことを覚悟せねばならぬ。仍て現在では西藏本来の神話は別個に独立して存在するものでなく、たゞその痕跡が彼等の信仰上に認められる程度のものと云ふより外はない。

然らは何故さうした結果に立ち至ったかといふに、その理由は極めて簡単であって、何人も直ちに首肯されるやうに、それは全く仏教隆々たる伝播に基因するものである。抑も仏教は当時の西藏では外来の宗教と目せられべきものであるに拘はらず、何故その弘通が容易であり、影響力が強かったかといふに、固よりそれが伝来と同時に国教として採用せられた所以にも由るが、その仏教の宗教が密教本位であったことが、有力なる原因をなしたものである。西藏本来の神話精神を基礎とする彼等の信仰と、仏教の秘密教旨とが都合よく相合した為に、彼等は終に伝統の神話を惜げもなく改変することができて、全然仏教主義的神話物語たらしめたものである。

かやうに西藏人は仏教伝通と共に、本来の神話の存在の跡を韜晦せしめんと努力こそすれ、それが宣伝はおろか、後世その探究すらも試みやうとしないに反し、欧西の神学者達は、好んで西藏神話の根源的なものを発見すべく努力することを怠らないのは、やはり西藏民族の固有思想の特異点を探究せんが為めである。旧ロシアの神学教授イ・ポポフ **I. Popov** 氏も、その著『西藏に於ける喇嘛教の歴史、教義、教制』に於て、下の如き見解を披瀝してゐる。即ち「太古の純西藏の古伝神話は、仏教の伝説の為に全く圧倒せられ、或は全く改竄毀損せられて、殆ど其原価を窺ふを得ざるに至れり。例せば西藏民族の出処に関する神話の如き是なり」と（石川喜三郎氏訳述書による）。

右に「西藏民族の出処に関する神話の如き是なり」とあるは如何なる神話を指したるか明でないが、西藏人が改変した新しい神話としては完全な仏教説話が存在することは事実で、右は恐らくそれを指したものと考へられる。併しながら吾々はこの事相を以て西藏の特有神話が全然滅却され終ったものとして失望するには及ばない。何となれば吾々は寧ろその新造の神話の構想を窺ふことによって本来的な国有神話の相貌を知り、往古の西藏民族に特有な宗教的心象を想像し得るといふ確信を懐くことができるからである。

仏教説話が如何なる仕組のものであるか、また何を意図して造ったものであるかは、後述に於て示される所の原文の邦訳によって考究できることと思ふ。

二、ボン教の信仰と伝説

本問題に関しては未だ適当な資料を得るに至らないから、甚だ不十分ながら分散的な記録を漁るに止めざるを得ない。

さて前述の資料「サンテ・タンルク」の物語とか、或は現在ボン神教徒の信仰の根柢に横はる思想などから想像するならば、彼等のユウトピアと思惟する世界は、際限なき天空の彼方に恒存せる神霊境であって、これをムユル **Rmu yul**（「ム」と名ける天国の意）と呼び、そこは全知全能の大神を中心として、彼等の祖神並に幾多の諸神が在し、霊的生活を享受する所である。

大神と諸神との関係は本来別個のものでなく、神秘的には大神の霊験発動の化相と信ぜられ、且つ大神そのものも亦「天《ナム》」を本体とするものであって、独乎たる固定的の神格を保持するものでないと見るやうである。

次に世界と人類などの生物の存在に関しては、明確なる観念を懐いてをるものとは思はれないが、極初時代に於ては万物は総て大神の創造にかゝるものとの考へを有してゐたものと想像される。さうした関係からして人類などは大神によって支配せられると同時に、その恩恵をも受け得るものとの信念を持ってゐたやうに思はれる。併し比較的後代に及んでは大神以前の各神神《(ママ)》、又は特に地上の諸神に関しては、逆に人間の或程の力を以てすれば或る程度まで左右し得られるものとの信念をもつに至ったことは事実によって看取せられ、現に彼等教徒の宗教或は信仰の様相などからして明かに観察せられる。たとへば彼等が呪詛、祈祷、加持、供饌などの方法手段を以て、神意を動かし、念願が成就するものと信ずることが即ちそれである。彼のロシアの神学者ポポフ氏もこの点に論及して、「西藏古代の民族は天地を敬ひ、日月星辰山川などの霊に犠牲を献げ、祖先の亡魂が人間と其家とを保護することを信ぜり。西藏古代の宗教にては人間を以て非常に高き位置に置きたるに相違なし。如何となれば、古代西藏の宗教に魔術者呪詛者等は何れも諸神を左右し得るものとなし、一般には人間を以て悪魔悪神の上に置きたる証左と見るべし」と（前記邦訳書による）と述べてゐる。そこで吾々が最も知りたいと思ふことは、極初に天界の神々と、地界の人間との関係に於て、何らかの具体的交渉の顛末が存在したか否かといふ問題であるが遺憾なから吾々は未だその資料に恵まれない為に、たゞ後代の伝説を根拠として朧けながら神代の状態に就て想像を逞ふするより外はないのである。

然らばその伝説なるものには如何なる物語を叙してゐるかといふに、それはたゞ所謂西藏肇国の端緒を示した一片の口碑に過ぎないものである。

当時の物語に就てはさきに一応述べたところであるが茲に権威ある西藏史家スムパ・ケンポの「パクサムジョンサン」**Dpag-bsam-ljon-bsang** の所録に従へば、現在西藏本部の一地域として、ヤルツァンポ（河）の南方に当ってヤルルンと名ける地方があり、そこに連亘せる山彙の一群中に、ヤルハンヤムポイハリ（上神下界神山の意）と称する一高嶺が聳え立ってゐる。「或る日のこと、その山頂に異様の形相をなせる人影が突如として顕はれ、それよりツェンタン・ゴプシ（王原四門の意）といふ所まで降りて来たが、折しもそこで国神《ユルハ》の祭祀供饌をなせる十二人の里人らが見つけて、「汝は誰なりや、何処より来りしや」と尋ねたところが、「吾はツェンポ Btsan-po（君王）なり」とて、指を天空にさしたれば、彼の里人らは思ふやう、これは必ず天上界より降臨せるものに相違ない、まさに我西藏国の君王たらしむるに適はしいとて直ちに彼を肩輿にて迎へ王座を設けて厳かに国王として推戴した」とある。是れ即ち西藏第一代の国王といふべきもので名けて「ニャティ・ツェンポ」Gnya-k'ri btsan po〔gnya' khri btsan po〕と呼ぶ。それは「肩輿の君王」を意味する。

右の物語に於ては彼の異形の人影を以てたゞ想像的に天上より君臨したものと見なしたるやう記されてゐるが、前掲「サンテ・タンルク」の物語によるときは明かに「ムユル」と名くる天国より降り来ったものと記録されてゐるといはれるから、本問題に就ては論議を要しない。

凡そ彼等ボン神教徒の信ずる所に従へば、天上界には「ムタク」と称する「天縄」が懸り、神々はそれを伝って自由に行動し、下界（地上）に降り来るにもそれによるのであると。

因に「天縄《ムタク》」については、これも既に解説したやうに、元来神秘的のもので、吾々の肉眼には映じないが、神々の行空用として役立つ外に、種々の不可思議の妙用を発揮するものと信ぜられる。ボン神教徒はこれを地上の神縄に擬して、やはり「ムタク」と呼び、神飾及びその他の目的に用ふること宛も我国に於ける七五三（注連）縄と全く同様である。

さて吾々は右の伝説に就て、その拠て来る所の淵源を想像して見るならば、必ずやそれに関係を保つ神話の存在を髣髴させられるであらうが、今そうした架空の想像を画くよりも後世その神話が改変せられたものといはれる仏教説話の模様を直接窺った方が一層有意義でありその詳細は後述によって明にせられるであらう。

三、古代ボン神教の相貌

西藏の神話や伝説の根本精神を探るには、ボン神教の信仰を基礎となすべき理由は前来の所述によって首肯せらるであらうが、元来ボン神教の宗教には新旧の両方面があって、両者は形式上大に趣を異にするものであることを注意せねばならぬ。而して今茲に吾々の必要とする所は旧ボン神教即ち原始的な宗教に関するものである。両者の区別は時期的には大体仏教の伝来期（七世紀初葉）を以て区画せられ、それより開闢時代まで遡るものを古代ボン神教とする。新興ボン神教に於ては仏教や印度教などによって濃厚に潤色されてゐるから、それによって西藏固有の純真な民族精神を窺ふことは余り妥当とは申されない。

ところが茲に不都合なことは古ボン神教に関する資料が極めて乏しいことで、今その具体的な説明を試むに由なきことを遺憾とする。併し大体の概念を把握せんがため、次の如く各種の記述の断片を集録して、それに少しく解説を施して見やう。

先づ古ボン神教に於ては、天空に神霊の安楽世界が恒存するものと信せられてゐることは疑問とするに足りないもので、前掲の史書「パクサムジョンサン」の所録にも「ボンポ（即ちボン信教徒）は天空に対して歓喜するが故に」云々とあるによって首肯せられ、また霊界の天上神を崇拝するとともに地上神の存在を認めて信仰する模様に就ても、やはり右の史書に「国神《ユルハ》（地方鎮守の神）を奉祀供饌す」云々とあるによって想像せられる。

凡そ原始西藏の如き混沌たる時代の宗教（或は信仰といふが適当か）に於ては、固より深遠な教理が説かれる筈はなく、概していへば神霊崇拝と、呪詛祈祷と、祭祀供饌などによって罪禍を除き、福徳を求め、死後は天上界に生れて、神々と倶に神霊生活を教授するといふ程度の教旨を以てせるものが彼等の宗教の全部といふも過言でない。即ちそれは西藏でできた仏教最古の聖典の一で、教皇ソンツェン・ガムポ（第三十三代国王）の遺訓を集録したものと伝へられる所の「マニカンブム **mani-bkah-hbum** にも、ボン神教の宗教に就て言及したところに、「病人に就て占卜することと、神に祭祀供饌することと、呪詛を唱へることと、悪魔を打破すること」云々と述べてあるによっても略々想像されると思ふ。

なほボン神教に関する全般的解説は簡単ながら上編第十二章宗教の部で試みた通りであるが更に筆を進めて外人らのボン神教観なるものを少しく紹介して見やう。

先づ西蔵学の権威として知られたるエシケェ〔イエシェケ〕H. A. Jäschke 氏はその著、蔵英辞典に次のやうに記してゐる。即ち「ボン Bon とは西蔵古代の宗教の名である。これを完全に叙述したものは存在しない。たゞそれは魔法を以て主要なる宗風とすることだけは確かである。仏教が国教とせられてから、ボン教は異端とされた」と。また同じく西蔵学の大家として有名なるチャン《〔ママ〕》ドラ・ダース氏 S. C. Das 氏の蔵英辞典には、「西蔵の古代宗教で庶物崇拝をなし、呪詛によって贖罪することを教へたものである（中略）併し現在ではシャマン教 Shamanism の種類たることを示すものである。仏教伝来以前西蔵人の信奉した所であるが現在もなほ若干流布されてゐる」云々とあって、何れも簡単な解説に止まるものであるが、それによって略々ボン神教の何物たるかを想像するに足りる。特に後者に於て吾々の注意を喚起する点は、ボンを以てシャマンの種類と見なすことである。「シャマン」なる神教は元来往古より、蒙古、東部シベリア及び中亜方面に行はれた原始的な民族宗教の一種であって、我国の神道などとも脈絡の相通ずるものと想像せられ、その宗風、信仰ともに古代ボン神教に酷似するものであることは事実である。とにかくその昔西蔵方面に伝播したシャマン教が、西蔵原民族の固有信仰と結び合った結果として新に生れ出た特殊の宗教が即ち「ボン」と名けられた神教と見て可なりと思ふ。

さて古代ボン神教の発祥地であり、又その中心地として知らるゝ所をシャンシュン Shang-Shung（Sang-Sung）〔zhang zhung〕といひ、西蔵の西辺境に当り、マナサロワール湖 Manasarowar L. の西方に横はる地域に属し、同教の開祖といはれるセンラプ〔シュンラブ・ミボ〕Gsen-rubs〔gshen rab mi bo〕の出生地とせられてゐる。同開祖の伝記に関しては未だ史実的文献の存在を見るに至らないが、新興ボン神教の聖典の一なるルブムカルポ Klu-hbum-dkar-po（我国にては「十万白龍」と和訳せる寺本婉雅氏の著述もある）の所説によれば、それは恰も仏教密宗に於ける釈迦仏の霊顕説法の自分に於けるが如きもので、同開祖が釈迦に擬せられた所を一部示せるに過ぎないものである。

前掲史書「パクサムジョンサン」にも同開祖の史実的記録なく、単にその宗風の模様を時代別に指示するに止まる。即ち西藏国王第一代ニャティ・ツェンポ（紀元前四百年代）の時には「スムペィプン」Sum-pai-Bon、第七代シプティ王（同二百年代）の時には「ズルプ」Hdzul-Bon、第八代リクムツェンポ王（前と略々同時代）の時には「ドゥルプン」Dur-Bon、第九代プデクングゲル王（同百年代）の時代には「ルンデゥナムプンセンポチェ」Sprung-Ldehn-gnam-Bon-gsen-po-c'e などの宗派名を掲げてゐる。なほそれら各王も第一代より第二十七代に至る凡そ九百年間は、いづれもボン神教の信奉者であったと附記してある。

仍て若しこの記述に基いて開祖センラプの年代を想像するならば、第一代国王の当時か、或はそれよりも若干以前に遡るかと見られる。彼の「十万白龍《ルブムカルポ》」などのボン聖典説□は神秘と奇蹟に充ち、且つ往古の聖典なるかの如き感を起さしめるが、西藏に於ては紀元七世紀初葉の仏教伝来以前には如何なる正規の文献も絶対に存在しないことになってゐるから、彼の聖典出現の時代の如きも勿論それ以後に属すべきことは改めて贅言するまでもない。

なほ前掲ダス氏の辞典には「テンパ」Ht'en-pa といふ王統の名称の下に、ボンポ教王の歴代名を十一種列挙し、各王はそれぞれ皆その祖先王によって天上界に導き入れられたとある。但しその王統は本来西藏の正式な王統（第十六章国史参照）とは無関係のやうである。恐らくそれはボン神教の神話か伝説的物語に属するものと想像せられる。

序にセンラプ〔シェンラブ〕といふ名称に就て小解を附するならば、「セン」Gs'en〔gshen〕とは西藏古代種族の名称で、印度の釈迦種族と祖先を同ふするものと云はれ、「ラプ」rabs〔rab〕とは「系統」の義である。即ち種族の名称を以て開祖の本名に擬したわけで、宛も釈迦種族に於ける釈迦仏に相当するものである。尤も右はボン神教徒の伝説に云ふ所であって、固より史実的価値は無いものである。それは多分仏教徒が彼等の信ずる西藏王統を以て、古代の釈迦種族の後裔であるといふ説に対応せしめたものであらうと思ふ。姑く記して後日の再検討に譲る。

これを要するに上来の所説のみでは、西藏固有の神話は勿論、伝説といへとも実に漠然たるもので捕捉のしやうがないものである。そこで吾々は更に進んで、その神話なり伝説なりが、新たに伝来した印度仏教によって如何に潤色せられ、或は改竄せられたかを考究するとともに、それによって逆に遡って西藏民族本有の神話及伝説の真貌を想定し、以て彼等の原始的思想または宗教的信仰の模様を窺って見やうと思ふ。

四、仏教「神話」

1．「神話」の由来

紀元六、七世紀の交までは全く未開無文状態にあった西藏人が、彼等の本性たる無敵の蛮勇に駆られて、支那や印度方面に侵略を恣にした結果、図らすも彼等を利した最良の収穫は燦然たる仏教文化に外ならぬ。就中印度仏教より受けた効果は最も著しく、新文明に浴化せらるることによって、一躍未開状態の域より離脱することを得た。それには教皇ソンツェン・ガムポが宰相以下の重臣らを督励して仏教宣伝に狂奔したほどの熱意がその動機をなしたことは云ふまでもない。

西藏人は既に当時より千有余年以前に遡って、微々たるながらも彼等特有の国民的精神に目醒め、その国体の神聖なることを自覚せるもののやうである。併しそれは仏教伝来と共に著しく仏教主義化され、それがため本来固有の神話や伝説が、殆と旧態を止めなくなったことは必然といはなければならぬ。

固よりそれらが仏教「神話」として発達した為めに、構想の規模は改変拡大せられ、所謂西藏精神に合致するやに仕組まれてあるから、仏教「神話」としての全貌を根本的に理解するには、先づ通仏教の宇宙観から発足して、仏陀と衆生（人類その他有らゆる生物を含む語）との関係に就て相対と絶対との両方面より観察を試み、然る後始めて神話の本節に入るが順序であるが、それは余りにも専門学的で徒らに煩を招くに過ぎるから、今はその道程を省略して直に「神話」の本舞台に及ぶであらう。該神話の物語は所謂極楽世界に於ける国主阿弥陀仏の教勅を発端とするものであるが、抑も極楽世界（或は極楽国土）とは如何なる所であるとか、阿弥陀仏（或は阿弥陀如来、または無量光仏）或は無量寿仏とは何かといふやうな問題は予め理解済のものと仮定して叙述を進めるであらう。

2．「神話」の大綱

聖典「マニカンブム」所録の仏教「神話」の構想に就て考察するに、その目標とするところは、西藏人をして専ら仏教の神秘と荘厳と深広なることを感得せしめると同時に、西藏の国土、人民、君主の本来神聖なることを自覚せしめるにあると思へるから、物語の範囲は仏教縁起全般に亘り、西藏国に特有ならざる点にまで説き及ぼされてあるが、今茲に示すところは直接西藏に関係ある部分のみに限ることとする。尚ほこの物語は、その冒頭に於て阿弥陀仏の威徳と、極楽国土の荘厳とを讃嘆せる一章を設けてゐる。これも亦直接必要な事柄とは思はれないから省略する。仍て今是非とも西藏神話として具備せねばならぬ筋書のみを把握するならば、大体次のやうに前後二段の物語に結帰する。即ちその前段に於ては極楽に在す阿弥陀仏が下界の娑婆世界(地球世界)に於ける西藏国の衆生を救済せんが為めに、先づその仏身を変現せしめた、一個の菩薩に化生することによって、この世に始めて観音菩薩といふものの出現を見るに至る模様を明になし、次に後段に於て阿弥陀仏が自己の霊子たる観音菩薩に勅命を下し、愈々娑婆世界に降臨せしめ、以て闇黒に閉されたる西藏国を開発し、霊獣として猿王を化現せしめ、それより繁殖せる種類を人類に進化せしめ、終にそれらを仏道に導き入らしむる素地を作るといふ仕組を叙してゐる。

右の如く「神話」の本筋的な物語を終った後、更に伝説的な叙述を続けて、西藏国王の最初の出現と、歴代の王位の継承の模様を掲げ、最後に仏教伝通の機縁の熟したことを叙してある。

次に原典(マニカンブム)に於ては史実的物語の範囲に説き及ぼし、愈々仏教が西藏の国教として発展する模様を示してゐるが、これは勿論前記伝説的物語とともに、「神話」とは直接関係のない事項に属する。

兎に角今問題とする「神話」の骨子ともいふべきものは、論ずるところ、所謂西方浄土といはるゝ極楽世界を統治せる君主阿弥陀仏と、その勅命を承けて西藏国を目ざして地上世界に降臨する観音菩薩と、開発教化せらるべき西藏の国土と君主と臣民の三位関係の成り立ちとの三要部に結帰することに留意し、更にその上考察を廻すことによって右の三骨子が彼のボン神教の神話的物語の三要部にぴったりと符合することを知るにある。これを具体的にいへはボン神教徒の「ムユル」と名くる歓喜の天上界は、仏教の極楽浄土に当り、次に彼等が天上界より降臨せしものと信じて西藏国に推戴した天神子なるものは、仏の霊子たる観音菩薩に対比せらるべきものであり、また両者の物語の舞台となれる所は、ともに雪有国の称ある西藏とその君民であるといふ三事を指すのである。

思ふにその淵源に於て全く相異なるボン仏両教の思想が、後代両教接触の際、期せずして容易に神速なる融合を遂げるに至った所以は、つまり如上の相対関係より然らしめたものと首肯される。

尤も現代に於ける両教の対立関係より起れる確執状態は、宗派的勢力問題の為であって、根本的な信想〔ママ〕に於ける相対関係に在るものでないことを了知すべきである。

3．「神話」の前段

これは観音菩薩の出現を物語る聖典の一章であって、原文ではそれを「化現身大慈悲（観音を意味する）が極楽にて如何に出現せしかといふ模様を説示する章」と名けられ、次に訳出するが如き物語を掲げてある。

斯くて大慈悲方便の光明無限なる無量光仏（阿弥陀仏）は衆生の為に慈悲を以てみそなはし、男神が教化すべきものに対しては大慈悲者（観音を指す）がその教化者たることを思召され、女神が教化すべきものに対しては陁羅《タラ》女天（解脱女天《ハモドウルマ》を指す）がその教化者たることを思召されて、無量光仏は「大慈悲によって衆生を利益す」と名ける禅定に入りたまひ、右眼より放たる一の白き光線より観音菩薩を化現し、左目より放たる一つの青き光線より陁羅《タラ》女天を化現せり。その化現も亦世界の各国王にして高慢心あるものを教化せんが為め、化現の蓮華より化生せり。そは蓮華有湖と名けられるものに光線を放ち、その蓮華より化現して降誕せるものなり。

抑もその由来は西方極楽蓮華世界に於て、灌頂王族の国王にして、転輪王至上善と名けられ、四部洲に主権を行使し、享受と権力を収持せるものあり。千人の皇后を有せしも王子無かりければ、有らゆる凡ての法の享受を行じ終へるに、その国（極楽）に於て蓮華湖と名ける湖水あって、かしこには蓮華生ぜり。国王が仏陀に供献せらるゝ時、花を捧る快足者（使者或は足軽の如きものか）を遣はせば、彼は花を採って国王に献じ、国王は仏陀に奉れり。

ある時花を採る使者が花を採りに至りし際、その湖中なる一もとの蓮の茎に、鷲〔ママ〕（兀鷹？）の翼ほどの枝があり、葉は楯ほどもあるその真中に、花の未だ開かずして網の如くになれるものあり。大に訝かりて国王にその由を申上げたるに、国王の仰せらるるやう、「その内部には一の化生の権化身が在すこと確実なり。奉迎せよ、奉祀せざるべからず」とて、直ちに皇后と、宰相と、外侍医と、内侍医ら多数のものが国王の御前に列し、湖水に赴くについて、舟とともに、車と、種々の供献として、傘と幡と天蓋と多くの音楽と、アカルとドゥルカなどの種々の薫香と、多くのカシカ布の衣服を携へて蓮華湖に至れり。

斯くて湖水に舟を進めたるに、彼の蓮の花が開き、年の頃十六歳ばかりの少年にして容貌麗はしく、色白く、光沢を放ち、若々として青春に富める若き者、結髪の冠飾を具へ、各種の貴宝にて飾られ、絹布の腰廻(袴《ママ》?)を着け、鹿の皮を肩に掛け、御口より「一切衆生を憐愍す」といふ声を宣吐して出現せり。

斯くて国王は群臣と倶に敬礼し、国王はカシカ布のレプモ(?)《ママ》を以て奉迎し、車にチプガル(?)《ママ》の一切の供献を以て祀り、国王の宮殿に迎へ、奉祀所をしつらへて在しき。その少年の御名も蓮華より生れたるに因み「蓮より生たる少年」とも、或は「蓮花の真髄」とも名けられたり。

斯くて彼の護法の国王は、自己の教説者たる無量光仏に対して、「この化身は何の化身にておはすか、この名は何と申し奉るか」と伺ひたるに、無量光仏は仰せらるるやう、「大王よ、この化身こそ一切覚者(=仏陀)の聖務たる一切衆生の為めの義を行ふものにして、三世の一切善逝(=仏陀)の御心より化現せる、聖観自在尊(=観音)と名けらるるものなり。善男子よ、それぞ天空の辺際と等しき一切衆生の為めの義を行ふに至らん」と宣へり。

斯くて彼の国王は或る時、満月にあたる日に、仏陀に供養をなし、その化身にも亦礼拝と供献とを無限に奉りし時、彼の化身の少年は仏陀の聖務を臆念して、衆生の為めの義を行はんと思召され、慈悲の御眼を以て三界の諸衆生をみそなはし、一切衆生が悪業によって愛慾は水の如く乱動し、憤怒は火の如く燃え、愚蒙は暗黒の如く濃く、憍慢は包物の如く充され、嫉妬は風の如く揺ぎて、我と我が物なることを執持する鉄の桎梏にて固く拘束せられ、流転界の苦悩は火爐と相同じければ憐れにみそなはして御涙を流されたり。

茲に右眼の御涙より陏羅女天と、左眼の御涙より憤怒皺面相女天《トネルチェンハモ》 K'ro-nyer-can を現出せしめたり。陏羅女天の御口より、「善男子（国王をさす）よ、衆生の為の義を行ふに菩提心を修められよ」と仰せられ、又憤怒皺面相女天の御口より「善男子（国王）よ、衆生の為の義を行ふに御心を怠りたまはざれよ。妾達両人もまた、善男子（国王）よ、汝の伴侶たるべし」と仰せられて、再び左右の御眼に消え入りたまへり。

斯くて国王は彼の菩薩少年化身が涙を出されたる時、御眼より二女天を現出せられたる理由は如何にておはすやと問ひたまへば、彼の少年は御口より「涙が出でて忍びざるが故なり。二女天こそは我れが衆生の為めの義を行はんとして委任せしものなり。我れぞ天空の辺際に等しき一切衆生の為の義を行ふにより、大王は翼賛せられよ」と宣へり。

斯くて国王の御口より「善男子（少年をさす）よ、三世の善逝（＝仏）らによっても亦菩薩の当分時（＝因位時）に於ては、汝の如く衆生の義の為めを行ふことによって成仏せしものなり。宜なる哉」と仰せられたり。

（備考）凡そ仏教に於ける「観音」の思想は大乗経典に始まるもので、小乗教徒の認めない所である。西藏に最初伝はった大乗の密教経典中、サマト Sa-ma-tog（宝篋経《〔ママ〕》？）なるものがあり、専ら観音菩薩と、その真髄たる六字呪「オムマニペンフゥム」の功徳を詳述讃嘆したものである。この経典が西藏で翻訳されたのは紀元七世紀の中葉に属するが、経巻そのものが始めて斉されたのは三世紀頃といはれる。

元来印度にて大乗教の興起を見たのは紀元一世紀以後に属するから、「観音」といふ思想の発現もそれより古いものであり得ない。前記サマト経の如きものが果して三世紀に西藏に伝へられたことが事実とすれば、問題の時期は一世紀より三世紀に及ぶ中間かと想像される。

4．「神話」の後段（即ち観菩薩の降臨と、西藏教化の模様を物語る段）

イ、物語の前提　原典に於ては、この物語を始める前、更に幾章かの別段を設け、観音菩薩の願行、懸記、功徳などを中心として、仏教の世界観、仏陀観、衆生観などに亘って、長文の叙述を記してあるが、前言した如く西藏「神話」として直接必要な部分でないから茲に省略することとなし、たゞその物語の連携上予め心得て置くべき事柄についてのみ一言するであらう。

前項に述べた通り、彼の阿弥陀仏の霊子として始めて極楽に出現した観音は直ちに衆生済度の願を成就すべく、父仏の教に従ひ、あらゆる一切の方便を尽し、種々の身相を化現し、遍く無辺の世界国土に於ける無数無限量の衆生を利益する模様は、まさに阿弥陀仏の行願に等しいものがある。殊にその娑婆世界即ち地球世界に於ける観音教化の有様に関しては現に釈迦牟尼仏がその説法中に詳密に教示せられてゐる通りである。

斯くて観音は一応その任務を終って、一旦極楽に還り、再び阿弥陀仏の勅命を奉じ、愈々西藏教化に従事せんとするに当り、先づ観音の化身たる猿王と、陁羅女天の化現たる岩女鬼をして夫婦の契を結はしめ、それより生れたる子孫が観音の教化によって人類に進化し、西藏人種の祖先をなすに至ったことを説かれてある。原典にはこの一章を「一切諸菩薩の最高者たる聖観自在尊が西藏雪有国の人類らに大恩恵を示されたる章」と名けて次に訳出せるが如き仏話を掲げてゐる。

ロ、物語の本筋

斯くて諸菩薩の最高者、聖観自在尊は（註、前に註解せし如く他方《〔ママ〕》世界国土に於ける一切の聖務を終へて）極楽に至れり、その時無量光世尊は（註、観音に対して）「大慈悲を保有せる菩薩汝よ、かしこに雪有の王国と名くる国あり、未だ釈迦牟尼世尊の教化せらるべき所とならざるにより、彼の尊躯の御足にて踏まれず、御言葉の光線にて覆はれず、御心の冥福にて恵まれざれば、汝は雪有（＝西藏）の衆生を最初は物質を以て統べ治め、次に仏法の恵施を以て教化せよ。斯様にしてそれらの子孫を熟化せしめよ」と仰せられたり。

斯くて観自在尊は（註、阿弥陀仏）の御許を辞して地上世界に降臨し、南印度の突端に位する―ポタラ山の頂上なる、各種の珍宝よりなれる館に至りて、雪有国（註、即ち西藏）に於ける教化すべき衆生をみそなはすに、仏陀の教法なく、夜間の闇黒と同様の闇に包まれたるを御覧じて、かしこに生れたる衆生らは、宛も湖水に雪の降りたる如く、上方に打出でたる所なく、下方に悪趣として到り、それより脱出することなく、鉄箱の口が塞がりたるが如きを見たまひて、左手の掌面より光線を放ち、「ヒルマンジュ」といふ猿王菩薩を化現せしめたり。斯くて雪有の王国（註、西藏）に於ける人間の衆生を繁殖せしめた〔た〕め、猿王に向ひて、「猿王よ、汝は北方なる雪有の王国について沈思し能ふか」と問ひたるに、彼は「沈思し能ふ」と答へて、五定律の誓を立てたり。観音は深くして広き教法を説き示したれば、彼の猿王は変幻神通力によって雪有国に到り一塊の巌窟に入って沈思せり。

さて西藏は九ケ州ありといはれ、その貴宝光の州と名けらるゝ所の、上方の三国は、板岩と雪との間に於ける象と鹿とが支配をなし、またルシ地方なる稈葉の州と称せらるる中間の三国は、小岩と原野の下方に於ける岩鬼と猿とが支配をなし、孔雀の下州と称せらるる下方の三国は森と渓谷に於ける鳥と鬼とが支配をなし、人間の衆生と称せらるるものは其名すらも無かりしに、一日ある時のこと、一の岩女鬼は愛慾が盛に起りしより、女猿の姿に化けて、沈思せる猿王の許に来り、下身も露はに足掻を示し、情慾に堪へ兼ねたる身振をなし、七日の間かやうになせしも、予て望みしやうには猿王の心を動かすに至らざりき。

斯くて岩鬼の思ふやう、自己の色と容貌とが美しからざるによって報はれるものなりと考へ、一度ある日のこと、着飾れる美人の女に化けて、乳房と下身も露はに足掻をなして、情慾に堪え兼ねたる身振をなしたれば、彼の猿王は不図一瞥を漏したれば、それに彼の女鬼は機会を見出して、猿王の側に身を寄せ「汝と夫婦にならん」と云へば、猿王の答ふるやう、「我は観自在尊の弟子烏婆塞《ウバソク》にてあれば、夫婦となることは宜しからず」と。岩女鬼の云ふやう、「あゝ猿王よ、妾を憶ふて聞こし召せ。妾は業によって女鬼の種族と生れ、愛慾によって汝を恋ひ慕ふ。恋ひ慕ふ故に汝を廻り願ふなり。若しも汝と夫婦にならざれば、終には男鬼と一緒になりて、日毎に生きもの万づつ殺し、朝毎に生きもの千づつ食し、女鬼の児を多く産み出し、この雪有国の方々を、鬼の王国たらしめてよりも、地球世界凡てを鬼が食ふべし、されば妾は茲に死すと致さん。死して妾は業によっても、妾は堪へ難き地獄の在所に堕ちん。誓も益なく、汝に罪は至るべく、菩提心の誓も破るならん。今より妾を憶ひ憐んでみそなはせ」とて苦悩の叫びにて涙は血と流れたり。

斯くて猿王菩薩は憐愍の心を以て彼の女鬼の姿を熟視して考へしも、如何になすべきかを知らず、若しも我は彼女と結婚して夫婦になるならば、菩提心の誓は破らるべく、また夫婦とならずして若しも彼女が死すならば、罪は一層大なるべし。菩薩の僧正、観自在尊に伺はざるべからずと考へて、神変力をポタラ山の館に至り、僧正観自在尊に敬礼して申すやう、「あゝ衆生の守護者大慈悲尊よ、我は烏婆塞の誓を生涯守りたれど、妖魔種族の女鬼の情慾心あるものが我を愚弄してか誓を奪はんとなせり。如何にして我はその誓を守らんか、慈悲守護の尊師は我を許されんことを請ふ」との念願を陳べ（更につづけて）「彼の女鬼は云ふに、汝と夫婦にならざるべからず、若しもならざれは命を捨て汝に罪を致すべしと、吾等は夫婦になるべきや、如何に致すべきか」と申せしに、聖者（観音の仰せに）「それぞ真に宜なり、汝と夫婦になられよ、それは厄禍とはならず、仲よく行くことにあれば、終には雪有の王国に汝の子孫が繁殖して人間となり、仏法が弘まるに至るが故に最上事となるべし」と宣ひたり。聖母陁羅《タラ》女天の御口よりも亦、「それによって人間の衆生が繁殖して仏法の拠所となるべし、寔に宜なり」と仰せられたり。

斯くて彼の猿王は岩女鬼の死せんことを恐れ、神変力によって速かに雪有王国の以前の場所に到りて岩女鬼と夫婦になりたれば、九ヶ月と十日にして六趣より転生せる六児が生れ、父は猿なるが故に身体は毛にて掩はれ、母は岩女鬼なるが故に尾なく、顔赤く、姿醜し。一は天より転生せし故に閑散に心を用ひ気長きものとなり、一は非天（＝阿修羅）より転生せし故憤怒粗暴にして争闘を好むものとなり、一は人間より転生せし故情慾熾んにして、人間の財宝を好むものとなり、一は地獄より転生せし故憤怒獰猛を具へ、其痛甚だしきものとなり、一は餓鬼より転生せし故、身相醜く、食に就て悪しく、貪慾甚だしきものとなり、一は畜生より転生せし故、善不善を計ることを知らず才智なきものとなり、それらも亦顔赤く、肉と血を好み、頭髪を有し、身体に毛を生じ、言葉を知れるものとして生れたるなり。その児等にはまた彼の母の岩女鬼が何時も児らが餓えたるときは食を与へに来り、また彼の父の猿菩薩は南方なる「孔雀群有」と名くる杜に猿の仲間として連れ行きたり。斯くてそれらの雌猿と一緒になりたれば、父猿が一年を経て見に行きたる時は、夏の季節には雨と太陽とに苦しめられ、冬の季節には雪と風とに苦しめられたるに、食物と衣服がなければ父祖なる猿菩薩は振ひ《ママ》上りゐたり。五百の猿の児どもも、その父の側に集りて泣き、父に対して、「何を食し、何を着るか」と云ひて、多くの手を岩間の間隙より差し伸べ来れりといふ。父猿はそれを見たるところ、食衣なく、子孫らは真に衰弱して、苦痛の姿に憐れなるものとなれり。彼等が食ふべき木の実など尽きてありたれば、彼の父猿は木の実などを採り来りて与へたるに、彼等はそれを取らざりき。父猿自身も憂悶して、身体の凡ての毛は抜け落ち、手足は凡て刺が《ママ》され、尾も生ゆるまゝに失せ、老衰と苦悩とよりして父猿は思ふに、我れがかやうに是等の苦痛懊悩を受くるは何によるかとならば、是等の猿児によって受くるなり。それは何によって受くるかとならば、観音僧正と陁羅聖母の宣託が実成せしことによって受くるなり。あゝ併しながらこれぞ自己の往昔（前生）の悪業にてこそあれ、聖者（観音）に於ては咎なければ、尊師に対しては憤怒と邪道の念を持つべきにあらず。さて如何になすべきか。聖者の方（観音）に尋ぬべきなりと思ひ、神変力によってポタラ山なる館に到り、聖者に敬礼し、御前に坐して斯の如く言上せり。「あゝ夫婦は妖魔の獄舎とは知らず、女は悪魔の桎梏とは知らず、子は輪廻の悪魔とは知らず、愛慾は有毒の業とは識らずして憐み愛して我は偽られ、愛慾の泥河に沈み、苦悩の山岳に圧せられ、懊悩の毒物を飲んで悪疫に冒されたり。苦痛の病にて我自身苦悶するならば、輪廻の在所に我自からを繋縛せるなり。無明（無智）の闇に閉され、遅疑の網に掩はれたり。さては如何にしても児どもらを養育致さんが聖者が御命を下されたりしにより、我は斯くの如くになれり。後には地獄に落ちんこと疑なし。されば我を憐れみ救護せられんことを請ふ」と念願を陳べて、更に「僧正（観音）殿よ、我は岩女鬼と夫婦になりし故多くの児らが殖へて養育できず、我れ自身も苦悩し、身体も斯の如くになりたり。さて如何に致さんか」と申したれば、観音の御口より、「西蔵雪有の国は暗き闇に同じ。非人の衆生が支配をなして、我が教化すべき処所とはなりてあらず。これらを人間の衆生として繁殖せしめて高界（注、天界と人間界）と解脱を得せしむる為めに汝を遣はしたるなり。汝は我に対して疑惑と二心を懐くなかれ。それらの児らは終には人間となり変るにより、或るいつの時にても我れの教化すべきものなれば、汝には罪なく、解脱の分〔ママ〕には合致せり。誠に宜なり。苦悩あることを思ふなかれ。それら汝の子孫をも、物質の恵施と仏法の恵施との両方によって護育せよ。それら汝の子孫には二種となり変りて、父の種族は信心篤く、憐愍深く、智慧に長け、精進に努め、甚深の法なる空理を恒に確信し、少なき善根を以て満足せず、広大なる才智を具有し、大智慧菩薩の種類といはるるものとならん。或るものは母の種族となって、殺生を好み、肉血を好み、商売と金儲の用事を好み、体力と心力強く、不善を好み、他人の過失を聞くことを喜び、手足を落付けてをれず、眼は人をぢっと見てをれず、最賤族たる肉食種といはるるものとならん。

　それら汝の種族の食扶持はこれなりと仰せられて、大麦と小麦と、大豆と、小豆と、籾など七種（注、後述参照）を与へ、「雪有の国の中央部に播けよ、穀物は成熟して増収あるならん」と宣ひて、猿に賜はりたり。なほ猿に対し、岩女鬼と夫婦になりし賞与の態として、金銀銅鉄などの粉末を手に一杯づつをも雪有の国の国の方々に撒き散らして、土地が貴宝の発産源となるやうに祝福せられて、「それらの子孫が人間となりかはれる時、追て貴宝の金銀などによって生活するに到るべし。貴宝の発産源もその時々に開発せらるべし」と仰せられたり。御舌の一滴の唾を雪有の地方に撒きて、「時々に菩薩の化身、護法の憤怒皺面相女天《トウニエルチエンハモ》がそれぞれ中国に出現すべし」と仰せられたり。

　斯くて彼の猿菩薩は神変力によって雪有なる中つ国に来りて、心地よき広き、暖かなる土地の、中央の部分に拠れる国にて、各種の穀物の生ずる、九種の所欲（注、多種の功徳の意）を具へたる所に播種せり。

　斯くて彼の猿菩薩は猿の児らを夏は孔雀群有の杜にて護育し、秋には予て播きし穀物を見に行きたるに、播きし穀物は悉く成熟して黄はみてありしかば、猿の児らを呼び寄せて、それを示し、「これらは、聖観自在尊が卿等に食扶持として賜はりしものなればこれを食せよ」と告げたり。これよりその地方をソタン So-t'ang（食原の意）と言い伝へられ、当国に於ける最初の食糧原〔ママ〕（注、産源の意〔ママ〕？）にてあるなり。また後世西藏は貴宝の発生源（産源）となることも、聖観自在尊が祝福を恵まれたることによるなり。以上は物質によっての統べ治めなり。

次に仏法によっての統べ治めは、斯くてまた聖観自在菩薩は左手の掌より光を放ちて、光線の端より相好円満なる一少年を化現せしめ、雪有国の衆生にして、人にも非ず、猿にもあらず、尾なく、身体は毛にて覆はれたるが、西藏雪有の王国の何処にも在住せるそれらの人間に入り込ましめければ、それらは（少年に向ひて）「汝の美しき身体は何より生じたるか」と問ひたるに、「我は十不善を棄てゝ十善を行ひしによりて生ぜるなり」と答へたり。「然らば我らに対して汝は教ふべし」と云ひたれば、彼の化身の少年は十不善を棄てゝ十善を行ふことと、六種の彼岸に到ること（＝六波羅蜜＝六度）を行うことの教法を説いて語るやう、「卿等は衆生の生命を断たずして木の実と穀物を食せよ。与へられざるものを取ることと、相互に宛がひの食扶持を盗むなかれ。愛慾によって横しまに行ふこと（＝邪淫）と、相互に我（なるもの）を把握することを作すなかれ。詐り真ならざることを言ふなかれ。相互に誹謗することと、不和とをさし入るなかれ。和合を分離するなかれ。粗暴なる言葉を以て相互に争ふなかれ、相語るなかれ。嘲弄の言葉を以て相互に快からざる話を語るなかれ。他の者に無ければ喜び、自己に有れば喜ぶ利己心を起すなかれ。他人を危害しなす害心を起すなかれ。十不善の法を棄てて、十善に赴くことにてあるにより、不真実を思惟する逆見を起すなかれ。殺生を廃め、命を助け救へば、寿命は長かるべし。盗偸を廃め、他者に恵施すれば、飲食物は潤沢なるべし。不純に他人の妻を冒〔ママ〕せば、悲惨なる友を見出すならん。偽を云はず、真実を語れば、確実なる言葉と信頼とを得るならん。誹謗をなさずして、和合すれば、凡てのものと調和すべし。粗暴なる言葉を話さずして穏かに、確かに、密かに話せば、何を語るとも聴かるべし。出放題の言葉を話さずして、密かに話せば、皆のものが信頼すべし。貪心を起さずして利益心を起せば、凡てのものを慈愛するに至るべし。逆見を起さずして、仏法を真実に執持すれば、仏法と契合すべし。十不善を棄てて十善を行へば、身相福徳円満すべく、天上と人間とに生るべければ、汝等もまた十不善を棄てゝ、十善を行へよ」と告げたり。彼等もまた十不善を廃めて、十善を行ひたれば、容姿いよいよ佳にして、美しき人身となれり。

斯くてまた彼の化身の少年は、人間の衆生と生れ変りたる彼等の中に到りて六波羅蜜（六度）の法に就かしめて（云ふやう）「あゝ人間の衆生となることは稀なり。地獄、餓鬼、畜生の三趣に生れしならば、我が義をも成就せざるなれば、況や他の義を成就することをや。地獄に生れしならば熱寒の苦痛は無限なり。畜生に生れしならば殺戮愚蒙の苦痛は想像を越えたり。今人間に生れしことは福徳あることなり。卿等は恵施を与へよ。入用物と享楽は無量なるべし。貪慾は苦痛なるものにて、貪慾は我が義をも成就し能は［ぬ］なれば況や他の義をや。貪慾が熟成すれば三悪趣に生れて、苦悩を嘗むべし」とて恵施の彼岸に到達することの法を説示せり。

「戒律を守れよ、天上の身と人間の身を得べし、乱態〔ママ〕は我が義をも成就し能はぬならば、況や他の義をや。乱態の熟成は三悪趣に生れて苦悩を嘗むべし」とて戒律の彼岸に到達するの法を説示せり。

「忍耐を持せよ。佳なる身体と、相貌を具備するに至らん。憤怒は我が義をもなし能はぬならば況や他の義をや。憤怒の熟成は三悪趣に生れて、苦痛を嘗むべし」とて忍耐の彼岸に到達するの法を説示せり。

「精進を力めよ。精進は白法を得て、増上するに至るべし。怠惰は我が義をなし能はぬならば況や他の義をや。怠惰の熟成は三悪趣に生れて苦痛を嘗むべし」とて精進の彼岸に到達するの法を説示せり。

「禅定を沈思せよ。心を均等に置くによって法爾の義を見るに至るべし。心の動揺は我が義をも成就なし能はぬならば、況や他の義をや。心の動揺の熟成は三悪趣に生れて、多大の苦痛を嘗むべし」とて禅定の彼岸に到達するの法を説示せり。

「智慧を修めよ。智慧は一切法の自性を知って三界流転より越え出で、苦痛より脱れ出でたる一切知者の聖位を得るに至らん。愚鈍は苦痛にして、愚鈍は我が義をも成就なし能はぬならば、況や他の義をや。愚鈍の熟成は三悪趣に生るに至るべし」とて、智慧の彼岸に到達するの法を説示せり。

また彼の大慈悲尊者（＝観音）の化身なる少年が、十不善の逆なる十善の法を説きて戒律に就かしめ、六波羅蜜の法を説きて、不調和の六煩悩を去り、身体は愈々麗はしくなり、心は法と愈々相応するに至り、今や殊勝なる身体の人身を得て、仏法を修むるの境地と生れしことは、仏法と心とが結合し、仏法を自然に楽しみなしことにて、至上大慈悲聖観自在尊の恩恵にてあるなりと。

ハ、物語の検討

上述の「神話」に就て、これを単に西藏人が仏教に基いて造り出した神秘的な一場の宗教物語に過ぎないものとして、漫然看過することは許されない。何となればこれを注意して閲読するときは、そのうち西藏風に物語られたる特別の仏教「神話」であることを特色づける所の、総別の二方面が存在することを看取されるからである。その総体的特異点に就ては上来屡々指摘した如く、この物語の仕組が、西藏固有の神話を改竄修飾した点にあることで、茲に再び前述を繰す必要はない。故に今検討を必要とする所は他の一の方面であって即ちその物語の部分的な局所に関して、特に奇異の感を起さしめる事相に存するのである。これを詳述することは却て煩を加へるに過ぎないから、その最も主要なる点のみに就て次下に略述を試みるであらう。

a．猿に就て。猿を人間の祖先と見ることは必ずしも西藏神話に限ったのでなく、当時の所録にも印度の或る王族の如きは猿を祖先とするやに伝へてゐる。

抑も猿祖説は一般に神話や伝説の領域を出でて、近世に至るまでは、極めて薄弱なる議論ではあるが、一種の学説として論せられたものである。兎に角猿なる動物を日常目撃せる人々には、そうした考が湧き出るのは当然であると云へるが、西藏高原の如き寒冷の地に於ては、猿類は普通に棲息しないものであり、筆者数年間の西藏旅行中に於ても特に飼育せるもの以外には、自然に山野に棲息せることを見聞したことはない。

猿が最も普通に見られる所は多くヒマラヤ山脈地帯又は東部西藏及び南東部西藏などの比較的高度の低ひ方面の辺境地域で、幾分温暖な所に限られるやうである。大体西藏高原の状態や気候の点などから考へて、自然的に棲息しないといふ説が本当かと思ふ。然らばなぜ猿を神話に取入れたかといふについて、色々説をなすものがあり、或るものはそれが人間に最も近いので人間の祖先をなしたものであるからと云ひ、或るものは単なる印度物語の模倣である以外に、特に意味をもつものでないなどと云ひ、定論を見るに至らないが、或る識者の見方として相当に根拠ありと云はれる説によれば、当時の西藏領土の範囲が、現在よりも更に広く、南はヒマラヤ山脈を踰えて印度平原まで延びてゐたものとなし、従って今日のブータン、シッキム、ネパール、カシミルなどのヒマラヤ山麓、若くは裾野地域は、大西藏国の一部分をなしてゐたものであると見て、紀元六七世紀の交に西藏軍が支那及び印度を侵略したといふ史実から推しても、如上の地域を以て西藏領と見なすに十分の理由がある。果して然りとせば、それらの地帯には普通に猿類の盛んな繁殖を見る所であるから、この動物が物語に取り扱はわれるは寧ろ当然といはねはならぬといふのである。

因にこの推論による地域の見方は次記の各事項の解釈上にも有力なる根拠を提供するものであることを附言してをく。

b．岩女鬼の問題。これは岩窟に棲む妖怪的な鬼といはれるが、事実上さうした怪物があり得ないから、この考も亦何かの実在物を基礎として生じた迷朦の所産であらう。尤も西藏高原の山岳地帯に於ては至る所に岩窟があり、山豹、狼、熊などの隠場所とはなってゐるが、所謂鬼魔の類に紛れるやうな動物は見当らない。仍てこれもやはり猿と同じくヒマラヤの南麓に近い亜熱帯に属する地方に住む猩々とか狒々の類を指すものでないかと思はれる。物語の岩女鬼の特徴を記した所に、顔赤く、尾なく、性慾に富むものとしてあるによっても、右の想像は当らずと雖も遠からずである。また実際問題として考へても、猿と同棲して繁殖し得る動物は猩々狒の類以外に適当なものを見出せないのである。

c．象と孔雀。これは絶対といふてもよいほど、西藏高原の如き寒地帯には自然的に棲息し得ない動物である。印度に於ても、象は熱帯及び亜熱帯に産するが孔雀は主に熱帯地方に限られる。この種の熱帯性の動物を物語中に取り入れることとなった動機は、やはり物語作者の環境に於てそれらを見出したことに存すると思ふ。特に興味あることは九ヶ州よりなる西藏国の下三州は「孔雀の支配」するといふことと、次に「孔雀の居る森」を「南方」にあると述べてあることであって、神話といってもかうした現実と関連せる問題に触れてゐることは注意すべき点である。今若し吾々をして最も自然的な見方を以てせしめたならは、西藏の神話として取扱はるべき動物は、その高原に特有なる羊類とか犛《ヤク》とか、狼、山豹、鹿、熊の野獣類であるとか、鳥類ならば鶴、鴨、雁、鷲、兀鷹などであらねばならぬと思ふが、さうしたものは取扱はれないで、殆んど凡てが印度平原に属する地域に住むものが選ばれてゐる所に、疑問を懐かねばならぬのである。そこで吾々としては本物語は少なくとも印度の境域に属する方面で作られたものとの想像を逞ふせざるを得ないのである。従って当時の西藏国領域の範囲問題も研究の対象として興味がある。

d．穀物の種類中に籾を算へあること。上掲引用の物語の文句中には「七穀」とあるにも拘はらず、ただ五穀の名称が列べてあるに過ぎないが、同じ原書の他の章には明に「五穀」と記してある。何れにしても「籾」の名が挙げてあるからには、稲（米）の産出あることを認めねばならぬ。然るに事実上、今日の西藏高原に於ては米を産しない（但し東部西部西藏の低原地帯にては極微々なるながら陸稲を産する所がないではない）。これも前述の動物と同様に印度方面に関係した問題であるから、単なる説話に過ぎないものと見るか、或は例の領域問題によって解決するかの二途あるのみである。

e．七穀（或は五穀）を播種栽培せし地域。本物語にはその地方を称して西藏の中央部なりと記し、所謂「中国《ウユウ》」または「中つ国《ウユキユル》」の呼称を以てし、その地方の模様を叙するに、「心地よく、広く、暖かな土地で中央に拠れる所。各種の穀物を産し、多くの所望の条件を具備する所に播種した」としてある。ところが現在の西藏高原には右の如き記述に合致するやうな地方は事実上見当らないのである。これもやはり物語として理想地点を示したに止まるものと見るか然らざれば例の領域範囲の問題によって解決するより外はない。

この点に就て一の興味ある問題は西藏の国号に関するものであって、後代の伝説には明に国名として記されてあるが、「神話」の部に属する物語には前述の如く「中国」といふ語以外に特に国名と明記してある箇所は見つからない。併し今日実在の事実に立脚してこの神話の叙し方を考慮に入れつつ想定を試みるならば、たとひその明文は存在せずとも、確に「五穀豊饒の国」と呼ばれたに相違ないのである。

然らば現在の事実とは果して何をさすかといふに、現に西藏国の史実として、「米実る国《レンジヨン》」Hbras-ljongs と呼ふ一地方が歴然として存在することである。この地方は上世より西藏領土の一部をなしたものであるが、十八世紀の末葉に及んで英領印度の保護国として割譲せられた処で、今日吾人の用ふる地図にシッキム Sikkim と記せる一区画の地域をさすものである。ここは即ちヒマラヤ大山脈の南側の地方に属し、彼の「神話」の文句を適用するに好箇の地域である。勿論西藏人は今日でもこの国を呼ぶに旧来の国名たる「穀物豊饒国」または「米実る国」を意味する「レンジョン」の名を以てすることなどから考へるときは、西藏の古代の領域の範囲は現在よりは遙に南方に延びてゐた事実を裏書するとともに、西藏国の名称が曾てはさう呼ばれたことのある証左と見ても差支ないと思ふ。

併しながら今強いて西藏高原に於て、彼の物語に記すやうな土地柄を物色するならは、既述の如き最古の伝説にあるやうに、天上神の君臨を物語った地方のヤールン Yar-lung が即ちそれに当る。「ヤールン」とは「高国」を意味するが、現在の通俗名は「ポカ」Lho-ka（南部または南国の意）と呼ばれ、西藏高原の他の部分に比すれば、気候も幾分温暖に近いといふべく、地味も豊饒であり、住民も多く、且つ西藏貴族の発祥地でもあり、又多くの寺院の存在する所といはれる。尤もこれを前述のレンジョンとかヒマラヤ麓裾地帯に比すれば、まさに雲泥の相違がある。

f．金銀などの産源と呼ばれること。この物語も幾分か事実の上に立つもので、強ち架空虚構の妄想説として排斥すべきものでなからうと思ふ。蓋し現在事実上西藏の多方面より金銀銅鉄などの産出があり、殊に砂金の豊富なことは古来の史実が証明してゐる。西藏では金属の発掘が比較的早くから行はれ、農業の開発と略々同時代であったやうに記録されてゐる。そは固より伝説時代に属する事柄で正確な年代は知る由もないが、西藏王統次代を以てすれば第八―九代の両王の世とせられるから西暦紀元で云へば多分紀元前二百年頃かと想像せられる。

五、結　述

上来縷述した所はただ本問題の概要を示したものに過ぎないが、略々それによって西藏神話と伝説の外郭を髣髴し得るものと信ずる。若しも更に古き資料を獲得することができたならば、多少興味ある研究の結果が齎されるであらうが、本既述だけては未だその域に達しないことは遺憾である。唯僅かにその一局部に於て、我国の神話または伝説に見られるやうな片鱗が窺はれる点に若干留意を要することと思ふ。

尚ほ彼等民族の起源の根本的研究より始めて、その思想、信仰、習性、言語、用器などの諸点に関して、些かなりとも我等の祖先民族と共通する所があることを学び得たならば、西藏研究といふ一問題もまた、吾々にとって強ち無要のものでないと言ひ得るであらう。

六、仏教伝説

1．要述

西藏固有の神話が仏教の伝来とともに著しく仏教化されたと同様に、この国の伝説も亦概ね仏教主義を以て始終してゐる。西藏の古代宗教たる天神崇拝のボン教徒間に伝へられる物語は嚮に述べた通りであるが、それに対して仏教徒は又別種の説話を伝へてゐる。往古の伝説が朦朧として捕捉し難いに反し、新に造られた仏教的伝説は比較的条道の立った尤もらしき説話を撰成し、仏教「神話」と、後世の史実的叙述との連繋を巧に保たせある所にその特色が認められる。ボン仏両伝説は元来本質的には同じ物語と看做さるべきものであるから、その根柢に於て両者が一致する所あるは当然といはねばならぬ。即ち西藏の建国に於ける国王奉戴と、王統の確立とがそれである。

今両説話の特異相の主なる点を対照するならば、ボン神教徒は天地開闢以来の物語を徹頭徹尾天国のムユルに置くが、仏教徒は「神話」の部に於ては極楽世界を以てし、伝説の部には印度を以てする。但し「印度《ギャカル》」Rgya-dkar といふやうな地理上の呼称を用ひずして、特に「聖国《パユル》」Hp'ags-yul といふ尊称を以てする。

次に仏教徒は西藏の太古の状態を以て洪水弥漫の場所とするが、ボン神教はそれをどう見るかは明でない。前述の神話検討の項にて述べた「米実る国《レンジョン》」に伝はる神話的物語には、明に洪水説を唱へてゐる所から想像すれば恐らく西藏全体に対しても、やはり洪水説を以てするものと見られる。

次に歴代の王統の各王に関しては、仏教徒はその第二十七代までを悉くボン神教信奉者とするが、ボン神教自身はどう見てゐるかも疑問である。何となれば彼等は別に神霊的な天孫王統を立ててゐる模様が窺はれるからである。

要するに古代ボン神教徒の所伝が微々たるものである上に甚だ明瞭を欠いてゐるから、両者の比較は十分に試みられない。結局は仏教伝説から逆に想定を試みて、ボン神教に於ても斯々の模様であったであらうと云ふより外はないのである。尚ほこれら考察上の資料は主として史実パクサムジョンサンの所録によるものであるが他に異説を録した文献もあり一概に定論することは妥当でない。

2．西藏人と国名の起源

パクサムジョンサン史の所録によれば西藏人種の淵源を、ある印度人軍団の移住に始まるもの〔と〕見て、左の如き物語を記してゐる。

「西藏に人類が棲み始めたことについて種々異説を見るが、「ハレブルチュンキトゥパ」といはれる書の解説本の所録に従ふならば、昔印度に於て未だ仏陀の出現せざりし以前に、争乱の世があり、その初期の頃に、パーダパ王の王子とカウラバ王の十二軍団とが戦ふたとき、後者が敗れ、その一指揮官たるルパティなるものが、一千人の部下とともに女装に扮して西藏に逃れたことから、西藏人が繁殖したと説くものがある」と。

因に別の史書テプテルコンポ Deb-t'r-sngon-po の所説によれば、西藏本来の国名なる Bod（ポッドプゥ）といふ呼称はこの次代から用ひ始められたものであると。

3．洪水状態の説相

西藏の太古を以て洪水状態にあったとする説について次の如く述へてある。

「次に架空の物語を好む一派の説によれば、昔印度人パタンバサンゲェといふものがあって、西藏に七度び往返した。その最初の時西藏の国は一面の水にて満されてゐたが、第二回目の時は減水してゐたといふ。固より西藏のその方面をツォナ Nt'so-sna（種多湖）と呼ばれるやうに、湖水ばかりて満ちてゐたかのやうに思はせるが、実はそれほどのものでなく、ただ南北の二つのユムツォ Gya-mt'so（瑜湖）が相連なれるものに対して名けたと見るものが多い。抑も彼の印度人云々といふ説は全く出鱈目であって、彼れの出生時（西暦十世紀頃《〔ママ〕》？）は勿論のこと、それよりも遙か以前、釈迦仏の時代（同紀元前五世紀）に於てすらも、現に西藏国の実在してゐることが律部の教旨とか、トゥコル（時輪経）の密教儀に於て屢々説かれたことであり、況や更にそれ以前に既にルパティの一軍団が遁入し来ったといふに於てをやである。その他の記録にも西藏国の実在せることを指摘せるものがあって、国全体が水中に没入してあったかのやうに説くことは間違である。

併しながら、彼の洪水説を唱へる根拠は文殊師利根本密呪《ジャンペイツァギュ》 Hjam-dpal-rtsa-rgyu の文句に「我が世より百年にして、雪有国の湖は減水し、娑羅の森林生すべし」とある仏説に依拠して主張せるものであるが、その経文の意味は、彼の南北の瑜湖《ユムツォ》が現在のものよりも幾分大なりしことと、ツォナ（多種湖《〔ママ〕》）などとあることも、他にもまた多くの小湖があって、それが少しく減水せしことと、殊にキチュ Skyi-C'u（河名）の下流地方（所謂ラサ平原を中心とするもの）に於てオタン H'o-t'ang といふ小湖が存在したが、それも減水して、そのあとに仏聖殿や、樹林ができて、仏法が弘まることを意図せられたものと見るべきであるから、ただそれだけの経文意を以て、西藏国全体が水にて弥漫し、人類など一として棲存しなかったとする必要はないのである。

又あるものは聖ツォンカパ上人（新教即ち黄帽派の開祖）がガンデン（寺名）のコッパリ（山名）より、地下藏在の法螺貝を取出した場所が、当時の水際であるといふけれども、それは単なる物語に過ぎない。若しも実際彼の上人が赴かれた時、高き山頂まで水が達してゐたとすれば、その水流がいたり得べきド・カム（Mdo-K'ams ―西藏の東部及東北部の地方名）や、支那などの地面など、彼の山頂よりも低い所は、悉く水に浸されることになるわけで、認識の誤も甚だしく、事理を弁へずして出放題を云へは物笑の種となる」と（以下略）。

4．洪水説の見方

上掲の如き洪水説に対するパクサムジョンサン史の著者の批判は一応尤もな議論で、それは西藏人でなくとも、そのころとの文明国の学者の知識を以てしても、恐らく同様の観察を下する［に］違ひないであらう。併し今日の如く発達せる地文学または地質学上から推論したならば、曾て遙か有史以前に遡って見れば、西藏地方全体が宛も海洋の如く、大水を以て満されてゐたと看做しても決して荒唐無稽の臆説として葬り去られないもので、有力なる学術的論拠から、十分な推論が行はれ、従って右の物語も真相に基いて起ったものと見ることができるのである。

この洪水説は西蔵民族の思想に可なり強く印せられたものか、右の如く伝説や経典に述べてある以外に、現在でも彼のレンジョン（米実る国）に於ては、簡単な神話のうちに洪水説を物語ってゐる。ヒマラヤ大山脈中、峻嶺群り聳へ立つ所に於てすら、想像にも及ばぬ洪水説を伝へる所以は、蓋しその住民が本来西蔵民族の一部をなすからであらう。

パクサムジョンサン史の著者も前掲の如く一度洪水異説を打破しては見たものの、それが明かに仏説中に示唆された点より反省したものか、その叙述の次の段に至って左の如く述べてゐる。

「上に引用した文殊師利根本《ジャンペイツァギュ》密呪所説の仏意を考慮するならば、兎に角往古は雪有国（西蔵）が水にて浸されてゐたとしても、それはコンチュ（ヤルツァンポ又はツァンポといふ河流の別名）の水流となってはき出された結果、湖は減水して、その趾の空地に、松柏類の森林とか禽獣などか生じ、それより長時を経て、手蓮華（観音菩薩）と陁羅《タラ》女天の化神なる猿王と岩女鬼とが出現し、（前述の仏教「神話」に於けるが如く）終に西蔵に人類が棲息するに至ったものである」と。該著者は右の如く釈明して彼の洪水説を若干承認するところがあり、且つ伝説と「神話」との連関を巧みに結びつけてゐる。

思ふに釈迦仏が経文中に西蔵の洪水説を示唆したことは、西蔵よりは遙かに以前に開けた印度に於ては、夙にその洪水状態が熟知せられてゐたからであらう。

またある一説の如く、彼の経文の湖水云々の文句は、その実釈迦仏の言でなく、後世西蔵学僧の加筆によるものとしても、それは洪水説を一層雄弁に物語る資料とこそなれ、単なる経文の偽説といふ理由は、何等洪水説の反駁となるものではない。寧ろそれによって西蔵人が本来懐いてゐた思想の一部を明に表現したことになる。

5・西蔵人種の繁殖

パクサムジョンサン史書の所録によって、西蔵人種の起源に関する諸説を見るに概ね非科学的な物語又は伝説的な叙述を以て終始し、興味的ではあるが学術的価値は殆んど無いと云ってよい。茲にそれらを悉く引用する遑がなく、又その必要もないが唯彼の著者自身の見方を結論として述べてゐる一節は吾々の考察に価するものであって全体として肯綮に当るものと云ふを憚らない。即ち彼れの所説の要点は次の如くである。

「凡てこの地球上に於て、生物世界が形成せられた頃から、西藏人もまた発生してゐたが、その後ルパティ軍団（前述）の後裔と、若干のホルミ Hor-mi（中亜、蒙古地方の韃靼人種を指すものであらう）の来住せしものよりも繁殖したものであり、且つそれらの種族以外の人種もまた幾分混交したものと見られる」と推論し、更にこれを仏教「神話」に結びつけて、根本的には西藏の祖先人種は神霊的に発生したものとして、古記録の所述に符合せしめてゐる。兎に角かうした説相によって混沌たる状態のうちに西藏の人類が棲息し始めたことを、成るべく合理的に指示し、神話や伝説を権威づけやうと努力せる跡が窺はれる。斯くて人類の繁殖せる西藏は漸次整然たる状態に向ひ、終にその住民を統治する君主を得て、一国を形成するに至る物語として開展するのである。

6．最初の国王出現の模様

西藏を統治する最初の国王は、印度の一王統の来臨によるものとして次の如く伝へられる。

「西藏王統の始源は非人種族であるとも、或は印度王族であるともいはれるが、その後説に拠るとしても諸説一様でなく、或ものはマンクルワ Mang-bkur-ba 王族より出でたる釈迦種のリタパ Ri-brags-pa 族に属せる、無憂《アショカ》王の後裔であると云ひ、或ものはコサラ Kosa-la 国王セルゲェ Gsal-rgyal の王子より出でたものと云ひ、又或ものは摩訶陀《マガダ》国王スチェンニンポ Gsugs-can-snying-po の王子などと云ふものなどもあるが、西藏の古記録に拠れば、印度のバドサラ Bad-sa-la の国王の一王子として生れたものに、異様の身相を具へたものがあり、彼れの眼は下部で閉ぢられ、トルコ玉色の眉と、貝の歯に輪のあることと、掌面に車輪の模様があり、指の間は網にて連なって（水棲の如く〔ママ〕？）ゐたことから、これを凶兆として恐れ、その王子を蓋附きの銅鍋に入れて恒河《ガンガ》に棄てた。農夫がこれを見つけて、拾ひ上げて養育したといはれ、或は又、彼れを山庵の行者に与へたとも云はれるが、恐らく後説が真に近いであらう。いづれにしても彼の王子は成長の後以前の身上話を聞かされ、驚き悲んで、終に雪有国（西藏）に逃れ去った。彼れが終に到達した地点はヤールンヤ州なる「上神下界神山《ヤルシャンポイハリ》」であって、斯くして彼は里人らに迎へられ、西藏を総統する君主として奉戴された」と。

右の如く仏教伝説も国王奉戴の段に於ては本質的にはボン新教伝説と全く合致するもので畢竟同一事相に対する両教徒の見解の相違といふか、更に適切に云へば、国王出現の模様を天国ムユルから聖国印度に切り替へたもので、即ち仏教徒の改作と云はれる所以である。

7．伝説より史実時代に及ぶ事相

上述の如くボン仏新旧いづれの伝説に拠るとしても彼等が最初に推戴した君主を以て西藏王統の第一代としてかぞへ、爾来連綿として四十三代まで続き、その後は王統に分裂を生じ、西藏総王の地位から転落したが、王家の血統は今日も尚ほ存続してゐる。

そのうち伝説時代に属するものは、厳格に云へば第三十三代〔第三十二代〕までであって、第三十三代ソンツェン・ガムポ王からは、明確なる史実時代に入るのである。

併しながら多くの西藏史家は初代より凡てを国史上の王統として取扱ひ、また現在の西藏政府の公文書などでは第二十八代ラトトリ・ニェンツェン王の第六十年目に、初めて仏教弘通の機縁が熟し、聖典仏具類の伝来があり、国王はそれらを奉安して礼拝したといふことから、その年度を以て西藏紀元の第一年と定めてある。

初代王の時の建国年代については甚だ漠然としてゐるがパクサムジョンサン史書の推算を以てすれば、初代王の生年はこれを西暦に換算すれば紀元前四七七年に当る。従って第二十八代王の時、仏教弘通の萌を見た年は、紀元後の二五七年（或は二四四年）と算せられる。

これらの年代がどの程度まで確実性を有するものであるかは論断の限りでないが、第三十三代王は明確に歴史上の国王と認められ、その年代は西暦五六九—六五〇年であることと、都合よく関連が保たれてあるから、上述の建国年代も、強ち無根拠のものでないと思ふ。

右の第三十三代王の年代は、支那唐朝の権威ある記録のそれとも正に契合するもので、凡そ西藏の上代史に於ける基準的年代ともいふべきである。また、第一代王より第三十三代王に至る期間は一一二七年となり、一王代の平均期間数は三十四年強となることも、上代史としては不当の年数でなく、これを我国の場合に例をとって見るならば、第三十三代推古天皇の紀元（西暦）一二八八年に至る歴代の平均年数は三十九年強に当り、両者の間によく近似した数字を発見せられる。

尚ほ我紀元二千六百年は西藏の二千四百十七年に当り、その差は僅かに百八十年であることも一顧に価する。

8．伝説時代の各王名

序ながら左に伝説時代に属する歴朝の王名と、その時代別とを附記する。

(1)ニャティ Gnga-K'ri　(2)ムティ《〔ママ〕》 Mu-K'ri　(3)ディンティ Ding-K'ri　(4)ソティ So-K'ri　(5)セルティ Ser-K'ri　(6)ダティ Gdgs《〔ママ〕》-K'ri　(7)シプティ Srib-K'ri

以上七代がトゥナムキティドゥン Stod-gnam-gyi-k'ri-bdun（上天の七王座）と呼ばれる。

次に(8)ティグム〔前出リクムツェンポ〕Gri-gum　(9)プデクンゲェ〔前出プデクンゲル〕Spu-de-kung-rgyal

以上二代をパルキディンニ Par-gyi-lding-gnyis（中間の二王代）と名ける。

次に(10)オショ O-So　(11)デショ De-So　(12)ティショ Te-So　(13)グル Gu-ru　(14)ロンシン Hbrong-Sing　(15)イショレ I-So-Legs

右の年代をサイレトウク Sa-i Legs-drug と名ける。

次に(16)サナムシンデ Sa-nam-sin-lde　(17)デプルナムシュン Lde-hp'ul-nam-gsung　(18)セヌルナムデ Se-Snol-nam-lde　(19)セヌルポデ Se-Snol-po-lde　(20)デヌルナム Lde-snol-nam　(21)デヌルポ Lde-snol-po　(22)デゲェポ Lde-rgyal-po　(23)デティン Lde-sprin

右の八代をパルキデゲェ Bar-gyi-lde-brgyal（中間の八王代）と名けるが、特にその初の七代に対してシルマドゥン Sil-ma-bdun（七小分王）と呼ぶ。

次に(24)トリロン To-ri-long　(25)ティツェンナム K'ri-btsan-nam　(26)テイタプ《〔ママ〕》ン K'ri-Sgra-dpung　(27)ティトゼツン K'ri-t'o-rje-btsun(28)ラトトリ・ニェンツェン Lha-t'o-t'o-ri-gnyan-btsan〔lha tho tho ri gnyan btsan〕

右の五代をメユキツェンガ Smad-kyi-btsan-lnga（下方の五君主）といふ。

次に(29)ティニェンスンツェン K'ri-gnyan-gsung-btsan　(30)ロニェンデウ Hbro-gnyan-lde-Ldehu　(31)タリニェンシ Stag-ri-gnian-gsigs　(32)ナムリソンツェン〔ナムリ・ルンツェン〕Gnam-ri-Srong-btsan〔gNnam ri slan mtshan〕

右の四王代に対しては時代無きものの如し。

次に(33)はソンツェン・ガムポ srong btsan sgam po にして、これより歴史時代に入るにより累代の五名は次に譲る。

第五章　西藏民族

一、民族学的分類

西藏人は古来支那の文献にあらはれたる氐《テイ》、羌《キョウ》などと称せられる種族に属するものであるが、現在の西藏人種は単純なる原住種を起源として発達したとのとは限られない。時代と地方とによって最初から相当複雑な種性を帯びてをったやうに思はれる。今日の民族分類学上より云ふならば、南方アジア民族系に属する「チベット・ビルマ」種とせられ、又或る一説には北方民族の「ウラル・アルタイ」系に属する「チベット」種とも云はれる。孰にもせよ斯様な分類法の研究は専門学者の主張に委し、茲ではそれとは別の方面から観察する見解の下に、先づ西藏人自身の考察する所を基礎として、彼等民族の由来の跡を伝説上から探究を試みやうと思ふ。

二、西藏人種の起源考察

さて彼等の想像する所の起源説にも種々所見を異にするものがあって、これを大別するときは次の如く三説に帰結する。即ちその一は神話的に民族の起原を求めるものであり、その二は伝説に基いて説をなすものであり、その三は現実的な定説とも見るべきものである。以下少しくこれを詳述するであらう。

第一説、これは更にボン神教徒説と仏教徒説とに分れる。先づ前者の見方によるならは彼等民族の主流をなせる西藏人種は、最初天上神より出でて神種族の子孫より繁殖したものとする。西藏第一代の国王が天上より降臨せし神子であると信ずるが如きも全くこの思想に基くものである。

次に後者に従ふならば、西藏最古の聖典の一として普く彼等に尊重せられる「マニカンブム」に説けるが如く、所謂仏子たる観音菩薩の化身として西藏に現はれたる猿猴族が、観音の神秘的教化により、漸次に進化して、終に完全な人間として生れ変ったものが即ち彼等の祖先人種の起源となったものとするのである。

第二説、往古西藏に移住した印度人を祖先と見るもので、その昔釈迦仏の出現せしよりも遙か以前に戦乱の世があって、その時分にルパティ **Rupati** と称する戦敗軍の一将がその残党一千人と倶に女子に扮装して西藏に遁入して定住したことから、その子孫が繁殖して、今日の西藏人種を形成したものであるとする。

第三説、西藏史家として著名なるスムパ・ケンポの見解に基くもので、前二節に比し、特に合理された起原説といふべきものである。即ちそれによるときは、凡そ人類がこの世に現はれ始めた頃から、印度とか中央アジア方面に於けると同様にこの西藏に於ても人間が棲住するやうになり、それが漸次繁殖しつつある所へ、南方よりは印度方面の種族、例へは前掲の如きルパティの一団などが移住し来ったものがあり、また北方よりはホル **Hor** と云はれる中亜民族の来住があり、なほその他よりも若干の種族が入り込み、ここに渾然たる特種の一種族が形成せられ、次第に環境の各種族を征服しつつ発展し、遂に現在の如き西藏種族と称せられるものができたと看做すのである。

以上三説ともそれぞれ特色があって、吾人に種々興味深き研究問題を提供するものであり、それによって彼等西藏人の懐ける民族思想と倶に宗教的信念などが察知せられ、殊に未開国とせらるる彼国の古の学者間にも、宗教的な神話や荒唐無稽的な伝説などを離れ、珍らしくも学術的な方面より考察を試みんとする新しい自由な理智性の萌しが現はれてゐることを学び得るのである。

二、外貌上の分類

却説前項の諸説に対する吾人の見解を述べんとするものであるが、そのうち第一及び第二の両説に関しては別章の建国説話及び古代のボン新教によって自ら判明せられるであらうから、茲では特に第三説に就て検討する所を少しく記して見やう。今その説者の示唆する所に従ひ、現在の西藏人種について試に外面から観察した容貌上の分類を行ふならば、大体次の如く三通りの系統を見出すことができるであらう。

即ちその一はアリアン種の系統を幾分受けついだかと思はれる印度人型と、同じく釈迦種を祖先とする王族系統並に貴族階級の型とである。これらの種族の特徴は概して身長高く、肢体の均斉が整ひ、眼は豊かにパッチリと開き、鼻すじが能くとほりて高く、額と顎とが十分に発達して、全体の相好として先づ端麗なるものと云ひ得る。但し前者(印度人型)は現在辺陬に棲住する部落民中に発見せられるもので、その生活様式や環境に支配せられるためか、貴品《ママ》とか端麗とかいふやうな風貌は少しも見られない。その二は既述の如くホル種族といはれる中亜よりの来住民を主流として繁殖したものと認められる種族であって、普通の平民階級といはれるものは、殆どこの部類に属し、一般に所謂西藏人として最も典型的な風格の持主である。その容貌の詳密に関しては茲に贅言を費すよりも、一言にして、所謂蒙古人種に共通せる諸点を具備せるものと云った方が早分りがするであらう。更に端的に云へば吾等日本人種にも酷似するものと云ってよい。

その三は本来西藏の土生人種かとも思はれる所謂原住民の系統に属するもので、主として下層階級と、辺陬地域の部落民などよりなるものであるが、遊牧民中にもこの系統に属するものが少くないやうに思はれる。後説にも述べんとする所であるが遊牧民は或る説者の見るが如く必ずしも外来人種に限ったわけでない。概してその第三説の系統に属するものは曾て、中亜より来住した優勢な種族によって征服せられたものの子孫が大部分を占めてゐるらしい。彼等の風貌の特色は身丈は概して低く、骨格は小じんまりとして頑丈に見へ、皮膚の著しく黒褐色を呈するは露天行動の多いためであらうが幾分はその本質にもよるかとも思はれる。顔は大体円みを帯び、眼は比較的小さくて細く、鼻は寧ろ低い方で相好醜劣と評すべきであらう。但し遊牧民中にはアーリアン系統のものも多少混在してゐるやうであるから全体として限定するわけにはゆかない。

以上三種の系統中、第一の印度族、王族及び貴族種はその数に於て最も少なく、又第三の土生種族と見られる下層階級も余り多い方ではないが、第二の一般平民階級に属する中亜蒙古系と看做〔さ〕れるものが圧倒的に多数を占めてゐる。西藏人が通常吾ら「プゥパ」と呼ぶ種族は多くこの階級に属するもので、彼等のいふところに従へはプゥパとは中部西藏或は西藏本部の住民に限り他の地方のものを含まないのである。これら各種族は現在の西藏社会に於ては階級差別が厳重であって、相互の縁組は容易に行はれない。印度の四姓別ほどに厳格なものとは云ひ難いが、我国に於ける古来の階級別に比すべき程度のものと見てもよい。

以上は一応外観に就て概括的に分類を試みたものであって、根本的に異人種の集りと見るべきでないから、通常一見した所では他の蒙古種族と著しく異なる所がない、即ち全く系統の違った印度アーリアン種族の影響の如きは比較的微弱であるに反し、中亜蒙古系の浸潤が最も顕著であることは事実である。而して又彼等の特質に就ても亦同様の推断が下される。即ち彼等は性来勇敢にして、困苦欠乏に堪へ、よく環境を支配しつゝ、それに適応するの素質を具へてゐる。彼等に至る所に於てその土生民を圧倒し旺盛なる繁殖力を示してゐる。又彼等の信仰状態を見ても、北方民族に類することが知られるであらう。更に又彼等は古き上世に於てすら既に優秀なる理智性を発揮し、史上に輝かしき光彩を放った点から考へても、得体の知れない土生人、または生来の遊牧種とは同日の論でない。かやうに孰れの点から見ても、彼等は驚くべき性能をもつ種族であることが窺はれると同時に、若しも彼等が西藏高原の如き隔絶せる別天地に閉ぢこめられてゐなかったならば恐らく亜細亜の歴史にも光彩を放つやうな活躍を示したことであらうと想像される。

四、ホル種族の特性

さて彼等西藏人種の根幹をなせるホル人種とは如何なる種族であるかといふ問題に就て考察するに、抑も西藏の古記録にいふ「ホル」と名ける地方は大体西藏の北方に横はり、中亜の東部より内外蒙古の及ぶ広漠たる地域を指すもので、西藏人の云ふ所によればその中央ともいふべき所は現在の新疆省方面に当るやうである。支那の文献にも漢書西域伝などに想定せられてあるやうに、やはり新疆省地方で特にその西部を以て中心とせられるから、ホルの発祥地をその方面に求めることは相当の根拠あるものと考へられる。最もホルといふ語は今日では別にホルパ即ホル人といふ呼称にも用ひられ、西藏の北部高原をなせるチャンタン地方に遊牧する種族を指すがこれは極めて狭義の用法で、ただ漠然と原名に因んだものと見て可なりと思ふ。故に種族の点からいっても、彼此必ずしも同一とは認められない。この差別を附せんが為か、古記録には前者を説くにホルミ **Hor·mi**（ホル人種）と記してゐる。兎に角所謂ホルミ種族は、中亜を根拠として遠き昔より三、四世紀頃に至るまで西は欧羅巴、東は蒙古、南は西藏及び北印度にまで及び、彼等特有の侵略を行ひつつ世界征服の壮図を夢見たる彼の匈奴 **Hun** の一族に外ならぬのである。彼等が南進した跡を辿るときは、先づ西藏を攻略して植民地化したはかりでなく、更にその余勢を駆ってヒマラヤ山国地帯を併呑し、現在のブータン **Bhutan**、シッキム **Sikkim**、ネパール **Nepal**、カシミル **Kashmir** などの山住民族と交はり、その幾部は更に南下してアッサムのカシア **Assam Khasia** 山脈地方を始めとし、ビルマのカケン **Kakhyen**（カチン？《〔ママ〕》）地方にまで侵出したことは確実と見られる。民族分類学上から西藏人を「チベット・ビルマ」種とせられる所以も肯かれる。

五、遊牧種と定住種

西藏人種の分類法として、別に遊牧種と定住種とに分つ見方があって、前者は主として高原北部のチャンタン地方に於ける湖沼多き草原地帯に遊牧せるものでロッパ或はドクパ（原語は **Hbrog·pa**）と呼ばれ、宛も蒙古方面に於ける天幕生活民に相似する所があり、後者は南部地方即ち西藏東部を貫流するヤルツァンホ（単にツァンポとも云ひ、印度に流下してブラマプトラ河となる）の沿岸地域を中心として、その付近の豊饒なる地方に定住せるもので最も文化の高き生活を営めるものと見てゐる。この説は確かに近世の現状に即した分類法として直截簡明な点に於て、一見当を得たもののやうに思はれるが、それはただ彼等の分布と棲住状態とによって分類を行ったもので、根本的に種族上の同異については何ら説く所がなく、分類法としては少しく徹底を欠く所がある。何となれば実際問題としては既に述べたやうに定住者の中にも数種族が混淆してをり、又遊牧者といふとも必ずしも、只一種族の集りとは限らない。即ち西藏の往古は凡ての人々が悉く遊牧または狩猟によって生計を営める種族はかりであったところが、その後各方面より種々の人種族が移り来った結果、様々の混血種を生し、棲住様式もまちまちとなり、その優秀なものは定住者となり、劣等なものは遊牧の旧態に止まらざるを得なかったからである。仍てこの分類法は単に人種の優劣を分つ基準とはなるが、種族の差別を明かにする方法としては不十分である。

六、西藏人種と其民族論の帰結

これを要するに現在の西藏人種の本質を究明する為めには無論厳密なる人類学的検討の結論に俟たなければならぬが、上来西藏の記伝を基礎として考察を廻らした如く、専ら文化史的観点から導かれた帰結を求むるならば、今日吾人が所謂「チベット」人と呼ぶ種族は本来その国土生の人種を主流とするものではなく、遠き古、中亜方面より来住せし優勢なる蒙古種系統の種族が幾分か土生人種及び他の前来人種と混血して形成せられたものを根幹とするといふに帰着するであらう。而してその実相を裏書するものは彼等の習性、信仰、神話、伝説、言語、風俗、用具などに於ける他との共通点であると思ふ。

かうした関係から、同じく中亜民族の進出地と見られる蒙古満鮮などの各人種の間にも若干の類似又は共通点が見出されることは頗る当然のことであり、更に又我国に於ける古代民族中、他より移住せるものと想定せられる部分にも一種の脈絡の相通ずる所以も、やはり中亜民族の影響の然らしむる所ではないかと思はれる。この事実の具体的事相は他章の叙述中に屡々論及する所によって首肯せられるであらう。

第六章　西藏語

一、西藏語の概念

現在の西藏語は言語学的分類法に従へば、印度支那語族中の西部語系に属する「チベット・ビルマ」語の部類に置かれるが、あるものは中央アジア語系のウラル・アルタイク語族に加へることもある。今はその分類法を論議するが目的でないから、その所属がいづれであっても敢て問ふところでない。一般的に西藏事情を知る上に実際問題として西藏〔語〕なるものが大体如何なる特質をもった言語であるかといふ概念を得て置く必要がある。勿論その語の真貌は後説に至って判明する如く簡単に言ひ表はせるものでないが、仮に我邦人に分り易く示すならば、凡そものの言ひ方としては略々我が日本語と同様の順序を以てするものであるといふ一言に結帰する。吾々が学ぶ所の諸外国語のうちで、その必要とか価値とかの問題は度外視することとして学術的興味本位より云へば西藏語の如きはその最なるものの一であらうと思ふ。

二、無文時代の記録法

一概に西藏語といふても、これには大体の区別があって、往古無文時代より自然に発達し来った口頭語体の日常用語と、後世に及び文字と文法の制定とによって規格化された文章語体の典籍用語とがあって、固より一様に論ずることはできないが、先づさうした国語の由来から説き起さねばならぬ。

往古口碑伝説の世では一種の記録法として縄などの結び方、木片の刻み目、絵文字などを用ひたと云はれ、その遺習は今日でも、稀に目撃せられる所である。例へは秘密に属する事柄とか、記憶の助けとする符牒とかに利用されたが如きである。

併しある識者の説によると、西藏に仏教伝来のあった真近な頃には既にある種の文字、例へは于闐文字の如きものが存在してゐたといふが、まだその確証が挙げられてゐない。又一説にはネパール・サンスクリット文字を用ひたと言張するものもあるけれども、実証なき点に於ては前者と択ぶところがない。尤もその当時何らかの文字を用ひてゐたと推考すべき理由がないではないが強いて茲に述べる要もない。

二、国文の制定

明確なる史実として、完全に文字と文法とが同時に制定せられた時期は六世紀末か七世紀初であって、時の国王ソンツェン・ガムポ srong btsan sgam po の命により宰相トゥミサムボタ Tu-mi-san-bho-ta（或は Tun-mi-san-bho-ta）の留学団が印度より帰朝せし直後といはれる。

文法学の一大権威として著名なるシトゥ Si-tu〔si-tu Chos kyi 'byung gnas〕の文典解説書の所説によれば、西藏文字の形体は印度のナーガラ Na-ga-ra 即ち所謂ナガリ文字を模して考案されたものと云はれ、また、史家スムパ・ケンポの印度西藏仏教史パクサムジョンサンによれば、西藏文字の楷書体サプ Gsab といはれるウチェン Dbu-can 字は、レンツァ Lan-tsa 即ち所謂ネパール・サンスクリット文字と、カチェイゲ K'a-c'e-yi-ge 即ちカシミール文字とを模して造られ、またその行書体シャル Gsar といはれるウメ Dbu-med はワルトゥ war-tu 文字に一致せしめたものと説いてをる。

孰れにしても当初はサンスクリット系統の文字を基礎として、これに若干の西藏様式を加へて考案されたものといふに異論はない。而してその新選文字は、吾人の所謂母音に相当する四種の符号と、父音に相当する三十種の文字とより成立ってゐる。これらの字母は、単にサンスクリット文字の配列法を真似たのではなく、西藏語独自の立場より、その固有の音性変化に順応せしめて、字数と列序を定めたものであることを強調せねばならぬ。

又一の単語としての文字の綴方に於ても、やはり各文字の音性変化に応じ、一定の原則に従ふて構成せられる。その他句と文の綴り方に関する各種の法則はいふに及はず、それらの根本原理となれる字音性適用法の説明に至るまで、凡そ国文法として必要なる一切の事項を網羅してこれを体系的に編輯されたところに西藏語の特質が窺はれる。その唯一の教科書として有名なるものは即ちトゥミサムボタ宰相の撰述になれる八編の欽定文典であることは贅言するまでもない。

斯様に西藏文化開発の第一歩に於て厳粛なる王命の下に一国の宰相が全責任を負ふて、自国語の為めに完備せる文典を制定したといふ事実は、国史の上に永に不滅の光輝を放つものといふべく、僅かに昨日まで全く無文状態にあった未開国が一挙にして斯の如き権威ある高級文典を作成し得たことに対しては吾人と雖も驚異の感を禁じ得ない所である。

然るに惜いことには当初の八編の完璧はその後一時文化破壊の厄に遭ふとか、筆写相伝の都合などによって、その大部分は逸散消滅に帰し、現に残存するものは唯その二編に過ぎないのである。ところが幸にもそれが該文典の枢軸をなすものであったから文法の基調には何ら動揺を来すことなく、如何なる国文の解釈上にも差障りはない。それら二編は今もなほ西藏の至宝として仏教の聖典同様に尊重されてゐる所以を惟ふべきである。

四、現存文典と文法解説書

現存二編の文典は素より文法の根幹たるべき要点を簡潔荘重に論示したもので、例へは十を半に言ひ留めるやうな表し方が多い為め、後世の学者をして頗る難解に陥らしめ、従って疑義臆測、曲解謬見の頻出は避けられなかったのである。相当著名なる文法学者（西藏人の）所説に対しても全幅の信頼を置き得ないといふのはこれが為めである。

斯くて十八世紀の中葉（一七四四年）に至り混沌なる斯学界の整調啓発の必要に促がされて世に正解法の大指針を示したものは前掲シトゥケンポの解説書（所謂シトゥレパとなすもの）であることは云ふまでもない。該書は実にトゥミ宰相の欽定文典に対する最も忠実なる指南書と認められ、説く所一として肯綮に当らさるはなく原典に対する有らゆる疑義を解疏して余す所がない。なほそれば〔か〕りでなく、他の諸学者の異見、邪説を徹底的に検討究明してその非異を痛烈に論駁するなど、凡そ吾人学徒の知らんと欲する所を遺憾なく解答することに於て真に唯一無二の宝典といふを憚らない。西藏の識者及び一般世俗の人々が「文法」といへは直ちに該書を想起し或は「文法」といふ言葉の代名詞の如く思惟する所以が窺はれるのである。

併しながら原典中他の六編が欠失してゐることは事実であって、シトゥ文典解説書といへとも、それらの全部を悉く漏れなく補充し得たといふわけでなく、これに関してはなほ若干の不備や疑問を残せることは彼の著者自身も言明する所であるから、斯学の前途にもなほ新研究の余地が残されてゐることが窺はれ、吾々研究者をして最後の終止符の点附に向って進むべき示唆を与へるものといはなければならぬ。

五、欧西学者の文法解説法

次に外国人にして、西藏文法の解説に先鞭をつけたるものは、その大部分が欧西人であることは上編第十九章資料目録に所示の如くで、彼等が所謂「西藏文法」と称して公表せるものの中には所謂名著と称せられるものも少くないが、憾むらくは彼等学者の主義として凡て欧西人本位の現代的解説法に終止〔ママ〕せるものであるから、最も主眼となすべき西藏文典の研究には直接に役立ないのである。漸く近時に及び印度や我国の学者間に於てその非を難し、基本的研究の肝要なることを強調しつつ、進〔ん〕でその挙に出つるものがあり、曾て欧西人が試みなかった所の分野を開拓せることは東洋人の為に大に気焔を吐くものといふべきである。

惟ふにこの種の文法学の研究は本然的に我邦人の使命に俟つ所あって始て能く達成せらるべき性質のもので、彼等の如き欧巴語の観念乃至思想を以てしては、根本的に無理が伴ふものであることを察せねばならぬ。

六、西藏語の起源

却説吾人は茲に西藏語に就て論議すべき幾多の諸問題を控へてゐるが、今は文法学上の専門的研究を試むべき場合でないから、本記の目的とする西藏語の特性に関して種々の角度から考究を進めて見やうと思ふ。それは無論この方面の言語学者によって各自の持論が主張されるであらうが、吾々は別に独自の立場に於て、西藏民族発展の径路に関連せしめて、その言語の由来する所から探究し始めるであらう。

西藏の原住民に彼等固有の言語が存在してゐたことは勿論であるが、果して如何なる特性を持つ言葉であったかは判然としない上に、彼等民族自体が甚だ微弱な生存力しかもたなかった如くに、その言語も亦影の薄いものであったらしい。別章（第五章西藏民族参照）所述の如く彼等は後に優勢なるホル人種の来住するや、彼等原住民も言語も倶に圧倒せられ、或は絶滅し或は同化するやうな運命に遭って、その言葉の主流をなすものは全くホル人のそれに帰し終ったものと想像せざるを得ない。

七、口語と文語

然るに後代印度仏教を取り入れんが為に、サンスクリットに準拠して独特の西藏文字と文法を制定した結果、在来自然のままに発展した野生語が頓に精練せられて面目を一新したばかりでなく、それを基礎として別に規則正しい完全な標準的の国文の誕生を見ることとなり、茲に始めて日常用ひられる口頭語と、記録に用ふる文章語との差別が画然と設けられることになった。現在の西藏語に口文両語系が具はれるはこれが為であって、ある欧西学者の云ふ如く文章語を以て古語となし口頭語を以て現代語とするの見解には賛意を表し兼ねる。今口文両語の差別につき明確なる概念を得んが為め、彼の権威あるシトゥ文典解説書の所論に基いて適当なる定義を下すならば先づ第一に両者の性質上の相違を示すには次の如き言ひ表し方を以てせられる。即ち所謂口語とは、日常一般に口頭にて用ふる所の自由な談話体の言葉であって、本来彼等人種と倶に起り、自然的に発達したものである。故にこれを名けて自然語《ランケエ》 **Rang skad** とも或は通俗語《ヘエケエ》 **P'al skad** ともいはれる。

次に所謂文章語とは記録を本領とする文章用の言葉であって、文字と文法の制定を期として、在来の口頭語を改良精選し、字音発生の原理に順応するやう、最も厳正に規定せられたものである。故にこれを名けた正則語《ケエタクパ》 **Skad dag pa** 或は法語《チユケエ》 **C'os skad** といはれる。

第二に発音上の区別としては、口語の法は自然語又は通俗語の音声自体そのものであって、固より文字の存否如何に拘はらないものであり、文語の方はまさしく文字によって示された音韻であって、換言すれば正則に綴られた所の語《ミン》 **Ming** の構成文字が表はす通りの音の響きを指すのである。故に口語音は一に慣習に従って発せられ、原理や規則に適すると否とは問ふ所でない。これに反し、文章語は専ら原理と法則に適合するやう発音しなければならぬものである。仍て文法学上、発音問題を論する場合の重点は文章語に於て認められることを了解せられるであらう。

八、発音法の原則

1．文字の音性

従来世に漫然と論議された西藏の発音問題に就て、茲に少しく慎重なる論究を試みたいと思ふ。凡そ現存の欽定文典が示す範囲に於ては、発音の根本原理は極めて明瞭にせられ、更にシトゥ文典解説書によってその真貌を窺ふことが可能であるから、各字母独個の場合に於ても、或は又語《ミン》の機構分子たるもの即ち単語の字綴としての場合に於ても、音韻の発出法、高低、強弱、硬軟の調子など凡そ字性の作用を示す音響的方面の理法は大体会得し能ふ所であるが、ただ吾々をして稍不明の感を懐かしめるものはその音色の点である。最もこれは或る程度まで現代語の口語音の扶を籍りて実地に学び得る所もあるが、果してそれが当初の原語を正しく伝へたものであるかどうかを判定すべき根拠が求められない処に憾がある。又口語にも種々あって、ラサ語を主流とする中央語の外に、各地に色々の方言があり、それぞれ一得一失を有するから基準音の決定が容易でない。併しながら国語の基礎が定められた土地が国都ラサであるといふ史実に立脚し、姑らく該地の言葉の正否の問題には触れないこととして、実情に即して仮にそれを標準語と看做し、試にその字音を表示するならば後記附録の西藏文字の例文に掲げるが如きものとなるであらう。但し該文字表に示す所は従来欧西学者の記し方と相違する点がある。それは元来その国の人によってローマ字そのものの記法が一定しない上に、発音の基準が主として地方語に置かれるからでもある。なほ一事彼等の音表法に不十分なる点はただ音色を示すのみで肝心な音性別を明にしないことである。正しき西藏字母の発音法を学ぶには音色と倶に音調に留意することを忘れてはならぬ。

2．「語《ミン》」の発音法

次に「語《ミン》」ming といふは大体単語と見て差支はない。但しそれは広義の解釈でなく、唯一個の言葉をなせる場合を指すもので即ち字母三十四種を以て適法に綴られた単一節の語なることを意味する。

さて「語」即ち単語の発音は如何すべきかといふに、その最も正しき方法はやはりトゥミ宰相の原文典及びシトゥ解説書の所説によらねばならぬ。今抽象的ではあるが、その要領を簡単に定義するならば、「凡そ「語《ミン》」の発音法は一定不変のものであって、些の例外もあることなく、必ず字音性の原理に準拠して、その綴りの文字を逐一漏すことなく、正しく響かすにあり」〔点線原文のママ〕といふべきである。何故かうし〔た〕言ひ方をせねばならぬかといふに、本来正則なる西藏の原語の音韻といふものはその制定の当初に於て、これを適正に写し出すべき考案せられた文字によって綴られたものであるからして、孰れの時代に在っても、又何人によっても、全くその文字が示す通りに音韻を響かすことが、その語に対する最も正しき発音法となされるからである。発音法の原則はただこれだけのことで、詳密なる具体的の説明は学問的な文法学の所論に属するため茲に省略する。

3．口語と文語の発音法問題

なほ序ながら茲に口頭語（口語）の発音法に就ても一言すべき要がある。前述の如く口語は自然の自由な言葉が慣習的に発達したもので、専ら音声上の存在を以て本領とするが故に、自から文章語（文語）とは別系統に属する。たとひその言葉が便宜上所定の文字で示されてある場合でも、或は又正しき文章語の綴として記されてあっても、或は又文語の一句一文を読誦するときでも、全く口語独特の発音法を以てせられるのである。即ち音便、拗音、促音、略音、変音など一に発生上の調子又は便宜次第で全く自由自在に響かされる所の慣習音ともいふべきものであるから、文語音の原理法則に拘はらない場合が非常に多い。

試にその発音が如何に特殊のものであるかを、最も著しい例をとって、ローマ字音を借りて示すならば次の如くである。茲に文語で **Dbugs**（息《イキ》の義）といふ言葉は、口語では **u'**（ウゥッ或ウッ）であり、又 **Bsgrubs**（成就の義）は **Dup**（ルプ）となるが如きである。凡ての語が斯様であると云はないが大部分が多少の相違を有するものと心得て然るべきである。その他二語が連接して熟語をなすが如き場合の語変化も少くないが一一例を示すの煩に堪へないから省略する。

4．発音法に関する謬見

発音問題に関して特に一般の考慮を促して置かねばならぬことは、欧西の西藏語学者中、西藏語の発音法に就て根本的な誤解を犯してゐることである。即ちそれは、彼等の所謂 **Silent**（無声）及び **Irregular**（変則）と名ける法則を指す。例へは多くの単語に見られる前附字《グンシュ》 **Sngun hjug** 、積重字《ツェンプル》 **Brtsegs hjug**、再後附字《ヤンチュク》 **Yang-hjug** などに対して、本来発音せられざるものと誤解し、これを恰も英語などに於ける **Silent** 同様のものと看做し、本来西藏文典に斯様な法則が実在するが如くに説くのである。故に原音をローマ字にて表はすときには殊更にその無声文字を異型にて示すとか、或は符号附として区別してゐる。

変則音に就ても同様で、即ちある語によりては、その字綴りと甚だしく相違する発音を本有固有のものであるかの如く見なし、原音とは全く無関係のローマ字を当ててゐる。

抑もかうした謬見は何に由って起ったかといふに、つまり彼等の口文両語に対する明確な識別観念の欠如に外ならぬのである。若しそれが口語の文法を説く場合ならば一応不可なしとするも、苟しくも文語の法則を論する場合に漫然とこの種の法則を持ち出すことは疑もなく西蔵文典の本則に対して無智なることを物語るに過ぎないのである。正しき文語の発音法に就ては既にその要綱を掲げた通りで、如何なる例外法あることを認〔め〕ないことを牢記すべきである。現存の欽定文典の何処にも右の如き法則を説いてゐ〔な〕いことは勿論、又欠失せる他の六編中にも有り得べからざることであるから、全く彼等の謬見から生じた不当の法則といふより外はない。原文典の法則を学んだものはこれを一笑に附して止むであらうがたとひ無意識的にせよ未知の学徒を迷はすの罪は軽からぬと思ふ。特記して切に留意を望む。

九、漢語との比較

1．漢語との関係の有無

次に吾人の考研すべき問題は西蔵と漢語との間に何らかの関係があるか否かといふことである。古の文献の示す限りでは、ただサンスクリットの関係が記されてあるばかりで漢語に就ては全然触れてゐない。尤も欠失せる六編中のことは保証し難いが、少なくとも現存の二編中にはその片影すら窺はれない。然しなから西蔵に始めて文字が考案せられた当時には恐らく唐朝の文化も幾分輸入されてゐたことと思はれるし、また支那側の記録にも紀元六四八年頃ガンポ王が唐の天子に紙墨の匠を請ふたとあるに徴してみても、その頃漢字が伝ってゐたであらうことが朧気ながら想像されないことはない。従って或る程度まで漢字の影響を云為することも許されるわけである。

併し単に右の記録を以て漢字既存乃至西蔵文字への影響を断定することは早計に失するが、然らは何の為めに紙墨の匠を請ふ必要を感じたかといふ理由を穿索するならば、漢字使用の蓋然性が認められぬではない。何となれば西蔵文字を書くに必要な紙墨は、その筆と共に凡て印度国境方面より産出するものに限られ、支那風のものでは間に合はないからである。古来彼等の用ふる筆は竹片製のペンであって、毛筆とは全然趣の違ったものである。従ってその用紙もそのペン書きに適するやうに作られたもので、支那風の紙では役に立たない。又墨汁にしても支那人の如く普通の墨をすって作るものでなく、粉状又は軟質の塊を水に溶解せしめ一瓶中に貯へたものを用ふる。かうした点から想像すれば唐に求めた紙墨は恐らく西藏文字の為めの必要でなくして専ら漢字の為めのものであっ〔た〕らうことが推測せられるであろう。仍て暫らく当時に漢字が存在したものとの想定の下に考察を進めるであらう。尤も史実上に於ても国語に漢字語を併用したといふ記録は未だ見当らない。又茲に漢語との関係といふても、西藏語中にある漢語が転化して混入してゐるといふやうな問題を指すものでないことを附言してをく。

2．漢語音の影響

そこで右のやうな観点からして、漢語の影響が西藏語の上に幾分でも現はれてゐるかどうかを検討することであるが、素より甚だ漠然たる臆測に過ぎないのである。兎に角それによって両語の間に一種の共通性が認められることは争はれない所である。

今試にその類似点を比較することは第一には、漢語の四声法が西藏語の字性の上に及ぼしてゐるかと思はれ〔る〕点を挙げねはならぬ。この説明は両国語の実例を掲けて対比せねばならぬが、その煩に堪へないから今は単に西藏文字のみについてその例証を指摘するに止める。附記属編の「西藏文字の音表」によって大体想像されるやうに、その第一列の「加」行に於ては四字ともが略々同様の音色を有しながら音性を各々異にすることを学ぶであらう。従って各音調は恰も漢語の四声の如き差別を生するのである。

次に第二、第三、第四、第五の各行では初めの三字がそれぞれ三声を具へるが、第四字は音調は別問題として音色は全く相異なる。その他のものではサ音シャ音ア音の各三種がそれぞれ高低二声を具へるが、残余はたゞ一声のみである。兎に角漢語との間には如上の相似点を見出すこと〔は〕事実である。尤もこの点は西藏語本来の特性の然らしむる所か、或は後世漢語の影響を蒙ったものかは判明しない。

第二には漢字即ち漢語である如く、西藏語も亦その見方によっては字即語なりと云ひ得る。但しこれを厳格なる文法的立場から論するときはこの見解は成立しなくなるが今は事実に即した音性上の問題として取扱はれるから正に好箇の対象たるを失はない。この理を説明するには少しく文法上の論議に触れなければならぬが、これを詳述すべき限りでないから大体の抽象論に止める。凡そ西蔵語では原則としてたゞ一字の語《ミン》なるものを認めない。一の語にはその語基の前に《ママ》必ず語尾字を具備せねばならぬから、一語の綴りは最少限度として二字あることを必須条件とする。例へはཀ(カ)とあるときは、原則として一個の文字たることを示したもので他に何らの意義を含まないが、若しこれを「柱」の義に用ふときは最早字でなくして完全に一つの語《ミン》となるから、基本文法の上ではこれをཀའ（カア）と記すのである。処が語尾のའ（ア）は実際発音するときにはその有無の区別が殆ど認められない為め従来これを省略するを法とせられた。仍て字《イゲ》と語《ミン》とはただ文法上の取扱だけに区別を附せらるべきもので、その新形体と発音との上では全く無差別となる。その点にのみ字即語といふ議論が成り立つわけである。大体西蔵文典に於ては総体的に精確なる法則を具ふるに似ず母音父音の関係が不明瞭で両者とも純性を示さない憾があって、彼のシトゥケンポの解説書に於てすらもこの点に疑問を残してゐる。必竟斯様な曖昧な部分が存在することは創制者トゥミサムボタ宰相の過失でなくして、彼れが漢字の主義をとり入れた結果の然らしむる所でないかと想像される。若し然らすとせは欠失せる欽定文典六編中の何れかに明示されてゐたかも知れないと思ふ。

第三には文句を綴る場合に、字音性の適用を厳格ならしめる必要ある点は、宛も漢語の平仄法に類似することである。〔西〕蔵語に於ては普通の散文体なると、偈陀などの詩文体なるとを問はず、或る種の助詞及び補詞を適用する場合と、特種の熟語を作る際に、相関連せる前後の語の間に於て字音性の合致と声音の調和とを必要とすることがある。この説明も亦文法学の範囲に属し茲に詳述するに適しないが、たゞその要綱だけを一応示して置かねはならぬ。即ち語句のつなぎとなる詞類の用法はたとひそれらが同じ意義をもつからといって無差別に用ふることを許されない。必ずその直前に存在する語の尾字と字音性との合致せるものか、または音韻の調和せるものを選ばねはならぬ。なほそれと同様の法則が熟語をなす複合名詞に於ても適用されるといふことなどである。かうした文句の微妙なる綴り方は果して西蔵語本来固有の特性であるかどうかを考へるときは、或はそこに漢語の平仄法の理が加味されてゐるのではないかと疑はざるを得ないのである。

因に西藏語の詩文体は漢文や欧文詩の如く、句端の韻を踏むものでなく、サンスクリットの偈陀《ガーダ》や、我国文の詩の如く、単に語数を揃へて、それに調子とか味附けをもたせるための語が選ばれるに過ぎない。

一〇、日本語との関係

1．文字と「語《ご》」の比較

最後に西藏語と日本語との比較に論及せねばならぬ。先づ彼我の文字に就て考ふるに、字形の上では偶然の符合がないではないが、原則的には全然無関係である。処が字母の特質の上では少しく共通点が見出される。云ふまでもなく日本語に於てはローマ字などの場合と異なり、純正の父字（子音）なるものが存在しない。それと同様に西藏の文字に於ても特に個々に取扱はれ〔る〕場合（即ち特に一の単語と見做される場合）にはやはり純正を欠いてゐる。但し単語を構成するときは幾分ローマ字の原則に類する字もある。また日本語には五字の母音はあっても、それらは寧ろ変則的な存在でローマ字音の如き活用を有しない。それと同様に西藏語の母音も見方によっては変則的なもので、その形体から云へばローマ字の主義に似た字があり、実質からいへば日本語の字性を帯びて居る。具体的な実例を示さねは説明が徹底し〔な〕い憾みがあるが今は文法学等次の場合に譲る外はない。

次に語《ミン》または単語に就て論ずるならば我方は単節語と複節語とを兼有するに対し、彼方は単節語のみからなってゐる点に於て相違がある。併しそれは漢語の如き単節語とは大に趣を異にするもので、寧ろサンスクリット語中の単節語の方に近いやうである。

斯様に一の語《ミン》としての形体は彼我全く相異なるが、日常の口頭語音を以て談話体に発声するときは、日本語に相似する点が多い。それは語尾の父音を省略する場合が多い為め、語端は常に母音で終るかのやうな結果となるからである。この事実に立脚して複節語形の或る日本語を単節式の西藏語風に分節して、その意味を考へるときには、その西藏語の表はす所が不思議にも日本語の意味に合致することがある。

2．「ことば」の比較

更に彼我の言語を総体的に比較するならば、以下の如き同異点が見出されるであらう。

第一に西藏語に口語と文語の両系統が判然と分れる如く、我古来の語風に於ても亦然りといふべきである。但し発音の点に於ては彼我大にその趣を異にする有様は既述によって自から明かである。

第二に「ものの云ひ表はし方」が殆ど我と同様で、漢語、英語、サンスクリット語などとは全く相違する。言語にも形式と内容との両方面を有するが彼我の類似点はその形式は勿論として、特にその内容の点に於て一層密接なことを感せしめる。その好適例は、同じ言葉の言ひ表はし方に普通と、普通以下と、敬語と、最上敬語、及ひ雅語などの区別が組織的に明確に設けられ、用法が至って厳格なことである。それは特に口語に於て顕著なるものがある。文語に於てはそれ自体が高級な言語を以てせられるから、口語に比して差別の度合が少ない。西藏語に於ける敬語類の多種多様なることは到底我国語の比ではないが、その用法の点では実によく符合する所がある。例へは我が国語で最も上品な言ひ方と思はれる言葉を西藏語に直訳したならばその訳語のまゝで彼等の辞礼にぴったりと合致するであらう。かやうに対等級のもの同志、或は目下に対する言葉づかひに於ても同様と心得へてよい。吾々が西藏語を学ぶとき、他の外国語に習熟するよりも一層本格的な結果を体得せられる所以は茲にあると思ふ。

第三に彼我の相違点を指摘するならば、それは極めて局部的な問題であるが、次のやうな二点が挙けられる。その一は普通文法学で云ふ形容詞又はその性質を帯びた句又は短文の用法は、通常その被形容詞部の直後に置かれることであり、その二は否定詞のある一種に限り否定すべき語の直前に置かれることである。今は文法を説明する場合でないから、これ以上の詳密なる論議を差控へるが、然し後者の事項に就ては、我が国語にも稍類似の特異例がないわけでないから絶対的の相違点と見るは当らない。

3．両語の特殊関係

因に近時我国の或る西藏学者は古き日本語の中に西藏語が混在してゐるといふ説を立て、古来意味不明と思はれた日本語を西藏語によって解釈できる実例を示してゐるが、果してそれが妥当であるか否かは姑く別問題として、その蓋然性は確かにあり得ることと思はれる。それは別章で記述した如く、西藏民族の発祥地が中亜にあるものとせられる関係から、同じくその方面を基地として蒙彊満鮮方面を経由した民族の一部分が、曾て我国に渡来したものと考へられぬではないからである。我国の古代民族中には本来の原住者以外に、南洋方面からの漂流者も少くなかったであらうが、また北方大陸方面よりの来住者も絶無とは考へられない。中亜の地名が西藏語で解釈できる事実に徴して想像されるが如く、当方面に於ても、少しく縁遠い感がないではないが、蒙満鮮日の語中に、西藏語と同義のものが発見されたとて決して不思議なことではない。

なほ茲に右のやうな日本の不明語の解釈とは稍別箇の観点から我国在来語中、一般的には意味のよく分った語の中の問題ではあるが、それを更に西藏語風の単節語式に分解して考察するときは、その西藏語によって日本の語原に関する意味の解釈ができるといふ事実を見逃すことはできない。今試に若干の実例を掲くるならば「神、尊、帝、柱、社、屠蘇」の如きがそれである。即ち「神」をこれを西藏語で音訳するならば **Mk'ah·mi** (= **Ka·mi**) となり、それは「天人《カミ》」を意味する。またこれを **Bkah·mi** (= **Ka·mi**) と解すれば「勅令人《カミ》」となり、孰れにしても「神」の義に通ずるであらう。同様に「尊《ミコト》」は **Mi-ko-mt'o** (= **mi-ko-to**) で「高き位にある人」即ち高位の人の意味となり訳語の順位は転倒するが既述の如く形容詞性の語句は被形容詞性の語句の後に置かれることが多いから、意味に於ては大した変りはない。また「帝《ミカド》」は **mi bkhah mdo** (= **mi-ka-do**) で、「命令の要綱をなす人」、即ち「要綱を命令する人」の意に解せられ、「柱《ハシラ》」は **Lha-gri ra** (= **ha shi ra**) で「神の基の柵」を意味し、その **ra** (柵) とは棒柱などを立て廻らすの謂である。「社《ヤシロ》」は **yag gri logs** (= **y'a shi lo**) で「善き基の方角」と解せられないことはない。「屠蘇《トソ》」は **Lto·gso** (= **to so**) で腹または胃を医するもの、すなわち腹薬の意味を示すなどである。

なほ地名の如きも「山」などは、**ya·ma** (上下の意) からでたものと見ても差支なく、従って「やまと」は **ya·ma mt'o** (= **ya·ma·to**) で「高き山」を意味し、「奈良《ナラ》」は **Grnah ra** (= **na ra**) に通じ「ナ」とは野生の大羊で鹿に似た獣であり「ラ」は前記のやうに「柵」である。また物の名では「神楽《カグラ》」は **mk'ab-sgra** (= **ka gra**) と解せられ、

「天の音響」を意味し、「薬《クスリ》」はSku-gso rigs（ku-so-ri《〔ママ〕》）と解せられて「体を医する品種」を意〔味〕する。固より凡てが牽強付会であるにせよ、それほど符合する言葉の多いことは強ち偶然とばかり片つけられない。彼我の言語関係をかうした方面から比較研究することも意義なしとしないであらう。

一一、西藏文字

1．字母の序列

欧西学者の文典中には、例へばH.A.Jäschkeの場合に於けるが如く、彼自身の新考案に拠って字母の配列を行ふものを見るが、理論は姑く別問題としてその方式は決して妥当なるものとは云へない。何となれは、本来西藏文字の序列は、その創制当時より既に確定的のものであって、何人と雖もこれを任意に改変することを許されないのである。トゥミ学聖の欽定文典に明示せられたるが如く、所謂母音に相当する四種の「ヤン」Dbyangsの記号に一定せる列べ方があり、またその父母（或は子音）に比すべき「セーチェ」gsal-byed三十種の文字は、所定の次第を追ふて、横に四字づつ並べ、凡て七列半に配置すべきものとせられる。これは単純な意義の配列に終始するものでなくして、各文字の性状と、それらの関係を表はす上に重要なる意義をもつものといはれる。故に該文典に於ては文の法則を説明する際、各字母の名を指示する代りに、その序列の順位に従ふて定められたる番号を以てする場合が甚だ多いのである。その順位番号の指示法は説明を徒らに複雑化するばかりでなく、一見有害無益なるかの如く思はれるものであるが、創制者の意図は殊更に斯様な迂遠なる言い廻し方によって学徒をして特にその文字の機能を確認せしめ、以て字性の識別並に区分の重要なる所以を首肯せしむるにある。

所謂字性（Rtags タク或はターといふ）は実に西藏文法の根本原理を示すもので、字性の適用を弁へなければ原則の由て起る所以を了解することができないのである。併し今茲にその説明を施さすして単に文字の序列を記しただけでは、何らその重要性を表は〔す〕ことはできないのであるが、ただ当面の参考に資するため、その字形と近似音とを掲げることとする。

ཀ་ ka	ཁ་ kha	ག་ ga	ང་ nga
ཅ་ ca	ཆ་ cha	ཇ་ ja	ཉ་ nya
ཏ་ ta	ཐ་ tha	ད་ da	ན་ na
པ་ pa	ཕ་ pha	བ་ ba	མ་ ma
ཙ་ tsa	ཚ་ tsha	ཛ་ dza	ཝ་ wa
ཞ་ zha	ཟ་ za	འ་ ’a	ཡ་ ya
ར་ ra	ལ་ la	ཤ་ sha	ས་ sa
ཧ་ ha	ཨ་ a		

ཨི་	ཨུ་	ཨེ་	ཨོ་
i	u	e	o

一二、西藏語の発音法と仮名文字の用法

1．西藏語の音表法問題

西藏語は其音色の多種多様なると倶に、音調に於て強弱及高低の度を異にし、これを我仮名文字にて完全に書き表はすことは稍困難であるから、其音写法の宜しきを得ないときは則ち発音に誤謬を生じ、実地応用に際して言語の不通或は誤解を来し、意外の不便や不利を蒙ることがある。故にその音写法或音表法を最も適当に考察し、所期の目的に添はしめるに如くはないが、今これを厳格なる発音法則に照して発音規約を定めることは余りにも専門的に過ぎ、却て応用を複雑ならしめる不便があるにより、茲に本記の叙述に支障なき程度を以て適宜便法を講ずるに止める。

2．記号附音表法の規約と挙例

即ち先づ西藏の原音を写すに適当なるローマ字を以てし、次にこれを我仮名文字に書き換へることとする。併し我在来の仮名文字のみにては十分に書き表はすことができないから、別に特定の符号を併用することとなし、可及的近似せる音韻を発し得るやうな仕組にした訳である。無論これは実地練習によらなければ十全を期し難いが、その機会を得ないときは、特別に符号の用法に留意し、発音に細心なるべきを要する。

尚ほ仮名文字の記法並に符号の附け方に関しては、音写又は音表の方法が適宜に示されないものが尠くない。更に考究の余地あることは申すまでも無い。

終りに、本記に用ふる西藏名は大体右の規約に準拠せしめたものであるが、一時に旧来の慣用法を根本的に変改することは、却って不審を招く恐あるにより、彼此考慮の結果適宜に取捨することとした。例へは西藏の首府の呼称は在来の記法に従へは「ラッサ」であるが、本記の規約によって原名の真音に近いものを出そうとする場合には「ハッサ」又は「ラッサ」或は「ルハッサ」と書かねばならぬ。併し実際問題として今我国の慣用法による「ラッサ」と記した方が一般的に分り易いから、本記の規約に違反するものと承知しながら「ラッサ」〔ラサ〕を用ひた箇所が多いことを断ってをく。

第七章　喇嘛教

一、「喇嘛教」の語義解説

1．喇嘛教とは如何なる宗教か

喇嘛教とは大体如何なる宗教であるかといふ問題について、従来我国に於ては一般的にも専門的にも相当に論議せられるにも拘はらず、未だその肯綮にあたる結論を見るに至らないやうである。もっとも本問題に対する究竟的論断として一言でもっていひくるめれば、即ち「喇嘛教とは西藏仏教を指すものである」といふに尽されないこともないが、しかし一般的にはなほその「西藏仏教」なるものが果して如何なるものかといふ問題が依然として残されるから、結局は茲に適当なる解説を試みねばならぬわけである。

そもそも「西藏仏教」を指して「喇嘛教」〔ママ〕と名くることの可否の問題は追て後述に譲り、まづ「喇嘛教」といふ語義の穿鑿から始めるならば、それは文字の当面に表はされたやうな意義として吾々の便宜上から与へられた呼称に過ぎないもので、西藏人には寧ろ異様の感を起さしめるであらう。彼等は自国の仏教に対し何ら特別の名称を附けることなく、ただ単に「仏陀の教示《サンゲエキテンパ》」＝「仏教」といふか、または「法《チウ》」（法《ノリ》の義）と称するだけである。

しかしながら吾々としては西藏の仏教たる特色を詮表せしめる点から、適正な解釈のもとに「喇嘛教」と呼ぶことは頗る望ましいことであるが、それは動もすれば世人に淫祠邪教の如き奇怪な宗教の一派でもあるかのやうな感じを懐かしめないとも限らない。またそれほど甚だしくないにしても、極めて単純な観念のもとに一種の変態仏教であるといふやうな偏狭な見方をなさしめる傾向にある。

然らばどうしてそんなに異様の見方が行はれるかといふに、元来「喇嘛教」と名けられた動機が甚だ漠然としてゐることに基因する。恐らく当初は支那、蒙古、その他の外国人らが喇嘛教の真義を十分理解することなく、浅薄なる知識を以て、西蔵の仏僧全体に対して、全く無差別的に「喇嘛」と呼びならはしたことから、所謂「喇嘛僧」の信奉する仏教の一派といふ意味によったものと了解せられる。真実の「喇嘛」なるものは右のやうに全部の僧侶に与へられた名称でなく、ただ少数の高級僧侶のみがもつところの特称語であって、彼等のもつやうな漠然たる観念を以てしては両者の識別はむづかしい。

2．「喇嘛」の語義

イ、普通の意義と誤れる解釈

そこで吾々は喇嘛教の何物であるかを知るために、先づ「喇嘛」といふ語の意義を学ぶ必要がある。それは西蔵仏教を研究する場合、最も基本的な理念を与へるところの、極めて重要な意義をもつ言葉であるからして、筆者の如きも菲才を顧みず機会ある毎に、その解説を試みつつある次第であって、今茲で再びそれを繰り返したくはないのであるが、叙述機構の順序として省略することができないから、左に一応の説明を掲げることとする。

抑も「喇嘛《ラマ》」とは言語学上の通常西藏語として広く知り伝へられた言葉であって、その原語音 **"Bla-ma"**（ブラマ）を訛ったものである。漢字の「喇嘛」及び欧字の **La-ma** なども同じ訛の音写であることは云ふまでもない。

次にその語義には両様の解釈法があって、先づ普通の釈義に拠るならは、**"Bla"** とは「上」、**"ma"** とは「人・者」の義で、つまり「上人《ショウニン》」、または「上者《ジョーシャ》」とも直訳せられるが、意訳としては「聖人《ショーニン》」または「高僧」と解してよい。我国で仏者の所謂「上人・聖人」などはまさしく「喇嘛」に該当するものと見るべきである。故に西藏では一般の僧侶即ち平僧のことを「ラマ」とは呼ばないで特に「タパ」と云ふは両者を区別せんがためである。「タパ」とは「寺人・寺者」の意である。

茲に序ながら我国に於ける「喇嘛」の誤訳に就て訂正を施してをかねばならぬ。それは在来の刊行書、雑誌、辞典などで屡々見るところであるが、一般に「喇嘛」を訳して「無上」の義をなすことてある。勿論"ma"は一種の否定詞として、ある語の直前に置かれる場合に限り「無」の義を生ずるが、「喇嘛」の如く一語の直後に添へられるときは、決して否定の義とはならない。これは西藏語法の鉄則であって些かの例外もなく、又何人と雖も任意にこの法則を更改するこ〔と〕を許されない。従って邦訳語としては前掲以外に求められないのである。彼の「無上」といふ言葉の西藏語は「ラメ」であって、即ち「ラナメパ」の略語である。この二語の差別を熟知して置くことが肝要である。

ロ、特殊の意義

次に特殊の釈義に従ふときは、"Bla"は「命《イノチ》」、または「霊《レイ》」を意味し、"ma"は「母」を義とする。仍て「喇嘛」とは「命の母」、或は「霊の母」といふやうに、全く精神的な意味の名辞として、普通の「上人《ラマ》」より以上に神聖的な存在となり、真仏同様の資格が認められることとなる。本来「喇嘛」の真義は全く茲に存すといはれ、西藏仏教徒が思惟する「喇嘛」なる理念の基本となるものである。

通例仏教の基礎とせられるものは、所謂三宝とて「仏法僧」の三要素に置かれるものであるが、西藏仏教ではその三宝の正意を教示して仏陀の聖位に進ましめるものが即ち「喇嘛」であるとして、仏教信奉の指導者たるの最高地位に祀り上げてゐる。喇嘛教学の権威、多田等観氏の『喇嘛教の倫理』によれば「仏教の重大要素である三宝の根本が喇嘛である。喇嘛なき以前には仏という名字すら知らない。千劫の仏と雖も喇嘛によって存すといはれる。故に仏法僧の三宝の上に更に喇嘛を加へて四宝を立てる。（中略）併し三宝全体が喇嘛であるとなし、喇嘛即ち三宝を立てる場合がある。斯くして喇嘛は道の根本であり、功徳の母であり、万徳円満の体である。この故に現世に於て福徳の積聚も喇嘛を対象と為すべきで、喇嘛奉事を以て功徳修善が完成さるべきものと為すのである。喇嘛尊崇が喇嘛教の倫理であるとする理由もここに存するのである」とあって、つまり喇嘛を以て宗教的にも世道的にも最高者たるの地位に奉れることを示すものである。これは一見西藏の喇嘛僧らの我田引水論的な見方と誤解せられる傾向がないではないが、喇嘛の原則から云へは、まさに斯くあって然るべきもので、一般世人の懐ける誤まれる観念若くは狭義的な解釈は明に喇嘛の尊厳を冒涜するものといはねばならぬ。仍て上来論議した「喇嘛教」の問題も、如上の意義を誤まらないやうにして「喇嘛の教」として取扱ふならば、真に「西藏仏教」の義にも適しまた西藏人としてもその呼称に全幅の賛意することを惜まないであらう。

ハ、外国学者の釈義

なほ「喇嘛」の語義に関する外人らの説明を検するに、J.A.Jäscke 及び S.C.Das などの藏英辞典には「The sperior, the higher one」等の意義を掲げ、これをサンスクリット（梵語）の「guru」（教師）、または「Niya·maka」（導者）に該当せしめてあることによっても、よく「喇嘛」の語義が□明に表はされてをり、更に又その精神的意義に関しても、「soul」（霊）「life」（命）の義あることを指示し、また特に S.C.Das 氏は「喇嘛 Bla·ma」の語源に関する一部の推測説を引用して、それは印度教の用語たる「Brahma」（最上神）または「Brah·man」（神聖者）などと連繋をもつ語ではないかとの見解を附記してゐる。

「喇嘛 Bla·ma」の語原が果して右のやうに梵語であるか、或は本来の西藏語であるかといふ問題は、直ちに容易に解決できるものでないから、他日の論議に譲ることとする。

ニ、名義の起源と用法

次に「喇嘛」といふ語が、西藏に何時頃から用ひ始められたかといふ問題に就て検討して見やう。それについて最も権威ある文献によって確証される所に従ふならば、その時期は少なくとも最初に西藏文字と国文法とが創制せら〔れた〕と同時頃で、西暦でいへば第七世紀の初中葉の交に属し、当時の国君ソンツェン・ガムポの名宰相であり、且つ西藏の学聖とも仰がれるトゥミ・サムボタ Tu·mi·Sam·bho·ta の文典中の用語を以て嚆矢とする。それは西藏に仏教が本格的に移入される直前か、若くは殆んど同時とも云ふべき、際どい時機と見られ、而して仮にその際仏教が直ちに説かれ始めたとしても、それは主として印度よりの学僧によってなされたもので未だ本当の西藏仏僧なるものの出現を見なかった頃である。故にトゥミ・サムボタ宰相が始めて用ひた「喇嘛」なる語は、西藏僧に対してではないことが明かであり、且つこれを確証すべき文句は彼の文典の根本編たる「三十偈《スムチュパ》」の冒頭に掲げられた讃嘆文に於て認められる如く、まさしく波羅門の学僧らに向って用ひられた語であることが明にせられる。更に該文典の解説書として最高権威を以て目せられるシトゥ Situ 僧正の註釈にも右の原文意を解説して「波羅門のリビカ」らの喇嘛に対しても」云々とある明文によって確知することができるのである。

これによって考ふるならば凡そ「喇嘛」といふ語を用ふる場合は、必ずしも仏教僧に限ったわけでなく、右のやうに極初の文献用例によって、先づ波羅門僧より始められたことが実証せられるのである。従って「喇嘛」の意義は、啻に深遠であるばかりでなく、また著しく広汎でもあることが肯かれるであらう。後に説くが如く「喇嘛」教の信仰が或る点に於て確かに神仏といふ差別観念を超越したところがあることも、「喇嘛」の名が起った根本精神の現はれでないかと思はれる。

前掲の印度教徒の用語との関係と云ひ、又西藏文献上の実地用例と云ひ、「喇嘛」の根本義に於ては、精神的、又は信仰的に波羅門（或は印度教）にも共通するところを推考せしめるものであるが故に、喇嘛教興起の淵源を尋ぬるには、波羅門教との関係をも慎重に探って見なければならぬ。

ホ、喇嘛教の根本義

斯様にして喇嘛教なるものの本来義即ち真義が究明せられた以上、最早「喇嘛教」とは何ぞやといふ問題は自然に解決せらるべき次第であるが、玆に便宜上改めてその要領を掲示し、兼ねて世上不用意に下されてゐる見解との差別を明にして置くことも無益でないと思ふ。即ち喇嘛教とは先づその語の当面の釈義に従へば、曾て諸仏に説かれた三宝の正義を、彼の神聖なる「喇嘛」の名において、如実に衆生に説き示し、以て無上の仏果を獲得せしむるの法であると云ふべく、またその語義の内容或は本質に従ふならば、大小顕密を包含せる全仏教の教理と倫理の最高法を教示すると同時に、絶対自由の信相を説いて、まさに仏陀の理念を超越するに至ることをも認容せんとする宗の極致を示す法なりと見るのである。特にこれを「西藏仏教」と呼ぶ所以は、本来の印度仏教が、新に西藏精神化せられた点にあると見られるからである。世人の所謂「喇嘛教」と呼ぶ名称も、或は欧語にて Lamaism といふ言葉も、その命名の動機が不徹底であって十分に喇嘛教の特質を顕はし得るものでないから、彼の西藏仏教徒の思惟するが如き「全仏教」といふやうな意味は毫も示されないばかりでなく、やゝもすれば我国の世俗が考へてゐるやうに、変態仏教の一派か、或はその甚だしきものに至っては一種の妖教と看做される恐れがある。
仍てここに「喇嘛教」の本質についてその特徴とするところを述ぶべきであるが、便宜上以下若干の項目を設けて分説するであらう。

二、印度仏教密部と喇嘛教との関係

1．印度仏教に於ける密教の起源

印度に興起した仏教教義が如何なる順序を経て発達したかを、史実的に確論することは困難とせられるが、種々の方面からその変遷の模様を推考することは不可能でない。

原始仏教興起の時代は姑らく別問題とし、それが印度の中心部を基点として南北に分れて伝播されるやうになったのは釈迦滅後約二百年を経たる阿育王の代（西暦紀元前二七二—二三二年）といはれる。

その後更に三百年ばかりを経過したる迦膩色迦王の代（同第一世紀前後）に及んで、所謂北方仏教と呼ばれるものが教理上異常の発展を遂げたに反し、南方仏教なるものは、依然として初期仏教の原態を持続し、茲に仏教発達上に二大潮流を現出し、所謂大乗教及び小乗教の名を与へて差別するに至った。

それらは教理と教相に於て格段なる相違があることは周知の通りであり、経典用語の如きも大乗教がサンスクリット（梵語）を以て記録せらるるに対し、小乗教がパーリ（巴利）語を以てせられることなども改めて贅言するもでもない。

第四世紀の頃、無著菩薩が世に出づるに及び大乗教に於ける一新機軸として密教瑜珈の宗教が唱道せられた。尤も密教教義なるものが萌し始めたのは古く西暦紀元の初期に出た龍樹菩薩の大乗教理開示の際に淵源するのであるが、新興の瑜珈密教の特異相は波羅門教の一派と目せられる湿婆教、または初期の印度教の色彩を帯びた点にある。

湿婆《シヴァ》教の由来に関しては未だ明確なる論定を見出すに至らないが、ロシアの神学者イ・ポポフ教授の云ふが如く、ある一説に従へは「シヴァ」即ち自在天は阿姑尼《アグニ》の神より出でたるものとか、或は風雨神「ルドラ」より生れたるものとか、或はまた本神はアーリア民族の神に非ずして印度の原始民族が有せる偶像教と仏教との混合によって生じたるものなどとも云はれる。その出現年代は不明であ〔る〕が宗派としての成立期は八世紀末とせられる。兎に角「シヴァ」即ち自在天は吠陀《ヴェダ》に於ける阿姑尼と同じく、建設と破壊との両様の能力を有するものであって、その神像は額上に月を頂き、蛇身または半身を具へるものであり、リンガ（男根）を以て拝祀せられる所以は生産建設の意味を表徴し、骸骨、弓矢、剣槍などを供へらるるは、死滅破壊を意味するものとせられる。後代の印度教の神像に於て、猥褻なる様々の姿態を見るは、やはり建設（生殖）の意味を表象するものと見られる。当時の仏教は特にその密教義に於て「シヴァ」教影響を蒙りたることが著しく、特には仏陀、菩薩と倶に「シヴァ」教の神々をも崇拝するに至った。現在西藏の喇嘛教に於ける神像中に、殆と印度教と同様の奇怪なる容姿をなせる諸神像、たとへば男女神合体像の如きものとか、崇拝庶物として各種の武器類を見るは、全く湿婆《シワ》教の影響によるものと見るべきであらう。

なほ湿婆教に特有なる魔法妖術に類する作法が当時の印度仏教に取入れられた事実も見逃すことのできない点で、密教徒が呪詛と称し、呪文を唱へるところの不可思議の念威力によって種々の幻妙神変的現象を発するものとなすが如きは即ち影響の著しい点であり、而して瑜珈の沈思観法は神変力発動の源泉をなすものとせられる。この妙法を観念するものを通常瑜珈師と称し、西藏仏教に於てはネンジョルパ **Rnal-hbyor-pa** と呼び、又その作法を行ふものをガクパ **Sngags-pa** と名ける。

最初西藏に伝はった仏教が密部を主体とするものであるとともに、呪詛念思の作法を以て重要なる宗儀とせられた所以は畢竟如上の由来に基くものである。喇嘛教が特にその旧教に於て、動もすれば淫祠邪教の一種と見誤られる原因も亦ここに存するものではなからうか。

2．西藏に仏教の伝はる模様

印度仏教が西藏に入り始めた時代は茫漠として判然しない〔ママ〕が、西藏史家らの推算を以てするときは、西暦に換算すれは多分第三世紀の中葉であらうといはれる。又ある一説すれば第四世紀の中末の交とするものがあり、或は第五世紀頃とする説もあって、未だ史実上の確認が与へられてゐない。併し印度に於ける仏教伝播の状態として、既に紀元前三世紀の初頃から、阿育王によって、西藏辺彊に近きカシミール地方に宣教が試みられたとの説があることと、更に降って同紀元後第一世紀の前後に迦膩色迦王によって中亜方面（トルキスタン地方）にまで弘通せしめられたといふ説から推して見るならば、それらの地方よりも一層近距離にある雪山《ヒマラヤ》地帯の西藏の領域内に於ては、夙に仏教が伝播してゐたものと想像しても強ち不合理とはいへないであらう。従ってこれよりも遙か後代に属する紀元第三世紀に至って、印度の学僧が宣教の為めに西藏の中央部にまで進入したといふ西藏の記録は、或る程度まで信すべき根柢のあるものと云って可なりと思ふ。尤もその当時は或る少数の経典と、若干の仏具が斉され、それらが王宮に奉安祭祀せられたと云ふだけで、事実上教義が信奉せられたわけではない。ところが興味ある問題は、後世訳経の結果判明する所によれば、彼の聖典の一種は、サマトク **Sa-ma-tag**（宝篋経）と名けられるもので、観音菩薩と、その真髄を表はした六字呪文（＝オムマニペメフーム）の義を説いたものであり、若しも当時その経典が伝はったことが事実とすれば、その頃の印度仏教に於て、既に観音思想の存在が確認せられるわけであり、且つそれによって凡そ「観音」を説いた大乗経典の出始めは少なくとも三世紀以前に属することが立証されるのである。

その後印度では五世紀より六世紀にかけて、仏教に対する回教徒の大迫害が起り、仏跡の破壊を蒙ること夥く、仏教徒にして北方雪山《ヒマラヤ》地域に逃避したものが多かったと伝へられることから想像するときは、印度仏教が本格的に西藏に移動したのは、まさにかうした時であらねばならぬ。また西藏所伝の史実と照合せしめても、時期として著〔し〕い差違はないのである。何となれば西藏に入った仏教がその国教として正式に採用せられた時代は七世紀の初中の交に属するからである。確実なる文献上ではその時始めて印度から移入したやうに記録されてあるが、当時の伝播状態が素晴らしく旺盛であったといふ事実から考へるならば、少なくとも六世紀末から既に相当の勢力を持って浸潤し、漸次に彼等の信奉を獲得しつつあったものを、第七世紀に及んで改めて正式に印度本国より最も根本的または本格的なものを迎へ入れたと見るべきである。即ちそれは第三十三代西藏国王ソンツェン・ガムポ **Srong-btsan-Sgam-po**〔**srong btsan sgam po**〕（五六九―六五〇年）が、宰相トウミ・サムボータ以下多数の留学生を印度に派遣して、言語、宗教、哲学等を学ばしめ彼等の帰朝と同時に西蔵の国文を制定し、仏教を研鑽し、且つ弘通せしめたことが、実に整然として事蹟の挙った模様から推測せられるのである。

なほ当時翻訳せられた経典の主なるものはゲェチュ Dge-bcu（十善経）、サマトク Sa-ma-tag（宝篋経）、パンコン Dpang-Skong（?·）《〔ママ〕》、クンチョクチン Dkon-mcog-sprin（宝雲経）などであり、更に続いて採用せられた教義も亦特に密教を根幹として、それに律教義を配したものであったことに注意を要すべく、この発足の仕方が大体その後に於ける喇嘛教の進展方向を決定したものと云ひ得るのである。

三、ボン神教及びシャマン教の影響

1．初伝仏教の密教なる所以

最初西蔵に移入せられた仏教が瑜伽《ユガ》の観修に重心を置いた密教を根幹とする点に於て、大乗の極意を究めんとするものであり、厳格なる倫理観に基いて正次の戒律作修を必要とする点に於て小乗の本義をも尊重せんとするものであって、畢意仏教全体の完璧を期せんとことを目指したものであることは、前来の所述によっても大体想像せられる所であるが、西蔵仏教が何故如上の大成を具ふるに至ったかを考察することは、喇嘛教興起の由来を訪ねる上に最も必要なる問題の一たることを失はぬ。

抑も喇嘛教即ち西蔵仏教が所謂北方仏教の伝播圏内に置かれるやうになったことは、全くその地理的隣接関係の然らしめる所によると一般に認められてゐることに対しては敢て異論を唱へるものでないが、これを単純に地理的関係のみに限定することには、全幅の賛意を捧ぐるに躊躇する。何となれば西蔵には他の一面に於て、さうした仏教を受入れて、完全に発達せしむべき条件が、本来自然的に具はってゐたといふことも亦、有力なる一理由となるからである。その条件とは即ち西蔵人固有の思想、信仰、特性などが偶然にもさうした仏教義の伝播に適はしい素質を具へてゐたことを指すもので、言を換へてこれを云へば、つまり両者の精神が根本的に合致点を見出したことである。更にまた地理的関係のみでないといふ論拠として、北方仏教の興隆圏外に遠く離れ去ったところの南方の小乗仏教の戒律作修の点が喇嘛教に於て最初に最も重要視せられるといふ一事を指摘されることである。

かやうに別箇の二種の理由が考へられるが上に更に移入後の西藏仏教の発展に強大なる推進力を与へたも〔の〕も亦後者の関係であると見られるから、本問題については今少しく詳細なる叙述を続けねばならぬ。

2．古代ボン教の様相

前項の問題に関しては先づ仏教伝来以前に於ける西藏固有の信教《マヽ》たるボン神教に就ての概念を把握することによって、略々その条件の全体の意義が明かにせられることを知らねばならぬ。固よりボン神教には比較的純性をよく保ち得た古代の宗風と、波羅門教或は印度教や仏教の思想によって改革を加へられた新興宗派との差別を存するが、今茲に必要とせられるは古代のボン神教である。然るに西藏では仏教伝来以前には本格式に文献と名け得べき記録が存在しなかったのであるから、古代ボン神教に関して学び得るところは極めて僅少で、ただ不完全な記号とか、口碑や伝説の物語とか、また後代に及んで記録せられたボン神教の教義並に伝道の模様などから想像を逞ふするより外はないのである。

仍て不十分ながらもかうした乏しい資料によってボン神教の実体を検討するに、先づ彼等教徒の信する所に従ふならば、その概要は既に本記随所に述べた如くボン神の本体ともいふべきものは、全智全能の大神であって、無限の光明を放ち、常に天上界に住するものとなし、而してその天上界は光り輝く神霊界であると同時に、彼等理想の安楽世界でもある。彼等はまた大神を以て大祖神と崇め、地上世界に於ける代々の西藏国王は死して後天上に生れるものであり、彼等自身も亦終には昇天するの福祉に恵まれるものと見るのである。

その他一般的には有らゆる不可思議力を発揮するものに対して悉く神の精神を認めるものであるから、その点で一種の多神教の如くにも見なされるであらうが、一方に於て上述の意味から祖先崇拝教とも称すべきであり、更に又光明の発源体即ち太陽に等しきものと見る点から、日輪崇拝教とも云へないことはない。現に彼等がその教徒なることを表はしシンボルとして用ふるところの「ユントゥン」gyung-drung 即ち卍は、太陽を表象する記号の⊕より起ったものと云はれ、明に日輪崇拝の思想に基因することを示すものである。S.C.Das 氏もその藏英辞典に右の意味を述べてをり、またルブムカルポ Klu-hbum-dkar-po（十万白龍）と名くる新興ボン神教の聖典に「ボン」を「悟の法」の意義に用ひてあることも、結局ボンの大神の法体を表示するものであり、その本質が無限の光明を発するものとしてそれを太陽に擬することから考へても、日輪崇拝の意義と合致するのである。

さてボン神教は、いつ頃いかにして興ったかといふことは無論明かに知る由もないが、紀元前五世紀頃の西藏建国時代には既に広く伝播してゐたことは、その建国物語によって知られる（前掲、西藏の神話と伝説、参照）。故に若しその淵源を尋ねたならば、恐らく西藏開闢の往古にまで遡るべく、畢竟彼等民族の原始的信仰より発達したものと見ざるを得ないであらう。

古代ボン神教を説くところのサンテタンルク gsang-re-brang-lugs を調べることができたならば幾分その由来を明かにするであらうが、前述の十万白龍《ルブムカルポ》などでは到底知り難く、その神聖教主と仰かるるセンラプ Gsen-rabs に就ても、史実は云ふに及ばす、伝説すらも十分示してゐない。ダス氏の辞典にはボン神教の中心地たるシャンシュン Shang-shung〔zhang zhung〕は現在の西藏西辺境なるマナサロワール湖 Manasarowar L. の西方に当るグゲ Gu-ge 地方であると記し、またセンラプとは開祖の名であるとだけで詳細を示してゐない。なほセン Gsen とは釈迦種と同族であるといはれる西藏の古種族の名とあるから、右によって想像するときはボン神教の開祖も亦釈迦種より出でたものとして強いて仏教に因縁づけやうと試みたことが察知せられるであらう。

その他スムパ・ケンポのパクサムジョンサン史書には、ボン神教時代とともに変遷して行く宗旨の名称を掲げてあるが、それらの詳細は示されてゐないやうなわけで、古代ボン神教の研究資料は実に乏しいと云はなければならぬ。

3．ボン教とシャマン教

併し近世に至って実地観察によって斉された結果によるときは、古代ボン神教といへども決して純粋な西藏固有の信教でなくして、往昔中亜及び蒙古方面より入蔵せし移住民によって持来されたところのシャマン教が、西藏土俗の信仰と結合して成ったものであることが推定せられた。それは現にボン神教徒の行ふ呪詛、禁厭、供献などの作修に於て、両者の間に完全なる一致を見ることか、或は信想の内容に於て、天祖崇拝とか、多神教的な庶物崇拝等の思想に共通する所が多いとかの比較によって推考されるものである。

さて吾々はボン神教の一研究法として、更にシャマン教の検討を必要とするものであるが、茲に詳述の遑がないから、たゞその外輪だけを一瞥するに止める。即ちそれは主として中亜から北東亜全体に繁殖せるウラルアルタイ系統の民族、或はアジア原始民族などの間に弘まる所の民族神教の一種であって、往古には我国にまでも伝播したものといはれる。彼等の世界観によれば、宇宙は垂直に配列せられたもので即ち上天は光り輝く霊照界をなして、最高至善の神が存在し、中間は中つ国として人類や他の動物の棲住する所となり、下界は地中の暗黒世界として、謂はゞ地獄とも称すべき所であるといふ点に於て従来内外諸学者の見解は略々一致してゐる。

次に彼等の信仰に関しては、究極とする所は天上の理想界に生れるにあるが、現生に於ける信相の模様は、専ら禍厄を除き、幸福を求めんが為め、呪詛祈誓を行ひ、祭祀を篤くし、特に犠牲の供献を重くするにある。神意を宥め、罪を贖ひ、病魔厄神を退けることによって、自然に幸福が授かるものとなす以外には、特に一定の教義教理を説くことなく、従って経典と名け得べき聖書の存在することを聞かない。かうした諸点に於て西藏古代のボン神教に類似するものであるといふ一事を知れば足るであらう。

4．仏教との同化

上述の如く西藏に於ては、仏教が移入せられるまで、右のやうな特色を具へた固有の信教が流布せられ、君民ともに篤く信奉したといはれる事相によって、彼等本来の思想、信仰、または民族精神とも云ふべきものの本質が推考せられるとともに、たとひ外来の事相といへども、その根本精神に於て合致するところのあるものは、容易にそれを受入れて同化せしめるといふ事実を学び得るのである。従って前述に示したやうに瑜珈の観修を本領とする印度密教が必然的に迎合せられる所以を首肯し得ると思ふ。故に若し西藏自体に最初よりボン神教の素地が存在してゐなかったとしたならば、印度仏教もその如何なる宗教の部分が受入れられたかは疑問である。追て述べるが如く、西藏仏教は密教の移入を契機として漸次顕教に進展し、その間常に小乗の戒律を以て仏道修行の基本たらしめたものであるが、その相貌を冷静に注視するならば、どこかにボン神教精神の一脈相通ずる所が認められることを知るであらう。

世にはボン仏両教の相剋関係の甚だしいことを云為すものが多いけれども、それは全く宗派根性の致す所であって相互に仇敵視すべき反感を根本的に懐くべきものでないことは、宛も我国に於ける神道と仏教との間柄にも比すべきものである。事実問題として、ボン仏両教精神の融合状態は現に主としてその信相上に於て顕然たるものがあり、なほその淵源に遡って調べて見ても、愈々西藏に始めて仏教が興起せんとする際、時の教皇ソンツェン・ガムポは在来のボン教を排斥するやうなことがないばかりでなく、却ってそれに保護を加へてまでも仏教とともに繁栄を来さんことを望まれた事実は、同教皇の遺訓として伝へられる聖典「マニカンブム」の所録によって明かである。斯の如く西藏仏教即ち喇嘛教は、その発達の過程に於て、波羅門教（印度教）とボン神教（シャマン教の色彩濃厚なるもの）とに対して常に連繋を保ったことは真実であるとしても、喇嘛教本来の使命は全仏教の理想化を目標として進んだものであることを見逃してはならない。

四、喇嘛教の沿革概要

1. 初伝仏教時代の経過

本項に関してはさきに宗教及び国史に於て若干述べ終ったところであるが、叙説総合の必要上からその要点を再述することも止むを得ない。さて七世紀初中の交に、第三十三代国王ソンツェン・ガムポによって西藏国教として採用せられた仏教は、八世紀より九世紀の中葉に及んで漸く軌道に乗り、近き印度方面よりは無論のこと、遠く支那よりも学僧の来集するものがあって、西藏仏教の興隆に尽したことは明かなる史実として伝へられてゐる。

第三十九代ティソン・デツェン K'ri-song-lde-btsan〔khri srong lde btsan〕王の代（七三〇―七八五年）に印度の学僧ペマサムバワ〔パドマサンバヴァ〕Pal-me-sam-bha-wa〔Padma sam bha va〕の活躍振を見ても、密教瑜珈の観修が中枢をなしたことがわかる。また西藏に於ける極初の比丘の喇嘛僧が出現したこととか、或は最初の大藏経目録が編纂せられたことなども、この時代に属することは特に注意に価する。

次に第四十二代レルパチェン ral pa can 王の代（八一四―八三六年）には、大蔵経の訳語を始めとし、国文全体の用語を統一せんが為め、所謂「新定語《ケサルチェ》」〔決定訳語〕Skad-gsal-bcad〔skad gsar bcad〕を以て校訂するの難事を断行せしが如き、喇嘛教界に画期的の大事業が貫徹せられた。

然るにその隆盛の後を受けて、第四十三代国王ランダルマ Glang-dar-ma〔glang dar ma〕（八三六―八四一《ママ》）が即位すると間もなく、王は仏教を以て国家を禍するものとなし、仏教を破壊し、僧侶を追放し或はこれを殺戮し、聖典を焼棄し、聖像を破摧するなど、国都ラサを中心とする西藏中央部の仏教を根柢より覆すに至った。それが為め、王は終に一臣下の為に弑せらるところとなり、世襲の王子はあったが王位を即がずして国都を去り、地方の小分王として、王統の断絶を避けるに過ぎなかった。これより西藏国全体を総括するの国王を欠き、各地に割拠せる諸侯は覇を争ふて戦国状態を来し、漸く後興の機運に向った仏教も動乱の禍中に捲き込まれ、その虚に乗じて邪宗門の跳梁するものがあって、仏教もその純真さを保持するに堪えなかった。

２．後伝仏教及び仏教改革

十一世紀に及び西部西藏に国を立て、仏法に篤信ある一王家の努力によって、崩壊に瀕せる仏教の立直しが試みられ、印度より高僧を招致してその任に当らしめた。聖僧アティーシャ A-ti-sha〔a ti sha〕の来藏が即ちそれであり、やがて荘重厳粛なる新仏宗カーダム派 Bkah-gdams-pa〔bka' gdams pa〕（勅勤宗）興起の因をなした。

その後西藏は国事愈々多端となり、蒙古、準噶爾《ツンガル》、支那などの各方面より、屡々来寇の厄を蒙り、仏教も亦その余波を受けて、或は政略の具に供せられ、或は教理を歪曲せられるなど、次第に堕落の一路を辿り、甚だしきは淫祠邪教に類する宗風を現出するに至った。併し幸にも仏教の運命が全く危殆に陥るに先だち、十三世紀の初後を通じ、蒙古の各汗によって擁護せられ、且つ蒙古地方へも盛んに宣伝せられたことがあって、後代の隆運に寄与する所が少くなかった。

なほ嚮きのランダルマ王以後の喇嘛教法統に関しては、西藏中央部に於ては一時断絶を来したとはいへ、地方に於ては東部と西部とに教団の残存するのがあってよく法統を支へ、漸次中央部に対して盛返して来た。固より当時の仏教は数派の分立を生じて多少の軋轢を見たとはいへ、各教主の法統維持の努力には遺憾がなく、殊にサキャ派Sa-skya-pa の如きは蒙古王より西藏統治の全権を付与せられるなどで宛然君主たるの観があった。

喇嘛教が廃頽の極に達したのは十四世紀であり、その反動として革新が叫ばれ、終に十五世紀の初に及んで西藏仏教空前の大改革が断行せられた。所謂黄帽派《シャセルパ》と呼ばれる新教ゲルク派 Dge-lugs-pa〔dge lugs pa〕（粛徳宗派）の出現を見たのはこの時であり、西藏は茲に始めて真仏教の燦然たる光輝に照された。この新興喇嘛教の宗教たるや、純正なる大乗顕密の深法に立脚せる高遠なる教理を宣揚して余すところなく、加ふるに厳粛なる小乗の戒律より発足して、大乗律の究竟位を極め、以て窮極円満せる大小顕密の三種戒を成就せしむるなど真に全仏教の大精神を如実に発動せしめんとする理想仏教の実現と評すべく、根本たる印度仏教の成果は、西藏に至って始めて結成せられたと云はれる所以は全く茲にある。

この革新の偉業を成し遂げた聖者ツォンカパ Tsong Kha pa（一三五七―一四一九年）在世当時に於ける喇嘛教の盛観は、真に釈迦仏の再現を偲ばしむるものがあると云はれ、恐らく西藏仏教（喇嘛教）の隆運はこの時を以て最高潮に達したものと見られる。

偉聖ツォンカパの高弟の一人にゲンドントゥプ Dge-hdun-grub-pa〔dge 'dun grub pa〕なる一教主があり、観音菩薩の化身と信せられ、その遷化後再び次代教主として転生せしことより、爾来霊統継承法による法王位制が確立せられ、その第三世に及びし時、蒙古王によって「達頼喇嘛」の称号が与へられた。それ以来蒙古人らは西藏法王を呼ぶに右の呼称を以てするやうになった。

歴代の法王は最高の教主権を以て全喇嘛教徒に臨むが故に結局全西藏国民を支配することになるわけで事実上君主権をも兼有するに等しいもので、また正式に名義上からも西藏の国権を掌握する場合もあった。

なほ西藏には達頼喇嘛法王の外に班禅喇嘛法王があり、やはり聖ツォンカパの法統を承け継ぐもので、阿弥陀仏の化身といはれ、神聖法王としては達頼と毫も異なる所はない。ただ君主権を附与せられない点で、国家的には達頼の下に立つを原則とする。現在の達頼は第十四世であり、班禅は第十世である。
以上は喇嘛教の沿革の梗概に過ぎないが、若しこれを詳述せんとするならば殆んど西藏国史全体に亘らねばならぬ。喇嘛教史と西藏国史とは不二不離の関係に立つものでこれを分説するわけにはゆかないことを特に附言してをく。

五、喇嘛教と西藏文化

前項に於て、喇嘛教史と西藏国史とは全く不可分の関係に立つものであることを附言してをいたが、凡そ国史が文化の相貌を物語るものとすれば西藏の文化はまさしく喇嘛教によって代表せられるものと云ふべく、喇嘛教文化は即ち西藏文化であると云っても過言でない。

西藏文化に対しては種々の見方もあるが、如上の理由よりして喇嘛教の全盛が、その改革直後にあることから、文化の精華も亦それと時を同ふするものと云ひ得る。

喇嘛教の興隆は仏教学自体の発達を伴ふものであることは勿論であるが、仏教以外に学術の存しない西藏に於ては、一般社会の有らゆる教学方面を指導促進せしめることに役立つものであり、また寺院や仏殿など宏壮なる建築事業に附随して、工芸、美術、産業などの発達が助長せられるなど、国家または社会の凡ての方面に亘って影響を及すところが甚大であり、一々の場合を詳述するに堪へないのである。

併しながら吾々は今茲にその文化の程度を窺はん為めに、その一例として、彼等が世界に誇り得るところの浩瀚なる仏教叢書について特筆するの必要を感ずるものである。

識者は夙に西藏には早くも七世紀の初葉に於て、完全なる国文法の欽定書が完成せられたことを知悉してゐるであらう。それは比較的単純な西藏語の用法を、最も精密的確ならしめたもので、彼の羅典語と倶に世界の高級語と称せらるるサンスクリット（梵語）を以て書かれた所の、深遠なる仏教の理義を自由に、且つ誤なく翻訳し得たこと程左様に巧緻に制定せられたものである。印度根本仏教の真髄を容易に把握して、西藏仏教の新文化を築き上げることのできた一因は明かに、かうした語法の整備に存すると云ふべきである。世人はまた西藏には彼等自身の国文を以て記録せられたところの大蔵経、即ちカンギュル・テンギュル Bkah-hgyur、Bstan-hgyur〔bka' 'gyur, bstan 'gyur〕（甘珠爾・丹珠爾と漢字書するもの）と称せられる二大叢書と、別にまた藏外部に属する幾多の貴重なる典籍の現存することをも知るであらう。而してこれを漢訳の大蔵経と比較するならば、その数量に於て若干劣るところがあっても、実質に於ては優に漢訳に匹敵するものがあるのみでなく、その特質とする点に於ては遥かにそれを凌駕することは識者の夙に認むるところである。

世上ややもすれば西藏大蔵経（及び藏外典籍）を以て仏教や専門の叢書であるかの如く思惟するが、事実は決してさうしたものでなく、仏陀の経典以外のものとして、哲学、論理、心理、天文、医学、文学、記伝など頗る広汎にわたる学術書を網羅せるものであることを知らねばならぬ。西藏大蔵経は実に西藏文化の枢軸をなすものであり、又西藏人の能力を測定する尺度となるべきものである（別項「大蔵経「カテン」参照）。

（備考）本記の別章に於て「最初の教皇」と題する小述によって指示した如く、我皇朝に於ける飛鳥時代には、西藏も亦飛躍的の発展を遂げたものであるが、西藏の場合は全く無文に等しい未開状態から逸脱して、一挙に高度の文化的水準に上ったことを偉とせねはならぬのであって、遠く七世紀の上世に於てすら、略々我国の当時の文化に追随せしめて論じ得べき程度に達してゐたといふ事実を学んだならば、西藏人が先天的に保有してゐる知能は決して低劣なものでないことを認めざるを得ないであらう。

これによって吾々が進んで考察すべき事柄は抑も西藏人とは如何なる人類であって何れの民族に属するか、或は彼等の本性に如何なる特質を具へてゐるか、或は彼等固有の宗教心は如何なる特性を有するものであるか等の諸問題であるが、それらに就ては本記の所々に分説する各関係事項によって大体明かにせられることと思ふから再録を要しないであらう。

六、喇嘛教の教理と信仰の特質

1．仏教に於ける喇嘛教の地位

本論に入る前、仏教に於ける喇嘛教の地位に就て少しく述べてをかねはならぬ。茲に改めて贅言するまでもなく、通常仏教を分って大乗及小乗となし、更にその大乗を顕教及び密教とに分つ。固よりかうした分類法は釈迦仏自身によって教示せられたわけでなく、その滅後に及んで、教法に対する研究が重ねられた結果である。

現在我国を始めとして、支那、満蒙、西藏などに弘まるものは大乗教に属し、セイロン、ビルマ、タイ（シャム）、仏印などに伝はるものは小乗教の部に入れられる。而して前者はまた北方仏教とも云はれ、これに対して後者を南方仏教とも呼ばれる。喇嘛教即ち西藏仏教も一般的には大乗教として取扱はれることは当然とは云ひながら、それが仏教上に於ける地位を論ずるならば、その特質を具ふる点から見て、稍格段なる所に置かるべきものであって、既述の如く、その宗致とする所が、大小顕密の極致を集約せる点にあるから、これを単純な一大乗教と見ることは妥当でない。

殊にその信仰的要素に於て、若干超仏教的な色彩を帯びてをり、本来の教理と実際の信仰とが必ずしも全面的に合致するものとは云へない所があり、従ってこれを同一系統の下に論ずるを得ないのである。喇嘛教を以て特殊の地位にをき、取扱を別にせねはならぬ理由は実に茲に存すと云ふべきである。

2．教理と実践

さて喇嘛教の教理とは如何なるものかといふに、原則的には固より普通仏教の原理を出づるものでないが、喇嘛教にはそれ独自の理教《〔マヽ〕》とする所があり、仏法全体に亘って専ら主観的な態度を以て臨むもので即ち客観的な見解を廃除するものである。故に喇嘛教の教理を会得せんとするには勢ひ実践的にその宗門に立入り、身を以て学修研鑽せざるを得ないのである。

然らは実践的に研鑽するとは如何なる方法によるかと云ふに、先づ自身が所謂出家となって仏門に入り、終生世俗との繋累を断たねはならぬ。而してよく研鑽に堪へ得るやう心身鍛練するについて、最初に厳粛なる小乗律を修めて比丘《ビク》たるべき受戒を授かることが必須の条件とせられる。次にこれを基礎として窮極は大乗の菩薩戒と、同じく密教の三摩耶戒或は秘密戒を受け、すべて仏の三種戒を完全に成就せしめなけれ〔ば〕ならぬ。

斯くてその間、教法の理義そのものの研鑽としては、二様の途がありその第一の方法によれば規定の如くそれぞれの順序を踏んで、小乗の教理より始めて大乗顕教の要諦を学び、終には究竟の真仏果を獲得するに必要なる菩薩六度（六波羅密）の浄業を円満に修得するにある。第二の方法にすれば一旦顕教の蘊奥を極めたものの進むべき所であって、即ち密教の門に入り、仏陀の真言を探り、瑜珈の観修を体得して、絶対の神霊界に悟入するの道を窮めるにある。而してそれに普通仏教の宗儀とは若干趣を異にするといはれる所は、一は瑜珈の作法に於て、彼の波羅門の系統を引ける湿婆教または印度教の影響を蒙ったところの印度密教の不純分子が少しく混淆してゐることと、今一は西藏固有の信教たるボン神教の宗風の或る部分が浸潤してゐることとである。

固より他の異宗教に見るが如き妖淫怪奇なる分子の排除に極力努むる所があり、魔法幻術の如きも特定の場合のみに制限をなし、何人もこれを自由に行ふを許さないことなど、仏教の尊厳を維持するに腐心の跡が認められる。革新以前の喇嘛教（旧教）にあっては、印度の不純な密教に近づき過ぎた傾向を有した為め、屡々邪宗門の乗する所となったことは否めない。併し革新後の新制喇嘛教に於ては、特に戒律に重心ををき、且つ顕教の学修を先とし、密教を後とするの順序を踏ましめたことなど、用意の周到さが窺〔は〕れるのである。

故に十四世紀末より十五世紀初に及ぶ仏教の大改革によって喇嘛教は新旧両宗に分れ、新教の厳粛なるに比し、旧教は如何にも堕落せるかに思はれるが、実際は決してさうしたものでなく、革新と同時に旧教も亦大に反省する所あって粛正の実を挙げ、現在では新教と倶に重要なる役割を演じてゐる。但し西藏の国教として、現に喇嘛教の中枢をなすものは勿論新教であることは、その二大法王たる達頼及班禅の両教主が、いづれも新教の黄帽派たるゲルク派（粛徳宗派）に属することによっても知られるであらう。

凡そ喇嘛教の僧侶たるべきものは上述の如き段階によって仏道を学ぶべきものとせられてあるから、一般凡人の能くなし得るところでない。従って僧侶といふものの地位は高いものとせられ、殊に高僧は「上人《ラマ》」と称せられ、仏の代官の如くに尊崇せられる。而して彼等の学修道場たる寺院《ゴンパ》 Dgon pa は即ち「学問所《ツクラクカン》」であり、同時にまた「調律所《トゥルカン》」でもあり、或はまた聖祀殿とか式典院とも云ふへき意義などを帯びてゐる。又現に一ヶ寺に於て、三千、五千、七千以上の多数の僧侶を住せしめるもの、例へばガンデン、セラ、レプン、タシルンポなどは、顕教の学修と、戒律とを主とする所であるから、顕教戒律院とも見らるべく、これに対して別に密教専門の道場が設けられ、通常怛特羅《タントラ》僧院《タツァン》 **Rgya-pa-gra-t'sang** と称せられる。

3．信仰の相貌

次に喇嘛教の信仰状態に関して略説するに信仰問題は前述の教理以上に主観的描写を必要とする関係から、その叙述に一層の困難を感ずるにより、茲ではただ信相の外貌に一瞥を与へる程度に止めて置く外はない。

さてその信仰なるものも、全然教理を離れて別箇に存在すべき筈のものでなく、原則としては教理によって醸成せられるものであるが、実地問題として観察するときは、必ずしも教理に即応するものとは限らない。殊に喇嘛教が興起するに当っては印度教やボン神教或はシャマン教などの影響を蒙った関係上、若干それらの宗風に感染した点があり、一方の教理の場合に於けるが如く鮮かな説き分けが試みられないことも考へねばならぬ。尤も茲に異宗分子の浸潤を云為するといっても、喇嘛教の信仰観に暗影を投ずるやうな悪性のものでなく、寧ろその信仰力の包容性の大なることを示すに役立つもので、それが本来自由性に富んでゐることを示唆せるものと解して可なりと思ふ。

先づその信相の特色の一となすべきことは、僧侶と一般民衆との間に若干の相違が見〔出〕されることである。即ち僧侶（出家）は大体に於て教理の極致そのものを以て信条となし、菩提の悟道を進んで、無上正遍智の仏果に到達すべきことを期して疑はざるに対し、民衆（在家）は、根本的にはやはり同じ教理に基くものではあるが、特に情操的衝動に発足して、仏陀或は三宝に帰依し、これを敬礼、祈願し、善行功徳を廻向して目的の仏国に生れ、そこで必ず仏果が証得せられるものと思ひなすのである。固より僧侶といへども民衆同様の信条を必要とするものであるが、それは最小限度の要件であって、彼等には第一の要件として先づ出家受戒といふ人生の一大関門を潜った上で百戦錬磨、金剛不壊の信心であらねばならぬ所に両者の立場が異なるわけである。

次に今一つの特色とせられるところは、有らゆる諸仏に対する信仰は究極に於て凡て一の観音信仰に帰するものとする点である。これには特に僧俗間に格明なる差別を認められないが、民衆に於て顕著であることは事実である。諸仏の中でも彼等に最も親きは釈迦と阿弥陀である。釈迦は仏教の紹介者として、阿弥陀は理想の本仏として尊信せられ、後者は彼等の来世を多幸ならしめ、永遠の生命を与へるものとする。彼等が観音信仰に狂奔する所以のものは畢竟阿弥陀仏の浄土たる極楽国に生れ出でんが為である。それは何故かと云ふに、観音は阿弥陀仏の化現であり、霊子であり、代官であり、また極楽国への案内者でもあるからである。理想仏阿弥陀の在す極楽は、これより西方十万億の仏国を隔てた遠き彼方にあるが、観音はその代官として地球世界に出張し、西藏の国土、人民、君主の創造者であると同時に、その守護者であり、三世を通じて日夜不断に彼等と倶に、影の形に添ふが如く見護りつつあるもので、若しも阿弥陀仏を厳父にたとへるならば、観音は慈母にも比すべく、尊さのうちに、親しみの感が湧き出るといふのである。故にただ観音の袖に縋ってゐさへすれば、自然に目ざす浄土に連れ行かれ、即時に容易に無上の仏果が獲得せられるといふ気持ちに安住するのである。

観音に対する信仰を最も端的に表はしたものは、彼の有名なる六字呪文の「オムマニペメフーム」**Om·ma·ni·pad·ma·hum** である。六字呪文の説明は別項に示した如くで、それは実に観音の本髄とせられ、無限の功徳を包蔵する仏の真言であり、一切衆生の為めの護符となり、極楽に直行するの急行券であり、無上仏果獲得の交換券であり、約言すれば喇嘛教の理義のエッセンスであり、同時にまたそのシムボルとも見られる。而して彼等の信念中には喇嘛教以前に西藏の如何なる意義も存在しないとなすものであるから、この六字呪文を以て西藏精神の替詞として用ひられることを知らねばならぬ。

4. 信相の特異

最後に喇嘛教の一特異相として指摘せねはならぬことは、彼等が意識すると否とに拘わらす、彼等の信仰の内容に於て、超仏教的の精神が潜在することである。それは即ち「神」の存在を意味するものであるが、その模様は「仏」と全然別箇のものでつまり仏即神、神即仏と云ふが如き融通的関係にあるものと見られる。而してかうした傾向は事実として明示せられてゐるにも拘はらず、彼等はそれほど意識してゐないやうに思はれる。恐らく彼等にとっては、それが余りにも当然すぎることから、別に問題としない為か、それとも先天的にさうした観念に支配せられて、疑問を起さない為かいづれにしてもその由来するところは全く一である。即ち前にも述べた通り彼等が「仏」を知るまでは、ただ「神」の観念しか持合さなかったのであるが、仏教が始めて国教として採用せられた際、時の国王の思慮深き方略によって神及び仏に対する二種の観念を巧妙に融合せしめられた事実は、この間の消息を有力に物語るものである。右は該国王の遺訓を記録せる聖典マニカンブムの仏教神話によって推知せられるが、また同じ記録に載せられた国法十六箇条の文面にもよく表はされてゐることは既述（勅諭国法）の通りであるから茲に再録を控へるであらう。

その他その言語自体の上から検討しても、同様の結論に到達するもので「天」或は「天帝」、或は普通に「神」といはるゝ意味を表はすところの「ハ」Lha といふ語が、常に「仏」の同義語として用ひられてゐることは、凡そ西藏語に通ずるほとのものならは、何人も熟知するところである。実例を掲げるまでもないが、仏聖の尊像を奉安せる霊場なるによって、その名を得たる西藏の国都ラサ Lha-sa は、その語義の直訳は「神地」となすべきであるが、本義とするところは「仏地」であるが如きである。

更になほ神仏同化理念の表はれてゐる一事実を挙げるならば達頼喇嘛法王冊立の場合に於て、その適例を見〔出〕されるのである。達頼喇嘛は云ふまでもなく神聖なる仏教法王で、諸仏の代表者たる観音菩薩の化身とせられるが、その法王位の継承法に於ては既述の如く、神の宣託を仰く場合がある。仏事に神事を用ふことと、それを重要視して怪しまないことが注意に価するもので、この事実は神といひ仏と云ふ理念を超越して、融合一体の存在と見るの証左であらう。

その他日常の礼拝行事に於ても神仏を同一列に尊崇する霊は枚挙に遑がなく、仏前の荘厳《せうごん》、供献の種類にも神式庶物を混用するも敢て奇としないのである。故に口にはたとひ神仏の差別を説いても、実際問題として無差別の観念に捉はれてゐる場合が少くない。

5．信仰の対象

なほ直接信相に関するものでないが、信仰の対象物に於て神仏共通の類似相を目撃することについて一言を要する。即ちそれは神仏いづれにしても光明を以て本体となし、その所在を天上の光明となすことである。ボン神教及びシャマン教の場合は既述の如くであるが、喇嘛教に於ては、特に然りといふべきで、彼の阿弥陀仏の如きは光明を以て仏の本体そのものとするが故に、その名を「無量光《アミタヴァ》」（西藏語にてウパメ Hod-dpag-med）と云ひ、極楽を「無量光明土」と称するが如きそれである。

観音が阿弥陀仏の仏子といはるるものはその出現が阿弥陀仏の光明自体の分現とせられるからである。

要するに喇嘛教の信相に如上の特異相を具ふることは、確かに西藏の民族的信仰によるもので、古来喇嘛教の伝播地域の状態と合せ考へて、その所以を察知せらるべく、従ってまたその将来の動向を窺ふ上にも有力なる示唆を与へるものと見られる。

七、西藏の国体と喇嘛教の根本精神

凡そ仏教はその発祥地たる印度は云ふに及ばず、日本支那若くはその他の仏教国に於ても同じであるやうに、それはたゞ一個の宗教として伝播せられたものであるが、独り西藏に於ては普通の宗教として有する能力以上のものを発揮したことを特筆せねばならぬ。尤も茲に宗教以上の能力といふ意味は、その哲学的な要素とか、科学的な部分とかを指すものでなく、若しも宗教の本領とする所が個人的な信仰や徳性を支配するものと見るならば喇嘛教に於てはそれが更に個人以上のものに拡充せられて、集団的な組織をなすもの、即ち茲に述べんとするところの、西藏の国家としての信仰を決定する力をもつものと見られる。換言すれば、西藏に於ける喇嘛教の地位は、国家と別個に存在するものでなくして、喇嘛教は即ち西藏国自体なりと思惟することである。更にこれを適切に言換へるならば、喇嘛教があって始めて西藏の国家が存在するといふ意味である。故に西藏に於ては宗教と国家との関係は前者が主で、後者が従であり、喇嘛教と国家とが相よって西藏の国体を構成するものと云ふことができる。

西藏の仏教「神話」及び伝説は勿論のこと、千数百年来の史実に徴して明かである如く、彼等の信ずるところは、先づ仏陀の大慈悲心によって国土が開かれ、国民が生れ、君主が立てられたものとするにあるから、彼等にとっては喇嘛教は単なる個人本位の一宗教に止ることなく、国体の淵源と本質を明にするものであり、また国家思想の帰趨を決定する大精神の本源と見られるものである。その模様は我国の維新後に於ける我国の国家神道と国体との関係に髣髴たる所なきにしも非ずであるが、西藏の場合は一層徹底的で、端的にこれを云へは喇嘛教以外に何物も存在しないとするのである。

従ってまた彼等〔の〕国民性を観察しても、我国に於ける忠君愛国の念に酷似するところがあって、彼等が達頼法王に対し、全く仏祖同様の信心を有し、その勅命に信順するに敢て身命を顧みないこととか、或は自国を以て「仏法刹土《チュンシン》」とか「仏在刹土《ハンデンユム》」と称し、世界に於ける唯一の神聖国としてこれを愛護するに最大の犠牲を払ふに躊躇しないことが即ちその点である。

終に現在喇嘛教は西藏以外の国々に弘通せられ、各地域によって多少趣を異にするが故に、西藏本来の喇嘛教を以て他〔の〕場合を律することは妥当でないことを附言してをく。

八、六字呪文

1．呪文の普通の意義

六字呪〔文〕とは西藏仏教即ち所謂喇嘛《ラマ》教の信奉者が「念仏」として唱へる所の「オム・マ・ニ・パド・マ・フゥム」といふ六節語綴を一連とする語を云ふ。この語は元来西藏語ではなく、総てサンスクリット（梵語）を綴り合せたもので、その原字音をローマ字にて表はすならば「**Om·mani Padme hum**」と記される。

ところが西藏人は彼等自身の口語式発音法によって発声するが故に、原音とは少しく異なって、オムマニペメフン **om·ma·ni pe·me hum** の如く響かすのである。いづれにしても言語は四語よりなるものであるが、西藏語の単節音性に従って語節を分つから om-ma-ni-peme-hum の六字となるわけである。

六字の意義は古聖典マニカンブム mani-bkah-hbum 及びサマド《〔ママ〕》 Sama-tog といふ経典に詳しく説かれてあるが、今それを引用するに先ち六字の本語当面の意義に就て一般的解釈法を略示するならば、オム om とは仏陀の法、応、化三身の功徳に対する讃嘆の叫び声であり、マニ mani とは宝珠の義で、屡々如意宝珠などといはれる如く、不可思議の妙用を具へたる仏陀の聖法に譬へたものであり、パドメ padme とは pad-ma を語根とする呼びかけ語の形体を示すもので、仏陀の浄土に生ずる蓮華を指し、仏法の無染清浄なるに譬へ、また兼ねて観世音菩薩を表象するものであり、フーム hum とは仏法を擁護維持する聖衆団に対する感嘆詞とせられる。

2. 呪文の奥義と功徳

併しながらこの六字を一体と〔す〕る呪文、または「念仏」として見る場合の意義は特別なものであって、即ち一切の不可思議功徳利益を包含せる仏陀の真言そのものを意味するものと心得ふべきであって、上述の如く一一分解して個々の意味を拾ふべき性質のものでないことは、後に掲げるマニカンブムの所説によって明にせられるであらう。

元来西蔵仏教徒は彼等の国土、人民、君主の三位が仏子たる観音によって一体となされるものと思惟するが故に、凡て本仏に対する信仰は常に観音を以て媒助或は代行と見なす傾向にある。仍てこの場合観音の徳に対する観念は仏徳に対するものと同様と見なされるものである。即ち観音は単に一菩薩であるといふよりは寧ろ本仏たる阿弥陀如来の仏子であり、またその化身でもあり或はその代官でもあって、不断に彼等衆生と接触を保ち、本仏との連絡の役目を務めるものと見る。故に若し衆生が本仏の国即ち極楽浄土に生れ、直ちに仏陀の資格を得んと欲するときはその衆生の求に応じて彼等の導き役となるのである。斯の如き功徳に対して発せられる嘆唱が即ち彼の六字呪文となって表はされるものと云はれる。

右のやうな意味でマニカンブムの所説を窺ふならば、六字一体の呪文に含蓄される深義を了解し得るであらう。次に引用する所はただその要点の一部分であって、而も所々に点線を以てするは中間の余り重要でないと思はれる部分を省略したことを示すものである。曰く、「オムマニペメフムとは観音の真髄であり、またその福徳聚である。

………その六字は希有、混合、金剛不壊、無上智、無尽智、如来清浄智の文字である。………若し一度六字呪文を唱へたならば、勇猛無尽となり、智慧の積聚は極浄となり、大慈悲を具足し、日毎に六波羅密を円満し得智の輪を転ずるの力を得、菩提より退転することなく、無上正真道を窮めて、作仏するに至るであらう。………一切の不善も五逆の重罪も六字呪〔文〕によって清浄に洗はれ、如何なる衆生もこの呪文を聞くものは、再び流転界に生れることなく、彼等は凡て極楽に往き蓮華より生れ出づるや否や阿弥陀如来を見たてまつりて、その教説を聞くのである。彼等衆生はこの六字をただ眼で見るだけでも右と同様の利益が授かるのである」と（以下省略）。この経文の説相は六字の意義を示すといふよりも、寧ろ六字の功徳を述べたものと云ふべきである。六字当面の意義そのものは最初に掲けた通り、極めて抽象的なものに止まるから、それを具体的に表すときは、やはり右の経文の如く示さざるを得ないのである。

3．六字名号との関係

尚ほこの六字呪〔文〕はその文句こそ相異なるが、古来支那や我国に伝はる所謂六字名号の「南無阿弥陀仏」の意味に酷似する所がある。この六字そのものが既にサンスクリットの音を漢字にて写表したものであるはかりでなく、その深義と云ふか、或は功徳といふか、この六字名号が含蓄する所は彼の六字呪文と何ら変る所がない。殊に他力易行の極楽往生を説くことに於て共通せる点は大に味ふに足ると思ふ。世には六字呪文を以て怪教の呪詛の如くに看做すものも少くないが、それは西藏仏教の真貌を誤認したものの言葉に過ぎないのである。

九、大蔵経「カンギュル・テンギュル」

1．「カンギュル・テンギュル」の意義

西藏の宗教「仏教」の項で述べた通り、所謂「西藏の大蔵経」とは即ち「カンギュル・テンギュル」と名ける仏教の二大叢書を指す。支那ではその原語の訛を音写し「甘珠爾《カンジュル》・丹珠爾《タンジュル》」と呼び、我国でも支那の呼称に従ってゐる。

今その原音をローマ字で示せば、**Bkah-hgyur**　**Bstan-hgyur** となり、これを現代語の基準音を以てすれば **Kangyur**、**Tan-gyur**（カンギュル・テンギュル或は一層普通にカンギュー・テンギュー）と発音すべきものである。

次にその語義を詮索するならば、「カンギュル」とは「命令となるべきもの」、「テンギュル」とは「論示となるべきもの」と直訳されるが、その意味を云へば前者は「仏陀の勅命」とも称すべきもので所謂経部に属する凡ての仏勅を指し、後者は論部又は祖師部などといはれ仏勅の意義及びこれに関連せる事柄を解説論示せるものである。然るに世上往々にこれを誤訳して「命令の翻訳」、「論示の翻訳」となすものがあるが、それは原語の **Hgyur**（**ayur**）の意義の誤解に基く、**agyur** は元来自動詞であって又助動詞としても用ひられる語であるが今はその自動詞の義をとって、それが抽象名詞として活けるものと見るべきで「… となれるもの」或は「… と変れるもの」と邦訳せられる。若しも一部の誤訳者の如く「翻訳」の義とするならは原語は **Sgyur** 或は **Bsgyur** の如く他動詞であらねばならぬ。尤も事実に即していへば「カンギュル」の大部分は主としてサンスクリットの原文を翻訳したものであるから「翻訳」としても意味は通ずるが「テンギュル」の方は凡てが翻訳のみでなく、西藏語原作の論示も少くないから、これを凡て「翻訳」と見ることは当らない。兎に角西藏に於ける一切の仏教聖典を右の二語を以て総称したもので、これを「西藏大藏〔経〕」と名けるは便宜上の呼称によるのである。

尚ほ西藏には右の他にも仏典に準ずべき幾多の聖書が存在し、中には西藏仏教即ち喇嘛教の確定上重要にして欠くべからざるものもあって、これらを所謂「西藏大藏経」の集録から離しておくことができない関係からして我国ではこれを「藏外仏典」と特称し、これに対して前者を「藏内仏典」と云ひ、倶に西藏仏教聖典として取扱ってゐることを知らねはならぬ。

「藏外仏典」は西藏で通常スンブム及びイクチャの類に属するものを指すもので、スンブンとはスンは御語、ブムは千万の義で多数を意味するから「多数の諸聖者の説論」の集録である。次にイクチャとは「イク」は文類「チャ」は物事の義にて大体「教学的文書類」を指す。

1　2　3

支那　経　論　律
西藏　1 経律　=仏説の　2 論律　=論説の

2. 大蔵経の由来

上編宗教及び国史に於て述べた如く、西藏に仏教が移入せられたのは紀元七世紀の初葉であって、経典の翻訳も亦同時に初った〔ママ〕のであるが、「大蔵経」として不完全ながら一応その形体を具ふるに至ったのは国王第三十七代（七三〇—七八五）ティソン・デツェンの世であり、この時初めて大蔵経の目録が作製されたと伝へられてゐる。尤も今日吾人が見るやうな所謂西藏大蔵経として厖大なる聖典の集成を見るに至るまでは尚ほ幾多の追補があり、又相当の年数をも要したわけで、仏教伝来以降約そ一千年の星霜を経過してゐるものといはれる。

次に大蔵経が初めて印刷本として世に出でたのは、紀元十三世紀頃であり、その稍完全なるものの刊行は十四〔世〕紀の初葉に属し、場所はツァン州のナルタン（ナータン）である。

西藏大蔵経の刊行は喇嘛教の熾なる伝播と倶に、西藏国内は云ふに及はず支那蒙古等に於ても行はれ、所謂明の永楽版として知られる初期の北京版を初めとし、甘粛省のチョゥネ〔チョネ〕Co·ne〔co ne〕版、蒙古の庫倫版などの刊行があったやうに、国外的にもその重要性を認められた。西藏版として著名なものは、前記ナルタン版に続いて刊行されたデルゲ版であることは周知の如くである。而してカン、タン両版を具備せるものは西藏版ではデルゲ、ナルタン、支那版では北京、チョーネ〔チョネ〕である。

西藏大蔵経の内容、価値その他に就て記すべきこと多々あるが、その内容に関しては次に要述する所があり、その他の事項に就ては必要に応じ本記随所に記されてあるから茲に省略する。

3. 大蔵経の内容及び分類

イ、西藏大蔵経とは何か

世間では西藏大蔵経といへば、直ちに漢文の経典を想像して仏教の専門的叢書であるが如き感を懐くものも少くないが、それは全く西藏大蔵経の内容を知らないことに基因する。勿論その主流をなすものは仏教そのものに相違ないが、それに附属せしめてあらゆる古代の学術を網羅してゐるもので、若しもその編纂法の非体系的な点を咎めないならば、まさに当時の百科全書とも名くべきであることは追て略解するところによつても明かにせられるであらう。

なほ西藏聖典の種類を大別して所謂大蔵経及び藏外仏典となすがその本体をなすものはカンギュル・テンギュルの二大部門よりなることも前述の通りである。而してその内容の解説に関しては単にこれを略述するのみにても一朝一夕の業でないから今は唯これを一瞥するの程度に於て大綱を示すに止める。

ロ、カンギュルの内容

編纂の順序及名称に関しては刊行本の種類によつて大同小異であるが、大体実効的修証法の順次を基礎となし戒律より始めて究竟一乗道に進むものとせる。デルゲ版の集録法に従へば次の如き十部とせられる。

一、律部（Bdul-wa）〔'dul ba〕十三帙
二、般若部（sher-cin）〔sher phyin〕二十一帙
三、華厳部　四帙
四、宝積部　六帙
五、経部　三十二帙
六、十万怛特羅部　二十帙
七、古怛特羅部　三帙
八、時輪経疏部　一帙
九、陀羅尼集部　二帙
一〇、目録部　一帙

計十部　一〇三帙

デルゲ版と共に著名なるものはナルタン版にして、これに新旧二種あり、又近時の刊行としてラサ版があり、それら各部の名目及び帙数にその他の点に於て少しく相違あるも、その実質に於ては大差がない。

因みに各半の帙数を挙ぐればデルゲ版は上記の如く一〇三、ナルタン新版も前者と同数であるが、ラサ版は九九、チョーネ〔チョネ〕版は一〇八、庫倫版は一〇四帙よりなってゐる。

ハ、テンギュルの内容

西藏大蔵経の双璧としてカンギュルと共に重要なる叢書を形成せるものがあるが、この両部を完備せるものは前掲の如く、デルゲ、ナルタン、北京、チョーネ〔チョネ〕の四版のみである。各半帙数を異にせる点を除いては内容は略々同様と云ってよい。即ちデルゲ版二一四、ナルタン版二二五、北京版二二五、チョーネ〔チョネ〕版二〇八である。その内今デルゲ版について内容及帙数を挙ぐれは次の如くである。

一、礼讃部　一帙
二、怛特羅部　七八〃
三、般若部　一六〃
四、中観部　一七〃
五、経疏部　一〇〃
六、唯識部　一六〃
七、阿毘達磨部　一一〃
八、律部　一八〃
九、本生部　五〃
一〇、書翰部　一〃
一一、因明部　二〇帙

一二、声明部　　　　　　四〃
一三、医方明部　　　　　五〃
一四、工巧明部　　　　　一〃
一五、修身部
一六、雑部　　　　　　　九〃
一七、阿底沙小部　　　　一〃
一八、目録部　　　　　　一〃
計一八部　　二二四帙

テンギュル蔵経の一特色として一般的に興味あるものはその第九本生部以下、第十六部雑部に至る八種であって、当時に於ける各種学術書を集録したものである。

例へば本生部に於ては釈迦仏の一代記を中心としてその前生（過去）並に来生（未来）に於ける神秘的生涯に及ぶものがあり、又因明部の如く論理学の研鑽を目的とするものがあり、医明部の如く、医学或は医術に関する学修をなさしむる部門があり、声明部の如く詩文の学修に関するものとか、或は工巧明部は主として工芸錬金術及び化学関係を記したものがあり、更に又雑部に於ては、語彙文法などに関するもの、其他各種の補遺的事項を集録せるものを附加せるが如きである。この特色は次項の蔵外仏典とともに異彩を放つものである。

二、蔵外仏典

上述の大蔵経即ちカン・テン二部に収録された以外の聖典類を総括してこれを便宜上「蔵外仏典」と称する。その内容を概示すれば即ち西蔵仏教に於ける各祖師、賢徳らの述作或はそれらの編輯になれる全書類を主としたもので、仏教教義に対する解説及び修法を始めと各種の仏教主義的学術書を包含し、特に史学書、文芸書等を顕著なるものとする。

蔵外仏典は実に西蔵国に於ける教学の本体をなすもの〔で〕あるから、西蔵文化の研究には欠くべからさるものであり、所謂喇嘛教の何たるかを知るの予備知識を提供するものと見て可なりである。かうした観点よりして蔵外仏典の地位は甚だ重要にして根本たる大蔵経のもつ使命をこの事実上完璧ならしむるものといふべきである。

先づその全書類に就て吾ら研究者にとって必要視される書名を挙くれは次の如くである。

1. プトン全書
2. ツォンカパ〃
3. ゲーチャプ〃
4. ケードゥプ
5. 達頼喇嘛歴世〃
6. 班禅喇嘛歴世〃
7. 薩迦《サキャ》班底歴世〃
8. デセ〃
9. スムパ・ケンポ〃
10. ターラナータ〃
11. チェチョリン全書
12. グルチュー〃
13. 章嘉《チャンカ》歴世〃
14. 土観《トウカン》歴世〃
15. ジャムヤンシェパ〃
16. ダッバチエドゥプ〃
17. チャハールケシェラマ〃
18. ロンドルラマ〃

19．バリダチクドルヂェ〃
20．ジキメリンパ〃

次に単行刊本中には(1)密疏部、(2)経論疏部、(3)教科書部、(4)修道部、(5)史伝部、(6)外明部、(7)文芸部等があり、所謂「教科書類」の主流をなすものであり、単に藏外経典と称して別に置かれてもその数量は厖大なるものがあるといはれる。

4．西藏大藏経目録について

「カンギュル」、「テンギュル」にはそれぞれ目録が附せられてゐるが、その刊行版に従って異同がある。これらの目録について古来内外の学者によって種々の方面より研究されてゐる。その結果現存の梵本（サンスクリット原本）並に漢訳本との対照目録が作製せられ、研究上まことに便利とせられる。茲に訳述する遑はないが、その概要の項目的事相について一瞥を要するときは、簡単なる手引書として推奨するに足るものに外務省刊行の露西亜月報第八八号昭和十六年七、八、九月合冊所載の「内蒙地方の喇嘛教聖典」と、真言宗喇嘛教研究所発行、昭和十九年一月発行（酒井真典筆）の『喇嘛教の典籍』がある。尚ほ近刊にかかる詳密なる目録及び其の解説書として世界的に知られたものは一九三一（四）年東北帝国大学法文学部刊行の『西藏大藏経総目録』（索引共二冊）であることを附記する。

5．西藏大藏経の価値

本記上編第十二章の仏教及び第十五章文化の項などに述べたる所によって大藏経の価値は略々推測せられるが、その要綱を総括的に指示するならば次の如き二点に結帰すると思ふ。

既述の如く西藏仏教即ち喇嘛教の分布範囲は喇嘛教分布表に示せる如くアジアに於ける広汎な地域に亘り、西藏を中心として南はネパール、シッキム、ブータンの諸王国、西はカシミールのラダク地方、東は四川、甘粛、雲南各省の西辺部、北は陝西、青海より内外蒙は云ふに及はず遠くシベリアのブリアト地方に及び、それら各地に棲住せる多数の民族の心の糧となって〔ゐ〕る関係から、その宗教的（信仰的）勢力の強大なることを閑却することはできない。そこで喇嘛教の何なるかを研究する必要あることは勿論であるが、その手順として基本的な資料を提供するものは即ち大蔵経（蔵外仏典をも含めて）であることを知らねばならぬ。かうした意味に於て大蔵経のもつ使命の重要なるだけはその価値の偉大なることを認められるのである。

西蔵大蔵経は叢書としての数量に於て支那の漢訳書に比し若干劣るところあるも、実質に於ては容易に優劣を決定することができず、茲に詳述の遑はないが孰れも長短得失あって各々その特徴を発揮してゐる。然しながら西蔵大蔵経が他の追随を許さない点は、その訳文の極めて正確なることで具体的に云へば原文たるサンスクリットの意義を逐次に漏れなく一一適確なる訳語を以てせることである。故にこれによって漢訳などの意義の漠然たるもの、不定のもの、不明なるもの、誤謬あるものなど凡て今日の学者が疑問とせる諸点を究明するに役立つ所が多いとせられる。この特質は引いて梵語原文の疑問点、欠失所の考査に極めて重要なる役割を演ずることである。

然らば何を以て斯く強調し得るかといふに諸学者の体験に基く定説はさることながら、元来その翻訳の任に当れる専門家の証言によっても、まさに斯くあるべきが推測せられるのである。例せはある経部聖典の末尾に「印度の法師ヂナミトラ **Zinamitra** と、ダーナシラ **Danashira** と、大校閲者ヴァンデエセデ **Vandeyeshede** によりて翻訳せられ、且つ校正せられて、また新定語によっても精校して編定せらる」云々の附言を見るが如き即ちそれである。

附表

西藏仏教（喇嘛教）分布表

地方別	寺廟数	喇嘛数	一廟当喇嘛数	人口別	人口に対する百分比
西藏	3000	200000	66	1000000	20　%
西康	1000	78200	78	262000	29.4〃
青海	320	25500	79	845000	33　〃
蒙彊	1052	51126	48	269000	19　〃
ブータン	70	5100	72	300000	1.7〃
シッキム	35	950	27	109800	0.8〃
満州蒙古	662	28985	44	929534	3.1〃
外蒙	2750	80000	29	540000	14　〃
ブリアト	200	6000	30	218598	2.7〃
合計	9089	477861	53	4474090	9.4〃

（備考）1. 本表ハ外務省露西亜月報昭和14年4月第63号を基礎として作製す
2. 西藏及西康の人口は見積過少なるが如し
3. 西藏、西康、青海等の地域別を以て蒙藏の版図を決定することは西藏政府に於て異論あり

第八章　最初の国法

一、所謂「国法」の本質

上編第十二章国史に於て、第三十三代国王ソンツェン・ガムポ（五六九―六五〇年）の一事蹟として西藏最初の国法が定められたことを述べたが、今その条文に就て些か所見を記して見やうと思ふ。所伝の所謂「国法《ティム》」K'rims なるものは、固より今日の法律とは全く性質の違ったもので、いはば人倫道徳を諭した教訓勅諭とでも名くべきものである。

惟ふにその昔混沌たる未開の無文状態より一躍して仏教文化の光明世界に現れ出でたばかりの西藏にとっては勅諭はまさに「法律」そのものとして取扱はれたに相違ない。国王がこれを発布した理由は無論活世の為であったとはいへ、同時にまた仏教主義の宣伝が意図せられたことはその条文が経典より考案せられたことと、特に冒頭に於て仏陀の聖法に帰依すべきことを示されてゐることによって明かに知られる。

今ここに掲げんとする「法律《ティム》」の条文は彼の仏教史伝パクサムジョンサン（西、文、第十〔ママ〕二章参照）〔青木文教『西藏文化の新研究』（有光社、一九四〇年）第十二章「西藏学と其資料」を参照せよという指示か〕の所録によるもので、それは極めて簡単な詩文体の所謂「伽陀《ガータ》」の句法で綴られてゐる。西藏のある識者の云ふ所に従へば、この「法律《ティム》」の本文は恐らく散文体で詳しく説かれたものであるが、その末段に於て、その要綱だけを再び繰り返し附記して暗誦に便ならしめん為め詩文体の句を以て綴られてゐる部分があるに相違ない。その詩文体の部分が今日所伝の「法律《ティム》」

の全文として残されてゐるのであらう。筆者は未だその散文体の本文なるものの存在を確め得ないが、そうした部分が事実存在して然るべきものである。如何となれば上述の如き勅諭などの記法は、多くの仏聖典に普通に見られる所であって当時これを一の必要方式とせられたものであるが、後世に及んでも、その方式を模するを例とせられた。今ソンツェン・ガムポ王の勅諭も多分それに範をとったものであらうとする彼の識者の見解も一応尤もなことと首肯せられる。他日若しその本文が発見せられたならば詢に興味ある問題を提供するであらうが、今はただ前掲史伝に録する散文体の範囲に於て考察する外はない。

二、国法十六ヶ条の訳文

さて問題の「法律《ティム》」といはれる伽陀文は凡そ十二句即ち三伽陀よりなるもので、これを名けて「十六清浄人法《ツゥティムツァンマチスドウク》」と呼んでゐる。その邦訳文は次の如くであるが、原文の如き句体では十六箇条の項目が算へ難いから便宜上番号を記入してその箇条別を明にすることとした。但し原文の句切を示すために「」を附けてをく。

(1)主尊を崇め、聖法を完うすべし」
(2)学徳者と父母とに敬仕すべし」
(3)高貴と長老を尊敬すべし」
(4)朋友に親くなし」
(5)本文に従ひ」
(6)国民を益し」
(7)よく目をつけ」
(8)意を注き」
(9)食財の受用を弁へ」

(10)狡猾を去り」
(11)嫉妬をなさず」
(12)総てに平等に」
(13)婦女らに心を置かず」
(14)語を和らかに物言智く」
(15)忍耐強く」
(16)度量寛宏なれ」

十六清浄人法と名けらるものを」
遵守するは上輩士なり

右の如く十二句の原文より適宜十六箇条を仕切って見たが、果してその通りてよいかどうか断言の限りでない。なぜならば右の分ち方が元本文の要綱と逐一符合するか否かが明かでないからである。なほその法文制定の年代なども明記せられてゐないが当時の模様によって判断するときは、多分紀元六百三十年前後の頃かと想像せられる。この年代によって想ひ起されることは、周囲が西藏の文化に貢献した各種の事蹟は、まことに偶然とは云ひながら、それと略々時代を同ふして、我国の仏教興隆に竭された聖徳太子に髣髴たる所があるを偲ばしめるのである。(第十一章最初の教皇参照)

三、国法文意の考察

右の「法律《ティム》」に関し吾々の考察すべき諸点が少くないが、茲に特記を要する一事は、該国王が西藏仏教の基礎を定むるに就て考慮を廻らした根柢的な精神の片影を、その法文中に認められることである。

別章建国説話によって想像されるやうに、国王は印度仏教を採用してこれを丸呑みしたのではなく、西藏独特の新仏教たらしめんが為めに、往古より西藏の国民精神を支配せし国神教（ボン）の信仰を基礎として、それに仏教信仰を巧みに融合せしめたのである。今日の「西藏仏教」がその形体としては全く印度仏教そのまゝを踏襲したかに見えてもその基本精神に於てボン神教の要素が含まれてゐる所以は全くそれが為と見られる。その証左は他の文献や、実情の上に明かに示されてゐるが、今もその法文の用語の中に一例を発見するのである。即ち第一条の冒頭にある「至尊《クンチヨ》」なる語がそれである。原語では Dkon-mc'og と綴られるもので、語義は「稀有最勝」或は「至宝」などと直訳せられ、普通には「仏陀」の代詞として用ひられるが、また屡々 Dkon-m'cog gsum（クン・チョ・スム）とて、所謂三宝即ち「仏・法・僧」を意味する場合がある。但し今ここでは主として一仏陀を指す語と見るべきであらう。

然るにこの語は他の一面に於ては全く仏教教義を離れ、一般的な広義の解釈が与へられることがある。それによると、「至上の天帝」を意味するもので彼の国神教たる「ボン」に就て云へば、その教徒の所謂「天上の大神」を指すことになる。なほ近代では基督教の宣教師らが彼等の「God」を西藏語に訳するとき、やはり右の語（クンチョ）を以てする。かうした特種の意義をもつ言葉であるから、国王はこの点を考へて殊更に「仏陀《サンゲェ》」Sangs rgyas なる語を避け、共通性に富む Dkon-m'cog の語を選んだものと察せられる。

四、国法の勅諭的なる所以

次にこの「法律《ティム》」について留意すべきことは、それがたとひ教訓的勅諭として発布せられたものにせよ、その語義が示す通り「国法」の役目をなさしめる目的を以てせられたことは当時の模様から察知せられる。即ちその「法律《ティム》」の制定は仏教伝通の直後であり、且つ仏教そのものは伝来して間もなき存在である。而してその直前には西藏には文字なく、全く未開状態にあり、或は寧ろ野蛮状態にあったと云ふべきであらう。そうした時代であったればこそ国王としては西藏をして一日も早く文明国の域に入らしめんため始めて「法律《ティム》」を発布した意図は察するに余りあるが、その条文なるものが前掲によって知らるる如く、当時の状態に比して余りにも高尚過ぎることに幾分不審を懐かざるを得ない。即ち彼の法文意が示す如く、単に尋常の人倫を守るべきことを勧説するに止めたもので、重悪なる犯罪行為の方面には及んでゐない。例へば殺傷を禁ずるといふが如き条項は含まれてゐないことである。尤も別に仏法があってそれによって有らゆる罪悪行為を抑止する関係上、特に国法として、その必要が認められなかったのであらうとも解釈できるが、併し当時の世態を顧るならば、仏法は殆と上層の智識階級に流布されたもので、一般民衆は尚ほ蒙昧愚鈍にして、仏法の何ものなるかを十分知らなかった筈である。故にかゝる民衆に対しては全面的に勧善懲悪の法を逐一示すべきであら〔う〕に、特に極刑罪の問題に触れなかったことは何が為めであるかを考察して見なければならぬ。今本問題に対する吾々の見解は姑く置き、西藏人自身の見るところに従ふならば、彼等は生来徳性力に富む民族で、世に無文の野蛮時代と呼ばるる時期に於ても、彼等の間には殺伐な行為は甚だ稀であって、世の安寧が破壊されるやうな患が少なかったからして、殊更に峻厳言辞を用ひて禁止するの要はなかったのである。今日の欧西人らが西藏事情を熟知せずして動もすれば現在の彼等までも野蛮視することは、西藏人の本性を知らない皮相の観察に過ぎないと、賛否の論定は兎も角として、彼等の言ふところに若干の真実性あることは古記録に徴して想像するに難くない。

（備考）古聖典「マニカンブム」（西藏文研〔ママ〕第十二章参照）には十六箇条の項目を明瞭に区別せられ条文も幾分か詳しく記されてゐる。

第九章　西藏年暦

一、干支暦法との比較

西藏暦のことを通常ホルダ **Hor-sla**〔**hor zla**〕といはれる。**Hor** とは狭義の見方では北部西藏の不毛の高原地域に名けたものであるが、広義の解釈では中亜一帯を含む大地域を指す。**sla**（**da**）とは「月」の義であって、「暦」を意味するから、即ち「ホル暦」とも名くべきである。陰暦ではあるが、支那のそれとは目次に於て若干の相違を生ずることがある。

この西藏暦は支那と同じく干支法によったもので、それを基調として西藏独特の暦法を定めてある。中世以降に於ける西藏記伝に用ひられた年暦または年代の記法はラプチュン **Rab-byung** と称すもので六十年周制を以て一時代を計る基準としてゐる。これは印度のブリハスパティチャクラ **Vrihaspati Chakra** 法に、支那の干支法を応用したものである。その干支法によったところは所謂五行に対して男女制を設け、これを十二種の動物名と組合せた点に存する。但し支那流十干の如く甲、乙、丙などと特別名称を与へることなく、五行に直ちに男女別の名を以てする呼び方は寧ろ我国の兄弟《エト》の称へ方に類する。また動物名にしても漢語の如く子、丑、寅などといふ特種文字を用ふことなく、日常用語そのままで鼠、牛、虎の如く普通名を以てする。更に又五行に相当する西藏語はジュンワ○カ **Hbung ba·nga** と云はれ、「五生起」を意味するが、これは漢名を訳したものか或はサンスクリットを原語とするものか明かでない。

次に十二支に相当する西藏語はロンコルチュニ Lo-hK'or-bcu-gnyis と云ひ十二年周を意味する。下に彼此の同異点を一目瞭然たらしめるために、日漢藏の三語を以て対照表を作る。表の数字は順位、ローマ字は西藏語の音表を示す。

五行と十干との対照表

一、シン	Shing …	木	po 男（エ）	…甲	1
			mo 女（ト）	…乙	2
二、メ	Me	火	〃	…丙	3
				…丁	4
三、サ	Sa	土	〃	…戊	5
				…己	6
四、チャ	Lchags	金	po（エ）	…庚	7
			mo（ト）	…辛	8
五、チュ	Chu	土	〃	…壬	9
				…癸	10

十二支と十二年周との対照表

(1)チ	byi	鼠＝子	(2)ラン	Glang	牛＝丑
(3)タク	Stag	虎＝寅	(4)ユゥ	Yos	兎＝卯
(5)ルク	Hbrug	龍＝辰	(5)ルゥ	Sbrul	蛇＝巳
(7)タ	Rta	馬＝午	(8)ルク	Lug	羊＝未
(9)テ	spre	猿＝申	(10)チャ	Bya	鳥＝酉
(12)キィ	Khyi（K'yi）	犬＝戌	(12)パク	Phag	豚＝亥

二、印度暦法の参酌

次に印度の暦法では普通の場合にはただ五行に十二支を組合す点で支那の干支法と相似するが、ブリハスパティチャクラ法によった場合は何ら組合せを行ふことなく、最初から六十種のサンスクリット名を列ね、その名称自体が夫々年次を示すにある。但しこの暦法が他と異なる所は年次の起算点に存する。即ち干支法式の組合によるものは甲子(西蔵流に云へば「木男鼠《シンポチ》」)を以て初年とするが、ブリハスパティチャクラ法では丁卯《ヒノトウ》(西蔵の「火女兎《メモユウ》」)年より出発するのである。そこで両者の間には三箇年の食ひ違ひを生ずることとなる。但し実地記録の場合にはブ法の呼称と倶に必ず干支法の年名をも併記するを例となすから、年次の読方に狂ひを生ずることはない。ただ注意すべきことはブ法の年周に於ける番号を見るとき三箇年だけ順遅れに附けられてゐることである。

西藏では早く上世より専ら干支法に基づく西藏式呼方の年暦を用ひたが、十一世紀初葉に印度からブリハスパティチャクラ法が伝はって以来、史実記録の年代に対してこの法を併記することとなり、これを名けて「ラプチュン」と呼んだ。これはブ法第一年の名称なる **Prabhava** の西藏訳語(Rab-byung)であって、語義は「至善」或は「殊勝になれるもの」を意味する。今その名を以てブ法年周制に対する総名(本名)となしたのである。他の五十九種の一の年名にも凡て西藏訳語を附けられてゐることは無論だが煩を恐れて省略する。

然らは西藏は何故に専ら干支法のみによらずしてブ法によるラプチュン制を設けたかといふに、諸事仏教主義に基かねばやまない西藏では丁度その頃印度から「時輪《トウキコルロ》」**Dus-kyi hK'or lo** 或トゥコル **Dus hK'or** といふ一種の密教義が伝はったので、それによってブ法の特徴を学んだことに基因する。即ちそれは六十年の各名称が年次の先後の区別を一目瞭然たらしめることと、第一年目が仏陀降誕の年に当てられてゐること、年周順位が番号によって示されてゐることなどで、神聖仏教国西藏の国史の記録上、詢に意義の深く、且つ年代経過の模様を一見して直に知られるものであることを認めたからである。

支那の干支法では、その年が六十周年の第何年目に当るか、またはその年周が幾度繰返され〔て〕ゐるかといふ点が一見した処では判明せず、逐一算出を必要とするの不便を免かれない上に仏教とは無関係であるが、伝流《〔ママ〕》を尚ぶ西藏では当初の干支法を廃することなく、それを存続せしめつつ、更に合理的で因縁深きブ法制を併用することとなったのである。

三、ラプチュン年代制の創始

ラプチュン年制創設の年即ち「火女兎《メモユウ》」或は「丁卯」の年は、これを西暦に換算するときは一〇二七年に当る。爾来この年周を繰返すこと十六回に及ぶから、例へは西暦一九四〇年即ち我紀元二六〇〇年（昭和十五年）を西藏暦年制を以て云ふときはラプチュン第十六、金男龍《チヤホドウルク》（庚辰）となるが如きである。今実際問題として西藏史上の年代算法の一例を掲くるならば、彼の有名なるシトゥ文典の完成した時をさして「ラプチュン第十二ミクマル mig-dmar」と記録されてをる。これを西藏の干支法を以てするときは、「木男鼠《シンポチ》」（即ち甲子年）と呼ぶのである。而してこれが西暦何年に当るかを知るには別に作製せられた年代対照表によって直に繰り出されるのであるが、これを根本的に算出するには次のやうな計算による。その条件として、先づラプチュン年制が一〇二七年より始まることと、次にそれが第十二回であることと、及びミクマルといふ年はブリハスパティの第五十八年目であることを考慮に置いて、次のやうな算式を立てるのである。

12×60-（60－58）＋1026＝1744　或（12－1）×60＋58＋1026＝1744

右両式のいづれによっても同じであるが、前式は最初に十二回の年周の全年数を算へ、それより実際上未経過となってゐる年数の二（60－58）を減じて、ラプチュン年制施行以来の実年数を出し、それに西暦の既経過年数を加算して所要の紀元年数を知る方法であり、後式は予めその十一回の全年数に、第十二回目の既経過年数を加へ、それに前式の如く西暦を追算する方法によったものである。

要するにラプチュン年制の実用的価値は、その年度名称と年周順序が明記せられた点にあるもので、その不便なところは全部の年度名称の順位を記憶して置くか、或は一覧表を作製して置かねはならぬことである。

然らはラプチュン法の布かれなかったときの年代は如何にして算出するかといふに、これには一定の方式が存在しないから、大体次のやうな方法による外はない。

抑も西藏に始めて十二支年法の伝ったのは西暦七世紀の中葉であり、干支六十年周法は八世紀の初葉といはれる。処がその年周の経過順位を明にすべき番号数字が用ひられてゐないために一の年周が果して第何周目に当るかを知ることができない。そこで各史家が所々に掲げて置く顕著なる史実の経過年数を計り、予め定めて置いた任意の西暦基準年代に加減を行ひ、所録の干支年度に照応せしめ、別の特種年表の扶をかって所要の年代を求めるのである。実例を以てこれを示すならば、上世に於て基準となるべき適確な年代の一として第三十三代国王ソンツェン・ガムポの「土女牛《サモラン》」（己丑）または「金男犬《チヤポキ》」（庚戌）年が挙げられる。右は西暦にて五六九及び六五〇年に当る。この年代そのものの確定法は別の史実との関連推算によって定められたもので、今は煩を恐れてその説明を控へるが、兎に角この年代を一の基準となし得るものであることを知れば足りる。西藏の史家は上世の年代を記録するに際し多く右の年代を基準として、その前後幾年目に当るが指摘してゐる。

その外第　〔ママ〕代　〔ママ〕王　〔ママ〕の世に建設せられた所謂「唐蕃会盟碑」所録の年代として紀元　〔ママ〕年が確実性に富み、又第四十二代ランダルマ王の最終年なる金女鳥《チヤクモチヤ》（辛酉）年（西暦八四一年）なども屡々基準として用ひられ［る］。

因に西藏は九世紀の半ば以降、中央部において文化全滅の厄あり、又地方に於ては戦乱相次ぎ、混沌たる時代が稍久しく続いた為めにか、経過年数の記録に少しく明瞭を欠き吾人をして不当を懐かしめる点がある。例へはスムパ・ケンポの史書に於けるが如く、算出上その間満一回年周の差異を発見するが、容易にその根源を究明できないが如きものである。

四、上世の年代

次に六世紀以前の無文時代に於ける年代に関しては口碑伝説または象形符牒の如きもの以外に拠るべき所がないのであるから、これを推算するにも甚だ漠然たるもので、史実年代との連繫も頗る怪しいものと想はれる。例へば第二十八代国王ラトトリ・ニェンツェンは第一代国王の出生年より六百六十年を経たる木男鼠《シンポチ》（甲子）年とあり、これは西暦一八四年に当ることに算出せられるが、抑も六百六十といふ年数が何を根拠として計算せられたかを明にしてゐない。また第一代国王は釈迦仏滅後四百八十年を経たる木男鼠《シンポチ》（甲子）とあり、これを第三十三代ソンツェン・ガンポの年代より遡算すれば西暦紀元前四七七年となる。その紀元年数は第一代国王の年代としては余り無理のない推算によるものかと想像されるが、仮りに所録の年代〔を〕是認するときは、釈迦の滅時が著しく古き時代に遡り、所録の通〔に〕計算すれば西暦紀元前八九四年に当ることとなる。更にこれを他の一説に従って算するならば同しく九七の年となる。孰れにしても通常吾々の推定せる釈迦滅年代とは著しく懸隔を生ずる。一般に仏滅年代といへば紀元前四七七年または同四八〇年と推算せられることは周知の如くである。処がこの年代は前掲の通り西藏第一代国王の出生年代に符合するもので、常識的に考へれば両者が略々同時代に属するものと見ることは必ずしも不当であるまい。なぜならば仏滅の年代は既に定論の如くなってをり、一方西藏王の場合も大体として肯綮に当るものと見られる。その理由は次のやうな推算から割り出される。

即ち第一代国王の紀元前四七七年から、第三十三代国王の紀元六五〇年（確実と認められる年代）までは一千六百二十七年間を経する。これを歴代の王位数を以て除すれば一代平均年数として三十一を得る。この平均年数は必ずしも不当でないことは我国の場合に例をとって考へれば略々それで差支ないことが肯かれる。即ち我三十三代推古天皇の紀元一二八八年に至るまでの平均年数は三十九となり、上世に於ける年代問題としては倶にこの程度のもので可なりと思はれる。なほ西藏史家の推算せる仏滅年代紀元前八九四年または九七〇年は何を基準としたものが明かでないから、その当否を論ずることも、また西藏の年代との関係を推測することもできないのである。

第十章　達頼と班禅

一、「達頼」及び「班禅」の語義

1．「達頼」

「達頼」及び「班禅」といふ名称は凡そ西藏に関する叙述には必要欠くべからざる用語であり、我国に於ても今や殆んど常識語と化せんとしてゐるにも拘はらず、その語義については未だ十分に注意が払はれてゐないやうであるから、茲に少しく解説を試みやうと思ふ。まづ「達頼《ダライ》」といふは蒙古語の「タライ」Talai または「ダライ」Dalai を支那人が漢字にて音写したもので、普通に世に知られてゐるは後者の濁音の方であり、いづれにしても「海」の義を有する語である。

西藏では無論外来語として取扱はれるが、古記録でも近代の公文書でも前者の清音の方（タライ）が用ひられてゐる。

この名称の由来に就ては上編第十六章国史で述べた如く、蒙古王のアルタンカン〔アルタン・ハーン〕王が、西藏法王第三世ソナム・ギャンツォに与へた称号の「ターライラマ・バヅラダーリ」といふ最初の一語をとったものである。蒙古人はこの時以来西藏法王を呼ぶにこの語を以てしたことから、それが広く世に伝はって、誰もがその名称を用ふるやうになり、今日ではそれが宛も西藏語の固有名であるかの如く誤解せられてゐる。

併し西藏ではかうした呼称が与へられたことに対して特に名誉とも感じてゐないから、殊更に従来の呼称をさしをいてまでも異国人の与へた命名に従ふとはしない。ただその方が外国人に対して能く分るであらうとの考へから、外国宛の公文書などに用ふるを例としてゐるやうである。故に普通一般的には通用するものでなく、識者以外には、そうした名称の存在することすら知らないものが多い。

本来「ダライ」といふ蒙古語が用ひられた理由は、歴代の法王たるべき教主に共通せる公称の本名の一部たる「ギャンツォ」Rgya-mt'so（海の義）といふ西藏語の意義を翻訳したことにあるもので単なる一訳語たるに止まり、「広くして深い」といふ意味の他に特別の意味合をもつものでない。併しその語に続く所の「ラマ」といふ西藏語と「バヅラダーリ」といふサンスクリット（梵語）には十分敬称の意味が含まれてゐる。「ラマ」の意義は（第七章喇嘛教研究）に示す如く「上者」の義であり、梵語の方は「金剛把持」の義で、仏聖者たるの資格を示す言葉である。

然らば西藏人自身は法王のことを如何に呼ぶかといふに、彼等は決して本名を以てすることなく、必ず敬称ばかりを列べ称することにしてゐる。その最も普通なるものは「キャムグン・リンポチェ」Skyabs-mgon-rin-po-che（c'e）（救護尊者）、或はゲェワ・リンポチェ Rgyal-ba-rin-po-c'e（勝得尊者）或はタムチェケンパ T'ams-cad-mkyen-pa（一切知者）などと呼ばれることが多い。その他法王の側近者または重臣らによっては常に「ブ」Sbugs（内裏）と呼ばれることを知らなければならぬ。いづれにしても「ダライ」なる語をさしはさまないことは注意すべき点である。

2．「班禅」

次に「班禅《パンチェン》」といふ語は、これも亦漢字の音表に過ぎないものであって、原語は「パンチェン」Pan-c'en である。これはもと Pan-dita-C'en-po といふ語の略称で、その語の前半はサンスクリットの Pandit（梵語学師）を少しく訛つたものであり、後半は西藏語の Cen-po（大なる）を附したものであるから、つまり「大梵語学師」と直訳せらるべきであるが、かうした梵藏合体の特殊熟語をなすときは「大仏学師」といふ意味に用ひられる。固より仏学の蘊奥を窮めるには梵語学に堪能なることを必要とするから、その直訳義と意訳義とは同様の性質を有することは云ふまでもない。

故にこのパンチェンといふ称号は仏教学の最高位階として古来博識高僧に与へられたもので、その嚆矢は多分十二、三世紀の交かと思はれる。その後新教ゲルク派即ち黄帽派の一教主に阿弥陀如来の化身と信ぜられる聖僧が現はれ、それに続いて世に転生再現の化身を見るに至ったが、該教主の地位にあるものは所謂「パンチェン」の資格を具へねばならなかった。かうした謂れから終に一法王としての尊称に用ふるやうになったわけである。前掲の「タライ」の場合とは少しく異なり、この称号には本来敬意が含まれてゐることを知らねばならぬ。

西藏人がこの法主を呼ぶときはやはり前者の場合の如く本名を用ひすしてただ敬称語のみを連ねる。即ち「ペンチェン・リンポチェ」Pan-c'en-rin-po-c'e（大仏学師尊者）といふか、或はそれに「キャムグン」（救護）の語を冠せしめるが普通である。

因に右語中の「ペン」は「パン」の口語音の訛である。西藏人は斯様にサンスクリットの如き外語に対しても、自国語同様の口語訛を以てする習慣がある。

なほこの法王の宮殿は、後藏の都シガツェ Gs'is-ka-rtse に隣れる名刹タシルンポ Bkra-s'is-lhum-po の大本山の聖域内にある所から外国人らには屢々「タシ・ラマ」Tashi-Lama と呼ばれ、支那人は通常「札什喇嘛」の音表字を充ててゐる。

二、達頼及び班禅の地位

次に言及すべきは達頼と班禅の地位の問題である。凡そ両者の大教主としての資格は全く同一であって、西藏仏教（喇嘛教）新派のゲルク派（粛正宗派）を代表する二大法主の一として、全喇嘛教徒の尊信を受くる点に於ては、彼此何ら優劣の差を設くべきものでないが、学徳の点に及んでは世々達頼喇嘛に勝るものがあるといはれる。蓋し班禅系の各法王は常に仏学に専念するものなるに反し、達頼系に属するものは近世以降西藏の君主権をも兼有し、統治上の努力を要する関係から、そうした結果を見るわけであらうと思ふ。

世上屢々達頼・班禅と並べ称するもこれを西藏の国体及び政体上より見るとき君主たる達頼が班禅より上位にある

ことは勿論で、二者を同等に見做すことはただ純宗教関係の場合に限るのである。

なほ俗論として、観音菩薩の化身たる達頼が、阿弥陀仏の化身たる班禅の上位に置かるゝ理由を解するに苦しむといふ者もあるが、かうした一見不合理な上下の差異を生ずるは西藏全体の統治上の関係のみに止まるもので、それにはもと西藏肇国の神話的物語に淵源するものであり、また後世に及んで蒙藏関係より生した政治上の関係の然らしむる所もあることを知れば、両者の地位の転倒せる如く思はれる理由は自から氷解するであらう。仏教上の説話に於ける関係と、現世に於ける国土支配関係の場合とを混同してはならない。

三、達頼喇嘛の冊立法

1. 法王位継承の教理

達頼喇嘛の法王位は仏教の輪廻転〔生〕観に基き、仏聖の化身が世々に再生出現するといふ信念の下に代々冊立せられる方式によって継承せられるものである。

西藏仏教徒の信ずるところによれば、法王は一度死すともその遺霊は爾後七週間を経過するや否や、直に或る母体に移り、それに宿ること約九箇月余にして男性の生子として表はれ、再びもとの同じ法王として世に臨むものとせられる。

そこで通例一法王の死後凡そ十ヶ月乃至一ヶ年を経て生れた男子にして最も怜悧にして奇蹟的な傾向に富むものを物色し、そのうちより真実の転生者たることが霊証せられたものを選び、次代法王の後継者と定められる。その ある一説によれば前法王の転生はその死去と同時に表れるものとなし、随ってその後継者たるべき神聖児は、その当日に出生せるものに限ると云ふものもあるが、実際問題として前説の方が妥当と思はれる。

さてその再生児たることを如何にして見出すかといふに、累代の法王中にはその生前、特に臨終時に際し、死後自己が再生すべき方位並ニ地状などを予言するものもあって、再現児の探知は容易であったが、何らの予言も暗示もなくして世を辞した法王の再現を発見するには可なりの年月を要したといはれる。孰れにしてもある期間内には早晩必ずどこかに再生するに違いないものと確信されてゐる。

併しながら、どうかすると、二名若くはそれ以上の霊児が所を異にして同時に見出されることがある。そうした場合には果してどちらが本物の後継者であるかを決定することは容易の業でない。何故ならば、どちらの霊児も前代法王の遺霊を多少とも承け継いでゐるものと信せられるからである。尤もそれには本末とか正従とかいふやうな差別が自から具はってゐて、その何れか一人が正統者であるに違ひないとせられるから、結局その当人を択び当てる〔と〕いふことが問題となる。選定の方法としては種々の手段があるが正式には先づ護法神の託宣を仰ぐことが例となってゐる。若し託宣が直に当人を指定した時は問題はないが、実際はさう簡単に行くものでない。殊に託宣所が四ヶ所もある関係から、各所の一致を見ることは稀である（最もあらたかな託宣所は「ネチュン・チュキョン」といはれ、国都ラサの西方四、五哩の処にある）。結局はいづれの候補者もすべて神聖なる霊児に相違ないことが特に神意によって証せられたといふ程度で満足するに止まるのである。

かうして取りあへず或る期間は霊児らに特別の養育を施しつつ、その間にも絶えず種々の手段を以て彼等の霊性を験すことを怠らない。例へば前代の法王が常に用ひならした数珠などを予め他の類似品と共に列べ置き、霊児らにその一を択びとらせ、いづれが真物を掴みとるかを試みるのであるが、従来の経験では、不思議にも彼等はそれを誤まることがなく、問題は依然として容易に解決しなかったとい〔は〕れる。

そこで愈々最後の決定を与へねはならない時期に逼れば、ラサの釈迦仏主殿チョカン（西藏にて最も神聖視せられる最古の仏殿）にて抽籤式がいと厳かに施行せられる。清国派遣の駐藏大臣（アンバン）がこの式典に立会って最も重要なる役目を演した。抽籤法は予め金甕中に投入して置いた所の各候補霊児の名札を、目を覆ひたる聖使が金製の箸にて摘み取って読み上げるのである。その際駐藏大臣は監視の目的で立会ふのであるが、それは表面的な儀礼であって、事実は彼れが当選せしめんと欲する候補霊児の名札が拾ひ上けられるやう、前以てからくりがせられてあるといふことである。冊立問題を廻って駐藏大臣と候補霊児の家族との間に賄賂乃至政権に関する陰謀策略が用ひられることは敢て奇怪とするに足りない。

兎に角右のやうな順序を経て終に法王後継者の決定を見るのであるが、それが済めは直ちに法王位に上るものでなく、更になほ幾年間か必要な法王教育が授けられ、いよいよ一人前の法王として相当の資格が具はった頃、始めて即位するわけで、その年齢は概ね十七、八歳頃とせられるが多少前後する場合もあるといふ。

2. 法王の空位期間の問題

然らば前代法王より次代法王の即位までは通例十幾年かに亘り事実上空位期間を生ずることとなるが、これを如何にするかといふに、その場合は別に「王者《ケエポ》」**Rgyal-po** と呼はるるものが選定せられ或る程度の教権と倶に国権をも代行するのである。

「王者《ケエポ》」の資格としては、法王の如く必ずしも転生再現の神聖化身者たることを要しない。また王侯貴族など名門の出身たることを必須の条件とするものでもない。広く一般西蔵仏教徒の中で、最も学徳高き僧にして「ガンデンティパ」**Dgah-ldanpk'ri-pa** と名けられる所の謂はば大僧正職の如き地位に上れるものが、通例その「王者」に推戴せられるのである。これによって見ると、西蔵では何人といへども実力を以て法王となることは絶対に不可能とせられるが、彼の「王者」たるの資格と地位を獲得するものは貧富貴賤を問はず如何なる階級の人でも一度び僧侶となったもの（出家）ならば誰でも自己の実力と機会次第で、それが可能であることが知られるであらう。

3. 法王位の霊統と血脈相承との観念

喇嘛法王は本来新教ゲルク派 **Dge-lugs pa**〔dge lugs pa〕（粛正宗派）、即ち世に云ふ黄帽派の宗旨を奉ずる最高教主であって極めて厳格なる大乗の戒律主義を堅持する関係で一生無妻で終るものであるから、血統上の継承者は有り得ない。併しながら西蔵人の固有思想としてその国の君主たるべきものは、往昔天上神の子孫が君臨して以来、世々その後裔が王統を承け継〔ぐ〕べきものであり、また後世に及んで、その王統が仏教信奉者に転向してからも、更にまたその後王統位制がすたれて、仏教宗派の教主制となった時に至っても、彼等は祖先以来終始渝ることなき信念を持続せるが為めにか、国君に血統継承の望みなき場合には霊統伝承の方法を以てすべきことを、新たに仏教主義から考へ出さざるを得なかったのである。故に彼等は仏教法王の冊立に当っても、特に「神」の託宣を仰ぐといふことを忘れないのである。

固よりその「神」なるものは仏教の護法神といはれるもので、在来の国神ではないが、それは事実上ボン神教徒によっても崇信せられる神であるから、やはり一種の護国神と見なされてゐるわけである。凡そ仏教とボン神教との関係は他でも述べた通り、その発達の過程に於て既に自から信仰上の融合を遂げてゐるから、如上の仏教主義的問題の発生した場合に於ても、国神崇拝精神の閃きが認められるもので、この現象は決して怪しむに足りないものである。なほ法王位制乃至達頼制の創始に就ては上編第十六章国史に言及せるが如くである。

四、達頼及び班禅の歴代法王名

1．達頼歴代法王名

第一世	ゲンドントゥプ	1931-1476
第二世	ゲンドゥンギャムツォ	1476-1542
第三世	ソナムギャムツォ	1543-1588
第四世	ユンテン・ギャンツォ	1588-1616
第五世	ロプサン・ギャンツォ	1617-1677
第六世	ツァンヤンギャンツォ	1678-1707
第七世	ケェサンギャンツォ	1708-1757
第八世	ヂャンペェギャンツォ	1758-1803
第九世	ルントギャンツォ	1805-1815
第十世	ツゥテムギャンツォ	1816-1837

第十一世　チェルプギャンツォ　1839-1855
第十二世　テンレェギャンツォ　1856-1875
第十三世　トゥプテンギャンツォ　1876-1933
第十四世　（未聞）　1934-

２．班禅歴代法王名

第一世　ドーヂェケェポ〔ケードゥプ・ジェ〕　1445-?
第二世　チゥキランポ〔ソナム・チョグラン〕　?〔ママ〕
第三世　ロプサントンルプ〔ロサン・トウンドウプ〕　?〔ママ〕
第四世　チゥキゲェンツェン〔ロサン・チューキ・ゲンツェン〕　1567-1663
第五世　ロプサンエセ〔ロサン・イェシュー〕　1663-1737
第六世　ペンデンエセ〔ペンデン・イェーシュー〕　1738-1780
第七世　テンペニマ〔テンペイ・ニマ〕　1782-1857
第八世　チゥキタパ〔テンペイ・ワンチュク〕　1858-1882
第九世　チゥキニマ〔チューキ・ニマ〕　1888〔ママ〕-1937
第十世　（未聞）　?

第十一章　最初の教皇

一、予　述

西藏古代の王統中、史実上最初の仏教王として偉徳を称へられる第三十三代ソンツェン・ガムポに関しては本記随所に述べた通りであるが、該国王の事蹟が種々の点に於て偶然にも我国の聖徳太子に髣髴たるところが窺はれるから、畏れ多いことではあるが、本章に於て少しく両者の対照論を試みやうと思ふ。同国王については、凡そ西藏に関心をもつほどの人ならば殆どその名を知らないものはないと思ふが、古来その名の記示法が区々として一定してゐないため、動もすれば本名と称号とを混同したり、或はそれがいづれの王を指してゐるかを明確にしない場合が起るから、茲にその実例を示すとともに、真実の本名を掲けて略解を試みるであらう。

即ち例へば新旧唐書などに於ては「賛善棄宗弄讃《ツァンポチスロンツァン》」、または単に「弄　讃《ロンツァン》」と記してあり、また或る文献には「蘇隆賛甘普《スロンツァンガンポ》」としてある。「甘普《ガンポ》」といふ文字も「甘博」或は「幹布」の如く記すものもあり、いづれにしてもそれらの漢名は西藏原語の略音を便宜上漢字に転写しただけのもので、漢語そのものは何ら原語の意義を表示するものでない。仍て前掲唐書所録の如きは単に国王たることの称号と、王名をなせる一部分を連呼したに過ぎないものであるが、吾々にはその何れの部分が大帝の本名であるかが明でないから、今それらの原語を掲げて本名と称号との区分を指摘する。尤もこのことは凡て原字を以て説かねば徹底しない憾があるが、茲ではそれほどまでに詳密にする必要もなからうから仮にローマ字を以て代用せしめる。即ち次の如くである。

該国王の本名は Srong-btsan-Sgam-po〔srong btsan sgam po〕を以て正しき綴とする。欧西の学者達はその訛音または略音をとって Srong-tsan-gam-po となすものが多いやうであるが正しい呼び方とは云へない。また西藏人自身らがラサ語で Song-tsen-gam-po と呼ぶことも無論正しいものではない。併しラサ語は事実上西藏の標準語として特に官公用語たるの資格を具へてゐる関係上、常識的にはラサ語の呼称に従ふが至当である。

この王名に就て一層厳密な論議を試むならば、その前半の Srong-btsan の二語は、先王（第三十二代）の本名の後半を襲用したものであり、後半の Sgam-po の二語は正しく大帝特有の実名を示したものである。

次にその語義の略解を施すならば、Srong とは正直、或は直進的なること、btsan とは厳粛、或は厳正なること、Sgam-po とは深慮ある者なることを意味する。今もしこれを総合して、適当なる語に換へて云ふならば、まさに知仁勇の三徳を示す語と見られるであらう。

処で唐書の王名に「賛普《ツァンポ》」とあるは何であるかといふに、それは王の本名ではなくして、Btsan-po（厳正者）の義から出でた「王者」の意味であって、古代の西藏王の凡てに与へられた共通的称号であり、また「棄」と云ふは原語の K'ri 或は T'ri（王座の義）に対する音写字であって、これも亦当時の各王に共通した称号以外のものでない。要するに唐書の呼称は初の三字が通称的の語で、後の三字が本名とも見るべきものではあるが、なほそれも厳格に云へば大帝の実名でないことは前述によって知られ、結局その呼称は他の諸王に共通的の語のみを連ねたものといふ外はない。

故に原名本位に立脚して、漢名の当否を論ずるならば「甘普、甘博、幹布、幹普」のいづれかの有無によって、容易に決定せられるわけである。元来西藏語を引用する場合は、その原音を正しく写し出せば当るのであるから、それに対して如何なる漢字を当てやうとも、亦如何なる他の外国文を以てしやうとも毫も差支ないのである。

大体西藏では古来真に絶対といふてもよいほど、漢字を用ひないのであるから、吾等日本人としては殊更に支那人を真似て漢字に拠るの必要はない。何国字でも最も適正と思考される音表法に従へは十分である。本記では実地応用の場合を考慮して、標準のラサ語音に近似するやう、仮名を以て「ソンツェン・ガムポ」と記すこととした。

二、西藏と我国との類似相

ソンツェン・ガムポ（以下略称してソン帝と記す）の全貌を明かになすには、勢ひ西藏国史を根本的に詳述することから始めねはならぬが、今その遑がないはかりてなく、また本項の目的とする所でもないから、茲では特に西藏の所謂「聖徳太子」としてのソン帝の事蹟を物語ることに就て、我国と西藏との間に一種不可思議な類似相或は共通点が偶存するといふ事実だけを指摘して、本項の目的を最も有意義たらしめたいと思ふのである。尤もそれとても一々典拠を掲げて説述するの煩に堪えないから単にその項目のみを列挙して略解を試みる程度に止めてをく。

先づ彼等の国土観について見るに、若しその伝説に示すところによるならば、西藏の太古はたゞ一面の大海をなしてゐたもので、それが時を経るとともに減水して漸次陸地が出現するやうになり、終に今日見るが如き西藏国が出来上ったものであるといふ。この伝説に対する考察は既述の如くであるが、開闢以前を以て、海洋状態にあったとする点に於て我国のそれと若干相似する所があることを注意せねばならぬ。

次に民族の起源に関してこれを天神種族と国土発生族とに分けて見るばかりでなく、後者が本来の原住民と、中亜方面よりの移住民とよりなると見なす点は、宛も我国に於て日本民族の起源に関する見方と酷似するものであり、殊に彼等が外来種族の本拠を中亜となすことは、往古我国に渡来せし各種族の一として北方の大陸より朝鮮を経て来た中亜種族を数へる説と共通するものである。

次に西藏の建国説話に於て、天神降下による君臨思想が重要視されるが如きは、我国の開闢思想と殆んど同じであって、その間一脈相通ずる所があるのではないかと疑はれる。彼等の天祖崇拝の熾であった古代のボン神教の相貌の如きも、現に我国に於ける神道に髣髴たるものがあることは、事実上我国に来訪して神道の相貌を目撃した西藏人の語るところである。

その他彼等民族の特性、信仰、風習、言語などにあっても、彼此それぞれ類似の諸点が見出されることであるから、たとひそれらが偶然の暗合であるにしても、かうした関係を以て全然隔絶無縁の現象と断定することは早計に失するものであるまいか。以下に述べんとするソン帝と我が聖徳太子との共通点の如きは勿論如上の関係とは全く別種のもので、専ら史実上の比較問題に属するが、併しさうした類似相を背景として、事実の描写を行ふ所に、燦然たる光彩が放たれ一層興味を唆るものと思ふ。

二、ソン帝の出現

西藏王統の起源に関しては、伝説に二様の見方があって即ちその一は本来の国神教たるボン教徒説によるもので、既述の如く、天上神の子孫が西藏に降臨せしことによって王統が始まるものとせられ、他の一は仏教徒説に拠るもので、それは印度の王族たる釈迦種族の一王子が入藏して国王に推戴せられたことから始まると云ふのである。その何れにしても、伝説の根源を尋ねて見れば、凡て神話的に想像された点に於て変りはない。但し後者の説には多分の真実性が含まれてゐるについて別に考察の余地を存することを忘れてはならぬ。

さて西藏の建国は彼の第一代王の即位を以て初とせられるが、年代に就ては混沌たる伝説時代に属することとて、精確な推算を立てられないが、仮に西藏国史家の算出する所に基いて、これを西暦に換算するときは既述の如く約そ紀元前四七七年頃に当る。それから約そ一千年を経た六世紀の中末の交に及んで、王統第三十三代目にソン帝の出現を見たのである。

斯くて九世紀の中葉即ち第四十二代王（ランダルマ）に至るまで国君としての王統は連綿として続き、その後分裂して地方的の小分王と化し、西藏を総括する王者を欠くに至ったがその王家の系統は今日もなほ残存する。兎に角西藏には斯の如き神聖なる王統が存在したといふ事柄と、その王統にソン帝が顕はれたはかりでなく、実に最初の教皇として、光輝ある仏教国を建設したといふ事実とを予め承知してをかねはならぬ。

四、所謂「聖徳太子」としてのソン帝

凡そ西藏の文献に見られるが如きソン帝の伝記は大部分が神秘的叙述を以て充たされ、西藏仏教即ち喇嘛教の淵源を探究する以外には歴史的価値の極めて乏しいものである。仍て今は各種文献中の史実的部分のみに根拠を求めてソン帝の素描を試みることとなし、以てこれを我聖徳太子に比較しつゝ、その類似せる諸相に就て些か所見を披瀝して見たいと思ふ。叙述の便宜上次の如き諸項に分つ。

1．身分と地位の相似

ソン帝は上述の如く天上神或は仏陀を霊祖となせる神聖王統の第三十三代君主として出現し、西藏に始めて光輝ある文武兼備の親政を布いたことは、宛も我聖徳太子が用明天皇の王子として降誕あらせられ、皇統第三十三代推古天皇の御宇に摂政太子として万機を総攬遊ばされたことと形体は相違するが実際問題として、全然同様の事柄と伺はれるのである。

2．年代の近接

ソン大帝の年代に就ては両説に分れるが、年数の差は僅少で殆んど論ずるに足りない。最も権威ある史書テプテルコンポ **Deb-t'er sngon po** の所録に基いて西暦に換算するならば紀元五六九—六五〇年（八十二歳）となる。これに対し、我聖徳太子は同じく五七三—六二一年（四十九歳）であらせられたから、その御生年に於て僅かに四年の差あるに過ぎない。若しも御早世遊ばさなかったならば殆ど同年代を以て終始せられたことであらう。

3．神聖霊現の合致

この一項は史実関係を離れて宗教問題に属するが比較の必要上例外事項として取扱ってをく。即ちそは仏教の信条に基いて神霊示現の相貌を指すもので、先づ喇嘛教徒の信ずる所に従へば、ソン帝は西藏の衆生（臣民）を教化救済せんが為め、観音菩薩の化身として出現せられたものと見なすのである。それは西藏の古聖典マニカンブム

Mani-bkah-hbum に「大慈悲聖観自在尊の化身なるソンツェン・ガムポ」とか、或は「大慈悲尊の化身、護法の国王ソンツェン・ガムポ王」などとも記され、また彼の著名なる仏教史書パクサムジョンサン Dpag-bsam-ljon-bsang には、「観自在尊の化身なる真実の西藏王ソンツェン・ガムポ出でたり」などとあるが如きである。今これを我聖徳太子の場合に就て伺ふに全く同一の信念を以て崇め奉られることは愈々以て不可思議な関係と申さねばならぬ。真宗の開祖見真大師（親鸞上人）の浄土和讃の皇太子聖徳奉讃部に、「救世観音大菩薩、聖徳王と示現して」とも、或は「大慈救世聖徳皇大悲救世観世音、我国の教主聖徳王、広大恩徳謝し難し」などとあるが如き即ちそれである。

４．事蹟の共通点

ソン大帝が八十二歳（或は八十四歳ともいふ）の永き一生を通じ文武両方面に亘って残された輝しい事蹟の諸相が、これまた偶然にも我聖徳太子のそれに暗合するものが多いことは、吾々をして益々奇異の感を深からしめる。仍てこれを更に細目に分って比較して見やう。

Ａ．仏教を正式に国教として弘通せしめたること。西藏に於てもソン帝以前から印度仏教が伝はってゐたことは勿論であるが、それを本格的に伝播せしめて国家的宗教たらしめたのはソン帝である。伝ふるところによれば、仏教の初伝は第二十八代王の六十年目であり、西暦で云へば紀元二四四年または二五六年に当る（一説には西暦第五世紀の極初ともいふ）。尤も西藏の中央部に於ては最初は具体的の弘通を見たわけでなく、ただ印度の学僧によって斉された経典、仏龕《ぶつがん》、仏器の類を王宮に奉安して、礼拝した程度に過ぎなかった。それが事実上本格的の伝通を始めたのは七世紀の中葉であって、ソン帝後半生も寧ろその末期に近い頃からである。蓋しソン帝の前半生は専ら国内の統一と、支那及び印度方面への遠征とに費やされたが為め、新文化建設の挙に出でられず、実際その遠征が動機となって仏教移入の大計画が立ったからである。

ソン帝は先づ彼の名宰相トゥミ・サムボタ Tu·mi·sam·bho·ta（＝Ton·mi sam bho ta）とともに多数の留学生を印度に派遣し、梵語《サンスクリット》、仏教、波羅門教の諸学を修めしむること七年間に及び、彼等が帰朝するや否や直に文字と文法とを創制せしめて国文の基礎と定め矢継早に仏典の翻訳、研鑽、講説などを行はしめ、帝親らも諸学に精進せられたのである。今この事相を我方に対比するならば、仏教の初伝は第二十九代欽明天皇の七年（或は十三年ともいふ）、即ち西暦五四六年または五五二年とせられ、西藏の基準年代とは著しい年差を生ずるが、五世紀初葉説に比すれば大差あるものとは云へない。併しそれが愈々本格的に国教化せられたのは聖徳太子の御宇（五七三―六二一年）であるから、ソン帝の場合（五六九―六三〇年）と大体合致するであらう。

B．仏教の取扱方に於て、その軌を一にすること。ソン帝によって採用せられた仏教は、主として印度より直接移入せられた梵語仏教を根幹とするものであって、支那伝通の漢訳仏教の影響は殆と論するに足りないものであるが、そのいづれにしたところで新来の仏教の原型をそのまゝ鵜呑にしたものでなく、本来西藏に特有なる国神として開闢以来久しく信奉せられてゐたボン Bon の精神を基礎として、それに仏教思想を巧に融合せしめたものであって、そのことは最初に取入れた仏教が密教義であっ〔た〕ことによって知られるのである。即ちボン神教と密教とがその信条の諸相に於て合致する点が多々ある所から、在来の国神教の観念に著しき革命を来さずして、自然に仏教に導き入れることができたのである。而して茲に注意すべきことは、凡て密教を根本としながら、その中心仏たる大日如来を本仏とせすして、極楽国土の阿弥陀仏を以て主仏としたことである。それは前掲の聖典マニカムブムの所説によって明である。今その阿弥陀仏と観音との関係を以て、西藏の国土、人民、君主の相関性を示し、西藏が神聖仏教国として発展するに至った由来は、嚮に述べた如く、阿弥陀仏の命に基き、その仏子たり又代官たる観音が極楽国土より西藏に降臨せしことにあると説き、以て彼の国神教と天上界に於けるボン祖神の命によって一神子が西藏に君臨せしものとする信念に合致せしめんと試みたものに外ならぬのである。喇嘛教の信仰が純仏教的でないといはれる根本原因の一は確に茲に存すと云ふべく、現に今日の喇嘛教徒が熱烈なる仏教信仰に燃えながら、而もなほ祖神及びその他の天神地祇に対する崇拝の念を忘れない謂われが自から肯かれるのである。

さてこれを我国の場合について考へても、やはり同様の径路を辿って発達したものと見られる所以は、聖徳太子によって興された新仏教は決して支那仏教そのものでなく、又勿論印度の原仏教でもない。全く我国特有の精神が吹き込まれた所謂日本仏教に外ならぬことは改めて贅言するまでもない。聖徳太子にしても、ソン帝にしても外来宗教採用の為に、その国民固有の信念を滅却せしめるやうな措置をとられなかったことは、一国の主権者たる地位に立って国家と宗教との関係を調和せしむべき必要を痛感せられたが為めと伺はれる。同じ仏教でも現在の支那仏教のやうに著しく国家的意識を欠いてゐるわけは全く異変多き支那の国体の然らしめる所であらう。

C．親ら仏教講説を行はれたること。ソン帝は臣下を督励して仏学の研究に力を用ひたのみでなく帝自身が率先してその研鑽に従事し、仏学者として宣法に尽すところが多かった。帝が最初に講説した経典は十善経《ケチウ》、宝篋経《サマト》、宝雲経《クンチョテン》などで特に国家統治完遂の見地より十善経旨の敷衍に力を注いだ。我聖徳太子の場合も同様であったことは申すまでもなく、更に一層高度の意を用ひられたことは、所謂三経義疏として知られる法華、勝鬘、維摩の諸経を通じて、我日本の国家の大精神を昂揚せしめられたことによって伺はれる。又彼の十七箇条の憲法の御精神を拝察するときは、ソン帝の十六箇条の勅諭と同様に十善経旨が多分に織込まれてゐるものと見て差支ないと思ふ。

D．始めて仏殿を建立せられたること。ソン大帝は仏法の弘通と、国家安泰の念願から、仏殿の建立を思立ったことは当然すぎるほどのことである。今もラサ市の中央部に厳存して、西藏最初の仏殿として名高きトゥルナンツラカン **Hp'ul-snang-gtsug-lug-K'ang** はまさしくその一である。本仏殿は俗にチョカン（聖主殿）と称して世に知られるものである。なほ市の北部に当ってラモチェと名くる仏殿もあって、これらの寺院が建てられた為め、この国都の名をラサ **Lhasa**（神聖地の義）と呼はるるに至ったものである。因に「トゥルナン・ツラカン」とは「霊現学問所」を意味するもので、寺院のことを学問所と名けることは、我国に於ても聖徳太子の建立にかゝる法隆寺を学問所と呼はれたこととその軌を一にする。法隆寺も亦我国最古の一寺院たることに於て西藏の場合と同じである。なほソン大帝の寺院建立に関し、ソン大帝の后として入室を見た尼波羅国王女、及び唐太宗王女を廻って種々の物語が伝へられることとか、それら寺院の建立年代などに就ても叙すべきことが少くないが今は直接関係のないことであるから煩を恐れて割愛する。

E．始［め］て国法を定められたこと。ソン大帝以前の西藏は全く未開状態にあって、固より世の秩序を律すべき法の基準などあらう筈がない。支那とか印度の先進国の文化状態を直接目撃して来た宰相や将軍らから伝へ聞いたソン大帝には、自国も亦速に斯くあらしめたいとの念願の切実なるものがあって、何よりも先づその国民に教養を施す必要を痛感せられたのである。尤も仏法宣説の方面からは十善経旨に基いて十悪の罪行を禁止せられたが、それは概ね国民の上層階級を主とするものであって普遍的に国民一般の徳性を涵養せしめるためには、更に別の手段を必要としたのである。それが即ち所謂テム K'rim（法律の義）の制定であって、これを「清浄人法十六箇条《ミチウツァンマチュトウク》」と名け、君民ともに遵守すべきことを指令せられた。それは当時の言葉で「法律《ディム》」と名けたものの、今日吾々の云ふ法律とは相異なるもので、謂はば一種の勅諭或は教訓勅語とも称すべきものであることは該法の文面から容易に了解せられる。該条文の綴方も文献の種類によって小異があり、いづれを以て基準となすべきかを知らないが、西蔵の識者の説によれば、右の十六箇条の「法律《ディム》」は単にその要綱を略示したもので、別に詳密なる本文が存在すべき筈のものである。彼の仏説の例にも多々ある如く、釈迦が教説を行はるとき、始に本旨を詳細に縷述し、後にその大意を偈陀《ガータ》とて韻文体の形式をとった偈句文によって繰返すことを例とする。今もその範に則って示されたものと見るべきであると。併しその本文なるものは現存してゐるのかどうか明でないが偈句体の条文については、聖典マニカンブムの所録を引用して次にその意訳を掲げる（既述第八章勅諭国法の訳文は別の典拠によったものである）。

第一条　三宝を信じ尊重すべし
第二条　聖法を求め成就すべし
第三条　父母に孝養を行ふべし
第四条　学徳者を尊敬すべし
第五条　尊貴と長上に敬仕すべし
第六条　親近と親友に本分を全からしむべし
第七条　邑里隣人を裨益すべし
第八条　言語を正うし細心なるべし
第九条　上輩者に従ひ末永かるべし

第十条　食財に適度を保つべし
第十一条　恩恵者を忘るべからず
第十二条　債務を時に果し、計数を狂はすべからず
第十三条　凡てに平等にして嫉嫉《（マヽ）》をなすべからず
第十四条　友に交って悪言に随はざるやう自主心を持すべし
第十五条　もの言ひ優しく言葉を少くすべし
第十六条　堪忍大にして度胸寛広なるべし

今これを聖徳太子の十七箇条の憲法に比するに、固より各項が符号するものではないが、その根本精神に於ては彼此相通ずるところが少くない。

なほその法文は他の文献の所録に於ても、字句意義ともに大同小異を見るに過ぎないが、特に留意すべき異色を発揮するものは、その第一条に「三宝」とあるを単に「宝」とせる点である。元来「三宝」とは梵《サンスクリット》語の漢訳であるが、同じ梵語の訳語であっても西藏語では Dkon-mcog-gsum とあって「三至尊」の義を示す。故に「宝」を以て「至尊」に置きかへて解釈するを可とする。抑も「至尊」とは一般的には仏教の専用語であるかの如く常に「仏陀」の義に用ひられるが、必ずしもさやうに局限された語ではなく、他ては「至上の天帝」といふやうな意味の語としてつかはれるものである。故に仏教徒に非らすとも「至上神」の義を表はすものとして用ひ得べきである。文献の種類によって用語を異にするは、果して原文上の相違であるかどうか明でないとしても、この「法律」制定当時の状態から推して恐らく両様の語を使ひ分けたものと見て差支ないと思ふ。蓋しソン帝は時に応し或は「三至尊」と云ひ、或は単に「至尊」として、神仏何れにも通ずる如き語を以てしたであらうことは、大帝が新来の仏教の取扱方について大に考慮を払はれた事実によって容易に判断せられる。我国で云ふ所の本地垂迹の意味の如きも確かに本条文の意図に含まれてゐることが看取せられると思ふ。

F．国威を宣揚せられたること。西藏は当時ややもすれば隋及び唐によって属国同様の扱を受けんとしたことに対し

てソン帝の憤懣禁じ難く、国内の統治が成るや否や遠征の志を立て、東方に向っては唐の領域を侵して国都長安に逼り、終に太宗をしてその王女文成公主をソン大帝の后として嫁せしむるの止むなきに至らしめた。同様に印度方面に向っては尼波羅《ネパール》の国王をして王女プリクティ Bhr-kuti を入室せしめたことほど当時の西藏の国威は実に隆々たるものであった。我国の場合は右とは稍趣を異にするものであるが、やはり支那（唐）から属国視されたことに於ては西藏と同様であったかと思はれる。勿論我国はその頃朝鮮半島をその勢力下に置いたほどの強国として毅然たる存在を示してゐたが、隋唐の如き大国人の眼から眺めたときは寧ろ一の弱小国としか見えなかったのであらう。我聖徳太子はそれを頗る不満に感ぜられ、支那の非礼を断乎として懲戒する意味に於て、宛も強国が戦敗国に対するが如き態度を以て、「日出処天子、書を日没処天子に致す」などといふまことに思ひ切った国書を送られ、傲岸不遜な支那の態度を反撃せられたことは、まさにソン大帝が唐朝を震駭せしめた勢に優るものである。

G．先進国の文化の移入を計られたること。既述の如く西藏ではソン帝によって始めて印度及び支那の文化が移入せられたのであって、それには遠大な計画の下に宰相を首班とする使節や留学生団が印度に派遣せられたのであった。我国にあっては未開西藏の場合とは少しく異なり既に以前から相当の文化が開かれてはゐたが、真に画期的の飛躍を遂げたのはやはり聖徳太子の時代である。支那に派遣せられた大使節としても小野妹子の如く高貴な方を見るが如き、まさにソン帝に於けるトゥミ宰相に比すべきものである。即ち前者は畏れ多くも皇列の一人であられ、後者は王統の一族である点に於て事情を同すると云ひ得る。聖徳太子にしても、ソン帝にしても文化使節の選定に最高尊貴の人物を以てせられたことを察すべきである。

H．所謂「飛鳥時代」の共通せること。これは独個の事蹟を指すものでなく、全体的観点から時代の飛躍を現出せしめられた相貌に於て両者の近似を示すものであるから茲に附記するものである。

聖徳太子とソン大帝との時代が殆ど合致せることは既述の通りで真に偶然といふより外はないが、両者ともに一大画期的な時代相を現出せしめた点に於て興味を感ずる。我が聖徳太子の時代を名けて「飛鳥」と呼はれる如く、西藏に於ては全く無文の暗黒時代から光明の文化時〔代〕まで躍進的な発展を遂げたのである。西藏が野蛮な未開国から一躍して印度や支那の先進文化国と対等の交渉関係を保ち、強国西藏の厳然たる存在を誇示し、以て世界の青史に「西藏」の名を記せしむるに至ったことは、我国に於ける場合と頗る近似したところが窺はれると思ふ。

第十二章　達頼十三世

一、要　述

凡そ西藏の王政、封建制、教主制の各時代を通じて史上に輝かしい名を留めた人物中、近代史、特に東洋史上に特筆せらるべきものは達頼法王十三世である。実名をトゥプテンギャムツォ〔トゥプテン・ギャンツォ〕Tub bstan-rgya-mt'so〔thub bstan rgya mtsho〕と云ひ、一八七六年に生れ一九三三年、五十八歳にして没した。彼の前半生は比較的平和な生涯に恵まれ専ら仏学にいそしんだが、後半生に於ては頗る波瀾曲折に富む数奇の運命に弄されつゝ、克く国家の危機に対処して動向を過ることなく、徐々に革新の実を挙けたことは偉とせねはならぬ。惜しいことには志半にして円寂したことは西藏の為に不運であった。彼れの事蹟として物語るべきことは少くないが今吾々として知らねばならぬことは事蹟の実体そのものでなくして、彼自身の動向が如何に東亜の政局に深刻な影響を及ぼしたかに就てである。

二、英藏事変の場合

この問題を論ずるには大体次のやうな二大事件を枢軸として諸方面に言及せらるるであらう。二大事件とは即ち英藏事変と支藏内訌事変とをさす。

先づ前者の問題より説き始めるならは既に上編第十六章国史にて述べたやうに、一九〇三年末より一九〇四年九月に及ぶ英藏事変に際し、英軍のラサ占拠は西藏にとって実に未曾有の国難であった。当時西藏の教皇として、亦隣接諸邦を含む無慮幾十百万に及ぶ喇嘛教徒の尊崇を一身に集め、神聖無比の大活仏と信ぜられたる達頼喇嘛が、異人種異教徒たる外国の侵入軍に脅かされて、遠く国外万里の天涯に亡命を余義なくせられたといふことは、未だ曾て西藏の国史上に前例を見なかったのである。彼の時達頼十三世は一旦蒙古に落ちのび、次に転じて支那に移ったことは当時世界の耳目を聳動した事件の一であったが、我国では余りこれに注意を惹かされることがなかった。それは云ふまでもなく時まさに我国力を賭して日露戦役に邁進しつつあった為である。

亡命の達頼はその後山西五台山に駐錫することとなった。既に日露間に和平克復し、我国の朝野が競って海外雄飛を叫ぶ時、仏教界の識者が彼の達頼の行動に著目しない筈はない。この好機を逸せず彼我仏教徒の提携を企図せしものは、当時の真宗本願寺派管長たりし大谷光瑞師であった。師は今は故人となった令弟の尊由連枝（前拓務大臣）〔を〕代理として支那に特派し、五台山に於て達頼と会見せしめた。その際直ちに具体的の結果は得られなかったが、我が方としては従来疑問とせられた西藏の真相が幾分判明し、彼の方としては初めて新興日本帝国に大乗仏教の伝通隆盛なることを知得し、彼我提携の価値とその可能性あることを確認し、その実現を考慮せんことを約した。禁断の秘境を逸出して始めて世界の活舞台を目撃した達頼が、その当時の述懐として後日聞くところによれば、今まで世界一の強国と聞かされてゐた露国と戦って完勝を博した島国日本は将来最も恐るべき国である。今次図らすも日本仏教界の代表者と会することを得たのは一に仏天の加被力の然らしむる所と感謝してゐるが、日本の政府当局が自分に対して何らの意志表示を試みなかったの〔は〕どうしたことかと不満の意を漏したといふことである。これは真に些細な問題のやうであるが、これを以て如何に我が当路が西藏に無関心であるかを物語るばかりでなく、それが為め東亜に於ける英露の動向について、その真相を看取し得なかった一因が作られたことを察知しなければならぬ。尤も我が当路〔と〕しては特に支英露三国に対する国際関係を顧慮した為めかとも思はれるが、そは余りにも大事を取り過ぎた我外交政策の欠陥と評するの外はない。

三、支藏紛争の場合

次に支藏内訌事変といふは、一九〇九―一九一〇年に於ける支那軍の西藏討伐を指す。これは最早未曾有の事変とは云はれないが、その重大性に於ては英藏事変に勝るとも劣らないものがある。即ちそれは達頼十三世再度の亡命であって、上編第十六章国史に述べた通り、支那軍の来襲によって達頼法王以下西藏政庁の全機関を挙げて、英領印度に逃避した事件である。嚮に達頼が支那に亡命したときは、国都ラサには政府の代行機関が残されてゐたから、そこを攻略した英国軍は都合よく現地にて媾和条約を締結し全軍を撤収することを得たが、今度はラサに何ものをも停めなかったので、勝ち誇った支那軍も何ら施すべき術もなく、徒らに英国をして漁夫の利を占めさせるの愚を学ぶに過ぎなかった。

斯くて事件は支那政府と英印政庁との交渉に移り達頼教皇問題の今後に就て論議せられた。英支間には主張に相当の食ひ違ひがあって容易にまとまるところがなく、達頼の在印期は徒らに長びくのみであった。その間英国が百方手を尽して西藏懐柔工作を廻らしたことは云ふまでもない。斯くて陰に陽に西藏を援助して、領土内に深く侵入せる支那軍を撤退せしめ、終に二ヶ年後に及んで達頼をして難なく本国に帰還せしむるに至った。

西藏の上下をして愈々英国依存の念を強からしめ、支那の宗主権を有名無実ならしめたのはこの時からである。この事実は達頼喇嘛の実力に対する認識が当の支那に無くして、却って英国に有ったことを証するものであるが、若しも当時の支那が以前のやうに満洲王朝であったならば斯の如き大失策を演せすして済んだことであら〔う〕と思ふ。

四、支英露に対する態度

次に上述の二大事件が達頼の対外関心に如何なる影響を与へたかといふに、最初の支那亡命に際しては、清帝の好意を多としたにも拘はらず、政府当局のとった誠意なき措置に対しては少なからぬ不満の念を懐いた。漢人出身者の大部分を占めてゐる支那政府としては当然の態度とは云ひながら、達頼が希望せるが如き行動の自由を与へなかったのである。例へは達頼と外人との会見には必ず支那政府の許可又は監視を要するとか、或は支那内地の自由巡錫を願ふても拒否されるが如きである。

斯様に達頼の取扱に関し、皇帝と政府の態度が一致しない所以は啻に政治上の問題のみからでなく、やはり民族的（或は人種的と云ふべきか）感情の加はる所からであったと想像される。それは現に西藏人の上下が支那の一般軍民を蛇蝎の如く嫌ひながら、たゞ清帝のみに対しては真実敬意を以て臨んだことによって十分窺はれるのである。かうした感情的傾向は、やがて全西藏の人心が支那より離脱する素因となるものであることは、其後西藏が清帝の退位についで共和制の出現を機会として自活または独立の運動を起したことによって証せられる。支那政府はこれを鎮圧せんとして武力を用ひたことが支藏事変を醸したわけで、その結末は終に西藏をして英国の懐に逃げこましめ、清朝の西藏懐柔二百年間の収穫を一朝にして灰燼に帰せしめた次第である。

右に反し達頼が印度亡命に際しては、彼は印度総督の賓客としてカルカッタを訪問せしときの如き、まさに堂々た〔る〕一独立国の君主的待遇を与へられた。又印度各地の仏教霊地巡拝の際の如きも、全く達頼の自由行動に委し、公式にも非公式にも有らゆる便宜を計ることに躊躇しなかった。

達頼の印度駐錫は各方面を通じて凡そ二箇年に及んだがその間彼は余りに自由行動を束縛されるやうなことを体験しなかった。外人との接触の如きも、事実上殆ど開放的で、一々正式の許可を印度政庁の当路に仰ぐ必要はなかったのである。

達頼及びその一行たる法王庁並に政教の要路大官連を始め随員全体が印度滞在中に恵まれた見学視察などによって獲得した新知識は、彼等にとっては実に莫大なものといはなければならぬ。即ち彼等は嚮に支那亡命の際に求めて得られなかった所のものを、印度に於て与へられ、始めて世界的状勢の真貌を目撃し、最近文化の実物教育を授かったのである。彼等は終に本国に帰還の途上より、早くも新文化の施設に着手し、総て範を印度に模した事実を見るもその一斑を想像するに足るであらう。

古来異人種異教徒として極端に忌避せし欧西の英国人に対して一転して信頼の念を置くやうになったことは新現象として特記せねばならぬことである。

五、日本仏教徒との提携

達頼は印度滞在中、外国に弘通せる仏教に就て新しい関心を持ち始めたことは留意すべきである。その当時欧西人にして喇嘛教研究を志し遙々来印するものがあり、達頼は図らずもそれらの人々に接するの機会を得たるを悦び、できるだけの便宜を与へた。あるフランス婦人の如きは特に西藏領内の特定地域まで旅行することさへ承諾された（アレキサンダーダビッド、ニール〔アレキサンドラ・ダビッド＝ニール〕夫人数次の西藏旅行がそれである）。

然るに彼れが夙に仏教国として伝通模様を知悉せんと期待して居た我国からは欧西人の如き熱心家が現はれなかったことを頗る意外とした。ただ本願寺との関係に就て、先年支那五台山に於ける会見を想起してこの際実地に日藏仏教徒の提携を計るべきものとして折しも在印中の本願寺代表者を通じ相互の使節または留学生の交換を行ふべき手配を廻されたことによって辛くも日本仏教の面目が保たれた。

達頼は先づ最初の試みとして、その高弟のうちより聖者の権化（トゥルク）と云はるゝ一僧正を択び、それに数名の随員を附して我国に派遣することとなった。これに対し本願寺よりも亦代表者及留学生各一名をラサに特派することになり、愈々相互の関係が具体化された。

達頼の方ではこれを機会として、本願寺を通じて我政府に対しても仏教研究生の交換問題を提議したが、我当局のにべない拒否に遇ふて画餅に帰したことは止むを得ないとしても、更に遺憾なことは我当局の見解として今後本願寺との関係を継続することは対英外交上に好ましからざる影響を及ぼすから断然停止すべきであるとの注意が与へられたことである。斯くて達頼の方に於ても所謂「仏教国日本」に対する希望を失ひ、たゞ一回の使節及留学生の交換を最終としてここに両国仏教徒の提携問題は敢へなく終熄を告げた。

以上に述べた所は彼の二大事変に於て達頼十三世に対する英支両国の各態度と、達頼自身の心境と希望などに関するものを主としたものであるが、次に彼れの行動が東亜の政局に如何なる影響を及ぼしたかに就て稍詳細に記して見やう。

六、十三世と東亜の変局

先づ英藏事変に就て考ふるならば、最初イギリスは西藏問題に関し、支那及び露国より相当の排撃を受けてゐたから、それに対して早晩何らかの積極的行動に出でるであらうとは固より予想せられたところであるが、何故に英国は特に一九〇三・四年即ち明治三十六・七年の時機を択んで軍事的行動を起したかといふ問題を、特に吾々邦人は慎重に考察せねはならぬ。

抑もイギリスが軍を西藏に進め入れたのは、西藏の討伐が本来の目的でなく、又支那の反英態度を衷心より憎んだ為ではない。目ざす処の敵対目標は支藏両国を操って英国排撃を指嗾した所の露国（帝政ロシア）に外ならぬことは次に述べる所によって明かにせられるであらう。即ち若し西藏に露国の勢力が浸潤したならばその脅威を全面的に感ずるものは、印度を属領とする英国であることは云ふまでもない。早くも露国の陰謀を見破った英国は露の対藏工作を破壊すべく時機を窺ってゐたところ、折柄満洲問題で日露両国の関係が悪化の絶頂に達して最早両国の戦争は避け難い状勢にまで進展した。英国は実にこの機会を狙って西藏出兵を断行したのであった。果せるかな日露の間に終に戦端は開かれ、その劈頭より露国は敗戦の憂目に遇ひ、打続く連戦連敗の惨状は到底西藏問題などを顧るの余裕はなかった。これがため、英国は予て憂慮されてゐた露国の西藏援助を意に介するの要なく、一方又西藏領土内に於ける支那駐屯軍の抵抗を受ける心配もなく、ただ一途に西藏軍のみを蹴散らして易々として進撃を続け、終に一九〇四年八月を以て国都ラサの攻略を完結した。この戦争に於て支那軍が毫も交戦することなく、西藏軍の敗戦を外に見て逸早く撤退したことは頗る奇怪とせられるが、その魂胆は戦争の全責任を西藏だけに負はしめて、事件の性質を局地的の問題に止め、イギリス〔に〕多くの口実を与へしめない為であるが、勿論対英戦争を起すとも勝目がなく、又露国の後援も絶望であったといふ理由も存するのである。要するにイギリスをして思ふ存分西藏問題を処理せしめたことは、支那の後退と露国の手を引いたことによるのであるが、更にその根本的動機をなすものは露支両国をして斯くあらしめた所の日本戦勝の力であることを察せねはならぬ。

七、イギリスの対藏策の成功と我国力

右の如く観じ来るときは、英国はまことに偶然の機会を僥倖したかのやうに見えるが、事実はそのやうに単純なものでなく、彼れの遠謀深慮は夙にかうした事件の発生を見越して万事に遺漏のないやう予め手配されてゐたことが察知せられるのである。それは一九〇二年に於ける日英同盟に外ならぬ。当時我国民はこの同盟を以て、無上の誇となし、大樹の下に寄り添ふた想ひをなした。実際それに違ひな〔い〕のであるが、併し試みに思へ、名実共に世界の最大強国を以て任ずる当時の英国が、漸く東亜名を挙けたばかりの一小島帝国と攻守同盟を結ぶ謂れが果して那辺に存するかを。固より露国の満鮮侵出は我国にとって相当の脅威を与へたことは否めない。また同じその年度に於ては、シベリヤ横断鉄道が完成したことは愈々我国に危機の逼ることを告ぐるものであったことは争はれないが、それが為め我帝国の決意は微動だもしなかったことは誰よりも我国民の熟知する処であった。然るにイギリスはまさに大国難が我国民の頭上に降りかゝるかの如く言ひ寄って、恩に被せての同盟を押しつけて来たものであって、内実はイギリス人の為めに露国の極東政策を阻止し、東亜に於ける自国の既得権を維持し、且つ将来に向って容易なる進展の途を確保せんが為めの具に供する魂胆であったのである。仮りに露国をして東亜に対する野望を達せしめたとするならば、英国の既得権益が蹂躙されることは勿論、シベリアより蒙古及び新疆（支那土耳古）を通じ、西藏を足場として英国の大宝庫たる印度に対して脅威を与へることは必然であらう。かう考へたイギリスが我国に向って同盟を売って来た

ことは、まことに当然と云はねはならぬ。我方はそれと知ってか知らずにか、直ちにそれを買って出たことは、全くイギリスの思ふ壺にはまったわけであるが、併し彼は流石に老獪に猛けた〔ママ〕だけあって、新興日本の溌溂たる勢と、将来の膨張性を見抜くの明があったことは認めて可なりと思ふ。

案の定一九〇四年には、我国が露国と戦ってこれを撃滅しつつある間隙に乗じて、彼れは先づ西藏に進駐して見事に優越なる地歩を確保し、露国の南侵を完封して、大印度の保全を鞏固ならしめ、又一方に於ては我国の全勝によって支那の独立は確保せられ、英国の在支権益もその余慶を蒙ることを得たのである。

西藏問題と我国とが斯の如き微妙なる関係にあったことを最もよく感知するものは英国であって当の我国が殆んど夢想だもしなかったことであらうと思ふ。

八、帝政ロシアの場合

西藏問題と日露戦役との関係に就て見る場合に、英国の得たところのものが即ち露国の失ふところのものに外ならぬことは云ふまでもないが、そのうち事件の表面に顕は〔れ〕なかったもので露国の残念がったことが一あることを附記してをかねはならぬ。それは英軍が愈々西藏の国都ラサを攻略せんとしたとき、予てよりニコライ帝の個人使節として（露政府の非公式代表を兼ねて）駐藏し、達頼十三世の政治顧問として威望を恣にしてゐたブリアート人の怪僧ドルジエフは達頼に対し亡命の必要を勧告した。達頼はその言に従って国都より落ちのびることとなった。その時ドルジエフが露帝より授ったといはる使命は、達頼をして先づ蒙古を経由してブリアートに赴かしめ、時機を見てシベリア鉄道によって露都に迎へんとするにあった。亡命の一行はその予定の如く行動して難なく蒙古まで辿りついた。処がそこで始めて露軍連敗の報に接した為め、結局露都行を中止して支那に転せざるを得なかったのである。

この事件は一見些細なやうであるが、元来達頼の態度乃至行動は、西藏の国運を左右するほど重大な性質のものであるから、この点から考へるときは、若しもその時露軍の敗退如何に拘はらず達頼の露都行が実現してゐたならば、達頼が露国の擁護の下に、その宗教的威力を以て英藏事変の結末に相当の影響を与へ、英国をして優越権の獲得に多大の困難を感せしめたことは必然であり、英藏関係も恐らく現状とは若干相違した所が見られ、西藏に於ける支・英・露の勢力関係も今日とは幾分異なるものが生じたことであらう。吾々はここにも亦我国の戦勝の力が活きつつあることを痛感せざるを得ない。

九、イギリスとロシア

次に一九一〇年の支藏事変に於て、西藏を繞る英支露三国の態度を見るに、西藏そのものには支那排斥の旺盛なものがあったその反対に英国依存の傾向が表はれてゐたことは必然であるが、稍不可解なことは、既に一九〇七年の英露条約によって最早西藏に手出しのできなくなってゐる筈の露西亜が、いつのまにか再び隠然たる勢力を徐々ともり返しつつあったことである。今度は以前のやうに組織的な実力を持って援助せる形跡は明かに認められないが、秘密裡に使節を出入せしめて達頼十三世を指導し、英国の対藏工作の裏をかく手段だけは怠らなかった。その頃達頼の側近としてブリアート生れの「蒙古少年」と呼ばれ〔る〕一人の怜悧な小僧が、達頼の扈従役をしてゐた。ラサの人々は彼れを達頼の「愛寵者」と称した。それが実に露国からの廻し者で、常に達頼の行動を監視すべき重要任務を帯びてゐたことは想像に余りあるが、世人は特にそれとは気付かなかったのである。併しその情勢から見て、露国としては具体的には結局何にも得られなかったやうである。

さて今次支那の西藏討伐の目的は表面的には達頼の不逞を膺懲するといふにあるけれどもその真の目標とするところはやはり英国の勢力を駆逐して支那の権力を全面的に西藏に扶植するにあったことは勿論である。

併しながら支那は最早清朝時代とは異なり、共和政府となってからの政府当局は、達頼及び同教徒たる西藏国民に対する認識に欠くる所あり、ただ専ら武力を行使するのみで西藏問題は解決できると思ひ、討伐軍をして一挙にラサに進撃せしめ、あはよくば達頼を虜にして法王位を剥奪し、以てその教権を停止せんと試みた。達頼の方では早くもそれと感知したが、自己の勢力を過信した達〔頼〕はよもやとの自負心から稍油断の体であった。処が支那軍来襲の模様が余りにも猛烈であって何ら仮借なき徹底的な破壊行為に戦慄を感じ急遽国都を逃れて難を印度に避けた。それが為め支那軍の目的は全く当初の意図に反するものとなったことは既述の通りであるが、この際露国の動きとして見逃せないものがあることを注意せねばならぬ。それは曩の英藏事変に、達頼は露都に亡命を試みんとして果さなかったため、今度こそは初志を貫徹すべき好機と考へて見たものの、支那軍の進撃が予想外に急激であったことと、また一方に於て英国側より印度に避難すべく勧告を受けたことと中亜経由の露国行の尚遠にして困難と危険多きこととによって、結局露都に蒙塵するの挙は再び取り止めとなったのである。

既述の如く達頼は終に印度避難の途を択んだ。僅々数年前（一九〇四年）まで仇敵として恨んだ英国の勧告に応じその懐に飛び込んだ達頼及び同政庁の人々の心境変化の逆転の動機乃至原因に関しては大に考察に価するものがあり、支・英・露三国の西藏懐柔策に宗教政策（喇嘛教対策）の重要視せらるべき所以を示唆せらるる所が尠くない。

【解説】青木文教の事績と『西藏全誌』

長野　泰彦

青木文教の事績

一九〇〇年代初頭、六人の日本人が相次いでチベットに入った。河口慧海、成田安輝、寺本婉雅、青木文教、矢島保治郎、多田等観である。このうち成田と矢島を除く四人が僧侶である。当時のチベットは鎖国状態にあり、入国することと自体違法かつ危険な行為であった。実際、四人の僧侶のうち、最初に入藏（藏／藏＝チベット）した河口慧海は、いわば潜入者であった。そのような危険を冒してまでチベットに入りたいとの熱望は、ひとえにチベット大藏経を入手することに端を発している。仏教発祥の地インドでは早い時期にサンスクリット語の仏教原典は散逸し、仏教研究は専ら漢訳仏典による他なかったのであるが、チベット語仏典がサンスクリット語の仏教原典に忠実であることは古くから知られていた。これは、チベットに初めて中央集権国家を樹立した吐蕃王朝がその国家統一の新しいイデオロギーとして仏教を移入した際、その翻訳を厳格なルールによって組織的に行ったからである。文法と対訳語彙集が二度にわたって編まれ、それを基にすればチベット語仏典からサンスクリット語原典を復元できるほどであり、仏教者や仏教研究者にとって、チベットは仏典の宝庫と考えられていた。また、日清戦争を経て、日本人のアジアへの関心が高まりつつあった時期でもある。

本願寺派法主大谷光瑞は大谷探検隊を西域に派遣するなど、アジアへの関心が元来高かったが、チベットとの交流にも熱心で、インド滞在中だったダライラマ一三世を通じてその可能性を探るなどした。その結果、同派の青木文教と多田等観を抜擢して派遣することとなり、一九一二年に青木が、翌年多田が、チベット入りを果たす。

大谷光瑞の当初からの方針だったか否かは分からないが、多田はセラ寺に僧として一〇年余滞在し、チベット仏教の教義と実態を把握するとともに、多くの仏教典籍を日本にもたらしたのであるが、青木はラサ市内に居住し、まる三年間を俗人として過ごした。この間、ダライ政権の中枢に世界情勢を伝え、市井の人々の生活を仔細に観察して、映像と共に記録した。

几帳面な性格で、生活のペースは、七時に起床、九〜一二時が(おそらく)チベット語の学習、午後は「訪問」、六時夕食、その後事務、一一時就寝、を守っていたようである。午後の「訪問」が実は後に青木の特徴と認識される部分で、「ラッサ社会の祭礼儀式」「藏人と逸書に呑気な怠惰な日」「諸大臣、貴紳等を訪問」といった実際の人々の生活をつぶさに観察したのである。また、当時珍しかったカメラを持参していたことも、チベット人との距離を大いに縮めたはずである。青木はこれらを「修学上に失った損失」と嘆いてはいるが、同時に「活社会から得た知識経験で補われて余りあった」と書いている。

青木の事績はしばしば同時に入藏した多田等観のそれと比較される。多田は青木がラサを離れた後も八年間セラ寺のハルトゥン学寮に留まり、ダライの庇護もうけてチベット仏教の教義と僧院の実態を把握した。帰国時には大藏経部四セット、同論部三セット、及び多数の藏外文献を日本にもたらした。帰国後も宇井伯寿などに見いだされ、学問的な場に溶け込みやすかったし、戦後すぐにスタンフォード大学に招聘されもした。さらに(財)東洋文庫研究部にも活躍の場を与えられ、学界で一定の評価を得た。

これに対し、青木のもたらしたものは、仏教学の立場から言うなら「空手還郷にも似ていた」(山口　一九九五)。さらに帰国した青木を痛めつけたのはいわゆる「大正の玉手箱事件」である。ダライ一三世から預かって河口慧海が将来した大藏経経部の名宛人が誰かについての河口との対立であった。現存する資料から判断すると、青木に不利な状況ではなかったと思われるが、青木の主張する「名宛人」大谷光瑞は青木を紛争の渦中に置くことを避け、翌年ジャバへ派遣する。この結果、青木は遂に自分の主張を開陳する場を失ったのである。一九二〇年青木は『秘密之国西藏遊記』を上梓するが、当時の学界は特に注意を払うことはなかった。一九三五年京都帝大がチベット語調査を委嘱するまで、不遇の時代は続いた。当時の日本の学界にはチベットをチベットとして理解しようとする受け皿がなかったのである。

しかし、現代のチベット研究にとって、青木のもたらした物質文化資料と記録類は全く異なる意味を持つ。物質文化資料について言えば、確かに多田の仏教文献に比べれば見劣りするが、当時のチベット人達が実際の生活で用いていたモノである点で類例がない。また、記録類について言えば、ダライの勅諭、チベット政府の文書、諸方面との書簡、等貴重な資料が豊富にあることのほか、青木自身の記述には客観性がある。例えば、入藏・出藏ルートの記述は、河口の『西藏旅行記』に見られるような劇的な描写はひとつもないが、高度や地勢を精確に記述しており、地誌の名に値する。さらに、几帳面さから自ずと醸成される丹念な観察に基づく社会生活の描写は、本人が意図していたか否かに拘わらず、一種の民族誌となっている。例えば、一サン（貨幣の単位）で何が買えたか、郵便制度はどの程度信頼できるか、といった基本的なことが漏らさず書かれている。

青木の事績と資料を再評価し、より健全なチベット学の構築を心がけねばならない段階に達していると考える。

『西藏全誌』について

青木文教が持ち帰った資料で、国立民族学博物館が蔵するものに二種ある。ひとつは物質文化資料で、一九七九年「青木文教師将来チベット民族資料」（標本資料）として国立民族学博物館に入り、その解題目録は［長野　一九八三］として上梓されている。青木を支援し続けた小倉捨次郎氏が保管していたものの内、同氏の手元に残したもの数点と、ラサ市街図（小倉氏の「チベットコレクション目録」七九　ラサの鳥瞰図）を除く一四二点である。「ラサの鳥瞰図」は現在龍谷大学にある。

一方、本書『西藏全誌』を含む記述資料類は長く本人の手元にあり、一九五四年頃、当時東京大学でチベット語の指導を受けた中根千枝東大名誉教授に譲渡されて、（財）民族学振興会（日本民族学会）に保管されていた。一九九九年同会の解散に当たり、中根教授はこの資料をアーカイブとして共同利用できるよう、国立民族学博物館に寄贈した。同館では文化資源プロジェクトの一部として資料の解析に当たり、目録を［長野・高本　二〇〇八］として出版、同時に「国立民族学博物館アーカイブ　青木文教チベット資料」として正式に受け入れた。

このアーカイブには、様々の資料が含まれ、それぞれ当時のチベットの状況を明らかにする一次資料であるが、その中に『西藏全誌』がある。チベットに関する概説は青木自身が三点を出版しているが、本資料はそれに含まれないラサの市民たちの生きた営みを中心とした克明な民族学的モノグラフになっており、特に経済の実態はこの資料なしには把握し得ないほど貴重である。また、恐らく文献資料その他から地誌データをピックアップし地図上に記載した中央チベットから東部チベットの詳細な地図がコメント付きで多数付属している。『西藏全誌』は一九四六年に完成したとの記録があるので、青木が一九四一年一一月から約六年間外務省調査局嘱託としてチベット事情調査に当たった成果も含めて著されたものの一部と考えられる。ただ、地図の記述ぶりは極めて詳細であり、少なくとも本人が現地調査をした形跡が今のところないことも考慮して、どのようにして作られたかを今後精査する必要がある。

青木文教に関する叙述

一、青木文教の事績に関するまとまった資料として次のものがある。

佐藤長（一九九〇）「解説」（青木文教『秘密の国　西藏遊記』中公文庫、三七三〜三八三頁）

山口瑞鳳（一九九五）「解説　青木文教師」（青木文教『秘密国チベット』芙蓉書房出版、三一三〜三三〇頁）

安曇川町教育委員会編（一九九四）『青木文教』ふるさと伝記まんがシリーズ3

二、追悼文としては次の七点がある。
佐藤長（一九五七）「京都における青木先生の二人の弟子」『西藏学会会報』第四号
多田等観（一九五七）「ラッサ時代の青木文教さん」『西藏学会会報』第四号
中根千枝（一九五七）「青木文教先生の御逝去を悼む」『西藏学会会報』第四号
多田等観（一九五八・六・一）「青木文教先生を讃える　名士学究の声」『月報安曇川』
佐藤長（一九五八・七・一）「郷土の学者　青木文教先生」『月報安曇川』
中根千枝（一九五八・八・一）「郷土の学者　青木文教先生」『月報安曇川』
青木正信（一九九四）「青木文教の生涯をしのんで」『青木文教』一〇〇～一〇一頁

三、将来資料については次のものが詳しい。
北村甫（一九六五）『東京大学所蔵チベット文献目録』東京大学文学部印度哲学文学研究室
長野泰彦編（一九八三）『国立民族学博物館蔵　青木文教師将来チベット民族資料目録』国立民族学博物館研究報告別冊一号
佐々木高明（一九八三）「青木文教師とそのチベット将来資料」長野（一九八三）一七三～一八三頁
三谷真澄（二〇〇六）「龍谷大学所蔵青木文教師収集資料について」『仏教学研究』第六〇・六一合併号、一～二六頁
長野泰彦・高本康子編（二〇〇八）『国立民族学博物館青木文教師アーカイブ「チベット資料」目録』
高本康子「近代日本仏教における異文化情報の受容と発信」『印度学仏教学研究』第五八巻第一号、二〇〇九年、五三七～五四一頁

四、「大正の玉手箱事件」については次の二点がある。
山口瑞鳳（一九八七）『チベット』東京大学出版会、上巻九四～九八頁
江本嘉伸（一九九四）『西藏漂泊』山と渓谷社、下巻七七～八五、一一四～一三〇、一三八～一六七頁

五、年譜としては次の二点がある。
長野泰彦（一九八三）「青木文教師　年譜」『国立民族学博物館研究報告別冊』一号、二五一頁
青木正信（一九九四）「青木文教先生の略年譜」『青木文教』一〇六頁

六、その他、次の二点がある。
中江彰（一九九七）「青木文教師の休暇日誌」『藤井克己氏追悼論文集』一三〇～一四〇頁
高本康子（二〇〇一）「青木文教『西藏遊記』から見た明治大正期日本人のチベット・イメージ」『国際文化研究』第八号、一二五～一三八頁

※

本書を刊行するに当たり、人間文化研究機構国立民族学博物館から格段の配慮をいただいた。また、出版事情の厳しい折、本書の意義を深く理解され、刊行をお引き受けくださった㈱芙蓉書房出版社長、平澤公裕氏に深甚の謝意を表したい。

【解説】青木文教の他の著作との関連、『西藏全誌』写真資料について

高本　康子

青木文教の他の著作との関連

『西藏全誌』中には、『西藏文化の新研究』（有光社、一九四〇年）、『西藏の民族と文化』（高原社、一九四二年）の記述に推敲を加え、新見解を付け加えた内容と見られる部分もある。それらを以下に示す。

上編第十二章「宗教」…『西藏文化の新研究』第八章一〇一～一一二頁、第九章一一三～一三三頁
同第十六章「国史」…『西藏文化の新研究』第七章八四～一〇〇頁
同第十七章「外史」…『西藏の民族と文化』第五章二三九～二四四頁
同第十九章「資料」…『西藏文化の新研究』第十二章一八三～一八九頁
下編第一章「国号の検討」…『西藏文化の新研究』第二章七～三八頁
同第二章「太古の洪水説」…『西藏文化の新研究』第五章六二～七一頁
同第三章「建国説話」…『西藏文化の新研究』第六章七二～八三頁、補遺第五項二三八～二四〇頁
同第四章「神話と伝説」…『西藏の民族と文化』第三章七一～一四一頁

同第五章「西藏民族」…『西藏文化の新研究』第四章五〇～六一頁
同第六章「西藏語」…『西藏文化の新研究』第十一章一五四～一八二頁、補遺第十項二六九～二七四頁
同第七章「喇嘛教」…『西藏文化の新研究』補遺第六項二四一～二四三頁、第七項二四九～二五三頁、第九項二六〇～二六一、二六三頁、
『西藏の民族と文化』第五章一七九～二二六、二二八～二三二頁
同第八章「勅諭国法」…『西藏文化の新研究』補遺第三項二二三～二三〇頁
同第九章「西藏年暦」…『西藏文化の新研究』補遺第二項二一二～二二二頁
同第十章「達頼と班禅」…『西藏文化の新研究』補遺第四項二三一～二三七頁、第八項二五四～二五九頁
同第十一章「最初の教皇」…『西藏の民族と文化』第四章一四七～一七三頁
同第十三章「達頼十三世」…『西藏文化の新研究』補遺第一項一九三～二一〇頁

『西藏全誌』写真関係資料について

『西藏全誌』の草稿には、写真挿入を予定していたとおぼしき箇所がいくつか見受けられる。しかし、国立民族学博物館青木文教師アーカイブ中には、そのような写真資料は含まれていない。

しかし、『西藏全誌』の一連の草稿には、「写真内容」と題される資料があり、これによって、『西藏全誌』に挿入もしくは添付される予定であったと見られる写真の全体像を推測することができる。

「写真内容」(アーカイブ番号３２２)は、No.140まで、写真のタイトルが挙げられたリストである。但し、これはタイトルのみであって、写真そのものは全く添付されていない。全一四〇タイトルのうち、番号のみでタイトルは空欄となっているのが一〇箇所ある。また、青木の書き込みによると、No.95以降は戦災により欠失し、しかし補充の見込みがあるもの、とされている。同様にこの戦災で欠失した写真資料については、国立民族学博物館青木文教師

アーカイブ中に、「戦災欠失分補欠写真目録」（アーカイブ番号２６１）がある。但しこの資料にも写真の現物は添付されていない。各タイトルを見る限り、その内容には、特に東チベットに関連するものなど、それ以前の青木の著作『西藏遊記』、『亜細亜大観』、『新西域記』所載の写真以外のものが多く含まれると推測される。

青木が撮影に使用したカメラ機材や、写真のネガなどは現在、所在不明である。彼の生家滋賀県高島市の正福寺には、カメラをはじめ、計一一点の関連機材が遺品として残されているが、チベットで使用されたものであるかどうかは不明である。また、ネガもこれらの資料中には含まれていない。

青木文教略年譜

一八八六年九月二八日　滋賀県高島郡安曇村常磐木二五二番地正福寺（浄土真宗本願寺派）に出生。父覚生、母きくの長男。

一九〇七年　仏教大学（本願寺立・現在の龍谷大学）入学。

一九〇九年九月　同中退。

一九〇九年九月　大谷光瑞の命により、マレー半島とインド仏教史跡調査に出発。

一九一〇年三月　ラサを脱出してシッキムに至ったダライラマ一三世にダージリンで拝謁。入蔵の意志を伝え、留学生交換を協議。

一九一一年一月　ロンドン滞在中の大谷光瑞に報告、その命により、ロンドンに留まり、教育事情視察。

一九一一年五月　日本留学生として選ばれたチベット人学僧ツァワ・デトゥーを伴い、帰国。

一九一二年一月　ダライラマの召還を受け、ツァワ・デトゥー帰国の途に。青木は多田等観他一名とともにインドへ向け、出発。

一九一二年三月　ツァワ・デトゥーの用務が終了後、京都へ戻る予定であったが、同人がダライラマ一三世の側近に加えられたため、計画頓挫。逆に入蔵を勧められ、ダライラマ一三世にカリンポンで拝謁、チベット入領許可を得る。ダライからチベット名を授かる。青木にはトゥプテン・タシ、多田はトゥプテン・ゲンツェン。

一九一二年九月　チベットに入る。

一九一二年一〇月　ダライの行宮チュンコルヤンツェに到着。

一九一三年一月　ラサ到着。教学顧問として市内のヤプシ・プンカン家に滞在。

一九一六年一月　帰国命令により、ラサを離れる。途中シガツェでパンチェン・ラマに拝謁。また、シッキムで英印政庁のチャールス・ベルと会い、ダライから託された用件を打ち合わせ。

一九一七年四月　帰国。

一九一八年二月　大谷光瑞の命により、東南アジア（特にジャバ）で五年間熱帯農業調査。

一九三五年一〇月　京都帝大・羽田亨の委嘱を受け、二年間チベット語の調査研究。

一九四一年一一月　外務省調査部嘱託。六年間チベット事情調査。

一九四七年一一月　連合国軍総司令部民間情報調査局顧問。四年間チベット事情調査。

一九五一年三月　東京大学文学部講師。チベット語担当。

一九五六年一一月七日　逝去（享年七〇）。

青木文教著作目録

以下の目録は、「青木文教師業績」（長野泰彦編『国立民族学博物館蔵青木文教師将来チベット民族資料目録』国立民族学博物館研究報告別冊一号、一九八三年、二五一頁）、「青木文教先生著作目録」（安曇川町教育委員会編『青木文教』ふるさと伝記まんがシリーズ三、山口瑞鳳監修、滋賀県安曇川町、一九九四年、一〇五頁）を訂正し、新情報を追加したものである。

一九一七年　「西藏視察談」『地学雑誌』三四四号、七～一五頁、同三四六号、一二〇～一二八頁、同三四七号、一二一～一二七頁

「現今の西藏」『六條学報』一八九号、六三～七一頁

一九二〇年　『秘密之国　西藏遊記』東京、内外出版

一九二二年　「蘭領印度の農園経営に就て」『大乗』第一巻第二号、一〇一～一一七頁

「西藏の建国より仏教の伝来するまで」『大乗』第一巻第五号、三七～五二頁

一九二三年　「西藏仏教に現はれたる極楽願生偈の翻訳」『大乗』第一巻第七号、四三～五三頁
「西藏所伝の観音菩薩の研究」『大乗』第一巻第八号、四一～五五頁
「龍樹菩薩の極楽願生偈を論じて西藏密教の浄土思想に及ぶ」『大乗』第一巻第一一号、一五～二七頁
「仏説阿弥陀経の西藏文和訳を紹介す」『大乗』第一巻第一二号、三七～五三頁
「西藏の干子年数計算法」『大乗』第二巻第二号、四一～五〇頁
「大無量寿経の西藏訳」『大乗』第二巻第三号、三九～五三頁
「西藏の仏教史概説」『大乗』第二巻第四号、三七～五九頁
「西藏訳般若波羅蜜多心経」『大乗』第二巻第五号、三九～四六頁
「油椰子の話」『大乗』第二巻第五号、八九～九五頁
「般若八千頌所説の大乗と小乗」『大乗』第二巻第六号、三二～四四頁
「鳥葬の話」『大乗』第二巻第七号、九一～九四頁
一九二六年　「西藏所伝王舎城所説無量寿経邦訳（一～三）」『大乗』第五巻第三号、三〇～五二頁、同第五巻第四号、三九～六四頁、同第五巻第五号、三〇～四九頁
「西藏所伝金剛般若波羅蜜経邦訳」『大乗』第五巻第六号、三二～四一頁、同第五巻第七号、二四～三三頁、同第五巻第八号、二一～三二頁
一九二七年　『亜細亜大観―秘密国西藏』大連、亜細亜写真大観社
一九二八年　『大無量寿経国訳』上海、光寿会
一九三一年　『西藏遊記』上海、商務印書館
「秘国ネパール」「ブータン」仲摩照久編『世界地理風俗大系』第五巻、二八二～二九二、二九四～二九八頁、東京、新光社
「民情と風習」「国内めぐり」仲摩照久編『世界地理風俗大系』第六巻、一九五～二〇一、二〇二～二

二三頁、東京、新光社

一九三四年　「西藏研究の興味」『邊境支那』一九三四年九月号、東京、邊境問題研究所、七二〜八一頁

一九三七年　「龍樹菩薩遺蹟探査」、「西藏入国記」、「釈尊入滅の拘尸那竭羅の遺蹟について」『新西域記』上原芳太郎編、上巻、一二六〜一二九、一八六〜二〇八、二一五〜二一六頁、東京、有光社

一九三八年　「チベット」「チベット学」『東洋歴史大辞典』一七〜三〇頁、三〇〜三一頁、東京、平凡社

一九四〇年　『西藏文化の新研究』東京、有光社

「西藏問題の重要性を論ず」『大乗』第一九巻第一二号、四一〜五二頁

一九四一年　「西藏の「聖徳太子」宗弄讃幹普大王」『大乗』第二〇巻第二号、二三〜三五頁

「喇嘛教に関する諸考察（一・二）」『蒙古』一九四一年六月号、二一〜二五頁、同七月号、二一〜二五頁

「西藏の神話と伝説（一〜五）」『大乗』第二〇巻第四号、二五〜三二頁、同第二〇巻第六号、二三〜二八頁、同第二〇巻第七号、二三〜三〇頁　、同第二〇巻第八号、三五〜四二頁、同第二〇巻第九号、二七〜三一頁

一九四二年　『西藏の民族と文化』東京、高原社

「西藏」支那問題辞典編集部編『支那問題辞典』五〇八〜五一七頁、東京、中央公論社、

一九四三年　『西藏問題』東京、外務省調査局

一九五〇年　『Nazo no Kuni Tibetto』東京、ローマ字教育会

一九五三年　「チベットの神教と仏教」『世界仏教』一三七号、五六〜五九頁

一九五四年　「チベット文化財の保存」『読書春秋』第五巻第一号、六〜七頁

「チベットの観音信仰」『大法輪』第二一巻第二号、一四二〜一四七頁

「チベット語の本質について」『言語研究』二六・二七号、一八三〜一八五頁

一九五五年　*Study on early Tibetan chronicles regarding discrepancies of dates and their adjustment*（手稿）

一九五六年　「ラマ教の発生と発展」『歴史教育』第四巻第八号、一～一〇頁
一九六九年　『西藏―西藏遊記・西藏文化の新研究』東京、芙蓉書房
（一九二〇年内外出版『西藏遊記』、一九四〇年有光社『西藏文化の新研究』の復刻）
一九九〇年　『秘密の国　西藏遊記』中公文庫、東京、中央公論社
一九九五年　『秘密国チベット』東京、芙蓉書房出版
（一九六九年刊『西藏』の改題復刻）
二〇〇六年　「西藏調査報告」『国立民族学博物館研究報告』三〇巻三号、長野泰彦・高本康子校訂、三四九～四一九頁
二〇〇九年　『西藏問題』近代チベット史叢書一、慧文社史料室編、東京、慧文社
『西藏の民族と文化』近代チベット史叢書二、慧文社史料室編、東京、慧文社
（一九四二年高原社『西藏の民族と文化』の復刻）
※この他、「チベット文典」（手稿、東京大学所蔵）がある。

【付論】『西藏全誌』「附図」について

高本　康子

青木文教『西藏全誌』は、国立民族学博物館が所蔵する青木文教関連資料の一つである。同館所蔵の青木関連資料のうち、同資料は、二〇〇一年に中根千枝氏が同館に寄贈した八八八点に含まれるものである。草稿の形で、計五〇点残されている。

『西藏全誌』には、「西藏全誌　附図　自第一号　至第十八号　二十七種」と表書きされ、綴じられた資料がある(国立民族学博物館アーカイブス番号366、以下「附図」)。これは青木が、『西藏全誌』の付属資料として構想していたものであると推測される。青木が同書を執筆中であったと思われる第二次世界大戦戦中期当時、彼の手元に集約可能であった地理的情報を、可視的な形で表現したものであり、現在までに知られている彼の著作には見られなかったものである。

一、「附図」の概要

「西藏全誌　附図　自第一号　至第十八号　二十七種」は、a．原稿用紙五枚に書かれた原稿と、b．二七葉の地図を綴じ、c．八枚の資料を挟み込んだものである。
a．原稿用紙の原稿は、この「西藏全誌　附図　自第一号　至第十八号　二十七種」の概要を説明したもので、以下のようにその構成が示されている（表記はママ）。

第一号「西藏全図」
第二号「西藏領域略図」
第三号「西藏本領土と支藏国境移動状態比較図」
第四号「山脈分布図」
第五号「西藏高原南北縦断面図」
第六号「印度国境よりラッサに至る主要地高度図」
第七号「交通網図」
第八号「通信網図」
第九号「主要通路状態略示図」
（イ）「ダツエンド、ゼクンド、チャムド、ブムラ、及びデイ、バータン間」
（ロ）「チャムド、ロンバツア間」
（ハ）「チャムド、バータン間」
（ニ）「チャムド、デイ間」
（ホ）「バータン、ベユ間」
（ヘ）「ゲンダ、ショパド間（北方迂回路）」
（ト）「ショパド、ラッサ間」
（チ）1．「ダツエンド、バータン間」
2．康定、巴安間　支那里程及び旅程図」

(リ)「タンガル、ゼクンド間」
(ヌ)「カリムポン、ラッサ間」
第十号一、「中印ルート図」
二、「藏印緬国境地帯通路状態略示図」
第十一号「ラッサ及び付近の略図」
第十二号「ラッサ市街図」
第十三号「ギャンツェ及び付近の略図」
第十四号「チャムド見取図」
第十五号「マンカムガート見取図」
第十六号「家屋構造図」
第十七号「軍旗(又は国旗)」
第十八号「西康東部の新公路略図」

b．二七葉の地図については以下表1にその概要を示す。但し、地図のタイトルについては、例えば第一号のように、上記原稿(以下「原稿」)では「西藏全図」、地図には「西藏総図」などと、上掲aとは若干異なるものも見受けられる。表1には参照のため、どちらも示した。また、「附図第九号」に関しては、各図のタイトルに統一性を欠く部分もある。例えば、「附図第九号」には、「附図第九号(一)ノ(イ)」というように、タイトルに「(一)」が付け加えられているものがある。[*1] これは、続く「附図第九号(リ)」、同(ヌ)に、それぞれ「附図第九号(二)」、「附図第九号(三)」が訂正された痕跡があることから、構想の段階で何らかの変更があったのではないかと推測される。

また、第十一号と第十二号は、この二七葉の地図中に含まれていない。但し、「原稿」に示された内容から見て、後述するcの八枚の資料のうち、前者には③、後者には⑤が該当すると思われる。

表1

①資料名	②「原稿」相当資料名	③所載情報 ④所載範囲（主な地名） ⑤典拠に関する情報 ⑥作成期日に関する情報 ⑦その他
附図第一号 西藏総図	第一号 西藏全図	③地名、経緯度、ルート、縮尺（二五〇万分の一）、凡例 ④ダーツェンル、麗江、西寧、ツァイダム盆地、コータン、レー、ゴーハティ ⑤「岡第一三七一部隊」「Published under authority of Brigadier C.G.Lewis, O.B.E., Surveyor General of India」、「Heliozincographed at the Survey of India Office, Dehra Dun」「Compiled 1919」 ⑥「昭和十八年五月複製」「Compiled 1919」 ⑦英語表記の印刷された地図がベースマップ。それに手書きで日本語の地名その他を貼り付けたもの
附図第二号 全西藏略図	第二号 西藏領域略図	③地名 ④蒙古、タクラマカン砂漠、パミール、インド北部、雲南北部 ⑤なし ⑥なし ⑦手書き
附図第三号 西藏本領域ト支藏国境移動状態比較要図	第三号 西藏本領土と支藏国境移動状態比較図	③地名、国境線 ④蒙古、タクラマカン砂漠、パミール、インド北部、雲南北部 ⑤なし ⑥なし ⑦「1727-1917 史的支藏国境線」、「1912-1917 年ノ事実上ノ国境線」、「支那ト西藏トノ人種的国境線（1914 年西藏ニヨッテ主張サレタルモノ）」、「1914 年支那ノ主張セル趙爾国境線」、「1918 年ノ事実上ノ国境線」、「1939 年以後ノ支那国定地図ニヨル国境線」の六種が地図上に示されている。
附図第四号 西藏山脈分布図	第四号 山脈分布図	③地名、縮尺（〇・八五㎝＝八〇・五㎞） ④蒙古、タクラマカン砂漠、パミール、インド北部、雲南北部 ⑤なし ⑥なし ⑦なし
附図第五号 西藏高原南北縦断図	第五号 西藏高原南北縦断面図	③地名、高度 ④印度平原、ゼレプラ、エヴェレスト、カンチェンヂャンガ、チョモハリ、カンバラ、チャクサム、ラッサ、チャンナムツォ、チャンタン、ダンラ、ダプスン、新疆省、シベリア ⑤なし ⑥なし ⑦なし

附図第六号 印度国境ヨリ「ラッサ」ニ至ル主要地ノ高度略示図	第六号 印度国境よりラッサに至る主要地高度図	③地名、高度 ④シリグリ、リンタム、ゼレップ峠、チュンビ渓谷、カンパラブ、パーリ、タンラ、ラム湖、カラ湖、ギャンツェ、カロ峠、ヤムド湖、ツァンポ河流、ラッサ ⑤なし、但し元図は **L.A.Waddell, *Lhasa and Its Mysteries*** 所載「**Chart of the Altitudes Traversed**」と思われる。 ⑥なし ⑦手書き
附図第七号 西藏交通網図	第七号 交通網図	③地名 ④蒙古、タクラマカン砂漠、パミール、インド北部、雲南北部 ⑤なし ⑥なし ⑦手書き、赤実太線…「幹線」、赤点太線…不明、実線…不明、点線…「不定路」
附図第八号 西藏通信網図	第八号 通信網図	③地名、高度、縮尺（二五〇万分の一）、注記 ④ギャムダ、ラッサ、カリンポン、ダージリン、シガツェ ⑤なし ⑥なし ⑦手書き、「西藏政府郵便線」、「電信線」、「無線電信台」が赤で示されている。
附図第九号（一）ノ（イ）	第九号 主要通路状態略示図（イ）	③地名、高度、ルート、地点間距離、地誌情報 ④ダツェンド、ゼクンド、チャムド、ブムラ、及びディ、バータン間 ⑤なし ⑥「一九二〇年頃」、「三月下旬」、「四月上旬」 ⑦手書き
附図第九号（一）ノ（ロ）	第九号 主要通路状態略示図（ロ）	③地名、高度、ルート、地誌情報、縮尺（一cm＝一〇km） ④チャムド、ガントトゥカ、デルゲゴンチェン、ベユル、ルシトゥカ、ゴンジョゾン、ロンバツァ ⑤なし ⑥「十一月」 ⑦手書き
附図第九号（一）ノ（ハ）	第九号 主要通路状態略示図（ハ）	③地名、高度、ルート、地誌情報、縮尺（一cm＝一〇km） ④チャムド、メンプ、タヤチャムドゥン、シソンゴン、バータン ⑤なし ⑥「七月中旬」 ⑦手書き
附図第九号（一）ノ（ニ）	第九号 主要通路状態略	③地名、高度、ルート、地誌情報、縮尺（一cm＝一〇km） ④チャムド、ゼタム、ツアワゾガン、タユ、ディ ⑤なし ⑥「十一月二十九日—三十日」、「十二月」 ⑦手

	示図（ニ）	書き
附図第九号（一）ノ（ホ）	第九号主要通路状態略示図（ホ）	③地名、高度、ルート、地誌情報、縮尺（一cm＝一〇km） ④バターン（ママ）、サマ、デネ、ガジ、ベユ ⑤なし ⑥なし ⑦手書き
附図第九号（一）ノ（ヘ）	第九号主要通路状態略示図（ヘ）	③地名、高度、ルート、地誌情報、縮尺（二五〇万分の一） ④ケンダ、得慶、ショパド ⑤「「ペレイラ」将軍通路ノ一部」 ⑥「九月八日」、「九月十日」、「九月十一日」、「九月十二日」、九月十三日」、「九月十五日」、「九月十六日」、「九月十七日」、「九月十八日」 ⑦手書き
附図第九号（一）ノ（ト）	第九号主要通路状態略示図（ト）	③地名、高度、ルート、地点間距離、地誌情報 ④ショパド、アランド、サチュカ、ギャムダ、メトゥコンガル、ラッサ ⑤なし ⑥「十二月二日」、「十月九日」、「十月十四日」 ⑦手書き
附図第九号（一）ノ（チ）（1）	第九号主要通路状態略示図（チ）1	③ルート、地名、高度、縮尺（二五〇万分の一） ④ダツェンド、ゾンヂャ、リタン、バータン ⑤なし ⑥なし ⑦手書き、「附図」云々の記載なし
附図第九号（一）ノ（チ）（2）	第九号主要通路状態略示図（チ）2	③ルート、地名、行程、地点間距離 ④康定、理化、巴塘 ⑤なし ⑥なし ⑦手書き
附図第九号（リ）	第九号主要通路状態略示図（リ）	③地名、高度、ルート、地誌情報、縮尺（二五〇万分の一） ④タンガル、シャラット、タポパ、マライコウ、シイウ、ゼクンド ⑤「通路状態ハ「ペレイラ」将軍ノ「北京ヨリ拉薩ヘ」ニ依ル」、「地図ハ原図ヲ欠クタメ支那派遣軍総司令部第十五号複製図（支那語版）ニヨルモ、通過地域ノ状態ヲ詳ニセズ」 ⑥「五月十一日」、「五月十二日」、「五月十三日」、「五月十四日」、「五月十五日」、「五月十六日」、「五月十七

		日」、「五月二十四日」、「五月二十五日」、「五月二十六日」、「五月二十八日」、「五月三十一日」、「六月一日」、「六月二日」、「六月四日」、「六月七日」、「六月八日」、「六月九日」、「六月十二日」、「六月十三日」、「六月十四日」、「六月十五日」、「六月十六日」、「六月十七日」、「六月十八日」、「六月十九日」、「六月二十二日」、「六月二十三日」 ⑦手書き
附図第九号（ヌ）	第九号 主要通路状態略示図（ヌ）	③地名、高度、ルート、地点間距離、行程、地誌情報 ④ラサ、チャクサム、カムバラ、ナガルツェ、カロラ、ギャンツェ、タンラ、パーリ、シャーシマ、ゼレップラ、カリムポン ⑤なし ⑥なし ⑦手書き、行程表つき
附図第十号（一） 中印ルート略図	第十号 一	③地名、高度、ルート、地点間距離 ④康定、巴安、ブムラ、チャムド、ラッサ、ゴプシ、パーリ、カリンポン、ダージリン、塩井、中甸、西昌、察隅、サディア ⑤「（参謀本部西康省事情附図ニ依ル）」 ⑥なし ⑦手書き
附図第十号（二） 藏緬印国境接触地帯通路ノ概況	第十号 二	③ルート、地誌情報 ④サディヤ、デニン、サンガチュゾーン、シカタン、リマ、ミンゾン、ティナイ、ノムグン、ヘルツ、ミチナ、メドゥロン ⑤なし ⑥なし ⑦手書き
附図第十三号	第十三号 ギャンツェ及び付近の略図	③地名、包囲、縮尺（七・五㎝＝九〇九ｍ） ④ギャンツェ及びその付近 ⑤なし、但し元図はL.A.Waddell, *Lhasa and Its Mysteries* 所載「Map of Mission Post and Fort of Gyantse」(p.246)と思われる。 ⑥なし ⑦手書き、「ペコルチゥデ寺院」、「ダクバンガロウ」、「パラ邸」、「チャンロチャン邸」、「ギャンツェ城」、「英国商務官邸及護衛軍兵営郵便電信局」の記載
附図第十四号	第十四号 チャムド見取図	③地名、方位 ④チャムド及びその付近 ⑤なし、但し元図は、E.Teichman, *Travels of a Consular Officer in Eastern Tibet* 所載「Sketch-map illustrating the siege of Chamdo」(p.117) と思われる。 ⑥なし ⑦手書き、「四川橋」、「僧院」、「雲南橋」、「ダチュ（河）」、「ゴムチュ（河）」の記載

附図第十五号	第十五号 マンカムガート見取図	③地名、方位 ④マンカムガート及びその付近 ⑤なし ⑥なし ⑦手書き、「新城」、「古城」、「プルン橋」の他、河名、山名の記載
附図第十六号 家屋ノ構造図	第十六号 家屋構造図	③「屋上」、「三階」、「二階」、「一階」の見取図と説明文。「家屋全景見取図」、各所名称についての注付き。「別図」として、「二柱室」、「四柱室」の二図と各所名称についての注付き。 ④なし ⑤なし ⑥なし ⑦手書き
附図第十七号 西藏ノ軍旗	第十七号 軍旗(又は国旗)	③雪山と雲、獅子の図柄。配色についての注付き。 ④なし ⑤なし ⑥なし ⑦手書き
附図第十八号 西康東部ノ新公路略図	第十八号 西康東部の新公路略図	③地名、ルート、地点間距離、縮尺（五・三cm＝一〇〇km） ④西康東部（下欄参照） ⑤なし ⑥なし ⑦手書き、赤線太実線…重慶—成都—雅安、重慶—昆明—下関—騰越、成都—楽山—昆明、赤線点線…下関—麗江—中甸—巴安—理化—殷官寨、中甸—寧静—昌都、康定—甘孜—徳格、甘孜—玉樹、「一九四一年ニ建設中又ハ計画中ノモノヲ赤線ヲ以テ示ス」の注がある。その他、接続する道路についての注がある。「四川・西康公路（二二六粁）」、「雅安・富林公路（二五〇粁）」、「請来康定・巴安間ヲ結ブ線ノ一部」、「楽山・西昌公路（楽西線—北部線）（五二五粁）」、「西南西方面「アッサム」、「サディヤ」に至ル予定線」、「西祥線（南部線）（?粁）（ママ）」。

c. 挟み込まれている資料は以下である。

① 「Chart of the Altitude Traversed」複写。同一のもの二部。

② 「-99- the time of the writing of this book」手稿。

③ 「Sketch Map of the Environs of Lhasa」複写。元図はL.A.Waddell, *Lhasa and Its Mysteries* 所載「Sketch

Map of Environs of Lhasa」（p.327)と思われる。

④「Map of Mission Post and Fort of Gyantse」複写。同一のもの二部。

⑤「Plan of Lhasa」複写。元図はL.A.Waddell, *Lhasa and Its Mysteries* 所載「Plan of Lhasa」（p.331)と思われる

更に、この他にもいくつか、図表を挿入する予定であったことが、この資料の各所に見られる書き込みからわかる。[*2]

二、典拠

上記の資料は内容から以下四種に分類できる。すなわち、

（1）地図（第一号、第二号、第三号、第四号、第十三号、第十四号、第十五号）

（2）地図上にルートを示したもの（第七号、第八号、第十号（一）、第十八号）

（3）地図上にルートと地誌情報を示したもの（第九号（イ）、同（ロ）、同（ハ）、同（ニ）、同（ホ）、同（ヘ）、同（ト）、同（リ）、同（ヌ）、第十0号（二））

（4）図（第五号、第六号、第十六号、第十七号）

である。

本稿ではこのうち、(3)地図上にルートと地誌情報を示したもの、に注目した。この時期の青木の研究の特徴をよく示すものであると思われるからである。これには一〇点が含まれる。うちA．典拠のあるものは一点、B．典拠が推測できるものが八点、C．現在のところ典拠不明であるものが一点、である。

典拠を推測するにあたって、判断の根拠としたのは、以下五点から見た記述の一致である。すなわち、①日付、標高、地点間距離等の数字、②強盗に遭遇した、雪嵐に襲われた、といった出来事、③絵画のような美しい風景、今までもっとも厳しい峠道、などといった主観的記述、④引用人名、書名、⑤峠の登り、下りなど、特定の進行方向や

旅程を示している記述、である。なお本稿では以下、地名の表記は青木の記述のママとする。また、要衝の場合、青木はその地名を、カナ表記、ローマ字表記、漢字表記のそれぞれで示しているが、その場合は仮名表記をとった。

典拠が資料に明記されているもの

典拠が明記されているのは、第九号（リ）「「タンガル」「ゼクンド」間」である。これは、タンガル—シャラット—タポパ—チチャスラ—チュリ—ツンリ—プロ—サユン—チャラシン—カナ—ゼクンドの、全行程五一八・七五マイルのルートが示されている。日付は「五月十一日」から「六月二十三日」までほぼ毎日記入されており、旅程をたどることができる。

この資料には、「通路状態ハ『ペレイラ』将軍ノ『北京ヨリ拉薩へ』ニ依ル」とある。この『『ペレイラ』将軍ノ『北京ヨリ拉薩へ』』は、英国の北京駐在武官であり、一九二一～二三年にチベット、雲南等を旅したジョージ・ペレイラ（George Pereira, 1865-1923）[*3] の *Peking to Lhasa* (London, Constable and Company Ltd., 1925) を指すと思われる。

該当書の記述を参照すると、上記①～⑤の各点において、附図、ペレイラの記述はほぼ一致する。③を例に挙げると、ツンリノールについて、附図では「風景絶佳。伊太利ノ湖山ヲ想出セシム」とある。この部分のペレイラの記述は「and a little farther on had a beautiful view of the Tung-ru-tso Nor, or lake of a thousand hills. Lying between hills and of a beautiful blue, the lake reminded Pereira of Italy」（前掲 Pereira, p.117）となっている。しかし記述が若干ずれる箇所もある。[*4]

典拠の明記はないが、推測しうるもの

①.第九号（二）ノ（イ）「「ダーツェンド」—「ゼクンド」—「チャムド」—「ブムラ」及ビ「ディ」—「バータン」間」について

前掲ペレイラの著書と、一九一八〜一九年にカム地方を広く踏査した英国人外交官エリック・タイクマン（Eric Teichman, 1884-1944）の、*Travels of Consular Officer in Eastern Tibet*（Cambridge, University Press, 1922）の二種が使用されていると思われる。「附図」にも、例えば、Chungai について「「タイヒマン」の地図名はTsongen」という記述が見えるので、同書に限らず、タイクマンの著書のいずれかを参照していることは確実だと思われる。

この資料には、ダーツェンド―泰寧―カンゼ―ゾクチェン― Seshü ―ゼクンド、ゼクンド―ガンダ―ラムダ―チャムド、チャムド―タヤギャムドゥン―マンカムガート― Bum ―バータン、バータン― Bum ― Getoding ――ツアカロ― Di、バータン― Bum ― Sogon G.―ツァカロ― Di、ラムダ― Ngenda、の各ルートが示されている。このうち、ゼクンド―ガンダ―ラムダ―チャムド、バータン― Bum ― Sogon G.―ツァカロ― Di、ラムダ― Ngenda がペレイラの記述に、そして残りのダーツェンド―泰寧―カンゼ―ゾクチェン― Seshü ―ゼクンド、チャムド―タヤギャムドゥン―マンカムガート―ブムラ―バータン、バータン― Bum ― Getoding ――ツァカロ― Di が、タイクマンの記述に基いて書かれたものと思われる（表２参照）。タイクマンの著書巻末には行程表があり、地名、標高、通過の日付、地点間距離、午前六時の気温、天気、その他の特徴的な情報（集落の規模や人口、主な建物、寺院の宗派、僧侶数等）が記載されている。これらの情報と「附図」は一致しており、タイクマンの本文にはない数字などは、この行程表を典拠としていると思われる。

但しチャムドに関しては、ペレイラ、タイクマン両者の情報が組み合わせて使用されていると思われる。当該部分は、ほぼペレイラの記述と一致するが（前掲 Pereira, pp.146-147）、「現在西藏政府派遣ノ「カロン、ラマ」（大臣級）〔ママ〕ノ僧官）ニヨッテ支配セラル」の記述は、このカロン・ラマとより多く直接接触したタイクマンの記述に基づくものと考えられる（前掲 Teichman, pp.112-122, 140-148）。

記述の内容については、前述の第九号（リ）と同様に、取捨選択を経てはいるが、上掲①〜⑤の各項目においてほぼ一致する。[*5]

表2

「附図」記述	Teichman該当頁	Pereira該当頁
①ダーツェンドーゼクンド間		
～泰寧	60,61	—
～ダウ	62,63,64	—
～ Gara	65,66	—
～タンゴ	66,68	—
～ Driwo	70	—
～カンゼ	71,72	—
～ Deji podrang	75,76	—
～ゾクチェン	78,79,80,81	—
～ Tangko(Dröma lHakang)	82,83,84,86	—
～ Seshü	87,88,89,91	—
～ゼクンド	93,94,95	—
②ゼクンドーチャムド間		
～ Rashi	—	135,136,137
～ Gurde Durka	—	137,138,139
～ガンダ	—	139,140,141
～チャムド	—	141,142,143,144
③ラムダーNgenda間		
～ Ngenda	—	151,152
④チャムドーバータン間		
～タヤヂャムドゥン	123,124,125,126	—
～マンカムガート	127,128,129,130	—
～バータン	132,133,134,135,136	—
⑤Diーブム		
～ツァカロ	189,190,191,192,193	—
～ブム	194,195	—
⑥ツァカローブム		
～ Sogong G.	—	239,240
～ブム	—	240,241

例えば①日付、標高、地点間距離等の数字を見ると、「附図」はKandaについて、「七月中旬ニハ」とし、ペレイラの記述でも該当部分は七月十四日とされている（前掲 Pereira, p.139)。またゾクチェン付近について、「附図」の記述は「(四月上旬）半バ凍結セル沼地状ノ平野」とあり、タイクマンの記述でも該当部分は四月八日に通過したことになっている（前掲 Teichman, p.82)。

また、④引用人名、書名を見ると、Ngentaについて「附図」は、「是ヨリ西方ハ七十六年前（Huc）ト（Gabet）以来白人ハ誰モ行カズ」と述べており、ペレイラには「And westward from here probably no white man had been since Huc and Gabet, seventy-six years before 」（前掲 Pereira, p.152）とある。更にマンカムガートについて附図は「以前当地方ヲ旅行セシ「ユック」「ロッキール」「バワー」」と述べているが、タイクマンも同様の記述をしている（前掲 Teichman, p.130)。

②第九号（一）ノ（ロ）「チャムド―ロンバツァ間」、同（ハ）「チャムド↑（マ）↓（マ）バータン間」、同（ニ）「ツ

表3

「附図」記述	Teichman該当頁
（ロ）チャムドーロンバツァーチャムド間	
～カルグン ～デルゲゴンチェン ～ロンバツァ ～ホルボ ～ゴンジョゾーン ～チャムド	154,155,156,157 157,158,159 161、162、166-167 171 172,172,173,174,175,176,177 177,178,179
（ハ）バータンーチャムド間	
～タヤヂャムドゥン ～チャムド	141,142,143,144,145 123,124,125,126
（ニ）チャムドーディ間	
～ツァワゾガン ～ディ	182,183,184,185,186 186,187
（ホ）バータンーベュ間	
～タソラ （バータン）～デネ ～ベュ	201 204,205,206,207,208 209,210

アワロン」、同（ホ）「バターン[*6]↔ベュ間」についてこの四点の資料は、（ロ）が、チャムド—ロンバツァー—ゴンジョゾーン—チャムド、（ハ）が、バータン—ガムラ—チャムド、（ニ）が、チャムド—ツァワゾガン—ディ、（ホ）が、バータン—タソラ、バータン—ベユの各ルートを示したものとなっている。これら四点には、前掲タイクマン著書の記述が使用されていると思われる（表３参照）。

記述の内容については、前述の第九号（リ）と同様に、取捨選択を経てはいるが、①-⑤の各項目においてほぼ一致する。

例えば②出来事を見ると、タイクマンは **Tasa** 近くの山中と **De-ne** へ向かう途中の森林で、強盗に襲われる体験をしているが（前掲 **Teichman, p.201, pp.205-206**）、それは附図の記述にも取り入れられている。[*7] また、未踏ルートについて、現地で聞き取りをした情報を、タイクマンは詳述しているが（前掲 **Teichman, p.210**）、それも附図の記述にそのまま引用されている。[*8]

表４

「附図」記述	Pereira該当頁
（へ）ケンダーショパド間	
～デンチン ～ショパド	152,153,154,155,156 156,159,160,161,162,163
（ト）ショパドーラッサ間	
～ペンバル ～アランド ～サチュカ ～ギャムダ ～ラッサ	162,163,164,165,166 166,167,168,169,170 170,171,172 172,173,174,175,176,177 177,178,179,180,181

③第九号（ニ）ノ（ヘ）「「ケンダ」「ショパド」間北方迂回路」、同（ト）「「ショパンド」—「ラッサ」間」についてこの二点の資料は、（ヘ）が、ケンダ—得慶—ショパド、（ト）が、ショパンド[*9]—アランド—サチュカ—ギャムダ—メトゥコンガル—ラッサの各ルートを示したものとなっている。これら二点には、前掲ペレイラ著書の記述が使用されていると思われる（表４参照）。

（ヘ）は、（リ）と同様、九月八日から十八日までの日付がほぼ毎日記入されている。（ト）には、日付の記載は三箇所のみである。

記述の内容については、第九号（リ）と同様に、取捨選択を経てはいるが、①〜⑤の各項目においてほぼ一致する。[*10] 例えば、④引用人名、書名を見ると、恩達（ケンダ）について、附図の記述には「「ロックヒル」氏が「ニュルダ」と誤称セシ所」とあるが、これはペレイラの「wrongly called Nyulda by Rockhill」に相当する（前掲 Pereira, p.152）。

④第九号（ヌ）「「カリンポン」「ラッサ」間」について

この資料はカリンポン—チェムビ—パーリ—ギャンツェ—ヤーシ—チャクサム—ラッサのルートを示したものであり、カリンポンからラサへのメインルートの紹介となっている。基本的にその記述は、青木の旅行記『西藏遊記』（内外出版、一九二〇年）に基くものと思われる（表5参照）。

記述の内容としては、①〜⑤の各項目において、附図と『西藏遊記』はほぼ一致する。[*11] 但し、標高、地点間距離、河川の流速など、数字データについては、『西藏遊記』にないものも複数見られる。例えばチャクサムについて述べた箇所では、川幅、渡河所要時間、渡河用舟艇の大きさ、積載可能容量、渡河点周辺の地形などについては、『西藏遊記』と共通であるが、その他の流速、推進、流れの様態についての記述は、『西藏遊記』にはない。[*12]

『西藏遊記』以外に典拠となった可能性があるものとしては、以下の資料が考えられる。

a．L.A.Waddell, *Lhasa, and Its Mysteries* (London, Murray, 1905)[*13]

ウォデル（Lawrence Augustin Waddell, 1854-1938）は軍人であり、一九〇三

表5

「附図」記述	『西藏遊記』該当頁
〜チェムビ	420,421,427,428,429,430,431,432,433,434,436,438,440
〜パーリ	415,416,417,418,419,420
〜ギャンツェ	399,400,401,409,410,411,412,413,414
〜ヤーシ	387,388,389,390,391,392,393
〜チャクサム	117,118,380,381,382,384,385,386,387,388
〜ラッサ	141,142,143,144,145,146148,377,378

〜〇四年のヤングハズバンドの遠征にも同行している。その際の旅行記録が本書である。青木は「附図」第六号、第十一号相当の無題の地図、第十二号相当の無題の地図、第十三号の四点の地図の元図として、この著作の挿入図版を使用している。従って他の箇所についても参照した可能性がある。彼が使用したと考えられるのは、本書巻末附録に収められている旅程表「Itinerary — from Calcutta to Lhasa」(p.504-505)、気温表「Climate and Meteorology」(p.456-466) である。但し、「附図」のルートのうち、ロンリーカリンポン間に関しては、ウォデルが通過していないのでデータはない。

b．青木自身の記録

青木が日本への帰国の際に通過したルートでもあり、自身の見聞があったことから、彼自身が日記、旅程表などを作成していた可能性も十分考えられる。日記は未だ発見されていないが、青木自身の「日記を見ると私は九月二十四日にこの村を発つてゐる」(青木文教「西藏の思ひ出」(四)『亞細亞大觀』第三輯第十二回、ページ番号なし、1928年) という記述から、彼が日記をつけ、また少なくともこの記事を書いた時点までは手元においていたことは確実だと思われる。

各地点の高度について、ウォデルとの不一致がいくつか見られることも、青木独自のデータがあった可能性を示唆している。例えばウォデルでは、ペーテ、ヤーシ、トゥナはいずれも一四九五〇フィートとされているが (前掲Waddell、p.464、457)、「附図」においてはペーテ四四九六 m、ヤーシ四四三六 m、トゥナ四五五七 mと、ばらつきのある数字になっている。同様に、ナムとネタンの高度についても、違いが見られる。[*14]

三、「付図」記述の特徴

全体を通して見ると、青木の「附図」の記述には、以下の特徴が指摘できる。

第一点は、原典の記述を要約、取捨選択していることである。地図上という限られたスペースに記入するためには当然であると言える。例えば「附図」においては「天候激変シ一時的ノ暴風雨ガ繰返サレ、後快晴、静穏ノ夜トナル」（六月七日）となっている部分は、ペレイラの記述では「The meteoric changes in the weather at this time were specially remarkable. Like the strong winds they were characteristic of Tibet. On this day, after east wind and rain, the afternoon turned out beautiful. Then the wind suddenly shifted to the north and blew like a hurricane and rain fell. Another fine spell followed and then a hurricane and rain again. Finally there was a fine and peaceful night.」(p.120) である。

第二点は、旅行記における見聞や感想を、道路状態を客観的に表すデータとして使うために表現を変えてあることである。主観的な感想も、その地点の全体的な印象を大づかみに理解するポイントとして、積極的に取り入れている。例えば、第九号（一）ノ（下）のアランド付近についての記述のように、「以西ノ道路ハ本道中最モ悪ナリ、但シ景色ハ壮麗ナリ」となっている。[*15] また、ペレイラやタイクマンでは登路、降路と表現されている箇所を、例えば北側、南側というように、表現し直している。これは、ルートのどちらの方向から通行していたとしても、地図上の情報を参照しやすいようにしたものだと思われる。

第三点は、これらの欧米の旅行記の翻訳として、「附図」が意味を持つことである。ペレイラについてはまだ日本語訳本が出版されていない。したがって、ペレイラの旅行について、一部ではあるが、青木の地図が最初の翻訳ということになる。また、タイクマンの著書はすでに日本語訳本が出版されているが（E・タイクマン『東チベット紀行』中国辺境歴史の旅3、陳舜臣編、水野勉訳、白水社、一九八六年）、この翻訳本において省略されている部分も一部、「附図」には見られる。[*16]

第四点は、昭和戦中期までに作成、使用されたいわゆる兵要地誌図、外邦図とは異なるものであることである。[*17] 青木は戦中期、外務省、陸軍に所属していた。一九四一（昭和一六）年に「外務省事務」に「嘱託」されたことに始まり、一九四二（昭和一七）年には「外務省第二課」勤務となり、一九四四（昭和一九）年には「陸軍専任嘱託」となり、「奏任官」待遇を受けている（高本康子「附論1　本資料によって明らかになった事蹟」前掲『青木文教師アーカイブ『チベット資料』目録』、一八二～一八三頁)。[*18] したがって、兵要地誌に関する情報には、接触できる立場にあったことになる。この附図の作成には、兵要地誌として集約された戦前の情報が、ある程度反映されていると考えられるが、以下に掲げるように、その外見は全く異なるものになったと言える。図1は、「印度百万分一図東部周域一号　バタン」(陸地測量部、一九四二年製版、国立国会図書館所蔵)、図二は青木の「附図第九号(一)ノ(イ)」の、それぞれ部分である。ほぼ同範囲を示したものである。

図1

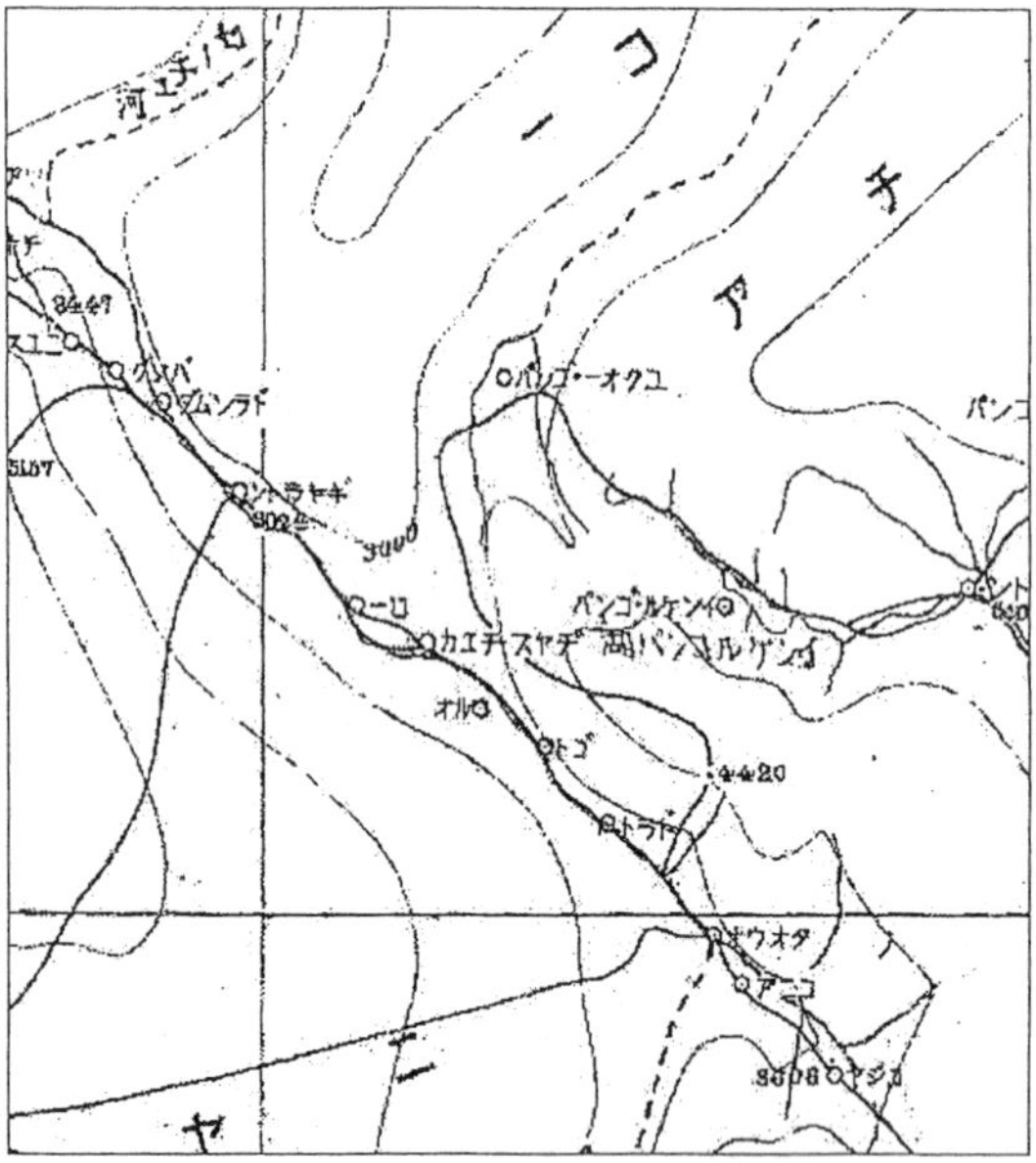

図2

図1「印度百万分一図東部周域一号　バタン」には、地名、等高線、標高、道路、河川、湖沼、境界、鉄道が記載されている。一方、図2「附図」には、等高線等は表示されていない。また、地形についても、標高や地名は表記されているが、一律にではなく、ルート沿いのみに限られている。何より、同一地域であるにもかかわらず、記載されている地名の表記がかなり異なる。さらに、各地点の気候、土壌、植生、地形、人口、地点間距離、宿営時の条件などが文字情報として詳細に書き込まれていることが、もっとも異なる点であり、青木附図のもつ最大の特徴であると言える。

青木の附図は、「通過地域ノ状態」（第九号（リ））を表したもの、すなわち、その地域を実際に通行する人間のための地図であり、その際に参照者の利用の便を考慮した結果、このような記述になったものと思われる。したがって通常の兵要地誌とは、一線を画する態様を持つ地図であると言える。

＊

1 「(一)」がタイトルに付け加えられている地図は（イ）、（ロ）、（ハ）、（ニ）、（ホ）、（ヘ）、（ト）、（チ）の八点である。

2 表紙に「〇欠　河流分布図」、目次に「外に予定挿入図若干」、末尾に「外に予定挿入図」、「筆者入藏紀行附図」、「追加地図一葉　アジア全図　（特に西藏の位置を明にするもの）（未製）」などの書き込みがある。

3 ペレイラと後述のタイクマンについては、薬師義美『雲の中のチベット』（小学館、一九八九年）を参照した（三六七～三七〇頁）。

4 一致していない記述としては、以下のようなものがある。①日付に関して、a.「附図」では、「五月十七日「タポパ」ニ着ク」となっているが、ペレイラの記述では「Ta-ho-pa was reached on May 19」(p.115)。b.「附図」では「同九日「チャラピン峠（四五一〇米）ヲ越エ、「サユン」ニ十一哩進ム」（六月部分）となっているが、ペレイラの記述では、「on June 10 …(中略) … and over the Ch'a-la Ping Pass……on June 11 it turned milder and he marched 11 miles to the Sa-yung」となっている。⑤については、「附図」において「登道」（五月二八日部分）とあるが、ペレイラの記述では「The descent 」(p.117) となっている箇所がある。

記述がずれる箇所としては、アムネマチンに関する情報がある。「附図」では、一月二八日の部分で「コノ方面ノ山脈ハ大「アムネマチン」山ニ連ナリ南東ニ走ルモノトス」とあり、ペレイラの記述では五月二六日の部分に「the great mountain

Amne Machin… （中略） …It looked 30 miles away but was very likely 70 miles off to the southeast.」とある。

5 その他、一致する例としては、以下のものが挙げられる。②出来事に関しては、Dzi La について「附図」は「廃宿泊所ハ破壊セラレテ利用シ得ズ」とするが、タイクマンも同様の記述をしている（前掲 Teichman, p.87）。また、③主観的記述に関しては、「附図」が Benor について、「画ノ如ク美シキ町ナリ」と述べているが、ペレイラもその部分は「The scenery here was very picturesque」（前掲 Pereira, p.142）となっている。更に Gam La について「附図」は、「今迄ノ峠中ニテ最大ノモノ」、「世界中最モ困難ナ道ノ一」としているが、タイクマンにも同様の感想が見える（前掲 Teichman, p.125-126）。

6 位置、記述から見て、第九号（ハ）における「バータン」と同一であると考えられる。

7 「附図」記述における該当部分は以下である。「「タソラ」峠、五千米以上、峠ニ達スル前密林中ニテ馬賊ノ猛射ヲ受ク」、「森林中ニテ馬賊ニ襲ハル、「ウラ」人夫ハ馬賊ノ一味ナルコト判明ス、馬賊ヲ撃退スルニハ発砲スルヲ最上策トス」。

8 「附図」記述における該当部分は、「「ニャロン」路の概況（「ロンゲット」酋長ノ語ル所）」と小タイトルが付けられている以下の記述である。「最初ニ行程ハ閑難《〔ママ〕》ナラズ、沿道耕野多シ、「グゥチュ」川ノ谷ニ沿ヒ「ツァンド」及ビ「バロン」エヨリ以東ニハ家屋ナシ、第三行程ハ「ハクンド」、第四行程ハ無名ノ幕営地、第五行程ハ「ドルカゴンパ」、第六行程ハ「シャドゥンド」、第七行程ハ「デゲンド」、第八行程ハ「ハナワク」トス。此間家屋モ耕地モナク各地共幕営地又ハ飼草地ノ名称ナリ。只「ドルカゴンパ」ハ以前重要ナル大寺院タリシガ、一九一六―一九一七年ノ「シャンチュン」ヨリ来襲セル匪賊ニ破壊セラレテ廃墟トナレル由、「ナワク」ハ「ニャロン」境界ノ彼方（東？）ニアルトノコトナレドモ「ヤルン」耕地ヨリノ距離ヲ知ル者ナシ」。

9 位置、記述から見て、第九号（一）ノ（ヘ）における「ショパド」と同一であると考えられる。

10 いくつか異なる点も見られる。例えば①について、日付が明記されている三箇所のうち、パンダ・ラを通過した「十二月二日」のみ一致しない。ペレイラの記述では一〇月二日である。他二箇所の日付（一〇月九日、一四日）は一致しているので、これは青木の書き間違いに属するものではないかと思われる。⑤について、Parinang へのルートに関する箇所で「険シキ登リ路」とあるが、ペレイラでは「steep descent」（p.164）となっている。同様に、Oise Kyang に関する箇所でも、「登リ」とあるが、ペレイラでは「descent」（p.179）である。その他の登り・下りはペレイラと一致している。また、アツァ・シュン・チュから Guo-ls までの行程について、「「アツア湖」マデノ八粁ハ比較的容易ナルモ以西ハ路面ニ岩ヤ石多シ、少数ノ遊牧民以外住民ナシ」とあるが、ペレイラでは「It was an easy stage but rocky and stony after the first 5 miles. Except for a few nomads, the country was uninhabited」（p.173）となっている。

11 いくつか異なる点も見受けられる。例えば数字に関しては、カロ峠の標高が一致しない。附図では四五四二mとなっているが、『西藏遊記』では一六六〇〇フィートとなっている（三九一頁）。

12 『西藏遊記』に見あたらない記述は以下である。「流速ハ中流ニテ十粁内外、両岸ニ近ヅクニ従ヒ緩慢ナル旋回流ヲナス。水深左岸ハ一米内外ノ遠浅中州、右岸ノ水深詳ナラズ」。
13 本稿では Methuen & Co., 1906 版を参照した。
14 ウォデルではナム、ネタンともに二二二〇フィートとされている（前掲 Waddell, p.505、但しネタンは、p.466 では一二二九〇フィートとなっている）。一方「附図」では、ナム三七二二m、ネタン三七一九mとなっている。
15 ペレイラは「it could be called a road it was the worst Pereira had seen in 40000 or 50000 miles of travel in the Far East」と述べている（前掲 Pereira, p.170）。
16 例としては、附図（ロ）ゴンジョゾーンーチャムド間の、「「ケラ」峠、西ノ降坂ハ峻険、狭キ道ガ断崖上ニ通ズ。馬ヨリモ騾ヲ可トス」という記述があげられる（前掲 Teichman, p.178）。
17 兵要地誌図、外邦図については、主に以下を参照した。国立国会図書館参考書誌部『国立国会図書館所蔵地図目録 外国地図の部（I）』（国立国会図書館、一九八二年）、東北大学大学院理学研究科地理学教室『東北大学所蔵外邦図目録』（東北大学大学院理学研究科地理学教室、二〇〇三年）、佐藤三郎「日清戦争以前における日中両国の相互国情偵察について」（『近代日中交渉史の研究』吉川弘文館、一九八四年）、外邦図研究グループ編『外邦図研究ニュースレター』第一～五号（大阪大学大学院文学研究科人文地理学教室、二〇〇三～〇八年）、小林茂、大阪大学『「外邦図」の基礎的研究：その集成および地域環境資料としての評価をめざして』（文部科学省科学研究費補助金研究成果報告書、二〇〇二～〇四年）。
18 また、大谷光瑞門下の人々の団体である瑞門会の機関誌『瑞門雑誌』には、一九四三（昭和一八）年秋、青木が「南方方面軍参謀部嘱託」として、「兵要地誌班」に所属し、インド方面の情報を調査しようとしていたことが記述されている（横井光平「三十年一昔」『瑞門雑誌』第四号、一九四一年八月一日発行、一二五頁）。

『西藏全誌』附図　地名インデックス

表記は附図のママとした。明らかに書き間違いもしくは表記のゆれと思われる場合も、そのまま収録した。

【ア行】

【カ行】

【サ行】

【タ行】

怒江　二号、三号、四号、七号
トスノル　九号(リ)
ドタ　九号(ヌ)
ドタク　九号(ヌ)
ドチェン　九号(ヌ)
ドチュ　九号(一)ノ(ヘ)、九号(一)ノ(ト)
ドツェ　九号(一)ノ(ハ)
トバ　九号(一)ノ(ロ)
トマルン　九号(ヌ)
トラ　九号(一)ノ(ハ)
ドラ　九号(一)ノ(ニ)
都拉山口　九号(一)ノ(ヘ)
ドルカ　九号(一)ノ(ロ)
ドルカゴンパ　九号(一)ノ(ホ)
ドルタ　九号(一)ノ(ロ)
トルチュ　九号(一)ノ(ト)
トロチュ　九号(一)ノ(ト)
トロラ　九号(一)ノ(ト)
ドワ　九号(一)ノ(ロ)
ドンキル　二号、七号
トンサ　二号
トンツェ　九号(一)ノ(イ)
トンリツォ　九号(リ)

【ナ行】

ナガルツェ　九号(ヌ)
ナクチュカ　一号、二号、七号、九号(一)ノ(ヘ)
ナグチュカ　九号(一)ノ(ト)
ナゾンラ　九号(一)ノ(ロ)
ナトゥン　九号(ヌ)
ナトン　六号
ナニー　九号(ヌ)
ナム　九号(ヌ)
ナムル　二号
ナワク　九号(一)ノ(ホ)
ナンカルツェ　二号
ナンガルツェ　八号
ナンシャン　二号、四号
ナント　九号(ヌ)
ナンナムバム　十号(二)
ニェムチュ　九号(一)ノ(ト)
西セメグンラ　九号(一)ノ(ト)
ニヤ　一号、七号
ニヤシ　九号(一)ノ(ロ)
ニヤチュ　二号、三号、七号
ニヤナム　二号
ニヤナム　七号
ニヤロン　一号、二号、九号(一)ノ(ホ)
ニヤンチュ　八号、九号(ヌ)
ニュルダ　九号(一)ノ(ヘ)
ヌルギュン　九号(一)ノ(ト)
寧静　四号
ネタン　九号(ヌ)
ネニン　九号(ヌ)
ネパール　七号
ネンニン　九号(ヌ)
ノクチュ　九号(一)ノ(ト)
ノグムン　十号(二)
ノーブリンカ　九号(ヌ)
ノルバ　九号(一)ノ(ロ)

【ハ行】

【ワ行】

【アルファベット】

Gala	九号(一)ノ(イ)
Gam	九号(一)ノ(イ)
Gam La	九号(一)ノ(イ)
Ganda	九号(一)ノ(イ)
Gangto-Druka	九号(一)ノ(イ)
Gantok	九号(ヌ)
Gara	九号(一)ノ(イ)
Gatang	九号(一)ノ(ト)
Gathang	九号(一)ノ(ト)
Gautung	九号(ヌ)
Getoding	九号(一)ノ(イ)
Giamda	九号(一)ノ(ト)
Gnatung	九号(ヌ)
Goden G.	九号(一)ノ(ト)
Golok	九号(一)ノ(イ)
Gongso La	九号(一)ノ(イ)
Gongtso La	九号(一)ノ(イ)
Gora	九号(一)ノ(イ)
G?che G.	九号(一)ノ(イ)
G?ze G.	九号(一)ノ(イ)
Gun La	九号(一)ノ(ト)
Guo-le	九号(一)ノ(ト)
Gupa G.	九号(一)ノ(イ)
Gurde Druka	九号(一)ノ(イ)
Guru	九号(ヌ)
Gusho	九号(一)ノ(イ)
Gutung Chu	九号(一)ノ(ト)
Gyantse	九号(ヌ)
Hladating	九号(一)ノ(イ)
Hladun	九号(一)ノ(イ)
Hlung La	九号(一)ノ(イ)

Hsintientsu	九号(一)ノ(イ)
Ipi La	九号(一)ノ(イ)
Jadatira	九号(一)ノ(イ)
Ja-he La	九号(一)ノ(イ)
Jang	九号(ヌ)
Jangpuchu	九号(一)ノ(ト)
Jara kara	九号(一)ノ(イ)
Jarpo G.	九号(一)ノ(イ)
Jelep La	九号(ヌ)
Jenta	九号(一)ノ(イ)
Jresodrong	九号(一)ノ(イ)
Jü G.	九号(一)ノ(イ)
Jung Chu	九号(一)ノ(ト)
Jyachi G.	九号(一)ノ(イ)
Jyane G.	九号(一)ノ(イ)
Jyekundo	九号(一)ノ(イ)
Jyorong La	九号(一)ノ(イ)
Jyu La	九号(一)ノ(イ)
Kala	九号(ヌ)
Kala L.	九号(ヌ)
Kala La	九号(一)ノ(イ)
Kalimpong	九号(ヌ)
Kalimpong Road S.	九号(ヌ)
Kamp	九号(一)ノ(イ)
Kanda	九号(一)ノ(イ)
Kangma G.	九号(一)ノ(イ)
Kangmar	九号(ヌ)
Kanze	九号(一)ノ(イ)
Karo La	九号(ヌ)
Katsa	九号(一)ノ(イ)
Khamba La	九号(ヌ)

Pamutang	九号(一)ノ(イ)
Panchang	九号(一)ノ(イ)
Paotun	九号(一)ノ(イ)
Parinang	九号(一)ノ(ト)
Partsi	九号(ヌ)
Pedong	九号(ヌ)
Pen-bar	九号(一)ノ(ト)
Phari	九号(ヌ)
Puchung La	九号(一)ノ(イ)
Puding	九号(一)ノ(イ)
Puyu lung	九号(一)ノ(イ)
Radri	九号(一)ノ(イ)
Rala	九号(一)ノ(イ)
Ralung	九号(ヌ)
Rangpo	九号(ヌ)
Rashi G.	九号(一)ノ(イ)
Red Gorge	九号(ヌ)
Rham L.	九号(ヌ)
Rinchengling	九号(一)ノ(ト)
Riuma	九号(一)ノ(ト)
Roka La	九号(一)ノ(ト)
Rongbatsa	九号(一)ノ(イ)
Rongli	九号(ヌ)
Rungu G.	九号(一)ノ(イ)
Rusho	九号(一)ノ(イ)
Sagang	九号(一)ノ(イ)
Sagang G.	九号(一)ノ(イ)
Sala Chu	九号(一)ノ(ト)
Salu	九号(ヌ)
Samada	九号(ヌ)
Sangdru G.	九号(一)ノ(イ)

Santaochiao	九号(一)ノ(イ)
Saogang	九号(ヌ)
Sedonchen	九号(ヌ)
Sera La	九号(一)ノ(イ)
Sesh? G.	九号(一)ノ(イ)
Sharatong	九号(一)ノ(イ)
Sharshima	九号(ヌ)
Sharu La	九号(一)ノ(イ)
Sheche G.	九号(一)ノ(イ)
Shepu La	九号(一)ノ(イ)
Shetanda	九号(一)ノ(イ)
Shigatse	九号(ヌ)
Shikchii	九号(一)ノ(イ)
Shopand	九号(一)ノ(ト)
Shuimokou	九号(一)ノ(イ)
Shungchi-ling	九号(一)ノ(イ)
Shung Chu	九号(一)ノ(ト)
Shung La	九号(一)ノ(イ)
Siargung La	九号(一)ノ(ト)
Siliguri	九号(ヌ)
Sitsou La	九号(一)ノ(イ)
Sodri La	九号(一)ノ(イ)
Sogong G.	九号(一)ノ(イ)
Sunglinkou	九号(一)ノ(イ)
Su-ru	九号(一)ノ(イ)
Taining	九号(一)ノ(イ)
Tangko	九号(一)ノ(イ)
Tankara	九号(一)ノ(イ)
Tang La	九号(ヌ)
Tao La	九号(一)ノ(イ)
Tashilhumpo	九号(ヌ)

著者略歴

青木　文教（あおき　ぶんきょう）
1886年、滋賀県高島郡安曇村生まれ。仏教大学（本願寺立・現在の龍谷大学）に学ぶ。1909年大谷光瑞の命によりマレー半島とインド仏教史跡調査。1912年にチベットに入り、1916年まで滞在。帰国後、東南アジア（特にジャバ）で5年間熱帯農業調査。外務省調査部嘱託、連合国軍総司令部民間情報調査局顧問としてチベット事情調査。東京大学文学部講師。1956年逝去。

編者・校訂者略歴

長野　泰彦（ながの　やすひこ）
1946年生まれ。1975年東京大学大学院人文科学研究科博士課程中退、1980年カリフォルニア大学（バークレイ校）大学院言語学部博士課程修了。 1983年Ph.D（カリフォルニア大学バークレイ校）。現在、国立民族学博物館民族文化研究部教授。専門は、チベット・ビルマ諸語の歴史研究。
著書に、*A Morphological Index of Classical Tibetan*（菁柿堂、1998年）、『現代チベット語分類辞典』（共編著、汲古書院、1990年）、『国立民族学博物館青木文教師アーカイブ『チベット資料』目録』（共編、国立民族学博物館図書委員会アーカイブズ部会、2008年）等がある。

高本　康子（こうもと　やすこ）
1967年、横浜市生まれ。2006年3月東北大学国際文化研究科博士課程後期修了、博士（国際文化）。東北大学大学院国際文化研究科専門研究員、アメリカ・カナダ大学連合日本研究センター非常勤講師を経て、現在、群馬大学「アジア人財資金構想」高度専門留学生事業担当講師。専門は比較文化論、日本近代史。
著書に『近代日本におけるチベット像の形成と展開』(芙蓉書房出版、2010年)、『国立民族学博物館青木文教師アーカイブ『チベット資料』目録』(共編、国立民族学博物館図書委員会アーカイブズ部会、2008年)、論文に「阿嘉呼図克図来日報道に見るチベット観」(『歴史』第108輯、東北史学会、2007年)、「明治期の日本仏教における「喇嘛教」情報受容に関する一考察」(『印度学仏教学研究』第57巻、日本印度学仏教学会、2008年) 等がある。

西藏全誌《チベットぜんし》

2010年 3月31日 第1刷発行

著者

青木文教《あおきぶんきょう》

編者・校訂者

長野泰彦《ながのやすひこ》・高本康子《こうもとやすこ》

発行所

㈱芙蓉書房出版

(代表 平澤公裕)

〒113-0033東京都文京区本郷3-3-13

TEL 03-3813-4466 FAX 03-3813-4615

http://www.fuyoshobo.co.jp

印刷・製本/モリモト印刷

ISBN978-4-8295-0479-6